Laying A
Foundation For
Financial Hegemony

奠基金融帝国
美国塔夫脱政府"金元外交"研究

江振鹏 著

中国社会科学出版社

图书在版编目(CIP)数据

奠基金融帝国：美国塔夫脱政府"金元外交"研究／江振鹏著．
—北京：中国社会科学出版社，2021.12
　ISBN 978 - 7 - 5203 - 8619 - 7

Ⅰ.①奠…　Ⅱ.①江…　Ⅲ.①美国对外政策—金融政策—研究—1909—1913　Ⅳ.①D871.20 ②F837.129

中国版本图书馆 CIP 数据核字（2021）第 113451 号

出 版 人	赵剑英
责任编辑	安　芳
责任校对	张爱华
责任印制	李寡寡

出　　版	中国社会科学出版社
社　　址	北京鼓楼西大街甲 158 号
邮　　编	100720
网　　址	http://www.csspw.cn
发 行 部	010 - 84083685
门 市 部	010 - 84029450
经　　销	新华书店及其他书店
印　　刷	北京明恒达印务有限公司
装　　订	廊坊市广阳区广增装订厂
版　　次	2021 年 12 月第 1 版
印　　次	2021 年 12 月第 1 次印刷
开　　本	710×1000　1/16
印　　张	24.75
字　　数	345 千字
定　　价	136.00 元

凡购买中国社会科学出版社图书，如有质量问题请与本社营销中心联系调换。
电话：010 - 84083683
版权所有　侵权必究

目　　录

绪论 …………………………………………………………………（1）
 第一节　研究缘起与意义 …………………………………………（1）
 第二节　国内外研究综述 …………………………………………（3）
  一　国内史学界对"金元外交"问题的研究回顾 ………………（3）
  二　国外史学界对"金元外交"问题的研究述评 ……………（10）
 第三节　主要资料的收集和运用情况 ……………………………（29）
 第四节　本书写作思路 ……………………………………………（33）
 第五节　创新与不足 ………………………………………………（39）

第一章　20世纪初美国对外经济关系领域的新变革 ……………（41）
 第一节　商业外交时代美国外交机构的职业化改革 ……………（42）
  一　美国外交机构的历史起源 …………………………………（42）
  二　美国国务院机构内部的地缘性重组 ………………………（48）
  三　美国驻外使领人事制度的改革 ……………………………（54）
  四　塔夫脱对美国外交机构职业化改革取得的成效 …………（57）
 第二节　华尔街投资银行与美国对外债务的拓展 ………………（62）
  一　华尔街投资银行在美国国内经济领域的崛起 ……………（62）
  二　华尔街投资银行与对外债务的拓展 ………………………（68）
 第三节　金本位制度在美国的确立与推广 ………………………（74）
  一　金本位制度的内涵及其在美国的逐步确立 ………………（74）

二　美国国际汇率委员会与金本位制度的推广 …………………（77）
　小　结 ……………………………………………………………………（91）

第二章　尼加拉瓜的债务违约问题与美国控制下的"金元外交" ………………………………………………………（93）
第一节　美国国务院介入尼加拉瓜债务危机 ……………………（93）
　　一　美国抛弃尼加拉瓜运河方案与美国—尼加拉瓜关系的恶化 …………………………………………………………（94）
　　二　尼加拉瓜的债务危机与《道森协定》的提出 ………………（96）
　　三　《美国与尼加拉瓜贷款协议》的签订与参议院民主党人的杯葛 ……………………………………………………（101）
第二节　华尔街投资银行对尼加拉瓜的控制性"贷款网络" …（105）
　　一　塞利格曼公司和布朗兄弟公司与国务院的前期接触 …（107）
　　二　塞利格曼公司和布朗兄弟公司对尼加拉瓜"贷款网络"的形成 ……………………………………………………（108）
第三节　美国财政专家对尼加拉瓜的币制与财政控制 ………（118）
　　一　万兹、高兰与尼加拉瓜的货币改革 ………………………（119）
　　二　"联合赔偿委员会"与尼加拉瓜财政改革 …………………（124）
　小　结 …………………………………………………………………（129）

第三章　利比里亚的债务危机与美国主导下的"金元外交" ……（133）
第一节　国务院对利比里亚的"保护性"外交行动 ……………（133）
　　一　利比里亚债务危机与1909年"美国赴利比里亚委员会"报告的出台 ……………………………………………（134）
　　二　美国国务院出面干预利比里亚边境问题 ………………（147）
　　三　美国派出军事顾问"协助"建立利比里亚边防部队 ……（151）
第二节　"美国银行团"主导国际银行团对利比里亚的贷款安排 ………………………………………………………（156）

一　从"北美银行团"的倡议到美国主导下"国际银行团"的
　　　　成立 …………………………………………………（157）
　　二　美国主导下"国际银行团"内部的争夺 ……………（163）
第三节　美籍财政专家与利比里亚关税与财政改革 ………（168）
　　一　美籍财政顾问的任命与国际关税破产监管体制
　　　　的建立 ………………………………………………（168）
　　二　美籍财政顾问里德·克拉克与利比里亚的财政改革 …（178）
　小　结 …………………………………………………………（184）

第四章　清末民初中国外债问题与美国参与下的"金元外交" …（189）
第一节　清末中国面临的财政窘境与外债危机 ……………（190）
　　一　《马关条约》以来清政府所欠之外债与财政境况的持续
　　　　恶化 …………………………………………………（191）
　　二　塔夫脱总统上台前远东形势与清政府的联美努力 …（196）
第二节　美国国务院强行挤入湖广铁路贷款 ………………（204）
　　一　美国国务院强行挤入湖广铁路贷款 ………………（204）
　　二　美国强争湖广铁路工程权利及其对华施压活动 …（222）
第三节　美籍财政顾问与币制借款谈判 ……………………（227）
　　一　美国国际汇率委员会与财政专家精琪的币制改
　　　　革方案 ………………………………………………（227）
　　二　美国意在"财政顾问"之职位对币制借款谈判的影响 …（244）
第四节　华尔街投资银行与善后大借款 ……………………（256）
　　一　美国银行团的成立与四国银行团的联合行动 ……（257）
　　二　美国银行团与善后大借款中六国银行团的组建 …（263）
　　三　美国银行团单方面退出善后大借款的谈判 ………（278）
　小　结 …………………………………………………………（282）

第五章 "金元外交"的特征及其对美国构筑国际金融权力的影响 …………(289)

第一节 塔夫脱"金元外交"的"组合"特征与理论阐释 ………(289)
一 塔夫脱政府"金元外交"的起源、类型与"组合"特征 …(291)
二 对塔夫脱"金元外交"组合主义的理论阐释 ……………(302)

第二节 "金元外交"对20世纪前期美国构筑金融帝国的奠基性作用 ……………………………………………………(312)
一 "金元外交"从国际金融领域联结了美国的"门罗主义"与"门户开放"政策 ………………………………(313)
二 塔夫脱"金元外交"对20世纪美国国际金融外交产生的影响 ……………………………………………………(319)

结论 …………………………………………………………………(327)

主要参考文献 ………………………………………………………(333)
一 档案文献、国会记录、报告、重要人物演讲和回忆录 ……(333)
二 英文专著 …………………………………………………(338)
三 英文论文 …………………………………………………(347)
四 中文专著 …………………………………………………(358)
五 中文论文 …………………………………………………(361)
六 中英文学位论文 …………………………………………(364)
七 政府部门、学术研究机构、图书馆以及学术性相关网站 …(367)

附录1 金元外交大事记……………………………………………(369)
附录2 译名对照表…………………………………………………(373)
后记……………………………………………………………………(384)

图表目录

图 1　20世纪40年代以来中国对美国"金元外交"的研究成果趋向图……………………………………………………………（6）

表1.1　1912年普尤听证会所揭示的摩根财团的关联企业………（67）

表1.2　摩根财团主要项目收入表（1865.9.30—1909）…………（67）

表2.1　美国华尔街银行与尼加拉瓜政府达成的贷款协议（1912年）………………………………………………………（111）

表2.2　尼加拉瓜对外债务统计表（截至1913年7月15日）……（130）

表3.1　1911年利比里亚外债来源构成表　………………………（135）

表3.2　美国军事顾问（利比里亚）的构成（1912年）……………（153）

表3.3　1912年贷款协议各国银行资本一览表　…………………（162）

表3.4　1912年11月26日建立的利比里亚关税监管领导体制表…………………………………………………………（172）

表3.5　一战爆发后初期美国主导下利比里亚海关指定税收数额表（1914—1915）……………………………………（183）

表4.1　1912年2月至1912年6月美国银行团在善后大借款垫款中的份额…………………………………………………………（267）

图5.1　"金元外交"组合主义示意图　……………………………（302）

绪　　论

第一节　研究缘起与意义

本书的研究对象是威廉·霍华德·塔夫脱（William Howard Taft，1857—1930年）执政时期的"金元外交"政策。塔夫脱是美国历史上第27任总统，此前曾经担任过司法部副部长（1890—1892年）、菲律宾专员（1900—1901年）、菲律宾总督（1901—1904年），后来接受西奥多·罗斯福总统的任命，担任陆军部部长（1904年）、古巴临时总督（1906年）、总统远东特使（1907年），1909年3月4日到1913年3月3日担任美国总统。可以说，自1900年起，塔夫脱参与甚至主导了20世纪头十余年美国海外扩张过程中多项外交政策的制定和实施，尤其在担任总统期间推行的"金元外交"更是为美国外交注入了自己独特的外交风格。当然，自1912年塔夫脱总统《国情咨文》提出"金元外交"政策以来，历史的车轮已经碾过一个世纪。回首这百余年间，国外学术界对塔夫脱执政时期"金元外交"的研究成果不可谓不丰富，国内也出现过专门的博士论文及其相关的文章，这给后来的学者研究提供了颇有价值的参考。那么又应当如何在前人的基础上再前进一步呢？

回到塔夫脱所处的时代，"金元外交"的核心理念被概括为"美国外交是要以金元取代子弹……美国国务院将给一切合法的、有利可图的企业予以一切恰当的支持"。首先，从塔夫脱政府"金元外交"实践过程中，并不是对一切合法、有利可图的企业予以支持，相反，能进入塔夫脱外交政策视野的仅仅是少数国务院认为"负责任"的大企业，尤其是华尔街的巨型投资银行。因此，"金元外交"既有"外交为金元服务"之利益驱动，同时也有"金元为外交所用"之战略考量。其次，过去我们接触的是塔夫脱在远东的中国实施"金元外交"的案例，实际上，从塔夫脱政府在其他欠发达地区的运用情况来看，美国的财政专家在"金元外交"中起到了非常重要的作用，正是他们的专业知识保证了"金元"运用过程中的"科学与有效"。换言之，"金元外交"背后拥有一系列的制度设计与安排，这些因素已经在19世纪末20世纪初美国对外关系的转型时期开始孕育、成熟，并对后世美国外交的政策演进具有重要的历史影响。再者，深入考察塔夫脱"金元外交"的实施对象后，笔者发现，这些国家大都是欠发达国家或者说是非工业化国家，而且由于种种原因大都处于财政困难的窘境，当地政府还大举外债，外债的超经济性质形成债务危机和殖民干涉（欧洲）威胁。这是触发美国"金元外交"的共同历史背景，美国则通过"金元外交"在这些国家（地区）推广美元为核心的金本位制度，试图构建国际金融领域的主导权。因此，经过对既有学术成果的梳理和对相关档案资料的解读，本书将以欠发达国家和地区债务危机的视角，探讨塔夫脱政府以"金元"为手段在解决当地政府债务危机中的外交努力。同时在具体框架内，笔者试图从华盛顿、华尔街和财政专家这三类行为体在解决欠发达国家财政困难和债务危机中的作用，从而揭示公共政策、私人资本与专业知识在共同推动塔夫脱政府实施"金元外交"过程中的作用与影响。

通过对塔夫脱政府时期"金元外交"政策的新考察，笔者希望能够尝试揭示其意义所在。首先，厘清美国在崛起为世界大国过程中，美国政府外交政策与私人（公民）对外投资二者之间的关系。"金元外交"的核心理念在于声明美国国务院将对私人对外投资予以"一切恰当的支持",那么"恰当"投资行为如何理解？实践中又如何保障美国能做到"恰当的支持"呢？这种"开门见山"的外交对于理解大国非武力崛起有何意义？其次，塔夫脱执政时期的"金元外交"强调华尔街私人金融资本、财政专家专业知识和国务院三者在美国20世纪初对外金融扩张中的作用，这对于认识20世纪上半叶美国对外经济和金融扩张，构筑美元霸权具有重要的意义，否则就很难理解一战后美国金融资本在复兴欧洲中实施的财政计划及其所起的主导性作用。再次，20世纪初期正是欧洲传统资本输出和帝国主义扩张的全盛时期，欠发达国家发生的债务危机也引发了美国式的"金元外交"。美国"金元"对于欠发达国家财政困难和债务危机的诸多"安排"到底起了什么作用？这些"安排"的背后有怎样的动机与理念？虽然时过境迁，但弄清这些问题对于目前发达国家和地区的债务危机及其治理应当不无裨益。最后，作为20世纪初期一个"现代"的外交政策，它具有务实性、可操作性和时代性，体现了一种战略眼光，因此塔夫脱之后美国政府不时会效仿"金元外交"的政策宗旨和行动逻辑，因而20世纪出现了各种版本的"新金元外交"，成为理解20世纪美国外交政策演进的一个重要侧面。凡此种种，笔者希望能将这一课题的时代意义、"现实关怀"和课题自身的"生发拓展"做到"有机统一"。①

第二节 国内外研究综述

一 国内史学界对"金元外交"问题的研究回顾

在美国外交史上，威廉·霍华德·塔夫脱总统因其任内大力推行的"金元外交"而闻名于世，针对中国的"金元外交"更是其在远东地区实施的典型案例，因此国内学界无论是从关注程度上说还是从已

---

① 李剑鸣：《历史学家的修养和技艺》，上海三联书店2007年版，第358—362页。

经取得的相关研究成果来看，都是令人瞩目的。这些成果包括专著、期刊论文以及散见于美国外交史和中美关系史的通史性著作当中的部分内容。从专著方面来看，首先要提到的自然是吴心伯所著《金元外交与列强在中国：1909—1913》一书。该书是作者在博士论文的基础上进一步修改付梓的，书中大量运用了司戴德文集、诺克斯文集、美国国务院档案和清末外务部的档案等丰富的一手资料，同时也参考了中外学者的研究成果，系统深入地研究了美国在华"金元外交"的缘起、演变和影响，是国内学术界研究"金元外交"具有很高学术价值的著作。① 可以说，该书对于"金元外交"在中国实施的案例研究已经做了非常扎实的工作，成为后学者研究"金元外交"不可缺少的重要参考。另外，1949 年以来国内各个阶段出版的通史性著作中均有论及"金元外交"，如卿汝楫的《美国侵华史》、刘大年的《美国侵华史》、丁名楠、张振鹍的《美帝侵华史》，这些著作大都将"金元外交"视为"美帝国主义"侵略扩张的产物，总体来说具有较为浓厚时代色彩。进入 20 世纪 90 年代以来，在我国第一部美国外交通史《美国外交政策史，1775—1989》（杨生茂主编）中，"金元外交"的实质被阐述为"美国政府同美国垄断资本公开结合，通过附有经济扩张和奴役性条件的贷款、投资等方式，控制他国经济和政治，扩大美国影响的外交政策"②。2006 年，在王玮、戴超武合著的《美国外交思想史，1775—2005 年》一书中，也对塔夫脱的"金元外交"背后的"经济现实主义思想"和"理想主义色彩"进行了初步的剖析，认为塔夫脱的外交思想"初显了后来威尔逊理想主义外交的雏形，应当视其为由罗斯福的

---

① 吴心伯：《金元外交与列强在中国：1909—1913》，复旦大学出版社 1994 年版，见内容提要部分。
② 杨生茂主编：《美国外交政策史，1775—1989》，人民出版社 1991 年版，第 256—257 页；杨生茂、张友伦主编：《美国历史百科辞典》，"金元外交"条，世纪出版集团、上海辞书出版社 2004 年版，第 261 页。

现实主义外交到威尔逊理想主义外交演变连续过程中的一个重要环节"①。这些成果无疑大大深化了国内学界对于"金元外交"的认识。

当然，期刊公开刊登的大量文章应该也是国内史学界相关于"金元外交"研究的重要内容。从期刊论文方面来看，根据目前已收集到的论文资料，国内对于塔夫脱政府时期"金元外交"问题的研究，肇始于20世纪20年代。1928年《国闻周报》刊登了剑云所翻译的《美国在拉丁亚美利加"金元外交"》一文，这是笔者收集到的较早专题研究文章。②20世纪40、50年代，国内关于"金元外交"的研究成果开始逐渐增多。当时正值二战结束，美国向世界展示了空前的军事和经济强力，中国学术界已注意到美国经济能量对于世界的影响力，出版了一些介绍性的论文，如《论美国的经济武器》《金圆与巨棒》《第一次世界大战期间美帝对中国侵略性的借款（一九一三——一九一七）》《美国的内政和外交——读尼尔林夫妇合著"今日美国"》③等，部分内容涉及"金元外交"与美国对中国、欧洲和世界的影响力。

其后，自20世纪60年代中期至70年代末，中国学术界各领域的科研工作基本停滞，甚至在中国历史进入改革开放时代后十年，仍未没有多大进展。对于塔夫脱时期美国金元外交的突出研究集中在20世纪90年代之后（如图1所示），如《塔夫脱政府对华"金元外交"的失败及其影响》《试论塔夫脱的国内政策》《司戴德与美国对华"金元外交"（上下）》《试析大棒金元政策与门罗主义的不同》《公共政策、私人资本和金融专家的组合——试论美国塔夫脱政府对

---

① 王玮、戴超武：《美国外交思想史，1775—2005年》，人民出版社2007年版，第240—241页。
② ［美］亨利克·希斯德（Henrik Shipstead）：《美国在拉丁亚美利加"金元外交"》，剑云译，《国闻周报》1928年第5卷第3期。
③ 此类研究成果包括思慕：《论美国的经济武器》，《世界知识》1946年第8期；《世界知识》编组：《金圆与巨棒》，《世界知识》1946年第24期；贾维诚：《第一次世界大战期间美帝对中国侵略性的借款（一九一三——一九一七）》，《历史教学》1951年第10期；陈翰笙：《美国的内政和外交——读尼尔林夫妇合著"今日美国"》，《读书》1957年第5期。

尼加拉瓜的"金元外交"》等。①

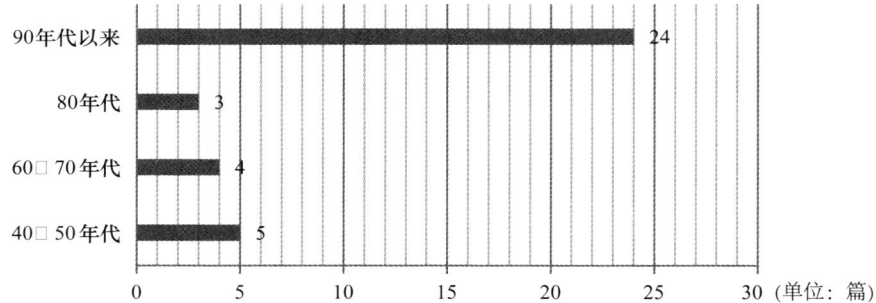

图1　20世纪40年代以来中国对美国"金元外交"的研究成果趋向图

《司戴德与美国对华"金元外交"》的视角侧重于美国对华如何实施"金元外交"，以时任美国驻奉天领事和国务院远东司代司长司戴德为引子，借助对四国银行团成立和对华币制贷款前因后果的论述，较为详细地分析了塔夫脱上台前后美国与各大强国为争夺在华利益而形成的复杂关系，以及美国如何在此情境下具体实施"金元外交"的情况。作者认为"金元外交"既是对早期门户开放政策的

---

① 相关研究可参见吕元元《塔夫脱政府对华"金元外交"的失败及其影响》，《中山大学研究生学刊》（社会科学版）1995年第1期。李一文：《试论塔夫脱的国内政策》，《世界历史》1993年第4期。汪熙、吴心伯：《司戴德与美国对华"金元外交"（上）》，《复旦学报》（社会科学版）1990年第6期；汪熙、吴心伯：《司戴德与美国对华"金元外交"（下）》，《复旦学报》（社会科学版）1991年第1期。魏范京：《试析大棒金元政策与门罗主义的不同》，《黑龙江教育学院学报》2009年第4期。江振鹏：《公共政策、私人资本和金融专家的组合——试论美国塔夫脱政府对尼加拉瓜的"金元外交"》，《拉丁美洲研究》2011年第2期。王晓德：《试析美国对拉丁美洲政策的实质》，《拉丁美洲研究》1990年第5期。崔志海：《海军大臣载洵访美与中美海军合作计划》，《近代史研究》2006年第3期。钟熙维、杨建民：《拉丁美洲"民主化"进程中的美国因素》，《拉丁美洲研究》2007年第5期。岳澎：《二战前美国对拉美政策的历史演变及实质》，《运城学院学报》2004年第6期。杨建民：《美国"促进民主"的拉美政策辨析》，《国外社会科学》2009年第4期。除此之外，还有部分硕博士论文涉及金元外交内容，如林丹妮：《威尔逊政府时期美国对华"金元外交"研究》，硕士学位论文，福建师范大学，2007年。谢华：《冷战时期美国对第三世界国家经济外交研究（1947—1969）》，博士学位论文，陕西师范大学，2008年。彭菊华：《从"门户开放"照会到〈九国公约〉》，硕士学位论文，华中师范大学，2009年等。

继承，又显著地突破了后者对华政策的局限之处，指出正是因为美国在远东地区的孤立无援、有限的金融力量和实力后盾以及华盛顿外交决策失误，导致美国在华"金元外交"的失败。同样的论调在《塔夫脱政府对华"金元外交"的失败及其影响》一文亦有体现，但作者吕元元更详细地探讨了美国在对华实施"金元外交"时的内外困境，点出20世纪初期的美国无论是自身经济实力还是国际影响力，都无法与当时的英法两国媲美，再加上当时中国人民的强烈反对，都加强了美国在远东事务方面的失败可能性。《试析大棒金元政策与门罗主义的不同》将金元外交与大棒政策结合起来，视其为一个整体，在此基础上，进一步将其与门罗主义进行对比研究。作者将笔墨更多地铺染在两种政策出台前后所体现的外交思想、时代背景、国家身份认同的影响及两种政策运行后果的不同等内容上，强调大棒金元外交既是对门罗主义的继承与发展，又在进攻性和扩张性方面与其出现差异。

总体来看，20世纪90年代以来国内学术界对于塔夫脱时期美国金元外交的针对性研究论述较少，除上述已论述的部分论文，其余研究分散在与中美关系、强国在华的势力和权益争夺与博弈等方面。从具体的研究内容来看，大部分的成果集中在塔夫脱政府金元外交失败的原因，分析金元外交对华的实施情况研究，内容涉及这一过程中国务卿诺克斯所极力推行的"诺克斯计划"①、美国参与新旧银行团的组建等方面，同时也有部分研究成果零散地分散在对于中国政府外债

---

① 相关研究可参考高月《锡良与锦瑷铁路计划——以主权维护为视角的考察》，《东北史地》2010年第4期。王继红：《从"铁路中立化"问题看美国的东北亚政策调整》，《黑龙江社会科学》2006年第3期。刘自强：《20世纪初期日本对俄政策的演变》，《安庆师范学院学报》（社会科学版）2004年第4期。马陵合：《略论清季东北铁路外债的超经济特质——以均势外交为中心》，《历史教学》2003年第10期。纪立新：《1905年至1920年美日在中国的较量》，《宁波广播电视大学学报》2003年第1期。王英文：《美国资本入侵满洲与"满铁中立化"计划》，《求是学刊》1990年第6期。刘夏莲：《中美金融关系的历史演变和新发展》，《世界经济文汇》1988年第5期。王远磊：《近代中国铁路国际共管问题研究》，硕士学位论文，苏州大学，2009年。韩振响：《1905—1910年日美争夺中国东北问题研究》，硕士学位论文，吉林大学，2006年等。

问题、美国对华币制借款①和与其他欧亚强国争夺在华特殊利益方面内容的探讨②上，下文拟对此进行简要评述。

"诺克斯计划"的提出主要是为了顺应塔夫脱政府对华"金元外交"的开展，以及打破日俄在满洲的垄断地位，因此谈及对华"金元外交"，不可避免地需要探讨同一时期塔夫脱政府如何借助诺克斯计划重返中国，并与各国争夺在华利益。《论诺克斯计划的得失》③一文针对塔夫脱时期国务卿诺克斯所提出的"诺克斯计划"，主要探讨该计划提出的时代背景、为之进行的外交活动、最终失败的原因及给予美国政府的启示，作者在指出该计划具有经济侵略性质的同时，最终肯定其正面效应，即在一定程度上有助于中国投资市场的活跃，刺激中国经济的发展，以及削弱日俄在东北的势力，减轻日本对中国的经济侵略。《诺克斯计划：美国与日俄在华利益的争夺》则在考察美国远东战略的部署和"诺克斯计划"失败原因的基础上，

---

① 如杨智友：《币制借款与银行团的重组——从旧银行团到新银行团》，《民国档案》2002年第4期。马陵合：《从"联美"到均势外交——清季币制借款的外交功能及其缺失》，《安徽师范大学学报》（人文社会科学版）2009年第1期。仇华飞：《近代外国在华银行研究》，《世界历史》1998年第1期。[韩]丘凡真：《精琪的币制改革方案与晚清币制问题》，《近代史研究》2005年第3期。夏良才：《四国新银行团和湖广铁路续借款案》，《近代史研究》1987年第6期。汪敬虞：《外国在华金融活动中的银行与银行团（1895—1927）》，《历史研究》1995年第3期。张侃：《20世纪中国近代外债史研究回顾》，《中国经济史研究》2002年第2期。宓汝成：《国际银团和善后借款》，《中国经济史研究》1996年第4期。贾维诚：《第一次世界大战期间美对中国侵略性的借款（一九一三—一九一七）》，《历史教学》1951年第10期。马陵合：《论美国对华"门户开放"政策的延伸和困境——以新银行团成立过程中"满蒙保留案"交涉为中心》，《求索》2001年第4期。马陵合：《拉门德远东之行述评》，《民国档案》2005年第2期。马陵合：《论中国朝野对新银行团的回应》，《史学月刊》2004年第10期。仇华飞：《美国与国际银行团》，《南京大学学报》（哲学·人文科学·社会科学版）2000年第2期等。

② 此类研究成果可参考如刘自强：《20世纪初期日本对俄政策的演变》，《安庆师范学院学报》（社会科学版）2004年第4期。迟丰：《论20世纪初美国与日俄争夺中国东北问题》，《佳木斯大学社会科学学报》2000年第1期。秦珊：《1913年美国威尔逊政府率先承认中华民国的决策过程》，《南开学报》（哲学社会科学版）1999年第2期等。

③ 如仇华飞、朱振娟：《论诺克斯计划的得失》，《近代中国》1999年第1期。仇华飞：《诺克斯计划：美国与日俄在华利益的争夺》，《同济大学学报》（社会科学版）2003年第3期。仇华飞：《评1903—1910美国在东北的活动》，《上海师范大学学报》（哲学社会科学版）1998年第2期等。

揭示20世纪初美国在中国东北与日俄之间矛盾关系的必然性。

"金元外交"的实质在于以美国银行家的资本和金融力量代替赤裸裸的军事干预，从而扩大美国的政治、经济、军事战略影响力，因此对于塔夫脱时期"金元外交"的研究绕不开当时美国银行团对华贷款问题。《近代外国在华银行研究》一文指出由于中国半殖民地社会性质，各强国既要分割中国市场，又需要避免利益上的冲突，由此决定了各国银行团是相互妥协的产物，但这不能掩盖彼此之间既竞争又矛盾的关系。对华贷款银行团的特点在《外国在华金融活动中的银行与银行团（1895—1927）》《四国新银行团和湖广铁路续借款案》两文中得以具体阐述，即银行团成员并不是官方机构，而是在各国政府授意或支持下成立的金融联合体，带有浓厚的政治意图；也正由于它是作为中国经济的异己力量和对立面而出现和存在的，必然遭到中国民众的反对和抵制，这也是清末民初对外借款屡屡失败的原因。《美国与国际银行团》与《国际银团和善后借款》这两篇论文可谓有关美国与新旧银行团瓜葛的姐妹篇，前者讨论塔夫脱力争加入旧银行团的努力缘何为威尔逊所抛弃，后者则以新旧银行团构成的扩大和缩小演变为重点（尤其侧重威尔逊时期），强调各国内在地位、作用和影响力存在着的差距反映出当时在华各大势力之间的复杂利益关联和矛盾。《从"联美"到均势外交——清季币制借款的外交功能及其缺失》一文虽然立意从清政府角度来探讨1910—1911年间清政府与美、法、英、德四国银行团《币制实业借款合同》签署前后所折射出复杂的中外关系，但作者花费大量篇幅分析了美国在此次清末币制借款中的作用和角色，指出美国从最初借助清政府借势平衡各国在华势力到加入四国银行团，已实现了通过与各强国联合控制达到对华实施金元外交的目的。类似的内容在《币制借款与银行团的重组——从旧银行团到新银行团》《精琪的币制改革方案与晚清币制问题》《四国新银行团和湖广铁路续借款案》等文中或多或少地得以探讨。

另外，《海军大臣载洵访美与中美海军合作计划》一文另辟蹊径，利用美国国家档案馆出版的《1910—1929年国务院有关中国内部事务档案》缩微胶卷档案为主要文献资料，以1910年清海军大臣载洵访美和1911年中美海军合作计划为切入点，从军事领域探讨塔夫脱时期金元外交政策在华的实施情况，揭示出在金元外交政策的指导下，美国在华势力和影响不但在铁路和财政金融领域获得重大突破，而且也渗透到长期受欧洲和日本影响的中国海军建设领域。

综上所述，现阶段国内学术界有关塔夫脱时期金元外交的研究内容分散，直接相关研究不多且系统性不强，多数研究从中国角度或与中国相关的角度进行探讨，未能从整体上对塔夫脱时期金元外交在整个国际社会上的应用战略和实施活动进行论述，尤其缺乏对"金元外交"在其他欠发达地区运用案例之间的对比与分析；在文献资料的利用方面，虽然也出现了利用一手档案的重要研究成果，但从总体来看二手资料和中文资料应用较多，尤其是近年来新出版的史料和原先忽略的档案资料利用不够。再者，从总体来看，缺乏理论层面的梳理尤其是缺乏对"金元外交"实施具体过程中各个要素之间互动组合的总体性架构。这些信息在一定程度上透露出中国国内对于塔夫脱时期"金元外交"研究的薄弱之处，需要从更广的范围对其进行整体且系统的把握和论述，从而揭示其在美国外交政策演进史上的历史方位。

二 国外史学界对"金元外交"问题的研究述评

"金元外交"在美国外交政策史研究领域是一个备受争议的话题，从政策实施伊始"金元外交家"们提出的"科学进步说"，到20世纪20年代"帝国主义"大辩论中反帝国主义者对"金元外交"的"口诛笔伐"，再到冷战时期以威廉·威廉斯为代表的新左派对于"金元外交"的"修正"，以及后冷战时期美国"国际史和文化史"研究范式转向所带来的文化与意识形态视角的深层解读，"金元外交"的研究不仅涉及了美国档案资料的持续深入挖掘和研究视角的推陈出新，更牵涉到美国外交史研究的学术流变与范式更迭。今天的历史学家依然在讨论这一概念,而近百年来美国史学界对于金元外交的研究不可谓不丰富,为后世进一步研究与思考提供了历史的启示。

(一) 20世纪初期"科学进步"与"帝国主义"交锋中的"金元外交"研究

自塔夫脱总统实施"金元外交"政策开始,由国务院官员、银行家和金融专家组成的"金元外交家们"便开始竭力为美国实施的"金元外交"进行辩护。其中以塔夫脱总统的国务卿诺克斯和第一助理国务卿 H. 威尔逊为代表,他们认为"金元外交"是一项"科学进步"的政策,它给予了美国外交一个新的定义、智慧和实践,代表了美国"新外交"的进步。1911年,国务卿诺克斯便对金元外交政策进行了总结与思考:"一个政府(美国)应该拥有确保其公民自我发展的机会,这是十分合理的事情。通过这种方式,国务院能够保障公民自我发展的机会,就像国内政府致力于保障其公民安全一样。"① 换言之,美国政府应当保障公民在海外拥有平等的、自我发展的机会,实际上就是说美国政府应当为美侨合法的、有利可图的事业予以一切"恰当的支持"。诺克斯承认"金元外交"起初是一个贬义词,但现在看来它应该是一个值得信赖的褒义词。"如果金元能够帮助遭受人道主义危机的国家,并且减轻其他国家的财政负担,消除不安与破坏,我所能说的是这有何不可……独立自主的金元,通过国务院达成世界和平的事业,世界应该感谢美国……我们的事业是无私的、真诚的并且富有同情心。"②

第一助理国务卿 H. 威尔逊还从20世纪初期蔚为流行的社会进化论的角度,从理论上论证了"金元外交"的"科学进步"性质。1916年,H. 威尔逊在《美国政府与对外投资的关系》一文中探讨了

---

① Barbara A. Tenenbaum, Georgette M. Dorn, *Encyclopedia of Latin American History and Culture*, Vol. 2, New York: Charles Scribner's Sons Reference Books, 1982, p. 832.

② Philander C. Knox, *Address of Hon. Philander C. Knox before the National Civic Federation*, New York: The Department of State, 1911, p. 43.

"金元外交"与社会达尔文主义之间的关系。H. 威尔逊认为，到20世纪初期大量美国资本和商人投向海外，这是人类自然而然的结果。"在此，自然法则与政治理论联系在了一起。国际社会间亦存在国际生物学，文明的演进不能容忍违反适者生存的原则，相互接壤的国家之间构成了一个环境，唯有强者才能支配之。"在 H. 威尔逊看来，政府的责任则在于恰如其分地保护投资，这是"国家生存的法则"①。因此 H. 威尔逊始终都在为塔夫脱政府实施的金元外交辩护，他认为"这是一种运用科学原则和理性思维的外交，是一种倾向于构建未来，而非执着于权宜之计的外交，是一种偏爱真理而达理想状态的外交"②。美国外交的实质应当是使外交成为美国公民关注焦点和智慧相结合的产物，从而更有效率地推动对外投资和贸易，这是文明的进化使然。

然而，金元外交的"科学进步"并未得到所有人的支持，实际上金元外交自实施开始就遭到了不少质疑。尤其是塔夫脱政府在加勒比地区和远东实施"金元外交"相继遭受挫折之后，"金元外交"成为国会辩论的焦点，国会甚至没有批准美国与尼加拉瓜的贷款合同。1912年10月，胡安·里特斯（Juan Leets）在美国参议院外事委员会的听证会上，对诺克斯国务卿对中美洲实施的"金元外交"大加鞭笞。里特斯认为，"金元外交"是"一项充满欺骗、错误的外交政策，它保护的是特权财阀的利益。现在，墨西哥、多米尼加和中美洲都成为国务院操纵之下的牺牲品"③。里特斯还进一步论证了美国实施"金元外交"的根源，认为"金元外交的推行者诺克斯具有重商

---

① F. M. Huntington Wilson, "Dollar Diplomacy and Social Darwinism," in Holden Zolov, ed., *Latin America and the United States: A Documentary History*, Oxford: Oxford University Press, 2000, pp. 117 – 119.

② Huntington Wilson, *The Peril of Hifalutin*, New York: Duffield and Company, 1918, p. 244.

③ Juan Leets, *United States and Latin America: Dollar Diplomacy*, New Orleans: The L. Graham Co., Ltd., 1912, p. 10.

主义的本性,诺克斯对于拉美诸国所实施的金融监管……已经沦入华尔街辛迪加财阀之手,这些财阀拥有特殊的目的,并且拥有特权来剥削国家,而美国人民并未取得丝毫的利益"①。因此,从总体来看,"金元外交"是一项存在极大不公的政策,它不仅会摧毁拉美诸国的安全,同时也会危及美国在拉美所有国家中的声望,而从中渔利的仅是极少数的财阀。里特斯多次演讲的目的是要求美国国会能够勇敢地纠正这些极少数人的错误。但是就其对"金元外交"的看法而言,里特斯本身曾经担任过中美洲国家政府要职,因此,他对"金元外交"的批判不免有为中美洲国家辩护进而影响美国国会制定反对"金元外交"法律之嫌,这使得他对"金元外交"研究的客观性受到了影响,但是持有这种观点却大有人在,而且随着塔夫脱总统任期的结束反"金元外交"者越发多了起来,甚至包括伍罗德·威尔逊总统(Woodrow Wilson)及其国务卿、著名政治活动家威廉·简宁斯·布赖恩(William Jennings Bryan)等起初均加入了反"金元外交"者的阵营。

1912年的总统竞选中,民主党候选人伍罗德·威尔逊针对诺克斯的"金元外交"展开攻击,认为"这是一项仅仅基于向全世界拓展少数财阀的经济剥削和自私自利的外交政策"②。因此威尔逊标榜要限制财阀,限制金融权力的集中,允诺要将垄断事业置于政府的监管之下,给美国人民一个"新自由"(New Freedom)③。因此,威尔逊总统刚刚入主白宫便高调宣布美国政府单方面退出正在推动中国贷款、铁路和金融监管的"国际银行团",似乎要和"金元外交"彻底划清界限。民主党政治家威廉·简宁斯·布赖恩也针对共和党推行的

---

① Juan Leets, *United States and Latin America: Dollar Diplomacy*, p. 13.
② William H. Becker and Samuel F. Wells, eds., *Economics and World Power: An Assessment of American Diplomacy since 1789*, New York: Columbia University Press, 1984, pp. 203 – 204.
③ Woodrow Wilson, *New Freedom*, New York and Garden City: Page & Company, 1912, pp. Ⅷ – Ⅹ.

金元外交政策警告美国大众:"美国的外交政策已经为金本位的财阀所俘虏。"① 由此"金元外交"一词越来越多地成为具有贬义色彩的词汇,日益沦为金融托拉斯主导美国外交政策的注脚。然而随着威尔逊政府外交政策的逐步开展,威尔逊反而在拉美和远东更大范围、更大程度上推行了"金元外交",因此当年的"反金元外交"竞选口号变成了政治作秀的幌子。

威尔逊政府任期伴随着第一次世界大战的爆发和终结。作为对悲剧性的第一次世界大战爆发根源的反应,20世纪20年代美国国内兴起了一场关于"帝国主义"的大辩论。"金元外交"作为一战前后也就是塔夫脱、威尔逊两任政府推行的重要外交政策,自然而然地成为辩论的核心议题。正如美国外交史学家罗伯特·施莱辛格(Robert D. Schulzinger)所说,到了20世纪20年代,"金元外交"变成了自由派、激进派和黑幕揭发者口中谴责塔夫脱和威尔逊外交政策的"诅咒",成为美国外交在政治和道义上败坏的象征。② 其中,以斯科特·尼尔林(Scott Nearing)为代表的反帝国主义阵营进行严厉批判,认为这是一项自私贪婪、剥削他国的"帝国主义"政策。

斯科特·尼尔林是美国20年代反帝国主义运动的关键人物。作为美国宾州大学沃顿商学院的高才生,尼尔林在毕业后加盟了宾州大学。尼尔林深受激进理论家的影响,1915年因为观点激进被校方辞退。一战期间,尼尔林组织"美国和平人民协会"(PPCA),并且为当时的社会主义党(Socialist Party)撰写宣传材料。1922年后,尼尔林离开了社会主义党,加入当时反帝国主义阵营的"格兰德基金会"(Garland Fund),并且在基金会内部成立了"反帝国主义委员会"(Anti-Imperialism Committee),邀请当时杰出史学家编辑出版"美帝

---

① Emily S. Rosenberg, *Financial Missionaries to the World*: *The Politics and Culture of Dollar Diplomacy*, 1900 – 1930, Massachusetts: Harvard University Press, 1999, p. 78.

② Robert D. Schulzinger, U. S. *Diplomacy since* 1900, New York: Oxford University Press, 2002, p. 38; C. S. Thomas, "Former Senator Thomas of Colorado Objects to the Phrase 'Dollar Diplomacy'," *The Washington Post*, January 9, 1927, p. 2.

国主义研究"丛书，从而对美帝国主义进行系统深刻的批判。① 1925年，尼尔林还和另外一位社会主义者约瑟夫·弗里曼（Joseph Freeman）合作，出版了《金元外交：美帝国主义研究》一书。尼尔林从霍布斯—列宁对于帝国主义经典命题的剖析视角出发，揭示了美国在内战后一直到19世纪末20世纪初期的经济扩张、金融帝国主义的形成及阶段演变，并且用"金元外交"的主题概括了美国在工业革命后寻求海外市场、输出资本和开辟新兴市场的诸般努力。因此，一方面，该书揭示了美国是如何采纳一种帝国主义政策的；另一方面，该书也总结了美国对外政策中的一些特性。

尼尔林等人认为，美国的"金元外交"指的是"美国联邦政府利用外交和军事手段的协调去推动海外经济利益的增长"②。"金元外交"比任何词汇更能清楚地表达以上的内容，塔夫脱政府推行的"金元外交"，既是门户开放政策的实际运用，同时也是门罗主义的经济翻版，是一种经济上的门罗主义。而通过《金元外交：美帝国主义研究》一书翔实档案和理论方法的运用，尼尔林等人证明塔夫脱和威尔逊是如何牺牲中国、中美洲、墨西哥和加勒比人民的利益来增加自私贪婪的华尔街财阀资产的。正如有学者评论的，《金元外交：美帝国主义研究》"通过从霍布斯著作汲取的灵感，他们谴责了美国追寻特权、投资和贷款等经济帝国主义的方式，而这些将不可避免地导致军事和政治干预"③。

当然，到20世纪20年代末期就自身政策而言，金元外交已经开始退却，尤其是在1929—1933年美国经济大萧条的情况之下，一方

---

① Emily S. Rosenberg, *Financial Missionaries to the World*: *The Politics and Culture of Dollar Diplomacy*, 1900–1930, p. 78.
② Scott Nearing and Joseph Freeman, *Dollar Diplomacy*: *A Study in American Imperialism*, London: George Allen and Unwin LTD., 1927, p. V.
③ Doris Hemming, "Review," *Journal of the Royal Institute of International Affairs*, Vol. 5, No. 5 (Sep., 1926), pp. 252–253; Kristin L. Hoganson, "Adding Currency to Culture," *Diplomatic History*, Vol. 25, No. 2 (Spring 2000), p. 330.

面，美国银行家资本来源大幅减少，无力进行新的对外贷款；另一方面，原先信奉"金元外交家"的受援国在长期依赖技术指导又无法实现经济和财政稳定的情况下纷纷抛弃了美国推行的金本位制度。因此，到20世纪30年代美国对于拉美、远东等地区的金元外交基本停滞。但是，针对"金元外交"的研究并没有截止。这方面的成果有巴恩斯的《圣多明各的美国人》（1928）、简科斯的《我们的古巴：糖业研究》（1928）、贝莱的《波多黎各》（1931）、里皮的《资本家与哥伦比亚》（1931）和开普勒《香蕉共和国：经济帝国主义研究》（1935）。[①] 总之，美国国内兴起的帝国主义大辩论使得"金元外交"成为重要的议题，研究的成果也不断涌现。

（二）争论的延续与冷战时期美国的金元外交研究

美国史学界对金元外交的争论一直延续到了冷战时期。从整体上来说，"金元外交"并未实现金元外交家们当初设想的繁荣与稳定，但"金元外交"引发的关于其政策制定动机与执行人所起作用的争论却一直延续下来，并且随着冷战格局的形成越发具有冷战的时代特征。

首先是在冷战刚开始的初期阶段，时间大约是20世纪50—60年代出现了多位学者对于美国"金元外交"性质的修正与政策延续性的新考察。1950年，美国学者赫伯特·费斯（Herbert Feis）撰写了《金元外交：1919—1939》一书，改变了尼尔林等人对于资本主义经济发展的消极评价。从写作背景来看，该书出版于美国对欧洲实行的"马歇尔计划"（Marshall Plan）之后，赫伯特·费斯将两次世界大战之间的资本转移作为重点考察的对象，认为美国资本转向欧洲基本上是"建设性的"，"金元外交最主要教训在于金元孤掌难鸣，它必须

[①] Harry Elmer Barnes, *The Americans in Santo Domingo*, New York: Vanguard Press, 1928; Leland H. Jenks, *Our Cuban Colony: A Study in Sugar*, New York: Vanguard Press, 1928; Bailey W. and Justine W. Diffie, *Porto Rico: A Broken Pledge*, New York: Vanguard Press, 1931; Charles D. Kepner, Jr., and Jay H. Soothill, *The Banana Empire: A Case Study of Economic Imperialism*, New York: Vanguard Press, 1935.

伴随着大规模的军事和政治承诺"①。

颇有意思的是，1952年美国学者威廉·洛克滕堡（William E. Leuchtenburg）提出的"金元外交""进步主义说"。洛克滕堡考察了进步主义时代美国外交政策与国内进步主义改革运动之间的关系，他反对美国史学界传统的将"进步主义"与"帝国主义"相互对立的正统说辞。经过认真的资料梳理，洛克滕堡发现，大多数的进步主义者（Progressive）都热情地支持"帝国主义"的潮流，国会中绝大部分的进步主义者都赞同大幅增加海军军费，也支持美国在加勒比海的"帝国主义"冒险。"在19世纪末20世纪初期的历史语境中，塔夫脱金元外交（甚至包括西奥多·罗斯福和伍罗德·威尔逊）这种帝国主义的形式并非进步主义者口诛笔伐的对象，相反，二者的目标和意识形态是相通的。"② 因此，"金元外交"具有"进步主义"的性质，共和党内的叛变者（指1912年西奥多·罗斯福另外成立进步党参加大选）并非反对塔夫脱政府的金元外交，相反他们还督促政府对外武装干涉。换言之，在19世纪末20世纪初期的进步主义者在进行"国内进步主义改革"的同时采取了一项"帝国主义"的扩张政策，而金元外交就是这一看似悖论实则拥有相同逻辑的进步主义时代的产物。

这一时期出现了另外一位具有鲜明代表性的学者芒罗（Dana Munro）对"金元外交"进行了深入的研究，取得了不少的进展。当然芒罗将其关注的焦点从赫伯特·费斯的欧洲地区转向了加勒比地区。芒罗认为，尽管存在着军事干预，但是金元外交总体来说还是"比较积极的"。芒罗在1964年出版的《加勒比的干涉与金元外交：1900—1921》中认为："北方（指美国）帝国主义的神话，无论是政治上还

---

① Herbert Feis, *The Diplomacy of the Dollar: First Era*, 1919 – 1932, New York: W. W. Norton & Company, 1950, pp. 73 – 74.

② William E. Leuchtenburg, "Progressive and Imperialism: The Progressive Movement and American foreign policy, 1898 – 1916," *The Mississippi Valley Historical Review*, Vol. 39, No. 3 (Dec, 1952), pp. 483 – 491.

是经济上都被敌对宣传过度地夸大，其影响一直延续至今。""金元外交的批评者认为金元外交只是要帮助美国银行家和其他自私自利集团剥削对象国的政策。这一解释是错误的，但却为许多外交史学家们不加批判地接受了。"① 该书的写作背景是在古巴导弹危机之后，芒罗认为美国的金融和军事干预是阻止非美国霸权帝国主义冒险的有力手段。此外，芒罗还追溯了"金元外交"一词的起源，认为"正是由于如此强调贷款和关税征收权，这才导致无论是塔夫脱政府自身，还是塔夫脱的批评者都将其政策命名为'金元外交'"②。换言之，无论是贷款还是关税监管，金元（美元）在其间都起着重要作用，因此，"金元外交"可谓实至名归。

随着美国学术界对金元外交政策制定动机讨论的深入，到1970年，研究塔夫脱政府外交政策的专家沃特·斯科尔斯（Walter V. Scholes）和玛丽·斯科尔斯（Marie V. Scholes）在《塔夫脱政府外交政策》中提出了被誉为"金元外交"动机的"最为中肯的解释"。③ 他们认为，虽然"金元外交"经常是一个带有邪恶含义的名词，然而在塔夫脱和诺克斯看来，其目标是成功的。实际上，"金元外交预见到了美国二战后的外交政策——帮助欠发达国家建立稳定的政府，并且将他们融入20世纪。塔夫脱和诺克斯选择私人资本作为他们外交的工具，而杜鲁门总统则以国家资本取而代之。基于保护美国在海外利益的立场，二者具有相通之处"④。斯科尔斯还进一步探讨了"金元外交"失败的深层原因，认为"一方面，将一个经济落后地区

---

① Dana G. Munro, *Intervention and Dollar Diplomacy in the Caribbean*, 1900 – 1921, Princeton, N. J.: Princeton University Press 1964, pp. 162 – 163; Kristin L. Hoganson, "Adding Currency to Culture," *Diplomatic History*, Vol. 25, No. 2 (Spring 2000), p. 331.

② Dana G. Munro, *Intervention and Dollar Diplomacy in the Caribbean*, 1900 – 1921, p. 162.

③ "Dollar Diplomacy," in Alexander De Conde ed., *Encyclopedia of American Foreign Policy: Studies of the Principal Movements and Ideas*, Vol. I, New York: Charles Scribner's Sons, 1978, p. 273.

④ Walter V. Scholes and Marie V. Scholes, *The Foreign Policies of the Taft Administration*, Columbia: University of Missouri Press, 1970, p. 105.

'强制式'地开发使之成为一个现代化的地区并非易事,即便今天亦是如此。另一方面,金元外交的失败源于塔夫脱和诺克斯带有盛行一时的盎格鲁—撒克逊人的种族优越感以及他们以'不得体的方式'背叛其原先的信仰"①。斯科尔斯的结论是对有关于"金元外交"政策背后动机种种争论进行整合的产物,随着时间的推移,现在回过头来重温这段历史,斯科尔斯的这种评价一点都不为过。

其次,冷战期间美国史学界对于"金元外交"决策的动因是"经济性"还是"战略性"存在着争论。20世纪50年代末到60年代初期,以威廉·威廉斯(William Appleman Williams)为代表的新左派力量开始崛起,对美国外交史研究中的"传统派"(Traditionalists)和"现实主义派"(Realists)做出了"修正主义"(Revisionism)的解释。威廉斯认为:"所有美国人都怀有一个强烈的信念,甚至是教条主义的信仰,即国内的福祉取决于美国持续不断、日益增强的海外经济扩张。当结合一个工业化时代天定命运的意识形态之时,门户开放照会的历史就演变成为20世纪美国对外关系的历史。"② 新左派强调门户开放意识形态后面的"经济利益",主张从"经济扩张"角度解释20世纪美国外交史,自然而然地将塔夫脱政府的"金元外交"视为美国经济扩张的重要阶段,因此十分注重对"金元外交"的研究。实际上,新左派与"金元外交"的关系还不止于此,有学者就认为,20世纪早期尼尔林等人从经济帝国主义对于"金元外交"的批判分析本身就是新左派形成的思想渊源。③ 威廉斯是新左派最为杰出的代表,在其名作《美国外交的悲剧》一书中,他认为"金元外交的目标在于实践并且真正地运用门户开放照会——这个照会是西奥多·罗斯福以

---

① Walter V. Scholes and Marie V. Scholes, *The Foreign Policies of the Taft Administration*, p. 106.
② Bradford Perkins, "The Tragedy of American Diplomacy: Twenty-Five Years After," *Reviews in American History*, Vol. 12, No. 1 (March 1984).
③ John Braeman, "The New Left and American Foreign Policy during the Age of Normalcy: A Reexamination," *Business History Review*, Vol. LVII, No. 1 (Spring 1983), p. 75.

来美国历届总统帝国主义哲学和实践的具体化，是 20 世纪美国外交的核心特征"①。因此，"金元外交"总体上说来是美国"经济扩张"性质的产物。

当然，也有学者不同意这一看法。前述的美国学者芒罗就认为："金元外交的目的是推动美国政治目标的实现，而非仅仅是为促进私人财阀的利益。"② 也就是说，金元外交是实现政治目标的手段之一，最终是要实现对象国的稳定，维护美国的利益。这种看法是有道理的，但它还远远没有达到能够从理论上撼动新左派的程度。随着时间的推移和美国外交史学界的学术发展，到 20 世纪 70 年代中后期，美国外交史学界开始出现一批学者，对新左派"经济扩张决定论"的观点进行了"新的修正"。其中威廉·贝克尔（William Becker）便发表文章开始挑战新左派对美国外交史研究的"支配地位"。1982 年，威廉·贝克尔考察了 19 世纪末 20 世纪初美国政府与企业在对外扩张中的合作关系后，认为"从 1893 年到 1921 年美国工业品出口缺乏政府与企业之间的精诚合作"③。1984 年，威廉·贝克尔在其《经济与世界权力：1789 年以来美国外交史的评估》中进一步完善了其对于"经济扩张决定论"的修正。作者认为，金元外交政策是总统塔夫脱和国务卿诺克斯等金元外交家观念中通过经济投资达成稳定的唯一途径。从 1899 年到 1920 年美国外交政策演进来看，美国所有总统都意识到美国在世界上不断增长的经济权力和利益，意识到经济对外交的巨大影响，然而"国际经济问题并非其核心和焦点。塔夫脱（金元外交）更迫切地希望将政府与企业界的特殊利益结合在一起，但是外交中的经济成分是被用于达成更为广泛的目标

---

① William Appleman Williams, *The Tragedy of American Diplomacy*, New York: W. W. Norton & Company, 1972, pp. 74 – 78.

② Dana G. Munro, *Intervention and Dollar Diplomacy in the Caribbean*, 1900 – 1921, p. 163.

③ William Becker, *The Dynamics of Business-Government Relations*, Chicago: University of Chicago Press, 1982, p. XIV.

的——加勒比和亚洲的安全"①。因此,经济利益的考量对于决策者思考美国利益的方式及实现其外交目标的途径均有着重要的影响,但经济利益是也应当是更大范围内政治和战略考虑的重要一环,美国的外交绝不仅仅是限于经济利益的。

再次,冷战期间美国外交史学界还针对"金元外交"中各类行为主体所起的作用进行了认真细致的考察。总统、国务卿、美国商人以及作为推行"金元外交"载体的国务院所起的作用都成为历史学家进行综合考察的对象。②另外,美国国务院远东司司长司戴德(Willard Straight)在塔夫脱政府对华"金元外交"中的作用也得到了"修正"。如美国学者特兰尼(Eugene P. Trani)所说:"近年来的研究证明,司戴德在远东金元外交中的个人作用被夸大了,最为合理的结论是金元外交的倡导者们拥有一个共同的目的。"③

最后,冷战时期美国外交史学界也热衷于探讨冷战大格局中出现的所谓美国"新金元外交",也就是说有些学者认为"金元外交"并未消失,作为一种在海外扩大美国的利益和影响的政策,它已经成为美国外交政策的重要内容被后续政府延续了下来,并且不断推陈出新以适应"冷战的需要"。如前述的沃特·斯科尔斯对于杜鲁门总统时期采取公共资本取代塔夫脱时期私人资本实施"金元外交"的对比与分析。另外,托马斯·迪巴科(Thomas Victor DiBacco)1965年撰

---

① William Becker, *Economic and World Power: An Assessment of American Diplomacy since 1789*, p. 220.

② Manuel Francis Torregrosa, *United States Dollar Diplomacy in China*, 1909–1913, Thesis (Ph. D), Washington, D. C.: Georgetown University, 1951; Charles Chia-Hwei Chu, *The China Policy of the Taft-Knox Administration*, 1909–1913, Thesis (Ph. D), Chicago: The University of Chicago, 1956; Pagie Elillot Mulhollan, *Philander C. Knox and Dollar Diplomacy*, Thesis (Ph. D), Washington D. C.: The University of Texas, 1966; Takeshi Matsuda, *Woodrow Wilson's Dollar Diplomacy in the Far East: The New Chinese Consortium*, 1912–1921, Thesis (Ph. D), Madison: The University of Wisconsin-Madison, 1979; Joseph Milton Rowe, *William Howard Taft: Diplomatic Trouble-shooter*, Thesis (Ph. D), College Station: Texas A & M University, 1977.

③ Eugene P. Trani, "Dollar Diplomacy," in Alexander De Conde ed., *Encyclopedia of American Foreign Policy: Studies of the Principal Movements and Ideas*, Vol. I, New York: Charles Scribner's Sons, 1978, p. 273.

写的博士论文《回归金元外交？美国商业对于艾森豪威尔对外援助计划的反应》，详细分析了艾森豪威尔政府对外"金元"援助中政府与商界之间的密切关系。① 美国学者汉森（Simon G. Hanson）将20世纪60年代约翰·F. 肯尼迪总统着力推行的"争取进步联盟"（Alliance for Progress）视为"一个现代的、不成功的、正式的美国同一政策（指金元外交）政策的衍生"②。美国《哈勃》杂志编辑马修·史蒂文森（Matthew Stevenson）在《金元外交》一文中则针对1979年卡特政府时期美国对亚非拉地区的金元外交进行了详细的介绍。③

（三）冷战后"国际史研究"的文化转向与"金元外交"研究

冷战后美国外交史的研究出现了新的发展趋势。冷战时期，以汉斯·摩根索、乔治·凯南、亨利·基辛格为代表"现实主义"学派与威廉·威廉斯、弗雷德·哈林顿（Fred Harvey Harrington）为代表的新左派"修正主义"学派在学科方法和观念建构上几乎支撑起了外交史研究的整片天空。但是到20世纪70年代后期，美国外交史学界开始出现了一些新的思想路径去打破由"现实主义"和新左派"修正主义"的垄断地位。这种努力不仅体现在方法论上的创新，也表现为观念上的突破。一方面，"在方法论上，人们开始认识到，外交史必须扩张其研究的范围，不再局限于华盛顿的档案，使之在地理上更广泛更具有包容性。很明显，美国外交史学家太过于狭隘，没有做出充分的努力去理解其他的国家。即使是利用多国档案的著作也令人反感地忽视其他地区"④。一批新来的外国学者很快将美国对外关

---

① Thomas Victor DiBacco, *Return to Dollar Diplomacy? American Business Reaction to the Eisenhower Foreign Aid Program*, 1953 – 1961, Thesis（Ph. D）, Washington D. C. ：American University, 1965.

② *Encyclopedia of Latin American History and Culture*, Vol. 2, New York：Charles Scribner's Sons Reference Books, 1978, p. 833；Simon G. Hanson, *Dollar Diplomacy Modern Style*, Inter American Affairs Press, 1970.

③ Matthew Stevenson, "Dollar Diplomacy," *Harper's*, 259：1550, 1979, July, pp. 62 – 64.

④ ［美］弗兰克·宁科维奇：《范式失落：文化转型与美国外交史的全球化》，牛可译，《冷战国际史研究》2006年第1期，第125—126页。

系的研究变成了一项国际性的事业,从根本上强化了向国际史发展的趋势,当然,冷战时期的"国际史"研究并未占据主流,但趋势是明显的。

观念的嬗变也从另外一个方面开始影响美国外交史研究。以入江昭(Akira Iriye)为代表的一批学者意识到"完全着眼于政策制定者的狭小范围,是不足以考察丰富多彩的社会和文化因素的,而社会和文化因素不仅影响和塑造政策,而且有时似乎会导致与政治完全无关的跨国性事务的产生。"[①] 1979年,入江昭在《外交史》杂志上发表了《文化与权力:作为跨文化关系的国际关系》一文,将国际关系定位为一种跨文化关系,促使学者们将关注焦点转向广义上的文化研究领域,重视观念对于国际关系的作用。[②] 自此,越来越多的外交史学家参与到文化转向中来。

冷战后美国外交史从方法论上向"国际史"(甚至是"跨国史"和"全球史")大踏步迈进,从观念上加强了文化与国际关系的进一步研究。[③] 在这两大趋势的影响之下,冷战后美国学术界对"金元外交"的研究取得了新的进展。

首先,冷战后从文化视角出发研究"金元外交"方面的成果逐渐增多。1995年,休斯敦大学历史系的博士迈克尔·赖斯(Michael D. Rice)提交的博士论文《尼加拉瓜与美国:政策对抗与文化互动,1893—1933》中一改以往均从美国政府出发的角度,从尼加拉瓜自身内部精英意识和精英行动的视角对于美国政策尤其是"金元外交"

---

① [美]弗兰克·宁科维奇:《范式失落:文化转型与美国外交史的全球化》,牛可译,《冷战国际史研究》,第126页。

② Akira Iriye, "Culture and Power: International Relations as Intercultural Relations," *Diplomatic History*, No. 3 (Spring 1979), pp. 115 – 128;周桂银、曹大友:《入江昭与美国—东亚关系研究——对国际关系的文化解释》,《外国问题研究》1995年第3、4期,第76—79页。

③ Ian Tyrell, "American Exceptionalism in An Age of International History," *American Historical Review*, No. 96 (October 1991), pp. 1013 – 1055; Akira Iriye, "The Internationalization of History," *American Historical Review*, No. 94 (February 1989), pp. 1 – 10; Akira Iriye, "Culture and International History," in Michael J. Hogan and Thomas Paterson eds., *Explaining the History of American Foreign Relations*, Cambridge: Cambridge University Press, 2004.

政策进行重新考察。赖斯认为尼加拉瓜内部社会精英对美国塔夫脱政府推行的"金元外交"背后一整套"自由发展主义"(Liberal Developmentalism)的进步主义意识形态在被迫强制推行的同时,也在鉴别吸收甚至是借用美国文化中的种族主义、民族中心主义为武器,锻造尼加拉瓜人独特的民族主义,进而形成强烈的反美情绪和社会心理。①尼加拉瓜社会精英努力控制美国的影响,并且基于其自身历史宣布独立的活动贯穿了20世纪尼加拉瓜的历史发展。

1998年《外交史》杂志刊登了著名学者埃米莉·罗森堡(Emily Rosenberg)关于《重返金元外交:金钱与男性权力的叙述》的主席演讲。该篇演讲通过考察20世纪初期美国社会中对于"金钱"与"贷款"的文化叙述,作者认为美国在输出贷款过程中具有典型的"男权色彩"(Manliness),"金元外交"中金融顾问体现出来的"科学"与"专业"渗透着强烈的"种族主义"——男性白人。再者,金元背后的"金钱意识"在不同文化背景中拥有不同的涵义,从而导致两种不同的思想主张,进而影响不同的外交理念。因此,罗森堡将国际政治经济带入了一个文化建构主义的视角。罗森堡还进一步提出一个外交史学界关心的命题:要推动思维方式从"学者们如何将文化分析融入美国对外关系的政治?"转化为"学者们怎能忽视国际政治或经济关系中的文化建构?"②

1999年,罗森堡出版了《向世界传播金融:金元外交的政治与文化,1900—1930》一书,运用了一个综合分析的框架,将政治和文化更为系统地引入外交史的分析,解释美国史学界相对忽视的20世纪初期,美国第一次通过金元外交努力建构国际金融权力的过程,揭

---

① Michael D. Rice, *Nicaragua & The U. S. : Policy Confrontations & Cultural Interactions*, 1893 – 1933, Dissertation (Ph. D), Houston: University of Houston, 1995, p. Ⅳ.
② Emily Rosenberg, "Revisiting Dollar Diplomacy: Narratives of Money and Manliness," *Diplomatic History*, Vol. 22, No. 2 (Spring 1998), pp. 159 – 177.

示美国资本主义发展背后具体的历史文化。① 由此,金元外交的主题研究得以拥有一个更为广阔的文化背景。由于该书对文化与国际关系的深刻分析,使得罗森堡在美国外交史的学术领域声名鹊起,2004年该书由剑桥大学出版社再版,并且获得了美国的罗伯特·法瑞尔图书奖(Robert H. Ferrell Book Prize)②。

2001年,著名美国外交史家、圣约翰大学教授弗兰克·宁科维奇(Frank Ninkovich)从"现代性"(Modernity)角度对"金元外交"做出了重新认识。宁科维奇曾经师从倡导"国际史"文化转向的知名史学家入江昭教授,他长期以来都从文化和意识形态角度来从事美国外交史研究,认为应把美国外交政策置于更为广泛的文化和社会背景中。在《美国与帝国主义》一书中,宁科维奇延续了对文化与帝国主义的考察。宁科维奇认为,"美帝国主义"是地缘政治"现代性"的组成部分。"金元外交的重要性就在于其将门户开放从商品交易转移到资本输出,它强调的更多是一种现代化的设想","通过将铁路中立化作为中国现代化的有力工具……通过金元外交,门户开放政策变成双重现代化的战略,一方面要改革中国;另一方面要协调东北地区列强利益与中国现代化的结合"③。当然,宁科维奇也承认美国"金元外交"主导下的现代化最终失败,清王朝在"被现代化"过程中引发的激烈社会矛盾最终导致了辛亥革命的爆发。这种对"金元外交"背后"现代性"动机的解释为之前学者所忽略,令人耳目一新。

另外,"美国化"(Americanization)的命题也是冷战后美国"国际史"学界文化转型热门的话题,也有学者试图从"美国化"的视野来分析金元外交的文化深层意义。2006年,迈克尔·龚巴特(Mi-

---

① Emily S. Rosenberg, *Financial Missionaries to the World: The Politics and Culture of Dollar Diplomacy*, 1900 – 1930, Massachusetts: Harvard University Press, 1999.
② Ellis W. Hawley, "Review," *Journal of Interdisciplinary History*, 2004, p. 115.
③ Frank Ninkovich, *The United States and Imperialism*, Massachusetts: Blackwell Publishers Inc, 2001, pp. 170 – 172.

chael Gobat)分析了"尼加拉瓜共和国"美国化的具体案例。与一般"美国化"题材不一的是，作者将"美国化"定义为采纳美国的自由制度和实践，而非美国的消费与休闲文化。① 20 世纪"金元外交"是美国从军事冒险者、传教士一直到银行家一系列"美国化"扩张的重要阶段，是美国输出"美国梦"的重要方式。作者还分析了"金元外交"引发尼加拉瓜社会"美国化"精英与反"美国化"精英之间的矛盾与争斗，而且其间的关系更为复杂，"最美国化"的精英反美情绪最为激烈。总之，龚巴特架起了国际史领域"文化"与"政治经济"之间的"隔阂"，通过考察经济实践的文化层面和文化实践的物质内容来深刻理解"金元外交"在尼加拉瓜的影响。②

其次，冷战后美国学术界出现了对金元外交的"跨国层面"的研究。2002 年美国学者赛勒斯·维泽（Cyrus Veeser）挖掘档案资料从"圣多明各开发公司"（英文简称 SDIC）与华盛顿二者关系的视角出发，研究了西奥多·罗斯福政府的"金元外交"。在探索"金元外交"起源的过程中，这一研究跨越了传统外交史的视野。作者认为"该书引入一个跨国层次分析金元外交中的各类行为体——国务院的官员、加勒比的统治者、民主党人、银行家、经济学家、国际法学者、糖业种植园主、海军军官以及欧洲的债权人。政府行动与私人倡议之间的相互作用呈现出一幅更为全面的关于金元外交产生的全景图"③。维泽对"金元外交"起源的研究也很是耐人寻味。他还认为："'罗斯福推论'本身是私人利益与公共政策冲突的结果，西奥多·罗斯福通过对多米尼加实施更加理性化、资本化和国家化的财政干预政策，代替了私人公司的盲目逐利，从而将金元外交推向新的层面，

---

① Michael Gobat, *Confronting the American Dream: Nicaragua under U. S. Imperial Rule*, Durham: Duke University Press, 2005, p. 7.
② Michael Gobat, *Confronting the American Dream: Nicaragua under U. S. Imperial Rule*, p. 11.
③ Cyrus Veeser, *A World Safe for Capitalism: Dollar Diplomacy and America's Rise to Global Power*, New York: Columbia University Press, 2002, p. 386.

代表着美国外交从镀金时代向进步主义时代的过渡。"① 2016 年，艾伦·蒂勒曼（Ellen D. Tillman）出版了《武力之下的金元外交》，从跨国史的层面分析了 1916 年后美国海军陆战队占领多米尼加共和国后以现代方式改造多米尼加基础设施、组建现代意义上国民警察队伍的跨国努力，这种外部干预下的改革排斥了当地的精英，也塑造了当地潜藏着的反美文化，最后导致美军撤出后遗留下一个美式的警察部队，从而为拉斐尔·特鲁希略军事独裁铺平了道路。② 这既是新趋势、新思维、新方法影响的产物，同时也大大拓展了文化与国际史研究的深度和广度。

最后，冷战后美国外交史学界对于塔夫脱之后"金元外交新版本"的研究热情依然不减，尤其是对于冷战时期对外政策中的"金元外交"成分更是进行了深入的探讨。如 1992 年孔兹（Diane Kunz）对兰登·约翰逊政府"金元外交"成就与不足的分析。③ 两年后在《重要年代的外交：美国 20 世纪 60 年代的外交政策》一书中，孔兹发表了《冷战时代的金元外交：遏制战略的另外侧面》的文章，着重针对 60 年代布雷顿森林体系下美国对西欧（西德、法、英三国）的金融政策进行分析，认为在该时期冷战一方面消耗了美国大量的"美元"；而另一方面也促使美国的盟友越来越多承担军事和财政压力，实际上在不断地吸纳"美元"，这是美国军事保护伞的事实和超越国内纷争的自由使然。④ 1999 年，卡罗尔（Margaret M. Carroll）探讨了美国著名的洛克菲勒基金在拉美的活动并以此为题申请博士学

---

① Cyrus Veeser, *A World Safe for Capitalism: Dollar Diplomacy and America's Rise to Global Power*, p. 385.

② Ellen D. Tillman, *Dollar Diplomacy by Force*, Chapel Hill: The University of North Carolina Press, 2016, pp. 5 – 10.

③ Diane Kunz, "London Johnson's Dollar Diplomacy," *History Today*, April 1992, pp. 45 – 51.

④ Diane Kunz, "Cold War Dollar Diplomacy: The other side of Containment," in Diane B. Kunz, Ed., *The Diplomacy of Crucial Decade: American Foreign Policies during the 1960s*, New York: Columbia University Press, 1994, pp. 105 – 107.

位，作者最后认为"洛克菲勒的活动是美国在拉美'金元外交'和睦邻政策的新的发展，因为他们的使命都是改善拉美地区生活质量，提高生活水平"①。同年，普渡大学的罗亚扎（Humberto Mattew Loayza）撰写了《新金元外交：艾森豪威尔美洲间政策》的博士论文。作者认为艾森豪威尔政府并未如过去史学界所说的将共产主义视为美国直接的威胁，拉美民族主义才是。"艾森豪威尔政府决定向欠发达地区提供援助并不意味着它放弃了将私人资本作为开发拉美中的主要作用，相反，其目的在于在拉美地区培育更多自给自足的经济体，从而吸纳美国的资本和消费品，而非美国的援助。"② 这是一种塔夫脱政府对拉美"金元外交"政策的"冷战升级版"，不同的是塔夫脱面对的是欧洲英、德、法债权国的干涉压力，而艾森豪威尔面对的则是苏联咄咄逼人的扩张势头。2000 年，美国奥多明尼昂大学（Old Dominion University）的弗朗西斯·亚当斯（Francis Adams）博士出版了《金元外交：美国对拉美的经济援助》一书，书中考察了自 1960 年（尤其是根据 1961 年"对外援助法"设立的美国国际开发署）到 2000 年美国对拉美经济援助政策的演变历程，作者得出的结论是"从很大程度上说，（美国）的对外援助是利用财政力量来提升美国在拉美地区外交目标的外交策略，这是一种新的'金元外交'战略"③。

冷战后的新金元外交也是人们关注的热点。约翰·斯特里姆劳（John Stremlau）在 1994 年《外交政策》（冬季号）发表《克林顿的金元外交》一文，详细分析了克林顿上台伊始对推动美国对外贸易和开展经济外交的努力，作者得出结论说"冷战后的美国国内驱动和国际现实的集中使得美国迫切需要一种新版本的、更为微妙的'金元

---

① Margaret M. Carroll, *The Rockefeller Corollary*: *The Impact of Philanthropy and Globalization*, Thesis (Ph. D), Los Angeles: UCLA, 1999, p. 338.

② Humberto Mattew Loayza, *Dollar Diplomacy with a New Look*: *President Eisenhower's Inter-American Policies*, 1953 – 1961, Thesis (Ph. D), West Lafayette: Purdue University, 1999, p. Ⅷ.

③ Francis Adams, *Dollar Diplomacy*: *United States Economic Assistance to Latin America*, Burlington: Ashgate Publishing Limited, 2000, pp. 1 – 2.

外交'"①——在巨大的新兴市场推动美国政治与经济目标的实现。1998年保罗·内特兹高级国际问题研究所研究员劳伦斯·卡普兰（Lawrence F. Kaplan）则撰写《金元外交卷土重来》的文章，对克林顿的新金元外交作出批评，认为其缺乏战略考虑和道德合法性，偏离了国家利益的正轨。② 类似的学术成果还有埃里克·赫策纳（Eric Helleiner）、戴维·希林（David Sheinin）对于美国对拉美新"金元外交"的分析。③ 由此看来，"金元外交"已经成为美国对外政策的重要内容，被塔夫脱之后的大多数政府所沿袭，并且不断有新的内容呈现在世人的面前。因此"金元外交"成为20世纪初期以来美国对外决策尤其是利用美元武器和财政力量对发展中国家实施援助，从而使之纳入美国为首的资本主义体系，进而达成美国的政治、经济和安全目标的一项"常规战略"。

第三节 主要资料的收集和运用情况

百年来，无论是美国外交史学界，还是中国的史学前辈们对于塔夫脱政府时期美国的"金元外交"政策都做了有益的探索，随着美国国务院和国会相关文件、报告以及各种数据库的出现，国内外也形成了许多关于"金元外交"政策的各种档案资料。笔者经过持续多年的搜集，将涉及"金元外交"的资料分为三大类：

一是政府公开出版物，其中最为重要的是美国国务院和国会公开出版的文件和各类报告。当然最为重要的资料当属《美国对外关系文件

---

① John Stremlau, "Clinton's Dollar Diplomacy," *Foreign Policy*, No. 97 (Winter, 1994 – 1995), pp. 18 – 35.
② Lawrence F. Kaplan, "Dollar Diplomacy Returns," *Commentary*, February 1998, pp. 52 – 54.
③ Eric Helleiner, "Dollarization Diplomacy: U. S. Policy Towards Latin America Coming Full Circle," *Review of International Political Economy*, Vol. 10, No. 3 (Aug., 2003), pp. 406 – 429; David Sheinin, "The New Dollar Diplomacy in Latin America," *American Studies International*, October 1999, Vol. XXXVII, No. 3, pp. 81 – 98.

集》（FRUS），涉及金元外交的部分时间上可以跨越1905—1913年；《美国政府解密档案·中美关系往来照会集》（第十卷到十二卷，广西师范大学出版社2007年版）；《美国外交与公共文件：美国与中国》（*American Diplomatic and Public Papers*）（Series Ⅲ，1894—1905）中的"铁路建设与财政事务"（Railroad Building and Financial Affairs）部分；英国方面出版的《英国外交事务文件》（*British Documents on Foreign Affairs*）以及中国方面出版的外交史料《清季外交史料》《民国文献资料丛编·近代交通史全编》《中美关系史料·光绪朝》《光绪朝朱批奏折》《清代中南海档案》《北洋政府档案》《清末官报》等资料性的文件汇编（详细信息见文末参考文献部分）。

另外，美国国会方面出版的资料报告也有不少关于"金元外交"的档案资料。包括美国针对相关国家贷款的听证会记录，如审议美国政府与尼加拉瓜签订贷款条约的报告，《尼加拉瓜事务》（*Nicaraguan Affairs：Hearings，U. S. Congress，Senate，Committee on Foreign Relations*，62nd Cong.，2nd Sess.，1912）、《美国与拉美的金元外交》（Juan Leets，*United States and Latin America：Dollar Diplomacy*，New Orleans：The L. Craham CO.，1912）、美国赴利比里亚代表团的报告《利比里亚事务》（Report of the American Commission to the Republic of Liberia，"*Affair of Liberia*，" Senate Document No. 457，61st Congress，2nd Session，1910），以及Gale公司开发的数据库Archives Unbound中所藏国务院关于利比里亚内部事务的记录（U. S. Department of State，*Records of the Department of State Relating to the Internal Affairs of Liberia*，1910 - 1929，Microfilm，34 Rolls，National Archives，Washington，D. C.）等。

二是涉及"金元外交"重要历史人物个人的文集、回忆录和其相关专著。这一方面的资料是笔者最为关注的部分，"金元外交"起于西奥多·罗斯福总统，在塔夫脱总统时期最为典型，伍罗德·威尔逊虽然在上台前后对"金元外交"有所批评，但正是他授意重组"银行团"推行对华的"金元外交"，并在拉美、非洲更大程度上地拓展前任政策之政策。因此这三位"进步主义时代"总统的个人文集自然是本书的重要参考资料，有《西奥多·罗斯福书信集》（*The Letters of Theodore Roosevelt*）、《威廉·霍华德·塔夫脱选集》（*The Collected Works of William Howard Taft*）、《总统通信与文件汇编：威廉·霍华德·塔夫脱》（James D. Richardson, *A Compilation of the Messages and Papers of the Presidents: William Howard Taft*, Vol. XXIII）、《伍罗德·威尔逊文件集》（*The Papers of Woodrow Wilson*）。塔夫脱总统时期国务卿诺克斯的大量演讲，如《美国外交的精神与实质》（Hon. Philander C. Knox, *The spirit and Purpose of American diplomacy*, Philadelphia, 1910, June 15）和《共和国考虑与美国公民签订贷款的声明》（Hon. Philander C. Knox, *Letter and Statement Concerning a Loan Which the Republic Contemplates Making With Citizen of United States*, Washington, 1911）；第一助理国务卿 H. 威尔逊的外交回忆录《一位退休外交家的回忆录》（Huntington Wilson, *Memoirs of an Ex-Diplomat*）和《谎言的坏处》（Huntington Wilson, *The Peril of Hifalutin*, New York: Duffield and Company, 1918）；美国著名黑人领袖布克的《布克·华盛顿文集》（*The Booker T. Washington Papers*）（Series 9–11）。

除此之外，财政顾问和财政专家在"金元外交"中发挥的重要作用也有相关档案资料的佐证。这一方面的资料有美国国会"国际汇率委员会"（International Exchange Committee）专家《引入金本位制度的报告》（Hugh H. Hanna, Charles Conant, *Report on the introduction of the Gold-Exchange Standard*, New York: Washington Government Printing Office, 1904）、《尼加拉瓜币制改革计划报告书》（Messrs. F. C. Harrison and Charles Conant, *Report Presenting a Plan of Money Reform for Nicaragua*, April 23, 1912）、《尼加拉瓜混合委员会致美国国务卿报告书》（Otto Schoenrich, *Report of Nicaraguan Mixed Claims Commission to the Secretary of State of the United States*, Washington, 1915），以及《中国近代货币史资料》中所收录美国财政顾问精琪（Jenks）教授等人对中国币

制改革的《圜法改革报告》①《中国引入新币制的说帖》(Considerations on A New Monetary System for China, 1904)②, 以及《美国大问题: 政治、社会和经济》(John Hays Hammond and Jenks, American Great Issue: Political, Social and Economic, New York: Charles Scribner's Sons, 1921) 等。

　　三是将塔夫脱执政前后美国主要新闻媒体、期刊文章对于"金元外交"政策运用的具体报道、评论,从而反映出那个时代美国外交的某些特点。这部分的资料主要得益于 Pro-quest 和 PAO 数据库,其中关于美国出版的期刊完全覆盖了这一时期,这方面的资料可以在 Pro-quest Central 和 PAO 数据库中根据相关检索词获得,如《北美评论》(North America Review)、《观察》(Outlook) 和《民族》(Nation) 等。另外最为重要的一部分资料来自当时的主流媒体的报道,Pro-quest 数据库有开通《纽约时报》(New York Times)、《华盛顿邮报》(Washington Post)、《华尔街杂志》(The Wall Street Journal) 和《基督教科学箴言报》(Christian Science Monitor) 自创刊一直到目前的全文检索数据库,笔者从这些数据库中获得了不少的资料,从而对当时美国舆论大众对"金元外交"的反应有了一个更为深刻的认识。同时通过检索这些主流媒体,也可以清楚发现塔夫脱所推行的"金元外交"政策的理念并未因塔夫脱的下台而中断,随着 20 世纪美国实力的崛起和强大,"美国资本"(或者说美元) 已经成为外交决策中经常使用的政策工具,这一点以《纽约时报》为例,自 1913 年之后关于"金元外交"主题的检索词条就达数千条之多,时间跨度一直延伸至冷战后。二战后,"金元外交"已经成为美国为称霸世界而经常推行的外交政策。③

---

①　全文可参见与 1903 年的《北华捷报》(North China Herald, Shanghai 1903),其备忘录英文全称 Memorandum on A New Monetary System for China, By Hugh H. Hanna, Charles Conant, Jeremiah Jenks. 全文可从 www.archive.com 网站下载。

②　Jeremiah W. Jenks, Considerations on A New Monetary System for China, Ithaca, New York: Andrus and Church, 1904.

③　杨生茂、张友伦主编:《美国历史百科辞典》,世纪出版集团、上海辞书出版社 2004 年版,第 260—261 页。

第四节 本书写作思路

在上述较为扎实的史料收集和整理的基础上，本书尝试对塔夫脱时期的"金元外交"政策进行一些重新思考。如前所述，从塔夫脱政府正式提出"金元外交"政策伊始，迄今已过了一个世纪，国内学术界的研究大都集中于对华"金元外交"的揭露与批评，取得了许多重要的成果，但存在的一个重要不足就是其对美国外交整体性、通盘性的考察不足，较少探讨其对于美国外交政策演进所起的重要作用，局限于中国一地的研究，实际上塔夫脱在华的"金元外交"由于受到种种原因的限制，实施的效果并不理想，而在拉美和非洲的其他地区，"金元外交"的运用更为典型，对其进行总体上的探讨可能会更有意义。另外，从美国史学界走过的百年轨迹来看，其对"金元外交"的研究没有或者较少使用中文的资料，缺少来自中国视角的分析与角度，并且许多研究成果侧重对于美国政府方面行动逻辑的辩护，虽然也不乏对"金元外交"政策在对象国实施效果上的批判，但对美国在"金元外交"实施过程中牺牲弱小国家利益甚至是领土主权以"保证"其他列强"支持"该政策的做法往往是一笔带过，甚至只字不提。因此，这就为我们中国学者进一步思考"金元外交"政策提供了空间。

塔夫脱总统的"金元外交"一词对于中国学者而言并不陌生，而且我们往往与西奥多·罗斯福总统的"大棒政策"（Big Stick）联系在一起，认为美国在实践中经常是这两种外交政策配合使用。实际的情况是，"金元外交"在西奥多·罗斯福总统时期美国对多米尼加因债务拖欠引发欧洲列强殖民危机时的政策实验中已经体现得十分明显，而塔夫脱及其国务卿诺克斯将多米尼加模式拓展到中美洲、非洲、近东和远东的中国等地区，并且将之高度概括总结，凝练成为一个与塔夫脱总统直接相联系的政策——"金元外交"。因此，这无疑代表了美国对外扩张过程中代表公共权力的政府与私人投资企业之间高度的联结。在政府

（国务院）与企业（投资银行）这两个行为体中，有一群专门化的、具有高度专业知识的财政专家，他们通过专业的知识搭起公共政策与私人资本之间的桥梁。这样，在"金元外交"具体推行的过程中，国务院、投资银行和财政顾问形成了"三驾马车"共同推动美国对外金融扩张。① 再者，我们不难发现，塔夫脱总统执政时期（甚至也包括西奥多·罗斯福总统时期）不遗余力推行"金元外交"的重点地区都位于亚非拉等当时处于欠发达的地区，而欠发达地区许多国家要么由于帝国主义列强的经济侵略扩张导致债务拖欠，引发列强的"觊觎之心"，要么由于自身的经济发展无力，导致财政枯竭，不得不举借外债，从而形成恶性的债务循环，不得不主动或者被动地向当时的美国求援，而19世纪末期大企业崛起以来随着经济实力的强大，美国企图以"美国资本"（金元）为武器，向这些欠发达地区渗透，从而建立起美国为主导的国际经济体系。

因此，本书拟以"债务危机与美国金融（财政）外交"的视角，对塔夫脱政府时期美国对欠发达地区的债务（财政）危机的外交应对做出考察，探讨美国在20世纪初期开始有意识地构筑国际财政和金融权力的尝试，当然此时美国的国际金融力量还谈不上决定性的影响，但通过"金元外交"，美国已经在欠发达的亚非拉地区开始构筑或者试图构筑"美元"的势力范围。从一般概念来看，债务危机指的是"债务国因经济困难或其他原因的影响不能按期如数地偿还债务，致使债权国与债务国之间的债权债务关系不能如期了结，并影响债权国与债务国正常的经济活动及国际经济的正常发展的情形"②。本书所指的债务危机是指20

---

① 埃米莉·罗森堡（Emily Rosenberg）认为金元外交中有政府部门、私人银行以及财政顾问这三类主要行为体，但赛勒斯·维泽（Cyrus Veeser）认为，在美国政府行动与私人倡议之间相互作用呈现的金元外交全景图中，国务院的官员、加勒比的统治者、民主党人、银行家、经济学家、国际法学者、糖业种植园主、海军以及欧洲债权人都是金元外交的重要组成。

② 参见陈元、周道炯等主编《国际金融百科全书》，中国财政经济出版社1994年版，第1136页；Barry Eichengreen and Peter H. Lindert, eds., *The International Debt Crisis in Historical Perspective*, Massachusetts: The MIT Press, 1991, pp. 2–3.

世纪初期出现在亚非拉等欠发达地区由于自身经济困难或者其他因素影响，从而迫使这些国家政府积极向当时世界资本输出的来源地欧洲（部分涉及日本）国家举借外债又无法按期偿还引发的国际性的危机。① "金元外交"时代背景下，华尔街的私人金融力量与代表政府的国务院公共权力公开融合起来，在应对、治理欠发达国家债务危机的过程中逐步建立美国金融霸权的势力范围。考虑到资料的收集以及"金元外交"的实际运用情况，本书将在亚非拉地区分别选取一个典型的案例来考察塔夫脱"金元外交"的具体实施类型，最后进行归纳总结。

首先在拉美选取尼加拉瓜作为这一地区的典型代表，这是因为尼加拉瓜是塔夫脱总统和诺克斯作为"金元外交"实验室的案例；非洲的典型案例是与美国有着密切关系的利比里亚，这也是塔夫脱总统时期唯一在非洲推行"金元外交"的国家；最后的案例是远东地区的中国，这是塔夫脱对远东外交政策的核心区域，按照塔夫脱总统本人对于对华"金元外交"谈判时所说的，"中国几乎占据了国务院所有的时间"②。

在这个三个案例中，美国在拉美后院地区——尼加拉瓜企图打造的是"金元外交"的样板工程，因此美国占有绝对的支配地位，并且将"金元外交"打造成了"经济上的门罗主义"，反对欧洲列强尤其是英国和德国对尼加拉瓜的"财政干预"，塑造中美洲直接依附于美国的"财政附属国"；在非洲的利比里亚，凭借着美国与利比里亚的特殊关系，塔夫脱和诺克斯运用"美元"（金元）作为利器将利比里亚打造为美国势力进入非洲"门户开放"的楔子，由于欧洲列强在非洲瓜分势力范围的斗争与美国的姗姗来迟，美国最终建立起了以美国为主导，有

---

① 一般意义上"国际债务危机"指的是20世纪80年代初期波兰、墨西哥、巴西等国触发的世界性债务危机，但不少学者认为80年代的国际债务危机并非没有历史先例，在20世纪之交许多欠发达国家都因为各种因素的影响举借欧债，无法偿还，引发欧洲殖民干预与危机，如19世纪90年代的阿根廷、巴西、20世纪初期的墨西哥以及下文所论述的尼加拉瓜、利比里亚和中国。参见 Barry Eichengreen and Peter H. Lindert, eds., *The International Debt Crisis in Historical Perspective*, pp. 86 - 105。

② ［美］查尔斯·威维尔：《美国与中国：财政和外交研究，1906—1913》，张玮瑛、李丹阳译，社会科学文献出版社1990年版，第142页。

英国、法国和德国支持的关税监管体制，派出美国人担任利比里亚的财政顾问，形成了美国为主导的国际合作体制。最后，在对中国实施"金元外交"的问题，清末民初由于庚子赔款以及地方势力的坐大导致的中央政府财政枯竭再加上国内形势不稳，任何革新自强的重大改革都牵涉到资金问题，清政府不得不连年举债，形成了债务的恶性循环。美国利用中国的财政危机，强行挤入了英、法、德三国与清政府签订的《湖广铁路贷款协议》，发起了企图改革中国财政状况的币制借款，但在善后大借款的争夺中被欧洲列强尤其是法国、俄国和英国边缘化，后来又不得不退出了"六国银行团"。美国企图利用"美元"为武器，积极推动华尔街的银行家来实现美国在中国"维持门户开放和领土完整"的战略目标，但从实际情况来看，塔夫脱的"金元外交"在中国并不成功。

在篇章结构的安排上，本书将探讨国务院、投资银行与财政专家在应对欠发达地区债务危机，积极进行财政干预中的互动关系作为主线，分析在不同类型中这三类行为体与美国总体性的"金元外交"中的作用，从而对塔夫脱政府时期的"金元外交"有整体性的了解。第一章是背景部分，主要解释的是国务院、投资银行和财政顾问在20世纪初期美国对外关系中所起的重要作用，探讨这一时期（进步主义时期）美国外交的总体性特征，即呈现出了公共政策、私人资本与专业知识的"组合特征"。第一节主要是解释20世纪初期美国国务院内部在商业外交时代要求下进行的以"职业化"为中心的改革，其最终目的是锻造一架服务于美国对外经济扩张的"组织完备、设施精良的机器"，从而推动美国的对外扩张。第二节旨在阐明在20世纪初期大企业崛起的情况之下华尔街投资银行的发展以及其在全世界范围内的债务拓展活动。第三节主要是分析在进步主义时代"专业化"的大背景下，财政顾问与金本位制度的推广。这就从理论和实践两个方面勾勒出塔夫脱上台前后美国对外关系领域的重要变化，形成了向外拓展金融方面的"三驾马车"。

第二章至第四章是本书的核心章节，资料较为集中，篇幅也较大，实质上是要将不同类型、不同地区的三个典型案例进行横向分析。第二章，以尼加拉瓜的债务危机引发外部欧洲干涉和内部革命危机为背景，探讨美国在后院地区打造"金元外交"样板中的"控制性和支配性作用。"第一节，主要是说明国务院是如何介入尼加拉瓜债务危机，防止中美洲地区"革命"，保卫即将开通的"巴拿马运河"的。第二节，分析美国华尔街的布朗兄弟银行、塞格利曼银行主动联系国务院，一步步地参加对尼加拉瓜贷款的过程，最终因为尼加拉瓜的债务恶性循环，这两家华尔街银行持续性的贷款行动，形成了一个"控制性"的贷款网络。第三节，着重探讨美籍财政专家高兰与美国对尼加拉瓜金元外交之间的关系，尤其是分析其在指导建立中央银行、改革币制、实施美国为样板的金本位制度的努力。

第三章探讨利比里亚的债务危机与塔夫脱时期美国对非洲"金元外交"的关系。这种关系最终表现为美国在利比里亚建立的以美国为主导、有英国、法国和德国共同参与的"国际海关关税监管体制"和由美国人兼任利比里亚政府财政顾问的格局。第一节，主要探讨美国国务院应利比里亚方面要求而进行的"拯救"黑人共和国的努力，包括派出美国代表团赴利比里亚调查、美国国务院出面与英法协调"解决"利比里亚与它们各自在非洲殖民地的边境问题以及美国派出军事顾问重组利比里亚边防部队的举措，这为美国实施、运转海关关税监管扫清障碍。第二节，主要是以档案资料为基础阐明"美国银行团"主导下的"国际银行团"在对利比里亚签订贷款协议，提供债务危机急需资本的过程，也包括银行团在局势不稳时的反复与进退维谷的心态分析。第三节，旨在探讨美籍财政顾问兼海关总税务司在美国对利比里亚"金元外交"中的"主导性作用"，包括建立国际性的海关破产管理体制和监督利比里亚的财政改革。最后进行小结，认为塔夫脱总统对利比里亚的"金元外交"不仅在利比里亚建立了"财政附庸国"，同时也为美国资本未来支配利比里亚，向非洲大陆扩张提供了方便。

第四章是本书的重点与难点部分。第一节，阐明清末外债危机形成的内外因素及其对清政府统治的冲击，也为帝国主义列强进行资本输出提供了可乘之机。第二节，主要是探讨美国国务院不遗余力地强行挤入《湖广铁路贷款协议》背后的深层次因素与美国新任政府远东外交政策转型之间的关系。第三节，从美国财政顾问与清末民初币制改革的历史渊源及其发展脉络的视角进行梳理，探讨美国财政顾问在华推广金本位制度改革、建立中央银行、统一币制改革方案的失败以及1911年美国与清政府、美国与欧洲列强（英、法、德）之间围绕"美国顾问"问题的争夺，最后分析了"中立化"的财政顾问方案出台产生的影响。第四节，探讨了在摩根银行带领下华尔街四家银行组成的"美国银行团"、欧洲银行团（包括四国银行团、六国银行团）与美国国务院之间的分分合合，着重探讨了公私互动的双重效应。

第五章从横向和纵向两个角度，对债务危机与塔夫脱"金元外交"政策的关系进行综合分析，总结其特征，并且将其置于美国外交政策发展史的大框架内，探讨其所起的重要作用与历史影响。第一节，从上述美国对三个不同地区的典型案例分析中，得出初步具有共同特征的结论，即在治理亚非拉欠发达地区的债务危机中，形成了政府出台政策，提供制度保障（有时甚至是赤裸裸的炮舰保护），银行家提供巨额的资金支持，财政专家贡献的是科学原则和专业知识，他们能帮助有效管理美国银行家提供的贷款。对于所有参与美国对利比里亚"金元外交"的行为体来说，"金元外交"还提供了一个美国社会日益出现的"组合主义"的秩序。与此同时，此节还对"组合"视角下的"金元外交"进行理论的解释。第二节，将"金元外交"置于美国外交政策演进的宏大视野，探讨其与"门罗主义"和"门户开放"政策等美国外交主要原则之间的关系，并且结合具体的实施简要分析其对20世纪后续美国外交行动构建金融帝国的影响。

第五节　创新与不足

由于"金元外交"并非一个全新的话题，国内外学术界对其研究跟其政策实施一样也都经过了百年的历程，成果丰硕，因此任何谈及对塔夫脱政府时期"金元外交"的创新性研究的话语笔者内心总是感觉诚惶诚恐。当然，新史料·新的理论视野也推动笔者对塔夫脱政府时期"金元外交"进行一些重新思考，这些新的思考包括：

首先，从史料收集来看，本书注重将立论的观点建立在较为扎实的史料基础上，综合运用了包括美国、英国和中国等多种的档案资料，尤为重要的是注重对20世纪90年代以来新出版相关于中美两国间"金元外交"的中文档案资料。与此同时，本书也挖掘了外交档案中大量的相关于华尔街银行（包括"银行团"）活动、财政顾问等过去学者较为忽略的档案资料。

其次，从研究方法上，本书注重探讨"国务院"、"投资银行"和"财政顾问"在美国对外金融扩张中的互动关系的研究，并且注重研究案例遴选中的区域性和代表性，着重阐释三者之间在专业财政顾问联结下的公私互动关系。① 与此同时，还注重对这种"组合秩序"进行理论上的阐释和解读。

最后，从研究的结论来看，本书希望通过对塔夫脱时期"金元外交"在欠发达地区的实施案例的横向剖析，探讨美国在这一时期治理

---

① 需要特别说明的是，这种分析方法并非笔者的首创，著名学者埃米莉·罗森堡于1999年出版的《向世界传播金融：金元外交的政治与文化》一书，已经运用了一个将美国政府、投资银行和财政顾问综合在一起的分析框架，来解释美国史学界相对忽视的20世纪初期美国第一次通过"金元外交"努力建构国际金融权力的过程。此书出彩之处还在于分析"金元外交"推行后面蕴藏的文化因素，而对塔夫脱政府的"金元外交"的论述仅有一个专门章节，并且罗森堡只重点分析了尼加拉瓜的案例，并没有详细地铺开具体的过程，因此本文基于原始档案基础上吸收、借鉴最新研究成果，对尼加拉瓜进行更为详细的解释，同时对中国、利比里亚等该书没有详细涉及的案例进行综合比较研究，从而揭示其多样化的实施类型及其相应的历史影响。参见 Emily S. Rosenberg, *Financial Missionaries to the World: The Politics and Culture of Dollar Diplomacy*, 1900 – 1930, pp. 2 – 3。

欠发达地区的债务拖欠与对外金融扩张之间的关系，总结美国这一时期外交的特征。同时，将塔夫脱时期"金元外交"置于美国外交政策发展史的背景之下，探讨其起源、发展及对20世纪美国外交政策产生的影响。

  当然本书的不足之处也是明显的。一来，笔者没有掌握华盛顿美国国会图书馆所藏的《诺克斯文件集》（*Philander C. Knox Papers*）；纽约J. P. 摩根图书馆所藏的《J. P. 摩根文件集》（*J. P. Morgan Papers*）手稿。二来，从债务危机与美国的外交应对视角来分析美国在塔夫脱时期的"金元外交"政策，不可避免涉及货币学、金融学的专业知识，并且需要较为深厚的理论功底和对史料的娴熟把握，但笔者在写作过程中遇到这些"瓶颈"和"症结"之时，由于理论素养的欠缺和学识之局限，每每总是感觉难以招架，力不从心，这也是本选题需要今后作出进一步思考方向。

第一章　20世纪初美国对外经济关系领域的新变革

塔夫脱实施"金元外交"的总体历史环境是19世纪末20世纪初期美国社会的转型时期。随着19世纪中后期工业革命的展开，美国大企业在工业革命中迅速崛起，美国由自由资本主义进行垄断资本主义发展阶段。伴随着生产和资本的集中与垄断，美国社会正在发生剧烈的变化，转型中的美国社会弊病丛生，国内兴起各种社会改革运动，美国开始进入"进步主义改革时期"。国内经济巨变和社会革新也给美国外交政策提出了新要求，使得美国外交领域也呈现出"进步主义"的风格。① 这样在19世纪末20世纪初期美国对外经济关系领域出现了一系列重大的变化，主要表现在以下三个方面：国务院开始要求对商业外交作出回应，建立适应时代新要求的职业化外交机构；华尔街投资银行的资本力量在美国经济中占据了重要地位，并且开始在国际金融扩张的舞台上崭露头角，能够提供资金支持；此外美国一批经济与财政知识精英利用美国打败西班牙取得新的殖民地实验了金本位制度，获得了专业知识和经验。这三者构成了后来塔夫脱政府推行"金元外交"的主要行为体。

---

① "进步主义"外交风格（The Progressive Style of Foreign Policy），指的是美国"进步主义时代"中人们较少关注的"进步主义"对外交政策的影响以及外交政策对于"进步主义运动"的回应这两方面内容，主要涉及自西奥多·罗斯福以降"进步主义时代"总统的外交政策新内容。参见 Robert Dallek, *The American Style of Foreign Policy: Cultural Politics and Foreign Affairs*, New York: Alfred A. Knof, 1983, pp. 32-61。

本章第一节主要解释20世纪初期美国国务院在商业外交时代要求下进行的、以"职业化"为中心的改革，其最终目的是锻造一架服务于美国对外经济扩张的"组织完备、设施精良的机器"，从而推动美国的对外扩张。第二节旨在阐明在20世纪初期大企业崛起的情况下华尔街投资银行的发展及其在全世界范围内的债务贷款活动。第三节主要是分析在进步主义时代"专业化"的大背景下，美籍财政顾问与金本位制度的推广。

第一节　商业外交时代美国外交机构的职业化改革

20世纪初之前，美国外交机构的职业化水平在政治恩惠制度和国内孤立主义情绪的影响下严重滞后，在一定程度上制约了美国外交机构的效率与稳定。在塔夫脱总统时期，美国政府开始了以专业知识和专业训练为特征的职业化改革，按照地缘政治原则对国务院进行了重组，以绩效制度为核心原则建立外交机构的人事制度，并且积极向国会立法的方向进行突破，提升了外交机构的整体职业化水平和能力，最终为美国缔造了一个商业化时代的现代外交机构，从而为美国实施"金元外交"奠定了良好的基础。

一　美国外交机构的历史起源

现代外交起源于欧洲，1648年10月24日欧洲在三十年战争后签订《威斯特伐利亚条约》，正式确立了常驻使节制度，可以被视为现代外交形成的正式标志。在外交发展过程中，一些与外交密切相关的基本制度相继形成，外交行为的随意性和无序性逐渐受到越来越多的限制。到了18世纪，"在欧洲各国行政部门的正式序列中，专门主管本国外交事务的外交部开始设立。它由政府首脑指定自己的心腹来领导，其任务是贯彻执行本国的外交政策"①。1815 年,欧洲八个国家在维也纳和会上签署了《关于外交人员等级的章程》,正式确定了外交使节分为大使、公使、代办三个等级的制度,现代职业外交官制度基本确立。

19 世纪的美国外交机构由位于国内的国务院(Department of State)和驻外使领代表(Foreign Service)两大系统组成,驻外使领代表又包括公使事务局人员(Diplomatic Service)和领事事务局人员(Consular Service)两大类型。②公使事务人员是美国政府派驻外国、负责处理美国与对象国之间政治事务的代表机构,而领事事务人员则是由在他国领地上保护美国商业利益的领事办事机构。其中国务院是美国日常处理对外事务的特别机关,是履行总统外交行政权力的具体执行机构,在美国内阁中居于首要位置,是总统处理对外关系的中枢神经,具有非常重要的地位。

现在的美国国务院最早起源于殖民地邦联时期(Colonial Federation)的"外交部"(Department of Foreign Affairs)。1778 年 10 月,美国独立运动风起云涌之时,大陆会议(Continental Congress)正式任命本杰明·富兰克林为美国驻法全权公使,并且担任正式的外交代表(Diplomatic Service)负责人。③然而,这个外交机构并没有存在多久。1781 年 8 月 10 日,邦联国会(Congress of the Confederation)通过决议成立了"外交部"(Department of Foreign Affairs),但是这个"外交部"并非联邦政府内阁的机构,而是邦联国会的下属机构,它也没有独立功能,而是完全为邦联国会所左右。至 1789 年 9 月 15 日,国会通过法案,将原先孱弱的"外交部"改为"国务院"(Department of State),

---

① 金正昆:《外交学》,中国人民大学出版社 2007 年版,第 20 页。
② 在 1924 年之前,美国的驻外使领代表(Foreign Service)由外交事务局和领事事务局组成,他们是相互独立的机构,所以是小写的。1924 年国会通过了罗杰斯法案(Rogers Act),正式将二者合并为一个统一机构,隶属与国务院,称为"美国外交事务管理司"(Foreign Service of the United States)。
③ Philander C. Knox, *Address of Hon. Philander C. Knox before the National Civic Federation*, p. 6.

国务院的长官称为"国务卿"(Secretary of State)。在国父乔治·华盛顿和开国元勋杰斐逊眼中,当时的国务院从功能上说应是"国务办公室"(Domestic Chancery or Home Office),至少在杰斐逊看来,国务院的业务应该包括"除了陆军与商业事务之外的整个国内行政事务"。① 因此,早期国务院不仅有行政事务,亦有立法责任。国务院下设专利与出版办公室、人口普查办公室、移民登记办公室,还需收集国外商业信息,甚至有一段时间还负责铸币管理与国土管辖,因此外交仅仅是其功能之一,并不是处理国际关系的特殊机构,而是犹如一位社区的"全科医生",其职业化程度是不高的。因此,早期的国务院"缺乏分工和职业化……虽然近年来国务院规模扩大了,但是它并没有得到真正的发展。它雇用了越来越多的职工,做了越来越多的业务,但其运作的方式还是陈旧的。它偶尔反应积极,然而其业务还是遵循老一套的陈词滥调"②。

到了19世纪末,与欧洲其他国家的外交机构相比,美国国务院自身的发展还是十分滞后的。1909年,美国一位匿名的外交官在谈及美国外交机构时就很客观地指出"与欧洲旧世界相比,我们政府的外交机构效率低人一等,其根本原因在于我们在招募外事人员时的政治属性"③。这里所说的"政治属性"是指19世纪美国社会弥漫于政府行政部门的"政治恩惠制度"(Spoil System,亦称政党分肥制度)。政治恩惠制度起源于19世纪30年代安德鲁·杰克逊(Andrew Jackson)政府时期,它的核心是按照"战利品属于胜利者的原则,利用国家职位作为政治奖励的工具"④。所谓政治恩惠,简言之,就是把公职作为战利品划分给该党的支持者。美国著名历史学家查尔斯·A. 比尔德就评论

---

① Philander C. Knox, *Address of Hon. Philander C. Knox before the National Civic Federation*, p. 15.
② Philander C. Knox, *Address of Hon. Philander C. Knox before the National Civic Federation*, p. 21.
③ By a Diplomatist, *American Foreign Policy*, p. 157.
④ 李道揆:《美国政府机构与人事制度》,人民出版社1985年版,第56—57页。

道,"外交人员应该有外交工作效率所必不可少的丰富知识和经验,但是我国的官方代表,尤其是挑选大使和公使的时候,却往往不顾这些资格,而是代之以政治服务及对竞选基金的大量捐赠"①。著名国务卿海约翰曾经不无讽刺地描述了美国外交机构存在的政治腐败现象,他说:"安宁的公使馆是一个填料的垫子,政治杂技演员总是喜欢在自己身子底下有这么一个垫子,以防摔跤。"②

政治恩惠制度给美国的外交机构职业化带来了严重的负面影响,其直接的结果是导致美国外事人员缺乏固定的任期和必要的训练。19世纪的大使任期不定,多半是很短的,其原因在于每当白宫易主或者华盛顿政党轮替,美国在外国的代表就会发生大批变动。外事工作对于从业人员具有高度的职业化要求,这样才能不辱使命,然而当时美国驻外使领的任命却经常为党派政治所累,"一朝天子一朝臣"现象十分严重。"从1884—1896年间,总统每四年更换一次,而美国国务院的人事则出现了成批官员上任没多久便被新人所取代的局面。"③ 最为明显的例子是,1896年底民主党克利夫兰总统(Grover Cleveland)原先任命的272名领事有238名为新上台的共和党总统威廉·麦金莱(William Mickinley)召回,被替代的比例占到了87%。④ 因此,在政治恩惠制度的影响之下,联邦政府的各个部门,从下级外交秘书开始,到欧洲一个最重要使馆的高级职位为止,其任期都是不固定的,因此,不可能有所谓的集体荣誉感。外交机构的职位被视为政治投机和牟取个人私利的工具,这在19世纪美国国务院、外交代表和领事代表的各级官员中并不鲜见。

因此,截至19世纪末期20世纪初,美国的驻外使领代表和国务院

---

① [美] 查尔斯·A. 比尔德:《美国政府与政治》(上),朱曾汶译,商务印书馆1987年版,第323页。
② [美] 查尔斯·A. 比尔德:《美国政府与政治》(上),第323页。
③ William Becker, *Economic and World Power: An Assessment of American Diplomacy since 1789*, p. 127.
④ John W. Foster, *The Practice of Diplomacy: As Illustrated in the Foreign Relations of the United States*, Boston and New York: the Riverside Press, 1909, p. 241.

从总体上来看依然是一个不合时宜的外交机构。当然，这与早期孤立主义的影响也不无关联。华盛顿在告别演说中对美国早期孤立主义做了十分精辟的总结："欧洲有一些根本的利益，这些利益同我们没有关系，或只有极其微小的关系。因此，欧洲必然经常忙于争吵，其起因实际上同我们的利害无关……我们的真正政策是避免与外界任何部分结成永久性的联盟。"① 华盛顿对于卷入欧洲事务的警告和孤立主义政策的经典阐释成为19世纪长期以来美国海外扩张的紧箍咒。孤立主义对19世纪美国民众的影响力十分巨大，而且美国通过西进运动和大陆扩张，在北美大陆建立起了一个"自由安全"的共和国，更是巩固了孤立主义对外交事务的印象。美国外交史家塞缪尔·弗拉格·比米斯就认为："在19世纪的后75年中，美国从其直觉出发的外交政策轻而易举地适应了对其极其有利的世界政治格局。我们感到如此安全无恙，以至我们常常不需要过多的策略。有些自作聪明的人甚至认为，我们在国外也不需要代表。真是妙不可言的世界，我们的民族竟是如此意外地幸运。"② 既然美国是受上帝眷顾的国度，享受自由与安全，连外交代表都已显得多余，那么外交机构的扩大与职业化更是无从谈起。这种"自作聪明者"在美国不在少数，甚至当时有些评论家认为"国务院是政府进行观光旅游的掩饰与借口"③。无独有偶，20世纪初期另一位美国外交官则记载道，"现在流行的一种观点是，随着交通工具的发展和新闻媒介的进步，外交官的重要性正在衰退，大使沦为电报线一旁静静等待消息的一介文书"④。

---

① Michael D. Gambone, *Documents of American Diplomacy: From the American Revolution to the Present*, Westport: Greenwood Press, 2001, pp. 38 – 39.

② [美] 比米斯：《美国对外政策和自由幸福》，辑自中国美国史研究会编《现代史学的挑战：美国历史协会主席演说集 1961—1988》，王建华等译，上海人民出版社1990年版，第7页。

③ Edward L. Younger, *John A. Kasson: Politics and Diplomacy from Lincoln to McKinley*, Iowa City: University of Iowa Press, 1955, pp. 281 – 282.

④ By a Diplomatist, *American Foreign Policy*, p. 170; William Becker, *Economic and World Power*, p. 129.

当然，并非所有人都沉湎于自由安全的神话之中，美国不少有识的总统、国会议员、学者都要求对国务院、领事部和外事部进行改革，尤其是废除政治恩惠制度，实行非党派的人事任免原则，保障外事人员的固定任期，提高外交机构的办事效率。1881年美国建立了文官改革联盟（Civil Service Reform League），致力于改革美国行政部门存在的政治党派制度。1883年，国会通过了被称为文官制度改革大宪章的《彭德尔顿法案》（*Plendleton Civil Service Act*），旨在监督文官制度的队伍建设，它奠定了美国文官体制的根基。然而当时国务院、领事代表和外交代表被认为是"总统的地盘"（President Office），因此国会通过的一系列改革均未影响外交机构。但是，从19世纪80年代开始，美国许多政治领袖及团体开始提倡外交机构的职业化建设。当时"他们的基本观点是外交不仅是一门艺术，而且是一门科学，一门商业，一门职业……外交必须通过学习、训练才能更有效率"①。

1895年，克利夫兰总统颁布行政令，制定了一个基于考试基础之上的任命和晋升制度，旨在对领事事务局长期存在的流弊进行改革。然而，这个计划并没有付诸实践。② 1905年，一直热衷于文官制度改革的总统西奥多·罗斯福发布行政令（Executive Order），规定大使馆或者使团空余的秘书职位自此以后需从外交代表中调任或者提拔，或者通过资格考试并经总统批准予以任命。同时，时任国务卿的罗脱（Root）还颁发国务院令，建立"考试委员会"（Board of Examiners），由国务院助理国务卿、法务官以及外交局（Diplomatic Bureau）的负责人组成，考试内容包括国际法、外交惯例、现代语言以及至少一门外语。1906年，在西奥多·罗斯福的一再要求下，国会通过了"重组领事代表法

---

① Elmer Plischke, *U. S. Department of State: A Reference History*, Westport: Greenwood Press, 1999, p. 222.

② "Annual Messages to the Senate and House of Representatives," *FRUS*（1895），Washington, D. C.: Government Printing Office, 1896, p. XXXVII.

案",规定"领事的委任与提拔必须根据1883年的文官制度法"①。西奥多·罗斯福对于国务院的改革是落实之前理想的一大进步,它提供了领事机构任免人员的一种标准化的衡量指针,从而打击了政治恩惠制度,提高了领事队伍的办事效率,并且为其他外交机构领域的变革提供了一个先例。当然,西奥多·罗斯福的改革局限也不小。一方面,西奥多·罗斯福没有摆脱政党政治的负面效应。有学者就认为,罗斯福在实施改革之时,其领事机构已经被政治恩荫所安插的人员占满了,而到其实施公开考试,选拔上来的人才英雄无用武之地。"西奥多·罗斯福的计划更多地仅是停留于一纸空文,即使申请人通过考试并且达到了其他要求,任命也不会必然到来。良好的政治关系依然是获取职位、增强职业外交官晋升的最重要的因素。"② 另一方面,总统行政令对后来的总统没有约束力,继任的总统可以随时废除之,因此没有国会立法支持的改革无法成为一项制度化的措施固定下来。1909年,被称为是西奥多·罗斯福指定接班人、同属共和党阵营的总统塔夫脱上台开始大力推行美国外交机构的职业化进程,从而大大推进了一个现代外交机构的建立。

二 美国国务院机构内部的地缘性重组

如果说以考试准入、人事流动、外交资格、足额薪金、固定任期和绩效提拔标准来衡量现代职业化外交机构的主要特征的话,那么就19世纪的美国而言,无论是国务院还是外交代表抑或是领事代表都不具有现代外交机构的基本特征。前国务卿、著名外交史学家约翰·福斯特(John Foster)在1909年出版的《外交实践》一书中便感叹道:美国采纳了欧洲的外交机构制度,但是却并没有遵循其他国家通行做法。"在

---

① *The Executive Order*, The White House, No. 10th, 1905. 引自 Fredrick Van Dyne, *Our Foreign Service: The "A B C" of American Diplomacy*, New York: The Lawyers Co-operative Publishing Company, 1909, p. 209。

② Walter V. Scholes and Marie V. Scholes, *The Foreign Policies of the Taft Administration*, Columbia: University of Missouri Press, 1970, p. 25。

最文明的国家中,外交机构现在已经是职业化了的,进入外交部门即使是最低级的职位也必须通过考试的途径,而这种考试经常必须通过激烈的竞争。年轻学子们经常是踌躇满志,跃跃欲试,梦想能通过一朝考试能投身外交事业。一旦经过特殊考核,他们的晋升都是通过级别来进行的,而且在他们退休之后,也会有优厚的退休金可以颐养天年。"① 福斯特在字里行间其实点出了欧洲通行的外交机构的特征:竞争性的考试准入、基于绩效的提拔、优厚薪水的保障,其目标是职业化的现代外交机构。与欧洲各国外交机构的这些特征相比,当时的美国还相对滞后,美国的外交机构必须仿效欧洲其他国家,这样才能建立一个现代的职业化机构,适应现代美国商业扩张的需求。

1908年赢得大选、入主白宫的塔夫脱总统在就任前,曾经担任过大学法律教授、律师、巡回法庭的法官、菲律宾的首任总督、古巴的总督、陆军部部长出访过巴拿马、菲律宾、日本、中国和俄国,并且在菲律宾创立了一套殖民地的文官制度,拥有丰富的从政经验和外事经历。早在1904年,时任总统西奥多·罗斯福就曾与塔夫脱协商在外交机构中运用绩效原则的问题。② 塔夫脱上任后对外交机构的变革十分关注,他首先从国务院的重组入手,其核心是要提高国务院的职业化程度,建立一个与美国商业外交相适应的现代外交机构。在1909年的《国情咨文》中,塔夫脱便阐发了其对建立现代国务院的想法:"要按照现代原则来完善与重组国务院,使其成为推动我们的对外贸易与海外利益的有力工具。"③ 换言之,塔夫脱认为,应当从拓展海外利益的高度来推动国务院的改革,否则无法适应现代商业的需求。

在1912年12月3日的《国情咨文》中,塔夫脱再次就国务院的重

---

① John W. Foster, *The Practice of Diplomacy: As Illustrated in the Foreign Relations of the United States*, p. 7.

② Warren Federick Ilchman, *Professional Diplomacy in United States, 1779–1939: A Study in Administrative History*, Chicago: Chicago University Press, 1961, p. 95.

③ "Annual Messages to the Senate and House of Representatives," FRUS (1909), Washington, D.C.: Government Printing Office, 1914, p. XX.

组进行辩护，因为国务院是一架过时的、存在缺陷的机器，缺乏大多数其他任何强国皆有的外交机构特征。塔夫脱接着对其重组国务院的核心思想进行了阐述。"专业知识（Expert Knowledge）和职业训练（Professional Training）应该是国务院重组的根本所在。没有训练有素的外事人员，国务院的重组将面临无人可用之境地。"① 因此，拥有职业化的外交机构既是跻身世界强国的重要特征，同时也可以说是在塔夫脱改组国务院的思想与行动中居于中枢地位。

塔夫脱任命的国务卿，曾经是律师、参议员的诺克斯也不遗余力地支持总统对国务院进行职业化重组的计划。在1911年的关于国务院机构改革的演讲中，诺克斯总结了两年来国务院改革的成果，他认为国务院最显著的变化在于其组织机构的职业化。"为了适应一个世界强国要求的现代外交机构，国务院自身开始根据现代商业途径的要求来调整其运作方式。我尤为强调国务院的重组，因为正如唯有源头活水来一样，我们应该拥有良好的驻外使领代表，但是倘若我们不能予以足够的训练与指导，我们的收效便不会多大。"② 诺克斯还从19世纪末20世纪初期蔚为流行的进化论中寻找其改组国务院的理论支持。诺克斯认为："现在国务院的存在是功能演化的结果。国务院并非有形的增长，并不仅仅是体积的扩大，如同水母或者是大树一样，它更是组织特征的必要增长，以满足国内外环境不断变化的要求，我认为它就像赫胥黎和达尔文的进化论一样。即便在动物的世界，环境能塑造功能器官或者创造新的物种，从而使适者更好生存，而在政治经济的世界里，随着国内秩序或者说与其他国家联系的增多，外交机构的组织必须改变，以促进更为广泛的活动或者是调整其角色使之发挥过去部分不足或者完全缺失的功能……正如医疗行业全科医生为专科医生取代一样，国务院的职业化功

---

① "Annual Messages to the Senate and House of Representatives," *FRUS* (1912), Washington, D. C.: Government Printing Office, 1919, p. Ⅶ.

② Philander C. Knox, *Address of Hon. Philander C. Knox before the National Civic Federation*, p. 46.

能也是必不可少的。"① 因此，职业化在诺克斯看来就是一种自然选择的结果，而美国现在的任务就是要在国务院能动地推动职业化的改革，使得国务院的一举一动都符合美国及公民在激烈的国际竞争中获胜的要求。

在建设职业化外交机构的思想指导之下，塔夫脱任命职业外交官亨廷顿·威尔逊担任国务院第一助理国务卿，负责重组国务院的组织机构。威尔逊长期以来致力于欧洲外交制度史研究，并且多次倡导外交机构的改革。1906年3月3日，美国杂志《观察》（*Outlook*）刊登了威尔逊一篇关于国务院改革的文章，反映了其改革的早期理念。H. 威尔逊认为："（国务院）要增加人手，建立一个更为合理的区域分工；改善招募程序，增强在职培训；实行海外驻地轮换；基于绩效（Merit System）提拔人才；引入惩罚制度，提高津贴。"② 这可以说是威尔逊进行职业化改革的先声。威尔逊担任第一助理国务卿之后，便开始对国务院进行大刀阔斧的改革，其中最为突出的成效体现为按照地缘政治的原则调整国务院的区域分工，提高外事人员的职业化水平。

就国务院的组织机构演进而言，国务院早在1870年就开始了重组的进程。时任美国国务卿的菲什（Fish）将国务院划分成13个单位，包括9个署（Bureaus）、2个代办处（Agencies）、1个翻译处（Translator）和1个电报处（Telegrapher），其中4个主要功能性单元由2个外交署（Diplomatic Bureaus）和2个领事署（Consular Bureaus）组成。第一外交署（the First Diplomatic Bureau）由当时的第一助理国务卿戴维斯领导，负责11个欧洲国家、中国和日本事务。第二外交署（the Second Diplomatic Bureau）接受第二助理国务卿威廉·亨特的领导，主要处理拉美17国，剩余的3个欧洲国家（希腊、意大利、俄国）、巴尔干诸国、

---

① Philander C. Knox, *Address of Hon. Philander C. Knox before the National Civic Federation*, pp. 41–44.

② Huntington Wilson, "The American Foreign Service," *Outlook*, Issue. 47 (March 3, 1906), pp. 499—503.

埃及、夏威夷王国、利比亚、土耳其,总共超过 24 个国家和地区的事务。而第一、第二领事署则分别与相应国家打交道。① 这种安排的一大创新在于它规定了第一、第二助理国务卿的具体分工与管理,第一外交署、第一领事署由第一助理国务卿负责,而第二助理国务卿统筹第二外交署、第二领事署的具体事宜。这样国务院便按照特定的地缘区域组织起来建立功能性单元,这种基本的结构模式延续了 40 余年。

塔夫脱对于国务院的地缘政治划分进行了更进一步的思考。1909 年塔夫脱在首次上台后的《国情咨文》中便要求国务院支持其职业化的改组。"我们的计划是建议国务院立即设立拉美司(Division of Latin American Affairs)和远东司(Division of Far Eastern Affairs),并且成立专门机构使之与欧洲和近东打交道。"在塔夫脱看来,原有的划分已经不能适应美国的国际地位和国际责任的发展需要,要按照全球区域布局建立专门化的功能机构,这样才能将原先零散、混乱的格局打破,代之以一种清晰的、完全按照地缘政治原则划分的区域单元。塔夫脱认为:"这些地缘政治的划分以及从外交代表或者领事代表调到国务院的许多人,他们将娴熟地掌握世界不同地区最近发生的实际知识,研究各种复杂的问题。这些显然是国务卿能够拥有先见之明以及采取相应措施的最为巨大的优势。应该记住的是,这些便利措施在所有领先的商业国家的外交机构中都已付诸实践,而国会否决国务卿的建议将使政府在商业竞争中处于极其劣势之地。"② 易言之,塔夫脱眼中的国务院应该包括拉美、远东、欧洲和近东四个功能性单元,并且从相应的外事和领事机构选拔优秀人才来负责具体的区域事务,从而能够以职业化的视角研究、解决具体的区域问题,为国务卿提供决策咨询和职业服务,同时能够有的放矢地开展相关业务,提高国务院的工作效率,这是美国保持或者赶超世界范围内商业竞争的组织和制度保障。

---

① Elmer Plischke, *U. S. Department of State: A Reference History*, p. 200.
② "Annual Messages to the Senate and House of Representatives," *FRUS* (1909), Washington, D. C.: Government Printing Office, 1914, p. XX.

国务卿诺克斯认为这种按照地缘政治的区域分工具有两大优势：一是职业化的优势；二是能够在美国外交机构内进行人员的互换流动，形成良性的循环。诺克斯在一次演讲中还专门就国务院这种"革命性的嬗变"进行了辩护。1898 年美西战争之后，美国作为世界大国的责任已经迅速增长。与政治利益扩张相随的是，美国的工业和资本的剩余也迅速累积。因此加快扩大美国的外贸显得如此重要。美国要适应被赋予的巨大责任，同时捍卫对外利益，美国外交机构的革命性变化显得不可或缺。这个革命性的变革就是按照地缘政治原则重新划分组织机构。诺克斯认为"这种地缘政治划分意味着我们同不同国家集团打交道时必须通过外交代表中拥有对象国或者地区熟练、深刻与活跃的相关知识的职业人士"，这样可以保证职业性和针对性，同时通过地缘政治的划分，国务院与外交代表之间可以轮流换岗"从而保证给予每一个外交代表一种新的生活，锻造一个更为紧密的集体荣誉感，并且将外交代表定期召回华盛顿，避免任何与国内发展相脱离的情况"[①]。

1909 年 8 月 5 日，国会通过决议，批准了诺克斯的重组计划，并且额外拨款 10 万美元用于改善国务院的组织结构。最初设立的远东司，负责所有亚洲国家及其地区，不仅包括中国、日本，还有法属印度支那、香港、印度、泰国和西伯利亚、婆罗洲、荷属东印度和海峡殖民地。是年 11 月，诺克斯发布国务院令，设立了拉美司，负责处理墨西哥、中美洲、南美和西印度群岛等国家和地区事务。一个月后，欧洲事务司也成立，由第三助理国务卿领导，处理欧洲 10 国、英属殖民地、摩洛哥、利比亚及刚果事务。12 月，国务院还授权建立了近东司，处理中东欧国家（奥匈帝国、巴尔干诸国）、德国、希腊、意大利、俄国及其殖民地，再加上埃塞俄比亚、埃及、波斯和土耳其事务[②]。塔夫脱

---

① Philander C. Knox, *Address of Hon. Philander C. Knox before the National Civic Federation*, p. 46.
② Donald F. Anderson, *William Howard Taft: A Conservative's Conception of the Presidency*, Ithaca and London: Cornell University Press, 1973, p. 238; Elmer Plischke, *U. S. Department of State: A Reference History*, pp. 204–206.

政府对于国务院的地缘政治划分奠定了美国外交机构功能性划分的基础，这种区域性的功能划分一直延续至今，降至现在，美国国务院的四大区域划分也只是有略微调整，如拉美司改为"美洲诸共和国司"、近东司改为"近东与非洲司"。① 塔夫脱对自己任内这项工作很是满意，1912 年最后一次《国情咨文》，他不无得意地夸耀道，"对于这些司局的划分，其外交代表和领事代表可以从世界不同地区获取更为丰富的经验，因此也更加熟悉相关区域的政治与商业环境，这项工作是高度职业化的。其结果是，之前政府在选择政策上会有所偏颇，现在美国在全球的任何一个角落的关注度都能予以同样坚持不懈地培养"②。

三 美国驻外使领人事制度的改革

塔夫脱对于外交机构职业化的第二个重要的措施就是对外交队伍实行文官制改革，实行了严格的考试选拔、擢升人才的绩效制度，培养职业化的外事人才。

19 世纪 80 年代之前，美国联邦政府没有正规的人事制度，也没有专门负责人事管理的机构。杰克逊以来的政治恩惠制度任人唯亲，只考虑党派归属，无视才能，致使无能之辈充斥于政府，人浮于事，行政效率低下。19 世纪 80 年代，美国社会要求改革官员任命制度的呼声高涨。1883 年国会通过了文官制度法，结束了政治恩惠制，开始通过公开考试择优录用官员的"绩效制"为主要内容的现代文官制度。文官制度法的基本要点有三条：通过"竞争性考试"选拔公职人员，并且从低级公务员开始；相对的职业保障，凡通过文官考试而被录用的人员，不得因政治原因（指政党关系）被革除公职；文职人员在政治上保持中立。③ 到 1900 年，美国联邦政府文职人员 20.8 万人中，运用绩

---

① ［美］查尔斯·A. 比尔德：《美国政府与政治》（上），第 322 页。
② "Annual Messages to the Senate and House of Representatives," *FRUS*（1912），Washington, D. C.: Government Printing Office, 1919, p. Ⅶ.
③ 李道揆：《美国政府机构与人事制度》，第 57 页。

效制度的已达到94900人，占到45.6%。① 然而国会通过的文官制度法案并未扩张到外交机构领域。

塔夫脱总统十分重视对外交代表内盛行的政治恩惠制度进行改革。"美国外交政策的根基应该提高到超越党派的冲突，并且如国内政策一样，完完全全摆脱各种分歧。在外交领域，美国必须呈现给世界一个统一阵线。"② 早在上任伊始，塔夫脱便在国情咨文中要求国会以立法形式批准其计划。塔夫脱认为西奥多·罗斯福对于领事代表的改革是卓有成效的。根据1906年4月5日法案、1906年的总统行政令、1907年6月27日的总统行政令，他建议国会考虑制定法律，以实施当前行政令的原则，从而提高美国外交代表的效率。"我们的外交代表和领事一样，对于国家的商业利益至关重要。基于此种考虑，我们深信经过严格考试选拔，基于绩效原则擢升以及通过一个固定任期的机构所获得的经验，这些是一个高效的外交机构必不可少的条件。""在这个商业外交的时代，显然美国政府的第一要务在于训练大批合格的职业外交官供职于各个机构。"③ 1910年，塔夫脱在年度咨文中再次就在外交代表和领事引入绩效制度向国会要求通过立法形式固定下来。塔夫脱说："我强烈建议国会能够采取赞同态度，制定一项相关于美国外交机构改革的法令，从而使美国修正案1753年部分、1883年的文官制度法以及1906年、1909年10月的两个总统行政令体现的原则能够得到具体实施。将文官制度的原则部分运用于外事代表取得良好的效果，这是当前将这些原则扩展至外交代表各分支最为有益的途径。"④ 在塔夫脱看来，绩效

---

① George J. Gordon, *Public Administration in America*, New York: St. Martin's Press, 1978, p. 245.

② "Annual Messages to the Senate and House of Representatives," *FRUS* (1911), Washington, D. C.: Government Printing Office, 1918, p. Ⅶ.

③ "Annual Messages to the Senate and House of Representatives," *FRUS* (1909), Washington, D. C.: Government Printing Office, 1914, p. ⅩⅨ; *FRUS* (1912), Washington, D. C.: Government Printing Office, 1919, p. Ⅸ.

④ "Annual Messages to the Senate and House of Representatives," *FRUS* (1910), Washington, D. C.: Government Printing Office, 1915, p. ⅩⅨ.

制度有三大好处：能够推动外交代表各分支机构功能的完善；能够保障固定任期和绩效提拔；能够留任为外交事业做出贡献的老资格外交官并且吸引越来越多年轻人到外事领域施展才华。

1909年塔夫脱颁布的行政令被国务卿诺克斯称为是现代外交机构改革的"大宪章"（Magna Charta）。H. 威尔逊在总统的授权下，在国务院完善了"考试委员会"。塔夫脱的行政令是将1883年的彭德尔顿法基本原则运用到外事部的具体体现。根据该项行政令成立的"考试委员会"由助理国务卿、人事司（the Chief of the Bureau of Appointment）和文官委员会主考（the Chief Examiner of the Civil Service Commission）组成。总统行政令赋予考试委员会组织考试、制定规则的权力。考试分为笔试和面试两个部分，笔试要求考察候选人的国际法知识（占总成绩的25%），一门现代外语（占20%）。此外笔试还要求掌握美国地理、工商企业知识；美国商业尤其是涉及增加与拓展美国对外贸易的可能性；美国历史、政府及制度方面的知识，1850年以来的欧洲、拉美和远东的现代史，这三个方面的综合知识占总成绩的50%。[①] 笔试的目的在于让候选人熟悉语言与外交惯例，理解国际法，热衷于促进美国的对外商业，同时掌握世界经济史的广博知识。从笔试的要求来看，问题强调美国进出口贸易的区位分布、贸易平衡机制以及拓展美国对外贸易的途径，甚至于历史知识部分的考察也是侧重于商业纠纷及其解决方案，因此考察内容完全是以经济和商业为中心的。

除了笔试之外，威尔逊更加重视通过面试来考察候选人的应变能力和综合能力。威尔逊建立了外交代表和领事代表面试的正式标准。这些标准包括性格（Character）和性情（Disposition）、个性（Personality）、综合能力（General Intelligence）、经验与商务能力（Experience and Business Capacity）。在每一个大标题下面都会分成具体小标题，如"演

---

① National Civil Service Reform League, *Report on the Foreign Service*, New York, 1919, pp. 240 – 241.

讲"、"判断"、"鉴别"能力等。

1909年的"大宪章"还确定了绩效提拔制度，反对政党政治的考虑。行政令规定："每一位外交代表都必须建立绩效记录（Efficiency Records），以此作为擢升和留任官员的依据，同时规定外交秘书应根据其重要性及其他因素予以提拔；提拔更高级职位的官员必须从低级官员中遴选，而外交代表各分支机构的人员调动必须根据考试成绩（每年领取1800美元以上的国务院官员不受此限制）。"① 因此在1909年的行政令中，政治属性与政治党派不再被视为任命的依据，而只能是基于绩效原则的考试和考核制度。考试委员会还要求在考试过程中，所有候选人的身份必须匿名，所有考试皆由文官委员会打分。1910年12月23日，塔夫脱还签署总统行政令，禁止国务院的成员以任何直接或间接的方式给予候选人以指导。"外交代表的工作应该去除党派观念，这非常重要，它必须引起每一个美国公民的关注。"② 这样，在美国建国一百多年之后，塔夫脱总统的行政令建立一套系统化的任命、擢升、留任和调动外交官的基本原则，这无疑是美国外交机构向现代职业化外交演进的一大进步。

四 塔夫脱对美国外交机构职业化改革取得的成效

塔夫脱对于推动以职业化为核心的外交机构建设可谓不遗余力。在1909—1913年间，塔夫脱每年都在其年度国情咨文中提请国会以立法形式保障国务院的重组和外交代表、领事代表这两大驻外机构实行以绩效制度为核心的职业化改革。国务院的重组得到了国会立法的通过，但在外交代表、领事以法律形式稳定绩效制度的改革却迟迟得不到国会的批准。塔夫脱不得不寻求部分国会议员和公共舆论的支持。1910年，共和党失去了对众议院的控制，民主党掌握了众议院的多数席位，鉴于

---

① Elmer Plischke, *U. S. Department of State: A Reference History*, p. 224.
② "Annual Messages to the Senate and House of Representatives," *FRUS* (1910), Washington, D. C.: Government Printing Office, 1915, p. IX.

总统行政令对继任总统没有法定效力，因此塔夫脱认为将绩效原则变成法律条文显得尤为重要。1910年，众议院议员威廉·威利（William Wiley）支持绩效改革，因此他提交了相关法案，但因为缺乏足够支持而被否决。1911年，塔夫脱取得了众议院议员罗登（Frank Lowden）的支持，罗登将绩效改革原则写入议案，提交至参议院外事委员会，要求审议通过《罗登法案》（Lowden Bill），由于缺乏大多数议员的支持，议案同样被搁置起来。

同年，众议院议员威廉·苏尔泽（William Sulzer）支持塔夫脱总统发起立法倡议。H.威尔逊还将《苏尔泽法案》（Sulzer Bill）的审议副本发给了美国1130个商会和贸易理事会以及近1500家报纸杂志，从而为法案的通过制造公众舆论。1912年3月，众议院对《苏尔泽法案》展开辩论，包括纽约商会、辛辛那提商会、美国制造商出口协会和纽约产品交易委员会等众多商会代表到听证会发表演讲，督促政府通过该法案。同时，包括《纽约时报》《纽约独立报》《论坛报》《芝加哥晚报》等众多新闻媒体纷纷撰文要求国会采取行动，改善外交机构，推动商业出口。① 当时《纽约时报》的评论就认为："这些条款在现在的行政令中已经实行了三到六年，而且取得了巨大的成就，它们应该成为法律，国会应该通过《苏尔泽法案》"②，从而将"习惯"变成"法律"。苏尔泽在国会辩论中坚称这项法案是具有强大民意和众多商会、商人支持的，美国的外交代表、领事应该提升到最有效率的实战水平。然而，国会大部分议员并不支持此项提案。连发起者苏尔泽本人也承认说："我最大的困难在于获得我们民主党同仁支持我所提出的有限法案。因为他们已经预见到了在1913年3月之后白宫将诞生一位民主党总统，他们不愿意将外交机构的恩惠制

---

① *Hearings before the Committee on Foreign Affairs of the House of Representatives on H. R. 20044*, Washington D. C.: Government Printing Office, 1912, pp. 120 – 122.

② Editorial, *New York Times*, Feburary 28, 1912, p. 16. 引自 American Periodicals 数据库。

度丢弃，而一项严格的绩效法案的通过将会导致如此的结果。"① 因此，由于民主党、绩效制度反对者的杯葛，《苏尔泽法案》在国会中没有通过，美国外交机构的职业化依然没有得到立法的保障。

虽说寻求制度化的努力没有成功，但塔夫脱对于美国外交机构的职业化改革还是起了重要推动作用。从国务院的改组来看，以地缘政治为划分单元的区域分工奠定了国务院的基本格局。而塔夫脱任内美国外交机构人员的招募应该说也是成功的。据统计，从1909—1912年所有参加国务院招考的候选人中，只有40.3%的人通过了考试，当然并非所有通过考试者都得到了任命。在所有已任命的官员中，有87.5%拥有大学文凭，62.8%拥有研究生课程的经历，只有1人未上过大学，近30%通过考试的人都成为后来的大使或者公使的私人秘书，一些人还成为领事或国务院的官员。② 塔夫脱在1912年《国情咨文》中对于引入绩效制度所取得的成效十分得意，"过去4年中，绩效制度和非党派原则成为外交代表、领事的行为准则"③。从塔夫脱政府上任伊始，有3名大使（西奥多·罗斯福时期任命的）还在留任，塔夫脱所任命的10名大使中，有5名是从公使级别提拔上来的；塔夫脱所任命的30名公使中，有11名是从外交代表或者国务院低级官员中提拔上来的；在与美国关系密切的拉丁美洲地区，19名驻节代表中有15位负责人是外交代表成员，3人在塔夫脱政府进入外交官队伍，39名大使馆或者驻节代表秘书成功通过了所需考试后得到任命。他们的任命是基于某种确定的适用性，而非政党性。而在此期间，没有大使或者公使的子女被任命为外交代表。这也从一个侧面说明塔夫脱实施的职业化外交取得了一定的成就。

从塔夫脱的对外政策理念来看，其外交目标也呼唤建立一个职业

---

① Warren Federick Ilchman, *Professional Diplomacy in the United States 1779–1939*, p. 109.
② Warren Federick Ilchman, *Professional Diplomacy in the United States 1779–1939*, p. 115.
③ "Annual Messages to the Senate and House of Representatives," *FRUS*（1912），Washington, D. C.: Government Printing Office, 1919, p. IX.

化的现代外交机构。塔夫脱的核心外交政策被称为是"金元外交",在这种由政府外交机构、财政专家和私人企业构成的"组合主义"的外交中,美国政府需要做的是完善其中重要环节之一的"外交机构",并且将之作为"金元外交"的推动力。诺克斯认为,"外交机构一切相互关联的目的在于锻造一架发展商业利益的功能完备的机器,商业的世界要求快速地运用这些强有力的推手。反之,外交机构正在联结起来发挥总体功能,趋向贸易扩张的共同目的"①。根据美国商业利益的特殊要求,美国整个外交机构都需要改善与发展,因为美国对外贸易的快速增长使得援助与保护对外贸易的政府机构必须拥有高度的效率。

第一助理国务卿 H. 威尔逊就直言不讳地告诉国会:"你们不能指望一支业余的、三脚猫式的外交机构能够履行推广美国对外商业的责任。"② 无论是基于考试制度的招募,还是实际操作中的中心任务,美国外交机构的宗旨都是以经济和商业扩张为中心的。对此,国务卿诺克斯认为这是社会功能演化与实际需求发展的结果。外交机构已经变成一个深刻的、有效的、高度商业性质的机构,所有的领事都热衷于发挥促进美国商业的作用,每一个外交使节都乐于为美国外贸打开新的门户。国务院的大量活动都是致力于协调其海外机构与美国制造商之间的关系。"贸易不会不请自来,现在我们在每一个地区都面临激烈的竞争,我们必须努力地、切实地赢取我们应该享有的世界商业份额……国务院上下都在获取商务方面的职业知识,都在培养人才,运用知识。国务院甚至关心对外生产、贸易方面最为细微的事情,并且时刻保持警觉以发现商机,每一个领事及其下属都变成整个美国利益

---

① Philander C. Knox, *Address of Hon. Philander C. Knox before the National Civic Federation*, p. 50.
② *Hearings Before the Committee on Foreign Affairs of the House of Representatives on H. R.* 20044, p. 67.

的捍卫者。"①

从区域布局来看,塔夫脱的金元外交重点在经济发展较为落后、政局不稳但与美国又具有密切联系的拉美地区,而拉美地区的美国外交机构也是此次政策调整的重点。塔夫脱不仅设立了拉美事务司,使得拉美作为国务院一个独立的地缘政治单元,有利于培养职业外事人才,提高服务效率,而且塔夫脱将自己任命的大多数职业外交官都派往拉美。据统计,超过60%的美国驻节使团在拉美,85.7%的职业公使(Career Minister)都派往拉美地区。② 拉美向来是美国的后院,是美国关系最为密切、利益最为巨大的地区,是塔夫脱金元外交的重点区域,而其职业外交人员的任命与其政策目标的着眼点是高度一致的。

国务院通过创设新的部门得以扩大,经过重组后的国务院成为一个功能性、地缘性更强的系统化组织机构。按照国务院官员的说法,"国务院的重组和调整是实施金元外交,向世界扩大美国贸易必不可少的前提"③。领事和外交代表虽然与国务院是各自独立的机构,但经过绩效制度为核心的职业化改革,其办事效率和服务水平已经有了很大的提升,尤其是在服务美国商业扩张和对外贸易方面更是作出了重要的贡献。据统计,1911财政年中,美国的对外贸易增加到20亿美元,1912年达到22亿美元,仅1913年美国对拉美国家的投资总额达到12.4亿美元。④

当然,绩效制度为核心的职业化改革或者说美国外交机构从政治恩惠制向绩效制的过渡,大都是在总统行政权力扩张过程中实现并且依托于总统系列行政令所构筑的框架中逐渐完善的,它体现了文官制度向外

---

① Philander C. Knox, *Address of Hon. Philander C. Knox before the National Civic Federation*, pp. 38–39.
② Warren Federick Ilchman, *Professional Diplomacy*, p. 111.
③ "Get Back at Taft: House Democrats Plot Blow to Dollar Diplomacy," *The Washington Post*, August 18, 1912, p. 4.
④ James D. Richardson, *A Compilation of the Messages and Papers of the Presidents: William Howard Taft*, Vol. XXIII, Bureau of National Literature, 2006, p. 8156.

交领域拓展的历史发展，因此也是进步主义运动在20世纪初期美国外交机构领域深化与推广的产物，属于进步主义改革运动的一部分。与其他国内进步主义运动不同的是，它没有得到美国社会大众的关心与支持，国会更是一再否决塔夫脱对于制度化和法律化职业外交的种种努力。然而，美国对于世界霸权的勃勃雄心却不自觉地推动外交机构朝着职业化努力方向稳步前进。[①] 如果说19世纪末20世纪初美国社会巨变已经推动整个国家在国际舞台上宛若一架正在跑道上高速前进的列车，那么外交机构的职业化则恰如给这架列车插上了腾空的翅膀，由此国务院变成了一架真正"复杂而又完全协调的组织机器"，从而推动美国外交走向世界舞台。

第二节　华尔街投资银行与美国对外债务的拓展

一　华尔街投资银行在美国国内经济领域的崛起

投资银行（Investment Bank）[②] 是现代金融发展到一定阶段的产物。顾名思义，投资银行之所以称为投资银行，一方面是因为它最初是从商业银行中剥离产生，主要行为实施体是银行；另一方面则主要是因为它的主体功能即用于资本市场的"投资"，因此也被称为是资本市场的灵魂。当然关于"投资银行"的确切定义，各国学术界内存在多种不同

[①] 1924年，经过一战洗礼后的美国国会终于意识到美国外交机构改革的紧迫性和必要性，国会通过罗杰斯法案（Rogers Act），正式将外事代表和领事代表合并成一个职业化的外交机构——"美国外交事务管理司"（Foreign Service of the United States），归国务院管辖，同时引入绩效制度，至此美国才真正建构一个现代外交机构的组织框架，而塔夫脱总统所构想和实施的职业化外交思想大部分得到了实现并且以立法形式固定下来，成为美国外交机构存在与运转的基本原则。

[②] 由于投资银行产生的背景和法律环境的不同，不同的国家对其称谓也不尽相同，如在中国和日韩等亚洲国家和地区称为证券公司（Securities Company），在英、德、美等国称为商人银行（Merchant Bank）或金融公司（Finance Company）。

的解释和看法①，区分的主要立足点在于银行主体本身所从事的业务活动。

  一般认为现代意义上的投资银行最早发源于中世纪时的英国，当时称为商人银行。与英国和其他欧洲各国相比，美国投资银行起步晚，发展速度迅猛。"投资银行"一词最早出现在美国，它的发展主要得益于战争和美国铁路运输事业的发展。从 1812 年英美第二次战争的爆发到 19 世纪中期前后美国铁路产业的扩张，再到南北战争之前，都给予美国投资银行以初步发展的良好契机。一大批新兴铁路公司、保险公司和公用事业公司的涌现，使得美国证券市场迅速扩容，而近代意义上较为完备的企业管理制度在这一时期仍未初具模型，因此在这一时期，美国投资银行业务主要经营公共债券，其中又以政府债券和铁路债券的发行为主要业务。1826 年，首先从证券零售经纪业务中脱离出来的普莱姆—伍德—金公司成为美国金融史上诞生的第一家投资银行，也是最早开展证券批发业务的机构。有趣的一个现象是刚刚起步发展的美国投资银行并没有满足在本土的小打小闹，甫一开始便纷纷踏入国际市场，以"代理商"的身份在美国本土与欧洲市场之间互通有无，它们不仅在美国国内兜售欧洲政府公债和企业证券，同时也在欧洲各国推销美国公司的债券和股票。因此可以说，美国投资银行一经产生，海外业务的开展便决定了它本质上走国际化的道路。当然美国本土投资银行此时发展根基尚浅，这也决定了它不可能与同一时期欧洲其他国家的投资银行或商人银行相抗衡。

---

  ① 以美国著名教授、投资银行家、企业战略家罗伯特·劳伦斯·库恩对于投资银行的定义为例，他的研究在中国学术界有着广泛的影响。在库恩看来，仅从业务范围来定义投资银行，便能规畴出四类类型：广义投资银行（指任何经营华尔街金融业务的金融机构，业务包括证券、国际海上保险以及不动产投资等几乎全部金融活动）、较广义投资银行（指经营全部资本市场的金融机构，业务包括证券承销与经纪、企业融资、兼并收购、咨询服务、资产管理、创业资本等，不包括不动产经纪、保险和抵押业务）、狭义投资银行（仅限于从事一级市场证券承销和资本筹措、二级市场证券交易和经纪业务的金融机构）和较狭义投资银行（指经营全部资本市场业务的金融机构，从事包括证券承销与经纪、企业融资、兼并收购等业务，不从事与创业资本、基金管理和风险管理工具等创新业务）。

美国内战期间，南北双方政府为筹措战争资金而发行巨额的政府债券，由此带来的可观的业务收入和机会刺激投资银行迅速成长。从 19 世纪 70 年代直至 1933 年《格拉斯—斯蒂格尔法案》（Glass–Steagall Act）通过之前，投资银行曾在美国经济中盛极一时，并造就了一大批在美国乃至全球都有举足轻重影响力的大财团和企业家，典型代表为金融业的摩根财团（J. P. Morgan）、坤洛银行（Kuhn Leub CO.）、塞利格曼公司（J. and W. Seligman and Company）、布朗兄弟公司（Brown Brothers and Company）、高盛集团（Goldman Sachs Group）和莱曼兄弟公司（Lehman Brothers Holdings）等，下文将主要以摩根财团为研究个案，阐述 20 世纪初期美国华尔街投资银行发展及其对美国经济和外交的影响。

步入 19 世纪中后期，自由竞争资本主义在美国发展达到顶峰，生产与资本的加速集中使自由竞争资本主义向垄断资本主义的过渡得以实现，"工业规模的扩大和技术的改进提高了商业合并的可能性和必要性，企业垄断亦成为镀金时代经济生活中不可遏制的火焰"①。1898—1920 年间，美国历史上出现了第一次并购大浪潮，许多大型企业或横向并购生产同一产品或相近产品公司，或纵向并购，一路布控着从初级产品生产到原料来源的处理、加工、运输，再到最终的市场销售。此次的合并高峰出现在 1897—1903 年间②，据《托拉斯实录》一文所述，这一时期中大大小小 318 家工业托拉斯合并了大约 5300 家不同的工厂，总资产额超过 70 亿美元，而这 318 家托拉斯组织当中有 236 家是在 1898 年 1 月 1 日后才组建起来的。③

期间，投资银行也开展了兼并、收购方面的业务。其中，因在

---

① Sean Dennis Cashman, *America in the Gilded Age: From the Death of Lincoln to the Rise of Theodore Roosevelt*, New York: New York University Press, 1984, p. 47.

② Samuel P. Hays, *The Response to Industrialism: 1885–1914*, Chicago: The University of Chicago Press, 1995, p. 72.

③ Harold Woodman Faulkner, *The Quest for Social Justice: 1898–1914*, New York: Macmillan Press, 1931, p. 28.

1873年承销政府债券中的成功，摩根作为华尔街大佬多次出面联合各家银行，在1893年、1907年等历次金融危机中承购倾销到市场上的债券或向海外推销债券，充当着"中央银行"的重要角色。① 在合并浪潮中壮大起来的大企业家逐渐发现传统的家族经营已不能适应企业和市场的客观形势需要，迫切需要探索和引进新的企业管理制度。到20世纪初，股份有限公司制已被美国大多数企业采用，筹资便利、稳定资本和保持公司生命力等的新特性为企业发展带来的全新活力，一大批或具有专业知识或手中资金雄厚的人才聚拢在大企业旗帜之下，企业所有权也从最早的单独制转变成集体资本所有制，方便企业积累更多的国内外资本，向海外市场扩张业务。

与此同时，南北战争的结束为美国南北经济统一和发展扫清障碍，19世纪70年代以后美国工业迅猛发展，在短短三十余年时间里便完成了工业化过程，美国全国性的铁路、公路和能源等大项目陆续出台。从1840年至1890年五十年间，美国全国铁路的总英里数从区区的2800英里左右激增到19万英里左右，大约增加了68倍，平均每年增长3800英里左右。但同一时期的小型商业银行无法满足政府和社会的建设资金需求，由此带动了以扩大债券投放方式达到融资目的的投资银行发展，尤其在铁路运输领域。19世纪中后期的全国铁路扩展热潮带来了巨大的资金缺口，众多银行投资家因势利导，趁机认购铁路公司的股票和债券，然后再将其出售给投资者。因此，许多投资银行在这股铁路公司债券和股票的承销和投机热浪中大获其利，有的甚至趁机谋取了不少重要铁路公司的实际领导权和控制权。如在1879年，通过为纽约中央铁路公司包销25万股股票而带来的巨大声势，摩根掌控中央铁路公司董事会的代表权以及公司财务上领导权，从而揭开了投资银行主宰金融业和工商业

---

① 陆月娟：《试论19世纪末20世纪初美国大企业家的历史作用》，《上饶师专学报》1999年第2期，第59页。

的新篇章。① 通过铁路重组，摩根银行"攀上了一个新的权力高峰……摩根财团所掌握的铁路公司包括伊利公司、契萨佩克和俄亥俄公司、费城和雷丁公司、圣菲公司、北方太平洋公司、大北方公司、纽约中央公司、利伊山谷公司、泽西中央公司以及南方铁路公司"，"事实上大约3.3万英里的铁路——全国铁路总长的1/6——都被摩根化了，这些公司的收入总和相当于美国政府年财政收入的一半"②。而在19世纪中期，直属摩根财团的铁路长度才达19073英里（约30500公里）③，这一变化足见摩根财团在美国铁路业的控制力和影响力。

至1929年经济大危机爆发前，美国投资银行对国民经济的控制已经渗透至多个经济领域，摩根财团以投资银行为支点，向铁路业、公用事业和工业方向拓展影响力，并与诸多企业存在着密不可分的关联（部分公司名称如表1.1所示）。1898年，在摩根的支持下，几家大公司合并成为联邦钢铁公司，与同一领域的龙头老大卡内基钢铁公司逐鹿钢铁市场，最后摩根以近3亿美元债券的价格收购卡内基的全部产业④，合并组成联合企业。1901年3月3日，摩根财团下属的美国钢铁公司宣布成立，旗下统一经营的钢铁生意占全国总金额的五分之三，资本总额高达15亿美元。⑤ 由表1.2数据可以看出，除部分年份外，摩根财团自1865年至1909年近四十五年时间内的各项收入呈上升趋势，1909年摩根财团的总收入是1865年的5倍，达到536349英镑。虽然十年来摩根财团的总收入超过300万英镑，这与财富超过1亿美元的洛克菲勒

---

① ［美］琼·施特劳斯：《华尔街之子摩根》，王同宽等译，华夏出版社2004年版，第163—164页。
② ［美］罗恩·彻诺：《摩根财团：美国一代银行王朝和现代金融业的崛起》，金立群校译，中国财政经济出版社2003年版，第73—74页。
③ 泽仁多加等编：《美国赢家秘籍》，中国发展出版社1994年版，第27页。
④ ［美］彼得·柯利尔等：《洛克菲勒王朝》，劳景素译，上海译文出版社1982年版，第36页。
⑤ 何玲丽：《从自由到垄断——美国19世纪末20世纪初工业化道路中的垄断及其立法回应》，《理论月刊》2007年第12期，第149页。

和范德比尔特财团相比，摩根财团的财富显然不值一提。然而，在美国国民经济的影响和对世界经济的影响上，摩根财团的成就绝非财富所能衡量。

表1.1　1912年普尤听证会所揭示的摩根财团的关联企业

序号	金融企业	铁路业	公用事业及工业企业
1	银行业信托公司	纽约中央铁路＆哈德逊河铁路	美国钢铁公司
2	保证信托公司	纽黑文铁路＆哈特福特铁路	国际收割公司
3	埃斯特信托公司	北方太平洋铁路公司	通用电气公司
4	国家商业银行	南方铁路公司	美国电话电报公司
5	利宝国民银行	费城和雷丁铁路公司	美国本部电报联合公司
6	化学品国家银行	伊利铁路公司	跨区捷运公司
7	公平人寿保险公司	利伊山谷铁路公司	哈德逊＆曼哈顿公司
8		芝加哥大西部铁路公司	费城快运公司
9		圣菲铁路公司	国际商业海运公司
10		马凯特铁路公司	美国干货联合公司
11		辛辛那提—汉密尔顿—代顿铁路	西屋电气制造公司
12		其他铁路企业（略）	其他公用事业及工业企业（略）

资料来源：根据Pujo Committee，*Money Trust Investigation*，*Report of the Investigate the Concentration of Control of Money and Credit*，Washington Government Printing office，1913中的报告材料整理而成。

表1.2　**摩根财团主要项目收入表**（1865.9.30—1909）　　　单位：英镑

年份	资产毛收入	网络	佣金	股票和债券	总计
1865.9.30	50794	5747	17775	26057	100373
1890	43641	6724	26842	5559	82766
1899	243336	21003	87728	115785	467852
1900	208744	11570	48606	130020	398940
小计	337771	33474	132345	147401	650991
1901	488831	33794	135901	307736	966262

续表

年份	资产毛收入	网络	佣金	股票和债券	总计
1902	388348	43670	54996	275253	762267
1903	-161756	23147	70418	-240778	-308969
1904	203838	22104	51320	119977	397239
1905	-111220	30923	56593	-220859	-244563
1906	181630	30713	97407	40349	350099
1907	-361503	14574	66303	-413420	-694046
1908	139165	26497	92438	-26334	231766
1909	283779	41065	64279	147226	536349
总计	1597627	311531	870606	266571	3046335

备注：加负号数字表示亏损。

资料来源：本表数据依据 Vincent P. Carosso, *The Morgans*: *Private International Bankers*, 1854-1913, Cambridge, Massachusetts: Harvard University Press, 1987, pp.237, 431, 616 材料内容整理而成。

充足的资金积累和广阔的市场机遇在短时内迅速改变了投资银行的视野和野心，投资银行并不满足于过往存贷款经营、代客买卖证券或自营证券业务，将业务领域和影响力拓展到新兴的产业部门，业务内容从证券承销、经纪到信托投资（彼时已出现基金业务等）、企业创立与改组、企业兼并、培植新兴企业，乃至大额存放款、汇兑、外汇等几乎无所不包。①

二 华尔街投资银行与对外债务的拓展

从某种程度上而言，美国投资银行近一百多年来保持世界投资银行业领先地位，应归因于它一开始便与国际市场的接轨，并能时刻保持信息的获取率和国际市场的占有率。这又不得不涉及另一个话题，即投资银行与海外债务。20 世纪初期，巨型投资银行的出现并且积极对外拓

---

① 杨巍、朱正元：《美国投资银行的发展历程及其当前面临的挑战》，《华中理工大学学报》（社会科学版）1996 年第 4 期，第 41 页。

展贷款业务成为美国对外经济领域出现的重大变化之一。19世纪末，美国形成了以华尔街为中心的证券市场和金融中心，一些巨型投资银行开始出现（如前文所列举的银行）。这些投资银行拥有大规模的融资能力，并开始向生产性企业渗透管理。19世纪末20世纪初，摩根财团、坤洛银行和花旗银行（National City Banks）已经开始向墨西哥和德意志帝国发放贷款和债券，而1901年美国各大银行家共同认购英国150万美元的贷款，根据某位摩根家庭成员的自传，第一次确立了美国的全球经济强国地位。①

自1903年起，随着国内工业债券的利润开始下滑，美国金融界对于利润丰厚的外债兴趣明显增加，再加上国内谢尔曼反托拉斯法正在酝酿的反垄断氛围，银行业在国内的竞争日趋激烈，国内的利润空间下降，美国金融家将目光越来越多地投向海外债务。1905年，坤洛银行向日俄战争结束后的胜利者日本贷款达到了7500万美元。摩根银行凭借20世纪早期在工业及铁路运输业投入的巨大财政支持，奠定了其作为美国最重要银行的地位，这一重要性使摩根及摩根的搭档成为美国最具影响力的商业人物。出于利益考虑，摩根需要维护其投资、管理及保护的合理化及综合化，具体说来要维护其销售的经济利益，提高经营效益及利润，制止行业间的不良竞争及巩固工业的稳定性。对此，许多民众及政府领导人对摩根本人及财团垄断的做法虽各持己见，但总体上趋于恐惧和谴责。他们把摩根所赞助的合作"巨头"看成财富及垄断能力的危险浓缩，控诉摩根为控制整个工业及铁路卡特尔的寡头政治，这些工业和铁路卡特尔控制着市场上必需品及交通服务业的大量股票。与此同时，公众对受"财团力量"所影响的竞争及传统企业生存发展空间的忧虑也在日益加重，而摩根在国际金融上日益壮大的主导力量更加

---

① Vincent P. Carosso, *Investment Banking in America*: *A History*, Cambridge, Massachusetts: Harvard University Press, 1987, p. 81; Carl Hovey, *The Life Story of J. Pierpont Morgan*: *A Biography*, New York: Sturgis & Walton Co., 1911, p. 281.

重了这一焦虑。①

到 1909 年，一些大型的华尔街投资银行已经开始将贷款业务从政治稳定、回报率有期望的欧洲国家（英国、德意志帝国、瑞士，包括日益崛起的日本）向亚非拉等欠发达地区扩展。如摩根财团已经贷款给美国的托管地古巴。1906 年坤洛银行已经参与了多米尼加共和国的贷款项目，在美国政府接管多米尼加共和国海关的保证下，坤洛银行贷款 2000 万美元用于减债和偿还多米尼加共和国的债务，贷款期限为 50 年，年利息为 5%。纽约的另一家金融机构莫顿信托（Mort Trust Company）担任了多米尼加共和国的财政代理机构，负责储存与分配贷款资金。② 1907 年 3 月，摩根财团伦敦办事处与英国财团合作帮助南美阿根廷发售了 700 万英镑的债券。③ 这一时期美国投资银行发展的一个鲜明的特征在于，无论是哪一种级别或哪一种类型的业务，美国投资银行与海外市场之间往往通过合作安排的方式进行业务操作，即与海外相关机构建立公平独立关系，双方互不隶属，只通过谈判达成佣金分享的有关安排，互相为对方代理业务。在此过程中，摩根财团走在了美国企业投资海外市场的前列，它并不满足于小小范围内合作和代理业务，而是在英国伦敦开设了自己的办事机构，以此加强和扩展与英国及欧洲市场的联系合作。

20 世纪的第一个十年是摩根合作融资最多的一个十年，也是财团频繁开展国际业务的最重要阶段。摩根财团在投资业务方面主要侧重于以下两项内容：一是筹集美国及欧洲首批跨国公司海外扩张资金；二是出售国外政府的贷款。和其他投资银行一样，摩根财团也介入国际汇兑中涉及贸易或交易的融资活动。正是由于摩根财团在国外贷款中的参与度越来越高，这使它取得了与"旧世界"最受推崇的国际银行家同等

---

① Vincent P. Carosso, *The Morgans*: *Private International Bankers*, 1854 – 1913, p. 508.
② "Political Affairs in the Dominican Republic," *FRUS*, 1907, Kraus Reprint CO., pp. 354 – 358.
③ Vincent P. Carosso, *The Morgans*: *Private International Bankers*, 1854 – 1913, p. 523.

重要的位置。① 纽约能成为仅次于伦敦的国际金融中心，摩根财团在海外银行业的成功操作不得不说是起着至关重要的作用。在海外业务对象和内容方面，摩根财团不仅仅关注各国政府或省市贷款，也包括受各国政府保障的企业集团贷款。当然，摩根财团最初的业务投入仍具有浓厚的地域色彩，主要集中在欧洲（尤其是伦敦），始于1899年10月的英国南非战争给摩根财团提供了首个出售主要欧洲国家政府在美国贷款的重要机会。这次参与给摩根财团带来了极高的声誉，它进一步加强了其与英国政府之间的联系，这一联系给他的公司在不久的将来带来了更大的商业机会。1900—1910年期间，摩根财团为葡萄牙、意大利、瑞士、芬兰和希腊等六国提供担保贷款。②

摩根财团伦敦办事处的设立对摩根财团欧洲业务的显著增长具有重要作用，而且同时它也要负责扩大公司在非洲、澳大利亚及俄罗斯的业务范围。伦敦公司在对非洲和澳大利亚贷款事务中承担着中间人角色，这个集团主要由英国银行家构成。例如，在非洲，摩根财团帮助两家埃及银行担保股票、信用债券和债券发行，广阔且丰富的市场机遇最终为摩根财团带来了丰厚的利润，摩根财团伦敦办事处在外国政府及公司客户上业务的比例由原来不足整个业务的1%发展到占总业务的10%。由伦敦办事处担保的大部分股票收入经常占了整个账户收入的4%至5%，而从这些业务上赚取的佣金也由原来的不足1%提升到多达6%，而伦敦办事处一般都能分享其中的2%至3%。③ 有趣的一个现象是，即便是像摩根财团如此资金雄厚的公司，在一战前，美国私人银行基本上雇员人数却比较少，1913年摩根财团的全体雇员仅仅150人，包括送信员、书记员、记账员、现金出纳等。④

---

① Vincent P. Carosso, *The Morgans: Private International Bankers*, 1854 – 1913, p. 509.
② Vincent P. Carosso, *The Morgans: Private International Bankers*, 1854 – 1913, pp. 514 – 515.
③ Vincent P. Carosso, *The Morgans: Private International Bankers*, 1854 – 1913, p. 514.
④ George K. Turner, "Morgan's Partners", *McClure's Magazine*, XL, April 1913. Quoted from Vincent P. Carosso, *Investment Banking in America: A History*, p. 87.

在亚洲方面，积弱积贫的中国显然极具诱惑力。受商业主义思想的影响，塔夫脱总统主张并鼓励美国私人银行扩大对那些国内经济形势不容乐观的国家的投资和贷款，这是因为"通过一些商业方面的指导，给予贫弱国家的贷款不但能够保障银行家的投资确实能够得到回报，更重要的是，这将有助于助长新政府的亲美倾向，更多的美国资本也将被吸引至此，这些新政府与美国的政治关系将会更加牢靠"①。在得到官方支持的前提下，摩根财团也在20世纪初期积极向中国市场进军。

摩根财团对于美国国民经济的垄断形势在美国国会1913年发表的《货币托拉斯调查报告》中得以一窥其况：摩根财团以摩根公司为核心，控制着美国钢铁公司、通用电气公司等53家大公司，总资产达127亿美元，旗下机构包括13家金融机构（资产30.4亿美元）、14家工矿业公司（资产24.6亿美元）、19家铁路公司（资产57.6亿美元）及7家公用事业公司（资产14.4亿美元）。②摩根财团强大雄厚的经济实力使其获得了比美国政府更强的公信力，摩根本人也被时人喻为"联邦储备银行一哥"（One-man FRB）。实力雄厚的投资银行或财团不但掌控着美国国民经济多个领域的发展，甚至也将这种影响力渗透到政治和外交领域，这一点在20世纪初期以后的美国总统选举活动当中体现得尤为明显。各个投资银行或财团倚靠自身的财政优势，将大量资金投入保障投资银行或财团的未来利益当中，而美国总统及国会议员等在国家政策、国家立法方面扮演着极其重要的"保驾护航"的角色。另一方面，对于需要投入大量资金用于竞选宣传和运作的各级候选人而言，获得竞选的胜利才是最终目标，候选人极尽一切之能事以补充竞选资金的匮乏，其间投资银行或财团伸出的援助之手显然极具诱惑力。换言之，20世纪初政府与工商业企业的结盟已经成为美国国家政治领域的重要特点之一。来自宾夕法尼亚州的参议员博伊斯·彭罗斯曾极其露

---

① Emily S. Rosenberg, *Spreading the American Dream*: *American Economic and Cultural Expansion*, 1890–1945, New York: Hill and Wang Press, 1982, p.59.
② 贝多广等：《证券市场与金融机构》，中国审计出版社1990年版，第41页。

骨地描述了两者之间的关系，"我们相信分工的好处……你们把我们送进国会，我们就通过法案使你们赚钱；你们把赚得的一部分利润捐献作为我们的竞选经费，让我们再进国会制订更多的法律，使你们发更大的财。使我们留在这里是你们的责任，而我们的责任则是立法"①。

美国政治学家菲利普·伯奇曾对乔治·华盛顿到吉米·卡特以来的历届政府内阁官员、外交官司和最高法院法官的来源进行研究，在这多达三大卷的研究报告中，他指出"自1789年至1861年间，96%的内阁官员和外交官司为经济界名流，其中许多是大土地拥有者、律师和商人。1861年至1933年，这个数字已达到84%，这期间该数字最低的是威尔逊政府的57%，而到了麦金莱—罗斯福—塔夫脱时代，这一数字竟高达90%"②。约翰·洛克菲勒在他的回忆随笔中也曾写道："给我们最大帮助的就是华盛顿的国务院，我们的大使、公使和领事们协助我们开辟了通往新市场的道路，这一市场一直伸展到世界最遥远的角落。"③ 显而易见，强大的经济影响力和随之而来的政治号召力使得这些投资银行和财团成为政府的幕后决策者，在很大程度上引导着政府政策的走向和制定。1907年众多存款人成群结队地向各个银行提款，导致美国经济市场陷入一片恐慌，西奥多·罗斯福总统赶紧派财政部长乔治·科特柳奉命前往纽约，请求摩根的指点和帮助。摩根随后召集华尔街主要的银行家筹集了2500万美元基金，力挽狂澜地帮助罗斯福政府渡过难关，俨然成了国家经济命脉的象征。④ 投资银行在美国国家经济、政治及外交领域的渗透力和影响力已是不言自明。到塔夫脱总统时期，华盛顿一方面利用反托拉斯的机会在国内整治华尔街银行；另一方

---

① [美]吉尔伯特·C.菲特、吉姆·E.里斯：《美国经济史》，司徒淳、方秉铸译，辽宁人民出版社1981年版，第382页。
② 复旦大学资本主义国家经济研究所编著：《美国垄断财团》，上海人民出版社1977年版，第5页。
③ [美]彼得·柯利尔等：《洛克菲勒王朝》，第26页。
④ 陆月娟：《试论19世纪末20世纪初美国垄断财团对美国政府的影响》，《历史教学问题》1996年第5期，第8页。

面又将华尔街投资银行组成对外贷款的银行团，从而加速了美国"金融帝国主义"的扩张，铸就了一个"金元外交"的新时代。①

第三节　金本位制度在美国的确立与推广

1900 年美国国会通过《金本位法案》正式宣告确立金本位制度。就在金本位制度于美国国内确立的同时，美国通过美西战争获得了原先西属殖民地波多黎各和菲律宾，两地原先实行的是银本位制度，恰好国际银价波动给这两块美国新的"保护地"造成局势动荡和严重损失，于是美国借助国内的财政专家实施"先进"的金本位制改革，摒弃当时已经"落后"的银本位制度，开启了在落后的国家地区实施金本位改革的金融实验。1903 年美国利用当时有利的国际形势，成立了"国际汇率委员会"，对巴拿马、中国、墨西哥和多米尼加共和国实施金本位外交，尝试建立以金本位为核心的美元秩序，争夺国际财政领域的主导权。在这一过程中，美国培养了一批财政专家活跃于 20 世纪初期的国际财政顾问领域（被称为"Money Doctor"）。②

一　金本位制度的内涵及其在美国的逐步确立

"金本位制度"（Gold Standard），按照《不列颠百科全书》的释义，是指通货本位为一固定的黄金量或者保持为一固定的黄金量价值的货币制度。③换言之，"金本位制度"就是以黄金作为本位币的货币制度。虽然黄金铸造的货币（金币）早在远古、中古时期就已经存在，

---

①　[美] 罗恩·彻诺：《摩根财团：美国一代银行王朝和现代金融业的崛起》，第 142—143 页。

②　Paul W. Drake, *Money Doctors, Foreign Debts, and Economic Reforms in Latin America from the 1890s to the Present*, Wilmington, D. E.: Scholarly Resources Inc., 1994.

③　Gold standard（金本位制）词条引自《简明不列颠百科全书》编辑部译编《不列颠百科全书》（第 4 卷），中国大百科全书出版社 1985 年版，第 387 页。

但"金本位制度"在货币上的成熟是一直到19世纪初期才发展起来的，在此之前大部分国家作为价值的标准及主要支付工具者是白银，而非黄金。1821年，英国率先成为以黄金作为标准货币的国家，到了19世纪70年代，德国、法国和美国也都采用了单一金属为基础的金本位制度，其他国家也纷纷开始主动或者被动地效仿"金本位制度"，因此从19世纪70年代一直到第一次世界大战爆发（1914年）可以说是"金本位制度"在国际金融领域的全盛时代。

"金本位制度"兴起的主要步骤，依序为：白银停止作为标准货币及无限制的法偿，因而导致复位金属本位制度的衰退；在金币流通的同时使用以黄金作为后盾且可兑换成黄金的纸币；以存款为主的银行大量出现，而这些金融机构以黄金准备限制存款货币的数量；中央银行的兴起。这是"金本位制度"发展确立过程中的一般性步骤。在这一全盛时期完全的金本位制度中，"金本位制度"具有以下几个方面的意义：一是，以固定含金量来定义基本货币单位；二是，制定可以自由且无限量以黄金铸造钱币的条款（因此有"金币或者硬币本位制度"的说法）；三是，此通货可以自由兑换成黄金或者要求兑换成其他通货，而它可转换为黄金者（这种变异情形称为"金汇兑本位制度"，即 Gold Exchange Standard）；四是，黄金可以自由输出输入。①

美国于1876年开始采用金本位制度，但其真正的确立却是到了1900年美国通过《金本位法案》，其间经历了一个相当长的历史过程，并且充满了"金党"与"银党"、工商金融界与农场从业者激烈的政治斗争。② 北美十三州原来为英国的殖民地，因此其货币制度遵循母国英

---

① Gold standard（金本位制）词条引自外文出版社大美百科全书编辑部，光复书局大美百科全书编辑部编译《大美百科全书》（第12卷），外文出版社1994年版，第407—408页。

② 光绪二十九年正月二十八日，清政府驻美代办沈桐在倡导实施"金本位"的改革的公函中提及美国国内"金党"（主金者多北人，故曰金党）与"银党"（主银者多南人，故曰银党）的分野，实际上主张推行"金本位"的大多数为北方工业资产阶级的代表，而主张用银的大多为南方大种植园主的代表，从实际情况来看，主要是北方掌权。参见《外务部收驻美代办沈桐函》，引自黄嘉谟主编《中美关系史料·光绪朝》，台北"中央研究院"近代史研究所1988年版，第三三九八页。

国的做法。1792年，刚刚取得独立战争胜利的联邦政府实行金银复本位制度，即任何人可携带黄金或者白银到铸币厂铸成金币或者银币。人们可以用247.5克的黄金，换得10美元金币，用371.25克的白银换得1元银币。这意味着金银的比价是1∶15。①

1896年，一直倡导"自由银"运动的民主党候选人布赖恩在与共和党候选人麦金莱总统的竞选中失利。这标志着自由银运动的失败，而在麦金莱胜利的背后，有着以华尔街为代表的工商金融界的鼎力支持。工商金融界主张维持金本位，这是经济稳定发展的保证。破坏金本位意味着通货膨胀，这势必将动摇企业家投资的信心。1897年1月12日，来自全美商会代表在印第安纳波利斯召开工商企业界货币会议。与会代表查尔斯·菲尔·查尔德就认为"金本位……不是政府的创造物，而是整个文明世界的企业家一致认同并且形成习惯的制度"，"任何政府只要试图通过法律改变货币本位必然会贻害无穷"②。1900年3月14日，美国通过了《金本位法案》。该法案有两条基本内容：第一，美元含金量确定为23.22克纯金，金元是标准货币。美国一切发行或者铸造的货币都必须与这一标准保持一致。因为1盎司金重量为480克，每盎司黄金为20.67美元；第二，授权财政部长建立1.5亿美元的金币和金块的储备，以便用于兑换1862年由林肯政府发行的、当时还在市场上流通的"绿背纸币"（Greenbacks）和其他政府流通债券。③

就在1900年美国国会通过《金本位法案》之时，美属殖民地波多黎各和菲律宾发生了货币制度的危机，美国方面积极介入，这也为美国向其他地区推广金本位制度改革提供了难得的机遇。

---

① 陈明：《美国〈金本位法〉确立的历史背景透析》，《吉首大学学报》（社科版）2003年第24卷第4期，第55页。

② Richard T. McCulle, *Banks and Politics during the Progressive Era: The Origins of the Federal Reserve System: Money, Class, and Corporate Capitalism, 1890 – 1913*, New York: Garland Publishing, Inc., 1992, pp. 45 – 46.

③ 陈明：《美国〈金本位法〉确立的历史背景透析》，《吉首大学学报》（社科版）2003年第24卷第4期，第58页。

二　美国国际汇率委员会与金本位制度的推广

20世纪初期，麦金莱和西奥多·罗斯福两位总统均实行了一种向美国以外其他地区拓展金本位的对外金融政策，首先是在美国的殖民地和附庸国进行试验，然后推广到其他地区。菲律宾和波多黎各这两个国家原先都是实行银本位的，因此美国政府欲发展与这两个殖民地之间的关系便不可避免地遭遇货币本位制度不同的问题，由此妨碍美国整合殖民地经济。1900年随着国内《金本位法案》的通过，美国陆军部的"海岛事务局"（Bureau Insular Affairs，负责管理殖民地的机构）更倾向于将殖民地的货币政策转向金本位，以便从经济上将殖民地与美国本土联系在一起。当时麦金莱的共和党人强烈认为，如果完善货币的话，该国政府和人民能够改变习惯。他们指出，以黄金为基础的交易体系合理化能够扩大市场，吸引投资，推动物质进步。而且，稳定的黄金将教会人们形成积累货币和偿还债务的良好习惯。然而，要在这些地区推行新的货币制度并非易事，殖民地实行金本位有可能会引发经济的混乱和当地人民的抵制。海岛事务局派出财政专家到波多黎各和菲律宾处理扩张美国金本位货币制度遇到的诸多技术问题。这些努力为从实践中培训一批财政顾问提供了机会。1903年到1905年间，美国政府将财政顾问派往中国、墨西哥、巴拿马、古巴和多米尼加共和国等其他几个实行银本位的地区。政府支持的这些努力催生了对外财政顾问这种新职业的出现，也有利于促进商品输出和对外投资的金融政策出台。从整体上说，美国政府推行对外货币体系现代化的努力是国内政府激进政策的一部分，表现为这些财政专家都是由美国政府派出，接受美国政府的薪水，这些由政府积极推动扩张金本位的早期行动成为后来金元外交的直接来源，而财政顾问也成为金元外交重要的载体之一。

（一）美籍财政专家与波多黎各的"金本位制度"改革

波多黎各原来是西班牙帝国的殖民地。1898年7月，美国军队入侵波多黎各，并且迅速打败了西班牙军队。12月，巴黎和会召开，西班牙正式将波多黎各割让给美国,美国在波多黎各建立了军政府,波多黎各成为美国的保护国。1900 年 5 月 1 日,美国国会通过了《福勒克法案》(Foraker Act),结束了军政府的统治并且开始建立民政府。《福勒克法案》开启了美国通过民政府架构对波多黎各再殖民的过程,并且奠定了美国与波多黎各商业和政治关系的根基,成为美国向加勒比地区扩张的一个新的立足点。① 1901 年 1 月 1 日,美国在波多黎各推行了新的税收制度改革,将波多黎各的财政建立在安全的基础之上。7 月 25 日颁布行政令正式建立了波多黎各与美国之间的自由贸易关系,从而促使波多黎各"从一个财政上不稳定的附庸地变成一个自给自足的共同体"②。

美国负责波多黎各事务的陆军部海岛事务局不久便发现,实行银本位制的波多黎各与实行金本位制的美国本土之间的因币制问题形成联系障碍。于是,海岛事务局决定在波多黎各推行美国国内刚刚推行的金本位制度,从而实现波多黎各与美国之间的币制接轨。海岛事务局派出财政专家美国约翰斯·霍普金斯大学的教授雅各布·霍兰德(Jacob H. Hollander)到波多黎各调查财政状况,并且指导金本位的改革。1901 年 1 月 31 日,美国通过了《霍兰德税收法案》(Hollander Act),对波多黎各的税制进行改革。同时,霍兰德也积极倡导改革货币制度,尤其是推行金本位制度,由此波多黎各成为美国政府最早启动对外货币改革,实施金本位制度的地区。

就波多黎各的币制而言,1895 年西班牙通过重铸当时市场上流通的墨西哥银元,实施新币制,这样波多黎各已经拥有了国家信用货币(National Fiduciary Currency),大约 1 新币等于 0.41 美元。然而,重铸新币获得巨大的铸造差益却被西班牙殖民者掠回国内,因此尽管波多黎

---

① Michael Gonzalez Cruz, "U. S. Invasion of Puerto Rico: Occupation and Resistance to the Colonial State, 1898 to the Present," *Latin American Perspective*, Vol. 25, No. 5 (Sep., 1998), p. 11.

② J. H. Hollander, "The Finance of Puerto Rico," *Political Science Quarterly*, Vol. XVI, December, 1901, pp. 553 – 554.

各拥有了单一货币，也以信用价值进行控制，但波多黎各人并不欢迎这种充满殖民色彩与暴力掠夺的流通工具，因此美国在波多黎各推行美元，实施金本位制度，在波多黎各国内并未引发激烈的争论。对当时波多黎各来说，"大多数商业团体都支持采用美国的币制，欢迎与北方巨大的市场建立新的经济联系"①。换言之，理论上金本位制度改革冲击最大的商业团体因为美国巨大市场的吸引，也对金本位制度改革表示欢迎态度。

因此，波多黎各的币制改革进行得较为顺利。美国财政专家雅各布·霍兰德负责具体推行金本位制度。"雅各布·霍兰德需要的仅仅是制定汇率政策，并且宣称每一个人应该在截止日期内进行兑换新币的工作即可。于是波多黎各人冲向几个重要城市将原有的西班牙统治时期的货币换成了美国的货币。"② 由于波多黎各岛面积小，人口也不多，再加上与美国巨大市场联系的热情，数月之后，西班牙货币就已经整体上从流通市场上淡出。

针对波多黎各国内对于新比索与美元兑换汇率的争论，美国官员在数次的听证会之后将汇率定在1∶0.6，旨在波多黎各国内银行家与种植园主两大势力之间取得了一个平衡点。这样，美国财政专家推行的金本位改革就在波多黎各这个美国在加勒比地区的前哨基地建立起来，波多黎各成为美国在财政上的附庸国。当然，金本位制度的改革也造成了波多黎各国内的社会问题。尤其是工人工资实际上比原来降低了，波多黎各工人全岛游行罢工，这种汇率减少了他们的工资，所有的观察家都同意，汇率的短期效应使当地工薪阶层处于不利地位，但有利于零售商，而这些零售商多数来自欧洲，尤其是西班牙商人。

从1900年开始，美国的财政顾问一直不断强调，向某个货币贬值

---

① Emily S. Rosenberg, "Foundations of United States International Financial Power: Gold Standard Diplomacy, 1900–1905," *Business History Review*, No. 59 (Summer 1985), pp. 172–173.

② Emily S. Rosenberg, "Foundations of United States International Financial Power: Gold Standard Diplomacy, 1900–1905," *Business History Review*, No. 59 (Summer 1985), p. 174.

的国家引入单一的金本位货币制度对于劳工阶层来说代表着经济的进步，能给普通工薪阶层带来更多的购买力和储蓄动力。美国金本位改革家们，认为他们的工作同时促进了当地的社会进步，推动了新的贸易和投资机会。①

（二）美国财政专家与菲律宾的金本位制度改革

1898年美西战争的结果是战败的西班牙将菲律宾拱手让给美国，由此美国夺取了向太平洋和远东地区扩张的重要立足点。然而刚刚占领菲律宾群岛的美国很快就发现要真正控制菲律宾，加强美国与菲律宾的关系并不容易，尤其是在经济和财政领域。作为太平洋上的岛国，处于海上交通要冲的菲律宾长期以来与远东地区的中国保持着密切的经济往来，同时由于西班牙殖民者长期的殖民统治，菲律宾与西班牙各殖民地的经济联系也很频繁，表现在货币制度上就是使用白银作为本位货币，但菲律宾本身并无大规模铸造银币，而大多数流行于菲律宾的货币是墨西哥银元，这与清朝中国沿海地区大体类似。受19世纪90年代以来国际银价急剧波动的影响，菲律宾大量使用的墨西哥银元以及西班牙--菲律宾货币的价格大幅度起伏，尤其是在美国军队占领菲律宾前后一段时间。据统计，从1902年1月1日到1902年10月25日，美国海岛事务局声明菲律宾因银价贬值的损失达到了956750.375美元。此外，当地货币与黄金的官方比率也在不断变化。到1903年6月30日，菲律宾的损失已经达到了1615562.38美元。② 因此，美国要在菲律宾长期站稳脚跟，必须立即解决菲律宾棘手的经济恶化、币制混乱、银价暴跌的问题，况且自1900年始，菲律宾人的武装反美斗争已经开始。八国联军侵华导致中国地区需要大量用银，英国汇丰银行与渣打银行借机将菲律宾的墨西哥银元抽走赚取差价，造成菲律宾群岛银荒现象。所有这些因

---

① Emily S. Rosenberg, *Financial Missionaries to the World: The Politics and Culture of Dollar Diplomacy*, 1900 – 1930, p. 14.

② "The Philippine Islands," Hugh H. Hanna, Charles Conant and Jeremiah W. Jenks eds., *Report on the Introduction of the Gold-Exchange Standard*, New York: Washington Government Printing Office, 1904, p. 283.

素都使得新来的殖民者美国必须作出有力的回应。

当然，菲律宾因为严重的币制混乱和财政危机也给美国殖民当局推广美国国内刚刚确立下来的金本位制度提供了重要的实践机会。因此，"海岛事务局"雇用美国的财政专家高兰（Charles Conant）、凯默勒（Edwin Kemmerer）前往菲律宾推行美国的"金本位制度"改革方案，从而使得菲律宾成为美国在太平洋和远东地区扩张财政和金融的重要试验田。

高兰是19世纪末20世纪初美国著名的经济学家，是金本位制度的倡导者，曾经担任《纽约商业期刊》的金融记者，是时任财政部长莱曼·盖奇（Lyman Gage）的朋友，高兰曾帮助国会在币制谈判上作出妥协，通过了1900年金本位法案。1901年，高兰写信给海岛事务局局长爱德华兹上校（Colonel Clarence R. Edwards），督促说应该派出一些专家前往菲律宾研究形势并且提出一个稳定币制的计划。1901年国会休会后，国务卿罗脱接手了这一问题，邀请高兰作为财政专家访问菲律宾，并与菲律宾民政府展开协商，解决菲律宾币制问题。① 高兰到达菲律宾后发现，菲律宾殖民当局已经拟好了计划大纲，他们的态度是如果菲律宾立即实施完全的金本位制度，将会危害菲律宾的商业。高兰充分吸收了当局的观点，但同时认为可以发行"有限的象征性货币"（Token Coinage），即不发行实际流通的金币，而是在金本位的基础上规定新币与美元之间的固定价格。② 1902年，高兰为菲律宾提出了一系列改革币制的详细计划。首先，就是在菲律宾群岛实行"金汇兑本位制度"的改革，放弃原来坚持的银本位制度。"在这一计划下，菲律宾引入一种与美金（Gold Dollar）挂钩的银币（一个新比索），这种新银币的发

---

① Charles Conant, "The Currency of the Philippine Islands," *The Annals of the American Academy of Political and Social Science*, Vol. 20, Finance（Nov., 1902）, pp. 46－47.

② Charles Conant, "The Currency of the Philippine Islands," *The Annals of the American Academy of Political and Social Science*, Vol. 20, Finance（Nov., 1902）, pp. 50－51.

行不是基于银本身的内在价值,因为金和银的相对价格是不断浮动的。"① 其次,必须规定银货的金平价。由于采用"金汇兑本位制度",与原先的银本位制度相比,能够多出一笔铸造差益(Seigniorage),因此将这些累积起来的差益存储在美国纽约的银行中,这样能够以利率的形式存储形成一个基金来确保发行新货币的金价。最后,要鼓励纸币的流通,从而形成更多的铸造差益。②

高兰为菲律宾量身打造的"金汇兑本位"制度改革方案得到了美国政府的支持,但却为国会中复位本位制度的支持者和一些对高兰计划持质疑态度的人所抵制。他们认为,贸然在菲律宾引入金本位制度,将导致菲律宾在亚洲经济上的孤立,尤其是与实施银本位的中国的隔离,这将给菲律宾本已脆弱的经济和财政形势带来更为严峻的考验。因此,高兰的改革方案被国会暂时搁置下来。为了推动国会的货币改革,海岛事务局又聘请高兰去游说代表他主张的国内利益集团和国会议员。他跟主流的金融期刊编辑见面,获得编辑支持的承诺,拜访银行集团的领导,跟国会议员见面,甚至向他的主要对手白银公司献殷勤并保证如果他们停止阻挠改革的话,政府将从他们那购买铸造菲律宾新币所需的银。高兰还撰文称"如果国会或者菲律宾殖民当局不采取行动将菲律宾的货币体制与欧美的金本位制度联系在一起,无序动荡的局面将一直延续"③。高兰的努力有了回报。④ 1903 年 3 月 2 日,国会最终通过了《在菲律宾建立价值本位与提供铸币制度法案》(An Act to Establish A Standard of Value and to Provide for a Coinage System in the Philippine Islands),美国国会最终授权在菲律宾开展金本位制度的改革。位于华

---

① Emily S. Rosenberg, *Financial Missionaries to the World*: *The Politics and Culture of Dollar Diplomacy*, 1900 – 1930, p. 16.

② "The Currency of the Philippine Islands," in Hugh H. Hanna, Charles Conant and Jeremiah W. Jenks eds., *Report on the Introduction of the Gold-Exchange Standard*, pp. 21 – 22.

③ Charles Conant, "The Currency of the Philippine Islands," *The Annals of the American Academy of Political and Social Science*, Vol. 20, Finance (Nov., 1902), pp. 58 – 59.

④ Emily S. Rosenberg, *Financial Missionaries to the World*: *The Politics and Culture of Dollar Diplomacy*, 1900 – 1930, p. 17.

盛顿的海岛事务局在高兰等财政专家的指导下，开始为铸造新币采购银块及其他金属，华盛顿的铸币局（Bureau of Engraving and Printing）也参与为菲律宾铸造新货币的行动。到1903年11月1日，美国已经花费6317460.63美元采购了11707005盎司的银块（平均每盎司54.108美分），其他金属也采购了86042.01美元，这些都是为了铸造新币的前期投入。而截至当时，根据海岛事务局的报告，美国已经为菲律宾铸造了17881650比索的新货币并且运输到菲律宾。[①] 美国铸造的新币由于与黄金直接挂钩，因此在当时来说比白银更为稳定，随着美国铸造的新币的流通，菲律宾市场上有足够的流通工具，并且能够更为准确地预见收入和支出，因此这有助于该岛经济和商业的恢复。

国会通过法案支持了财政专家的改革计划，这令高兰感到鼓舞。但是，在亚洲大多奉行银本位的地区推行金本位制的改革，美国政府还没有尝试的先例，因此为了保证这些改革计划都能得到实施，菲律宾殖民当局邀请高兰参与监督菲律宾的金本位制改革。但高兰已经被任命为"国际汇率委员会"成员与当时康奈尔大学经济学教授精琪一起去帮助中国和墨西哥的维持银价的国家倡议，因此精琪的学生鲍德温·凯默勒被派往菲律宾指导金本位制度的具体实施。当时的凯默勒还是美国普度大学的一名经济学教师，但对财政和货币已有深入研究。"凯默勒被派往菲律宾群岛帮助建立和维持这一新的货币制度，根据《金本位法案》，凯默勒被任命为币制局的负责人。"[②] 而后，美国政府也派出精琪到访菲律宾群岛，协商采取具体措施来推动菲律宾从银本位向金本位制

[①] "Exact from the Report of the Chief of the Bureau Insular Affairs," War Department, 1904, in Hugh H. Hanna, Charles Conant and Jeremiah W. Jenks, *Report on the Introduction of the Gold-Exchange Standard*, New York: Washington Government Printing Office, 1904, p. 294.

[②] "The Philippine Islands," Hugh H. Hanna, Charles Conant and Jeremiah W. Jenks eds., *Report on the Introduction of the Gold-Exchange Standard*, p. 292.

度的过渡。① 因此，当时菲律宾的金本位制改革云集了美国国内一批的财政专家，他们将当时盛行的财政和货币知识用于改造菲律宾。

1903年7月23日，美国为菲律宾铸造的新比索开始正式流通。为了维持菲律宾新币对黄金的平价，1903年10月10日，菲律宾委员会通过了第938号法令，即"金本位法令"（Gold Standard Act），规定要在菲律宾财政部（Insular Treasury）创设一个金本位基金，旨在维持银制菲律宾比索与金本位比索的平价，并且在菲律宾财政部内部组建币制局。② 美国国会通过的1903年3月法案和菲律宾委员会前述的"金本位法令"旨在实现高兰所预定的"金汇兑本位制度"，即一个基于金本位的流通工具可以用于维持与黄金的平价，通过维持两种货币之间的平价从而在实际上又不使用金币便能达到使用金币的效果，实施"虚金本位制度"。换言之，实行金汇兑本位制度，不必铸金币来流通，可以改铸银元足矣，核心就在于储备黄金若干以保证本位银元的价值。这一制度的主要内容还包括维持一个合理的金本位基金，严格限制新铸造货币的数量以便满足商业发展的需求等。

1903年10月23日，时任菲律宾总督塔夫脱发表声明，开始有计划地撤出西班牙—菲律宾货币在菲律宾市场上的流通。1904年1月14日，菲律宾委员会在美国政府的授意下颁布第1042号法令，再次严格禁止墨西哥银元流入菲律宾。该法案规定，进口到菲律宾群岛的墨西哥货币，西班牙—菲律宾货币或者任何其他并非基于金本位的货币之后都被禁止。已经进口或者试图进口上述货币的行为被视为犯罪，除了要没收上述货币之外，还须缴纳罚款，罚款金额不超过10000比索。1904

---

① 精琪访问菲律宾的时间是从1903年12月23日到1904年1月16日，这是精琪来华推行其金本位制改革的前奏与预演，实际上后来精琪在华推行的改革方案就是以菲律宾的"虚金本位制度"改革为蓝本的。参见《精琪归美后的演说——仍主张中国币制宜仿效菲律宾为虚金本位制》，引自中国人民银行总行参事室金融史料组编《中国近代货币史资料》（第一辑·清政府统治时期·下），中华书局1964年版，第1200—1203页。

② "The Philippine Islands," Hugh H. Hanna, Charles Conant and Jeremiah W. Jenks eds., *Report on the Introduction of the Gold-Exchange Standard*, pp. 287–288.

年6月21日，菲律宾总督发布命令，禁止在公共开支中使用墨西哥比索，同时政府也不会采购墨西哥硬币和西班牙—菲律宾硬币。到1904年10月30日，菲律宾总督报告说到9月，美国新铸比索在菲律宾的流通量已经达到了189100比索。从9月30日起，马尼拉所有银行公开宣称不再接收旧货币，所有新的合同都开始使用新的货币结算。据统计，在短短17个月之间，美国就有计划、有步骤地撤出3000万—4000万比索的贬值货币，美国主导的金本位制度在菲律宾暂时推行起来。

此外，美国还加强了菲律宾与华尔街金融银行之间的联系。高兰强调菲律宾应将大量的资金储备存在纽约的银行。"即便发生了紧急情况，只要在华盛顿大笔一挥即可力挽狂澜"①。于是，纽约的格兰迪信托公司（The Guaranty Trust Company）和万国银行公司（International Banking Corporation）储存了大量菲律宾的基金（Insular Funds）。1904年10月31日，格兰迪信托公司储蓄的菲律宾殖民当局资金结余就达到了4787601.68美元，而万国银行公司拥有菲律宾殖民当局的资金结余3797899.93美元。②

到1907年，金本位制度在菲律宾已经得到初步确立。据1907年10月15日，菲律宾群岛财政官的报告显示，"在此刻（指10月15日），毫无疑问新货币在该岛的每一处都被接受，过去两月以来都没有收到抱怨的报告。实际上，出于交易目的，对新货币的需求远远超出了供给，以至于现在必须从银行抽出50万新比索来满足各省的需要"③。

（三）美国财政专家与金本位制度的推广

就在霍兰德、高兰、精琪以及凯默勒等人在拉美的波多黎各和远东的菲律宾进行金本位改革之际，美国的财政专家也想将美国的金本位制

---

① Charles Conant, "The Gold Exchange Standard in the Light of Experience," *The Economic Journal*, Vol. 19, No. 74 (Jun., 1909), p. 199.
② "Depositaries of Philippine Funds," Hugh H. Hanna, Charles Conant and Jeremiah W. Jenks eds., *Report on the Introduction of the Gold-Exchange Standard*, pp. 304–305.
③ Charles Conant, "The Gold Exchange Standard in the Light of Experience," *The Economic Journal*, Vol. 19, No. 74 (Jun., 1909), p. 194.

度向其他国家和地区扩展。随后中美洲加勒比地区的巴拿马、墨西哥、古巴以及远东的中国都成为美国推行金本位外交的潜在地区。

中美洲地区战略要地巴拿马共和国成为美国在附庸国之外拓展金本位制度的第一站。长期以来，美国始终寻求对中美洲地峡地区的控制权。1903年11月，美国策动巴拿马脱离哥伦比亚，成立独立的共和国。刚刚独立后的巴拿马共和国迅速签署条约给予美国修建和管理巴拿马运河的权利，美国完全控制巴拿马共和国，开始修建巴拿马运河。在开凿运河过程中，巴拿马原先使用的哥伦比亚货币银元由于国际银价暴跌，造成金银价比例波动剧烈，这给参与施工的承包商（原材料和机器设备的采购）和工人（工资）造成了很大的损失，同时也给巴拿马这个羸弱的经济体造成负面影响，美国希望将菲律宾的模式运用到巴拿马来，对巴拿马币制实施改革。于是负责运河事务的"巴拿马运河委员会"（Panama Canal Commission）、时任陆军部长的塔夫脱与巴拿马共和国政府展开协商，建议推广金本位制度。1904年3月10日，巴拿马政府将货币问题提交国会讨论，核心就是要发行金比索作为货币单位，金比索的尺寸、重量和成色与美国的金币相同的方案，这就是所谓的《金本位法案》，但是这个计划被巴拿马共和国国会所否决。但美国方面并未放弃，5月19日，高兰与另一位美国财政专家汉纳（Hugh H. Hanna）针对巴拿马的财政情况提出了具体建议，其中最为核心原则就是将美国的货币作为巴拿马的法定货币；发行标准银币；为了确保发行银币的平价，巴拿马政府必须将运河资金的一部分储存在纽约的银行中，作为担保；巴拿马政府需与巴拿马运河委员会协商，维持实际交易所需货币数量。这个计划成为美国对巴拿马币制改革的指南，巴拿马政府并不想轻易就范。

美国国务院认为巴拿马政府已经无法处理局面，于是美国方面加大了对巴拿马施压的力度。6月4日，国务卿海约翰与时任陆军部长塔夫脱、海军司令沃克（Admiral Walker）举行会议。海约翰要求"通过适当的机构来影响巴拿马人采纳一个合理的货币制度"，实际上就是指美国在菲律宾推行的金本位制度。① 6月11日，塔夫脱与高兰（此时其身份已经是莫顿信托公司的财政主管）同巴拿马政府代表举行会谈，塔夫脱重申"运河区必须采纳一个稳定的币制，并且巴拿马共和国无论采取何种币制，必须符合美国的意图"。紧接着，塔夫脱又宣称，"除非维持金银平价的巴拿马财库拥有足够的黄金储备，否则巴拿马不可能大规模运用银币，美国也不会满意"②。6月20日，陆军部与巴拿马运河委员会达成协议，基本上采纳了美国财政专家高兰与汉纳的设想，实施金本位改革，同时，在确定金银比价1∶32的基础上，以金本位发行标准银币巴波亚（Balboa），1巴波亚等同于1美金，这样就确立了以金本位为核心的美元在巴拿马地区的法定货币地位，同时有计划、分步骤地撤出原先哥伦比亚发行的银币。③ 于此美国长期控制了巴拿马的货币与财政，巴拿马成为世界上第一个美国以外使用美元作为法定货币的国家。

紧接着，美国应墨西哥的邀请，对其币制改革进行干预。墨西哥自西班牙征服以来就是国际市场上主要的产银国，其铸造的标准银币（墨西哥银元）流通于菲律宾、中国沿海以及欧洲部分地区。从19世纪70年代起一直到90年代末期，国际市场银价暴跌，这给当时世界上最大产银国墨西哥和最大的白银消费国中国带来了严重的影响。④ 1902年底，墨西哥一方面联合中国向美国求援，请求美国出面维持国际银

---

① "Secretary Hay to Urge Adoption of United States Gold Standard," *Journal of Commerce and Commercial Bulletin*, New York, June 6, 1904.

② "Panama," in Hugh H. Hanna, Charles Conant and Jeremiah W. Jenks eds., *Report on the Introduction of the Gold-Exchange Standard*, New York: Washington Government Printing Office, 1904, pp. 320 – 321.

③ "Act of Panama in Pursuance of Agreement," Hugh H. Hanna, Charles Conant and Jeremiah W. Jenks eds., *Report on the Introduction of the Gold-Exchange Standard*, New York: Washington Government Printing Office, 1904, pp. 331 – 332. 虽然巴拿马货币完全美元化已近一个世纪，但并未给其带来绝对的稳定。参见 Ilan Goldfj, "Full Dollarization: The Case of Panama," *Economia*, Vol. 1, (Spring 2001), pp. 102 – 103.

④ 关于美国财政专家精琪与中国清政府就币制改革的协商部分详见后文第四章。——笔者注

价,旨在"遵循其他先进国家的做法,将货币制度建立在金本位基础之上"①。另一方面,墨西哥在国内成立货币委员会,调查研究解决币制问题。墨西哥和中国政府的联合要求恰恰适应了美国对外财政扩张的需要。西奥多·罗斯福答应出面协调。1903 年 3 月 3 日,美国国会授权建立了"国际汇率委员会",任命高兰、精琪和汉纳三人为委员会成员。美国与中国和墨西哥出面维持银价是为了获得出口贸易和投资机会的有利结果,这些只有在执行金本位制国家才有。委员会的使命,包括两个主要目的:引入一个黄金交易标准到墨西哥和中国,对从欧洲购买铸币所需的白银进行合理化的安排,以稳定白银价格。协调国际银价购买,同样对美国白银利益集团有利,将会稳定墨西哥主导的采矿业,进而能够经受放弃银本位给墨西哥国内所带来的冲击。随后高兰访问了墨西哥,与当时墨西哥财政部长何塞·利曼图尔(Jose Yves Limantour)举行会谈,"扬基佬货币专家(Money Doctor)建议墨西哥货币委员会将国内原来的银本位转向金本位,这样才能稳定货币制度,从而等待如潮般投资的涌入"②。

在美国国务院的协调下,国际汇率委员会成员与墨西哥财政专家们一起去访问英、法、德、俄国等欧洲列强,要求维持国际银价的稳定,从而扩大用银国与用金国之间的贸易。欧洲列强表面上没有反对美国的倡议,但暗地里却都按兵不动,消极抵抗美国在国际财政事务上的领导权。而备受银价剧烈波动的墨西哥几经挣扎,最终还是接受了"国际汇率委员会"的部分建议,开始对国内的币制进行改革。

1904 年 2 月 10 日,墨西哥货币委员会交出了最后的调查报告,并且推荐采纳一个基于金本位的货币体制。他们没有建议发行金币,而是保持白银尽可能多地流通,从而不会削弱白银与黄金的法定比例的维

---

① Charles Conant, *The Banking System of Mexico*, Washington D. C.: Government Office, 1910, p. 62.

② William Schell, "Money as Commodity: Mexico's Conversion to the Gold Standard in 1905," *Mexican Studies* 12 (1), Winter 1996, p. 69.

持。为了达到上述目的，委员会的建议是：

第一，铸币厂停止自由铸造银币，禁止再次进口墨西哥比索，在适当的推迟之后；第二，以过去十年来白银的平均金价为基础建立金银的比率，其上涨不能超过10%；第三，尽可能维持白银的金平价。

1904年11月16日，何塞·利曼图尔这一计划提交给国会讨论。1904年12月9日，墨西哥国会通过了何塞·利曼图尔的改革计划。法律规定，现行的银币，包含24.4391克纯银和2.6342克铜，应继续拥有完全的法定货币权（Tender Power），其价值等同于75毫克的纯金。法案还规定，所有发行货币的权力归中央政府；延用旧比索，以用于出口；改进新比索的样式；设立一个委员会维持汇率稳定等。① 到1905年3月25日，新的金本位制度已经在墨西哥建立起来。到1908年6月30日，汇率与货币委员会已经有净基金17100340美元，其中610万美元是以墨西哥金币形式存在，而6104169美元储存在国内外的各大银行，并且还有银比索300万美元。②

墨西哥从银本位制度转向金本位制度主要是墨西哥政府自身主动选择的结果，没有来自美国方面强行施加的压力，但美国的财政专家高兰及美国"国际汇率委员会"的建议对墨西哥采纳金本位制度的影响是显而易见的。因为在当时墨西哥的财政专家们看来，"金本位是现代的、文明国家的货币，而银本位是落后的国家和地区的货币，如印度和中国"③。因此，墨西哥应该加入先进国家的行列，转向金本位制度。

就在美国财政专家对墨西哥金本位改革实施影响之际，中美洲的多米尼加共和国也成为美国推行金本位制度的重要地区。1904年，多米尼加共和国深陷债务危机和欧洲列强炮舰的威胁，西奥多·罗斯福派出曾在波多黎各实施金本位制度改革的雅各布·霍兰德教授前往多米尼加

---

① Charles Conant, *The Banking System of Mexico*, p. 68.
② Charles Conant, *The Banking System of Mexico*, pp. 71-72.
③ Michael O'Malley, "Specie and Species: Race and the Money Question in the Nineteenth Century America," *American Historical Review*, No. 99 (1994), pp. 369-395.

调查并且研究具体的拯救方案。随后西奥多·罗斯福在未经国会同意情况之下,强行接管了多米尼加共和国的海关。1905 年 3 月 19 日,西奥多·罗斯福正式宣布派出美国人担任多国海关总税务司。4 月 10 日,雅各布·霍兰德教授作为特使到达多米尼加,实地调查该国的财政状况。① 6 月,在美国的"关税监管体制"之下,美国政府开始在多米尼加共和国建立金本位制度,将美国的金本位作为多米尼加共和国的货币本位制度。多米尼加共和国实施金本位制度的内容包括②:

(1) 一切共和国内的交易和支出均应在金币的单一基础之上,采纳的统一标准为美金;

(2) 自法令颁布开始,所有以"比索"之名出现的货币只能理解为是"美元";

(3) 为了方便小宗贸易,应当流通银币,并且应该有小面值的镍币和铜币;

(4) 流通中的国币之金价如下:

(a) 1891 年发行的标记为"5 法郎"的合金银币,应值 40 分黄金;

(b) 1897 年发行的标记为"1 比索"的合金银币,应值 20 分黄金;

(c) 多次发行的标记为"2.5 分"的合金银币,应值 0.5 分黄金,标记为"1.25 分"的合金银币,应值 0.25 分黄金;

(d) 1891 年发行的标记为"10/100 法郎"的合金铜币,应值 1 分黄金;

(5) 财政部门和市政办公室的开支或是私人之间因司法程序

---

① "Chronology of Political Events in Santo Domingo, 1905," *FRUS*, 1906, Kraus Reprint CO., pp. 596 – 597.

② 多米尼加共和国采纳金本位的档案可参见 "Establishment of the American Gold Standard as the Monetary Standard of the Dominican Republic," *FRUS*, 1905, Kraus Reprint CO., pp. 412 – 413。

而产生的责任账目也应以美国铸造的黄金结算。

1905年6月19日,多米尼加共和国国会通过了法案,正式授权总统罗拉斯科(J. E. Otero Nolasco)实施该项法案,由此美国将多米尼加也纳入其在中美洲加勒比地的金融扩张的势力范围。

由上观之,20世纪美国推广金本位制外交的努力已造就了一批财政专家,他们首先在美国的殖民地波多黎各和菲律宾,然后在巴拿马、墨西哥、多米尼加共和国的地区获得了推广金本位制度的实践经验。以霍兰德、高兰、精琪以及凯默勒等人为代表的美国金本位改革家的共同努力使得金本位制度看起来是可能和进步的事业,不仅发达文明国家能够运用,在欠发达的国家和地区(指实行银本位的国家和地区)也能如法炮制。美国财政专家的科学原则和专业知识,其对进步主义时代美国财政实践的总结和推广为塔夫脱时期美国政府频繁实施"金元外交"积累了经验。

小　结

塔夫脱总统上台前的十年间正是美国国内经济社会巨大的转型时期,同时也是美国外交走向世界舞台,进入"帝国主义"的全球扩张的新阶段。受"进步主义"思潮与社会改革运动的影响,美国对外经济关系领域也在呈现着时代的烙印。在美国向世界扩张的过程,国务院自身正在按照商业化时代的要求进行着职业化的改革,从而更好地服务于美国的对外贸易扩张;华尔街投资银行崛起并且面临国内激烈的竞争,对海外利润和市场的追逐使得华尔街银行向外拓展债务投资,与欧洲争夺国际金融市场的份额;而美国财政专家在职业化和福音使命的影响下,奉命向美国新获得的保护国波多黎各、菲律宾和巴拿马地区引入财政改革,推广金本位制度。作为外交老手,塔夫脱将上述这些因素组合起来运用于"金元外交"的政策实践当中,而首先进入塔夫脱视野的便是处于拉美后院的尼加拉瓜，1909年尼加拉瓜的债务危机和革命动乱给美国在中美洲和加勒比的利益带来了严重威胁，欧洲列强以索债为名的武装干预似乎要卷土重来。塔夫脱总统和诺克斯国务卿开始了在尼加拉瓜打造"金元"外交样板的外交行动。

第二章　尼加拉瓜的债务违约问题与美国控制下的"金元外交"

塔夫脱政府时期，作为拉美后院地区的尼加拉瓜发生了债务危机，引发欧洲炮舰干涉之威胁，在门罗主义的旗帜下，尼加拉瓜成为美国推行"金元外交"的实验室，也成为美国绝对支配下最为典型的实施案例。美国在推行金元外交的具体实践过程中，国务院提供华尔街银行家投资贷款的公共政策和安全保障，华尔街私人银行家则提供政府外交行动所需的金融资本，而财政专家贡献了进步主义时代的"科学原则"和"专业知识"，他们共同构成了"金元外交"的"组合主义"模式。在此过程中，塔夫脱政府对尼加拉瓜的"金元外交"也成为20世纪初期崛起为世界强国的美国整合国内各种资源，治理债务危机，在拉美地区塑造有利于美国投资的、挑战欧洲金融霸权、建立国际政治经济秩序的范例。

第一节　美国国务院介入尼加拉瓜债务危机

1909年10月塔夫脱刚上台不久，中美洲的尼加拉瓜爆发了革命，为塔夫脱实行金元外交提供了干涉的借口。债务违约和财政重组成为美国介入尼加拉瓜事务的有力途径。美国政府认为："财政重组和保护这些国家关税免受潜在独裁者的觊觎将一举消除外国债权人和革命无序状态的威胁。"① 助理国务卿 H. 威尔逊则认为："加勒比是美国的势力范围，排除欧洲财阀在中美洲政治和经济生活中的影响，有助于树立美国在这一地区的影响力。"②

一 美国抛弃尼加拉瓜运河方案与美国—尼加拉瓜关系的恶化

早在1830年拉丁美洲国家取得了独立的目标，建立了共和国，然而新独立的拉丁美洲国家很快发现自己处于一个国际竞争与强权政治的世界之中，因而在19世纪下半叶许多拉美国家都寻求美国"门罗主义"的保护，免受原先欧洲列强的再次殖民，尼加拉瓜共和国亦是如此。

尼加拉瓜位于中美洲地峡，战略位置十分重要。1878年，法国巴拿马运河公司取得了开凿地峡运河的权利，美国政府表示反对，但并未奏效，美国对中美洲地峡尤其是尼加拉瓜的觊觎之心从未消退。因为尼加拉瓜一直以来就是美国理想中沟通大西洋与太平洋人工运河的修筑地。早在1788年，开国先辈托马斯·杰斐逊就宣称，"美国感兴趣于利用圣胡安河和尼加拉瓜湖来修建一条连接大西洋和太平洋的运河"③。在美国战略家的构想中，美国全球的勃勃雄心有赖于对跨越尼加拉瓜地峡通道的控制。1857年，尼加拉瓜与美国政府签下了一个保护条约，但此时的参议院拒绝批准。1884年，美国国务卿费雷德里克·弗里林海森就签订一项运河条约同尼加拉瓜进行了谈判，其中规定由两国共同拥有运河，但参议院以5票之差未能通过该协议。④ 甚至到了1902年，美国战略家、海军中将阿尔弗雷德·马汉还在为建造尼加拉瓜运河进行

---

① "Annual Messages to the Congress," FRUS, 1912, p. XII.
② Walter V. Scholes and Marie V. Scholes, The Foreign Policies of the Taft Administration, p. 63; Lester D. Langley, The Banana Wars: An Inner History of American Empire 1900–1934, Lexington: The University Press of Kentucky, 1983, pp. 64–66.
③ Gerstle Mack, Land Divided: A History of the Panama Canal and other Isthmian Canal Projects, New York: Alfred Knopf, 1914, p. 101.
④ ［英］莱斯利·贝瑟尔主编：《剑桥拉丁美洲史》（第4卷，约1870—1930），中国社会科学院拉丁美洲研究所组译，社会科学文献出版社1991年版，第84—88页。

鼓动宣传。马汉认为:"在运河问题上,我一直是一个尼加拉瓜人……这是美国一直以来梦寐以求的想法。"① 美国控制下的尼加拉瓜运河不仅能够捍卫美国沿海地区的安全,而且能够扼守大西洋通往太平洋的咽喉,跻身全球霸主。然而也正是在1902年,美国国会却通过法案,支持在同属中美洲的巴拿马共和国境内开凿运河,因为国会认为巴拿马运河方案无论在地理位置、自然环境方面,还是工程技术方面均比尼加拉瓜方案优胜许多。

美国抛弃了尼加拉瓜运河方案使得美国与尼加拉瓜的关系迅速恶化,因为尼加拉瓜一直以来就寻求与美国合作,共同修筑中美洲的运河。巴拿马运河的开建令一直梦想得到美国"运河资金"的尼加拉瓜人美梦幻灭,尼加拉瓜人大失所望,当时的总统何塞·桑托斯·塞拉亚(Jose Santos Zelaya)转而寻求其他列强的支持,建设一条通过尼加拉瓜的替代性运河。塞拉亚总统先后向英法两国招商引资,而后又向国际舞台上新崛起的德国和日本进行游说活动。德国和日本对修筑尼加拉瓜运河计划都表示出强烈兴趣。② 此外,塞拉亚总统还向欧洲国家大规模举借外债来发展本国的经济,从而加大了欧洲干预尼加拉瓜的风险,这与罗斯福推论构成了直接的冲突,因为西奥多·罗斯福要求美国对加勒比地区维持财政支配地位。再者,尼加拉瓜是中美洲国土面积最大、实力最强的共和国,塞拉亚总统的外交与军事活动致力于组建一个统一的中美洲,这与美国在西半球的霸权野心直接相抵触。尤为重要的是,到塔夫脱总统上台后,随着巴拿马运河竣工期限日益临近,加勒比海成为美国的"内湖",美国在中美洲地区的利益日益重要起来,美国必须维护巴拿马运河周边地区的局势稳定。正如塔夫脱总统所言:"巴拿马运河

---

① Robert Seager and Doris Maguire, *Letters and Papers of Alfred Thayer Mahan*, Vol. 3, Annapolis: Naval Institute Press, 1975, p. 9; Commodore George Melville, *Views to the Strategic and Commercial Value of the Nicaraguan Canal, the Future Control of the Pacific Ocean to the United States*, Washington: Government Printing Office, 1898, pp. 18 – 19.

② Thomas Schoonver, *Germany in Central America*, Tuscaloosa: University of Alabama Press, 1998, pp. 118 – 133.

的开通不仅标志着美国国际生活的新时代,同时也创造了一个新的、世界范围内的舞台。"① 显然,美国的国家利益在巴拿马运河和加勒比地区比其他任何地区更为重要。因此,地缘政治和战略逻辑以及美国由于巴拿马运河开通带来的巨大的国家利益,使得维持一个和平、安全和繁荣的中美洲和加勒比地区变成了美国对拉美政策的第一要务。在这个范围内,美国应当消除沉重外债和国家财政混乱带来的危害,也应当消除不稳定引发的无休止的国际难题。

二 尼加拉瓜的债务危机与《道森协定》的提出

独立后的尼加拉瓜共和国长期以来不仅依赖欧洲的市场,而且也指望欧洲政府为其经济发展计划提供资金,因此尼加拉瓜经常向欧洲尤其是处于优势地位的英国举债,但尼加拉瓜等拉美国家因为债务拖欠经常与欧洲列强产生摩擦。因此,尼加拉瓜与欧洲国家之间因为索债的纠纷也为北美冉冉上升的巨人——美国介入提供机会。1909 年 10 月,尼加拉瓜布卢菲尔兹地区(Bluefields)爆发了革命,总统塞拉亚为了镇压革命向欧洲国家大量举债。当年尼加拉瓜政府仅向英法的借款就达到 125 万英镑,相当于 607.5 万美元,再加上尼加拉瓜原有的内外债务,仅有 60 万人口的尼加拉瓜政府负债需要 1200 万—1500 万美元才能平衡,尼加拉瓜政府面临着破产的命运。② 美国并没有将尼加拉瓜的革命仅仅视为其内政,而是从地缘政治的角度出发,国务院认为总统塞拉亚是中美洲无休止冲突的主要根源,如果推翻了独裁者,美国在中美洲面临的威胁要小得多。况且,尼加拉瓜的革命经费大多数来自布卢菲尔兹地区的美国商人及其当地合伙人。③ 国务卿诺克斯认为中美洲地区的革命的主要原因在于革命者企图获得当地海关的收入,因此,要消除革命

---

① "Annual Messages to the Senate and House of Representatives," *FRUS*, 1912, p. XXVII.
② Hon. Philander C. Knox, *Letter and Statement Concerning a Loan Which the Republic Contemplates Making with Citizen of United States*, Washington, 1911, p. 6.
③ Dana G. Munro, *Invention and Dollar Diplomacy in the Caribbean 1900 – 1921*, p. 173.

的动机，就必须对尼加拉瓜的海关进行监管，只要美国控制了海关，美国不仅能够遏制中美洲的革命，而且能够为美国节省下大笔用于军事干预的军费开支。

1910年，诺克斯在《美国外交的精神与目标》的演讲中，阐述了其对中美洲政策的整体构想。诺克斯认为真正稳定的建立不在于军事力量，而在于经济和社会力量。"中美洲的某些地区因无休止的革命破坏而臭名昭著……一些最为落后的共和国的国库实际上为过度的外债所压垮，再加上当地政府开支的铺张浪费，这些国家经常深陷债务危机无法自拔。因此良好治理的问题不可避免与经济繁荣和合理财政联系在一起。而对于政府稳定而言，财政的稳定或许比其他任何因素都重要。"[1] 由于海关收入占据政府财源的大部分，对海关的控制遂成为叛乱者的主要目标。他们认为尼加拉瓜的政治冲突主要起源于其国内精英对于"公共财政的政治化"。因此，诺克斯企图从经济根源的角度来提出中美洲革命的起源及其应对措施，那就是通过贷款和货币的改革来帮助这些国家走上自给自足的道路。诺克斯和派驻尼加拉瓜的美国公使乔治·韦策尔（George T. Weitzel）始终相信，改善加勒比国家环境的唯一途径就是将海关置于有能力的外国监管之下，并且改革货币体制。通过这种方式，美国人担任财政顾问，清除了欧洲债权人对尼加拉瓜等中美洲国家的影响。[2]

对于尼加拉瓜等中美洲国家的外债，诺克斯还从门罗主义和罗斯福推论的视角进行了辩护。西奥多·罗斯福在1905年就深刻思考了中美洲国家所欠欧洲债务与门罗主义之间的关系。"如果我们南方的共和国侵犯了外国的利权（拖欠债务），就像冒犯这个国家的公民一样，门罗

---

[1] Hon. Philander C. Knox, *The Spirit and Purpose of American Diplomacy*, Philadelphia, 1910, June 15, pp. 45 – 47.
[2] "Mr. Bryce to Sir Edward Grey," Kenneth Bourne, *Brithsh Documents on Foreign Affairs: North American Affairs*, Volume 15, 1911 – 1914, An Imprint of CIS: University of America, 1987, pp. 140 – 141（以下简称BDFA）; George T. Weitzel, *American Policy in Nicaragua*, Washington D. C.: Government Printing Office, 1916, pp. 4 – 5.

主义并未要求我们来制止针对欠债国的惩罚措施,但前提是这一惩罚不得采取任何形式的领土占领。对于后者,一方面美国不会开战去阻止外国政府收取合理债务的行为,但是另外一个方面,允许任何外国势力占有一个美洲共和国的关税都是非常不明智的,哪怕是暂时的接管。"①因此,西奥多·罗斯福建议唯一能够避免美国卷入的方式就是美国政府自身着手进行一系列的安排,从而帮助这些国家偿还合理的债务。其实,门罗主义推论在宣布"美洲是美国人的美洲"之时,其内在逻辑已经暗含着美国因中美洲国家债务而与欧洲国家发生直接武装冲突的危险。诺克斯延续了西奥多·罗斯福的看法,认为避免门罗主义逻辑负面效应最为有效的方式就是助其自助,美国出面帮助欠发达的美洲共和国去履行自己的责任,这样美国既维护了门罗主义的责任同时也降低了与欧洲对抗的风险,这是两全其美之计。诺克斯因此颇为自信地宣布:"在门罗主义的框架内,美国必须履行最为沉重的承诺,同时也是最为实际的责任——我们必须对于拉美邻居走向良好治理与进步做出积极回应,通过帮助他们调整合理债务,而免受煎熬。"②

1909 年 11 月 9 日,两名美国籍军事冒险者利农纳德·格罗斯(Lenonard Groce)和勒罗伊·坎农(Leroy Cannon)在尼加拉瓜内战中被塞拉亚总统领导的政府军处决,这为美国干涉尼加拉瓜提供了绝佳的借口。国务院和美国海军部官员在诺克斯家中举行会议,会议使得诺克斯相信塞拉亚总统处事不公,美国将要求一切补偿。12 月 1 日,国务卿诺克斯致函尼加拉瓜驻美国公使馆,通知美国决定断绝两国的外交关系。诺克斯谴责塞拉亚政权是"尼加拉瓜历史上的一个污点,号召人们推翻塞拉亚总统的独裁统治"③。1910 年 5 月,塔夫脱总统公开发表演讲,强力支持诺克斯的"金元外交"④。塔夫脱对于塞拉亚政权也进

---

① "The Secretary of State to various Senators," *FRUS*, 1912, p. 1088.
② "The Secretary of State to various Senators," *FRUS*, 1912, p. 1088.
③ "The Secretary of State to the Nicaraguan Charge," *FRUS*, 1909, pp. 455 – 457.
④ "Mr. Bryce to Sir Edward Grey," *BDFA*: *North American Affairs*, Volume 15, 1909 – 1911, pp. 207 – 208.

行了尖锐的批评。塔夫脱认为,塞拉亚将军的整个职业生涯都是中美洲和平的破坏者,"塞拉亚反对中美洲五国和平与友善的每一项计划"①。国务卿诺克斯则支持尼加拉瓜人民反抗塞拉亚的革命,认为革命代表了绝大多数人民的意愿,美国将予以支持。随后,美国派出1000名的海军陆战队达到尼加拉瓜海域,塞拉亚总统在美国强大压力下流亡墨西哥。1910年9月10日,为了获得美国的承认,新上台的尼加拉瓜革命领导人埃斯特拉达(Estrada)对诺克斯表示:"我的政府将努力重组与完善公共财政,偿还国家债务以达到获取美国政府贷款要求的条件,同时将关税收入作为保障。"② 9月12日,尼加拉瓜驻美国公使加斯特利罗(Castrillo)致信诺克斯,承诺新上台的尼加拉瓜临时政府将按照美国的要求来进行改革。这些改革承诺包括:(一)一年内实行普选,选举日期将通过宪法予以确定;(二)临时政府将尽力改善和整顿国家的财政状况,从而达到美国国务院最终要求保障美国贷款要求的标准;(三)美国的贷款将通过部分的关税收入予以保障,海关关税将由两国政府同意的方式予以征收;(四)严惩杀害两名美国人的凶手,并作出相应的赔偿;(五)为了方便达成正式的条约,尼加拉瓜方面要求国务院派出一名特使到尼加拉瓜。③

美国国务院派出特使托马斯·道森(Thomas Dawson)与尼加拉瓜的埃斯特拉达进行接触。托马斯·道森之前帮助美国在多米尼加共和国建立海关破产管理中发挥了重要作用,被国务院视为建立"保护国"方面的专家。10月11日,助理国务卿H.威尔逊给道森的指示强调应"尽快重建宪政政府,选举宪政总统,并且保证绝对的选举自由"④。10月18日,托马斯·道森达到马那瓜,并且了解到尼加拉瓜的政治形势与华盛顿的乐观态度并不一致。前总统塞拉亚领导的自由派是占据多数

---

① "Annual Message to the Congress," *FRUS*, 1910, p.XV.
② "Senor Castrillo to the Secretary of State," *FRUS*, 1910, p.762.
③ "Senor Castrillio to Knox," *FRUS*, 1910, p.762.
④ "H. Wilson to American Minister Thomas Dawson," *FRUS*, 1910, p.763.

的政治势力，而且正在蓄谋力量以恢复塞拉亚的统治，埃斯特拉达的党派仅仅是少数。道森认识到，普选根本不可能，而且一旦推行，美国欲扶持的代理人肯定无法合法地当选总统，这样尼加拉瓜的形势会更加复杂。由于革命政府刚刚建立，尼加拉瓜的埃斯特拉达迫切希望得到美国的承认，而美国则希望通过尼加拉瓜的财政改革和政治稳定计划来塑造中美洲的稳定。因此，道森希望埃斯特拉达作出妥协。10月27日，道森与埃斯特拉达签订了日后被称为塔夫脱政府对中美洲政策的核心文件——《道森协定》（Dawson Pact）。

《道森协定》规定了美国承认埃斯特拉达的革命政府，但其前提是尼加拉瓜必须履行以下几个承诺："第一，立即选举议会，合法选举埃斯特拉达和阿道夫·迪亚斯（Adolfo Diaz）担任总统和副总统，任期两年，埃斯特拉达不得谋求连任；第二，美国国务院要求尼加拉瓜建立一个'联合赔偿委员会'（Mixed Claims Commission）来解决赔偿问题，包括两位已经被处决美国公民的善后事宜；第三，尼加拉瓜将恳请美国政府出面斡旋来获得一项贷款，贷款将根据两国间协议所规定的，征收一定比例的关税收入作为抵押。"[1]

《道森协定》最为核心的内容是"联合赔偿委员会"的建立和美国答应出面帮助尼加拉瓜获得贷款，贷款将以尼加拉瓜海关关税收入作为保障。因为它涉及相互关联的美国政策设计，一方面，"联合赔偿委员会"解决战时的索赔问题，从而稳定国内政治形势，而且该委员会还可以控制美国政府贷款的财政开支，这样能够保证美国控制进程；另一方面，美国政府牵头予以关税抵押贷款，既提供了资金，也降低了作为贷款方银行的风险系数。《道森协定》为美国在尼加拉瓜实施金元外交铺平了道路，到1910年12月中旬，尼加拉瓜正式地"选举"了埃斯特拉达和迪亚斯分别担任总统和副总统。对于这次选举的结果美国表示满意，1911年1月1日，美国正式承认了尼加拉瓜共和国，正式恢复

---

[1] "The Acting Secretary of State to Minister Dawson," *FRUS*, 1910, pp. 763–764.

了两国间的外交关系。

三 《美国与尼加拉瓜贷款协议》的签订与参议院民主党人的杯葛

1911 年初，尼加拉瓜政府与美国特使加强了接触，讨论了贷款和财政重组的问题。2 月，尼加拉瓜外长与美国特使交换了对国内形势的看法，认为目前对于重建尼加拉瓜来说最为重要的就是恢复公共财政的秩序，建立起稳定的偿还内外债务的能力。外长致信美国特使道森，为了重建公共财政，恢复还债能力，尼加拉瓜希望获得贷款，并且将通过一定比例的共和国关税收入作为抵押，同时达成两国政府都满意的条约来征收关税。"我们恳请美国政府派出一名财政顾问，来指导贷款计划，争取做到债权人和债务人双方都满意。"①

然而美国一手扶植起来的埃斯特拉达并未能在总统宝座上待多久，1911 年 5 月，占据多数力量的保守党代表迪亚斯成为尼加拉瓜总统，随后谈判进展迅速。5 月 5 日，尼加拉瓜国会授权总统与美国银行家谈判，在美国国务院的斡旋之下，双方达成初步协议，贷款不超过 2000 万美元。美国驻尼加拉瓜使团对此表示欢迎。"比起任何时候，这个国家丰富的自然资源再加上美国适当的财政援助，以及恰当的治理，一个相对稳定的和平将表现出奇迹般的进步。"②

6 月 6 日，国务卿与尼驻美国公使加斯特利罗（Castrillo）在华盛顿签订了《美国与尼加拉瓜贷款协议》（又称《诺克斯—加斯特利罗条约》，Knox-Castrillo Convention），美国与尼加拉瓜政府同意，贷款必须在尼加拉瓜政府与一些有能力、值得信赖的美国银行集团之间协商并且缔结条约。③ 条约的主要内容包括四点：第一，条约规定，尼加拉瓜政府同意缔结一项合同，合同旨在偿还尼目前的内外债务以及解决过去的

---

① "The Nicaraguan Minister for Foreign Affairs to the American Special Agent," *FRUS*, 1911, pp. 627 – 628.
② "The American Minister to Secretary of State," File No. 41, *FRUS*, 1911, p. 660.
③ "Loan Convent between the United State and Nicaragua," *FRUS*, 1912, pp. 1074 – 1075.

索赔问题（无论偿清与否），建立基于合理且稳定基础上的财政计划，开发尼加拉瓜的自然与经济资源。两国政府应关注所有条款并且协商执行，从而使得合同不仅对尼加拉瓜有利，而且对于美方贷款安全也有保障；第二，尼加拉瓜政府签订的贷款应该以尼海关税收作为抵押，在上述合同期限内，在未经美国政府协商并且同意，尼加拉瓜政府不得改变进出口关税，或者其他影响货物准入、出口或者运输的费用；第三，按照合同规定，每年贷款方的财政代理必须提交一份完整详细的行动声明至美国国务院和尼加拉瓜财政部；第四，只要贷款尚未偿清，尼加拉瓜政府将从贷款方财政代理呈交并经国务院批准系列名单中委任一人担任海关总税务司，这个人不必非得是尼加拉瓜人，他必须根据上述贷款合同来管理关税，并在履行职责时给予完全的保护。美国政府在形势所需之时，也将承担保护之职责。

通过《美国与尼加拉瓜贷款协议》，美国获得了诸多的权利，包括双方签订协议偿还内外债务，调整解决利权问题，着手进行币制改革并且开发未来这个国家的自然资源等。其中最令人瞩目的是尼加拉瓜海关控制权的攫取。美国国务院对海关的控制权主要是通过两种途径实现的：一方面，海关总税务司是由美国银行家推荐并且经过美国政府批准，最后任命虽然由尼加拉瓜政府最终完成，但对于尼加拉瓜政府而言仅是名义上的；另一方面，条约规定在没有美国政府的允许下尼加拉瓜不得擅自更改关税。这样，关税的定价权、人事权和监督权全部落入美国人之手，而且海关税收必须专门用于偿还债务，尼加拉瓜政府无权调度，这样才能保证以美国式的还款方法来偿清债务，从而避免进一步受困于欧洲列强的债务干涉。因此，这是一项门罗主义框架下的经济政治制度设计，是一种经济上的门罗主义。如果这项条约得以实现，那么按照《纽约时报》后来报道的，"塔夫脱政府实际上是要在尼加拉瓜建立一个类似于古巴的保护国（Protectorate）"[①]。

---

① "Dollar Diplomacy Outdone," *New York Times*, July 21, 1913.

塔夫脱对这项条约寄予厚望。1911年6月8日，塔夫脱向国会发表演讲，呼吁参议会审议并批准该条约。在塔夫脱看来，《美国与尼加拉瓜贷款协议》建立的基础是美国地缘政治、商业贸易的利益与美国对中美洲道德责任的高度结合，这对中美洲的和平稳定是一件大事。塔夫脱认为，条约的批准是中美洲和平的第一要务。因为在当时的《华盛顿条约》之下，美国承担者愈发重要的道德责任，同时这也是门罗主义赋予美国的更大责任。"大多数尼加拉瓜的债务都是来自外部的欧洲，一方面，根据门罗主义，我们被迫要保护一个美洲共和国，因为禁止他们偿还其合理的对外债务是不应当的；另一方面，欧洲国家强制收取债务的企图又使得美国无法独善其身。因此，给予尼加拉瓜政府所要求的一切适当的援助，在我们限定的范围内，这将推动和平，开发自然资源，并且对其财政体制进行合理重组，从而消除动荡不安的隐患。"[1]在塔夫脱看来，这项政策的根基在于美国在巴拿马运河重要战略地位的地缘政治逻辑，是维护美国的利益使然，必须予以通过。

尼加拉瓜国会迅速通过了该项条约。6月17日，诺克斯在给参议院外事委员会主席谢尔比·卡洛姆（Shelby M. Cullom）发去一封私人信件，强烈倡议参议院接受国务卿的主张，要求参议院支持国务院利用外交与资本的睦邻之举，因为条约是引入并且维持和平的重要工具。"条约将用于降低中美洲干涉之需要，同时能够阻止巴拿马运河毗邻区经常发生的、残酷的动乱。此外，条约还将带来巨大的商业优势，尤其是对于美国南部各州来说。"[2] 然而参议院无视来自政府的强大压力，条约被搁置起来。1911年7月17日，塔夫脱总统对《美国与尼加拉瓜贷款协议》的内容做出修改，删除了条约中"海关总税务司不必为尼

---

[1] "Message from the United States transmitting a Convention between the United States and Nicaragua concerning a loan which Nicaragua contemplates making with citizens of the United States," *FRUS*, 1912, p. 1073; "Urges Refund Treaty: Taft Asks Immediate Action on Nicaraguan Pact," *The Washington Post*, June 9, 1911, p. 4.

[2] Walter V. Scholes and Marie V. Scholes, *The Foreign Policies of the Taft Administration*, p. 62.

加拉瓜人"和最后一条"若形势需要"的条款。这就意味着美国政府可以随时干预尼加拉瓜的国内政治和关税事务。12月，塔夫脱在向国会做咨文中，再次要求参议院批准这一条约。塔夫脱认为，"参议院通过这项条约将使中美洲共和国有可能进入一个国家经济真正发展的时代"。尼加拉瓜国会已经采取行动批准了条约，而如果美国参议院不通过该条约，这将使美国承担沉重的代价。"拒绝这项条约将使得美国前功尽弃，并且还会被迫置这个共和国于破产、革命与举国危难的深渊。"① 然而参议院并没有积极的回应。1912年1月，诺克斯在纽约发表演讲，再次呼吁参议院要通过该项条款。诺克斯认为，批准目前的条约不仅能出于人道之目的，阻止尼加拉瓜毫无意义的流血冲突，同时也能避免欧洲干涉中美洲地区日益重要的政治理由。此外，批准条约还有着纯粹物质利益的动机，1909年美国与中美洲（包括巴拿马）的贸易额占到所有中美洲对外贸易额的一半，接近6000万美元。②

因此，即便从发展对外贸易的角度也应通过该项协定。诺克斯认为，对于拉美地区的共和国来说，商业是凝结友谊的强烈纽带，商业能够在政府支持大量产品出口的大环境中繁荣起来，并且能够建立在互惠互利的基础之上。这不仅对于尼加拉瓜有利，而且也有助于美国推销剩余资本和剩余产品。诺克斯就承认："（美国）国内市场已经饱和，我们的剩余资本的投资和我们产品的出口应该通过我们与其他美洲共和国的商业往来激活起来，就像我们的公民在海外创业一样。"③ 换言之，诺克斯对尼加拉瓜"金元外交"很重要的一个目的在于为美国的剩余资本和剩余产品开拓市场，从而推动一切有利可图的事业。H.威尔逊在国会听证会作证时也表示条约能够使某些美国资本家进入尼加拉瓜，

---

① "Annual Message to the Congress," *FRUS*, 1911, p. XVI.
② "Address of Honorable Philander C. Knox before the New York State Bar Association," *FRUS*, 1912, p. 1092.
③ Hon. Philander C. Knox, *The Spirit and Purpose of American Diplomacy*, Philadelphia, 1910, June 15, p. 51.

并且获得巨大的利润，如果拥有政府支持则更有保障。① 因此，国务院希望为这种"商业老板"的外交披上"合法性"的外衣，毕竟没有经过参议院批准的条约，国务院便无法取得收税权，这便意味着和平与合理监管财政面临着极大的风险。

随着共和党阵营在中期选举中失去了众议院的绝对多数席位，民主党并不认可诺克斯外交战略的意图，他们也担心共和党把持的政府行政权力进一步扩大。按照施莱辛格所说："整个参议院都在讨论政府的缔约权，相信如果批准了国务院的缔约请求将会限制参议院对外交事务的控制权。"② 再者，美西战争后美国占领古巴争论也在发酵。1902年古巴共和国独立，作为美国撤离的条件，美国国会通过了《普拉特修正案》（Platt Amendment），从法律上确定古巴的"被保护国"关系，但这是国内帝国主义与反帝国主义势力的妥协方案。此时参议院不希望再建立一个事实上的"保护国"。最终塔夫脱和诺克斯设想的贷款条约没有得到批准。公共政策的失败使得国务院转而倚重私人银行家的力量来实施金元外交，最终以华尔街私人银行的"控制性贷款"（Control Loan）的形式呈现出来。

第二节 华尔街投资银行对尼加拉瓜的控制性"贷款网络"

19世纪中后期，经历了内战洗礼的美国走上了快速工业化的道路。1875年至1899年间，工业和金融领域的兼并联合成为席卷整个美国的浪潮，在这一进程中，华尔街为其提供了资金来源，也由此大企业统治的美国经济社会中发挥越来越重要的地位。到19世纪末，以华尔街为中心的证券市场和金融中心已经在世界范围内崛起，一些巨型投资银行

---

① "Will Reply to Taft: Senator Bacon Plans Probe of Dollar Diplomacy," *The Washington Post*, December 7, 1912, p. 3.

② Robert D. Schulzinger, *U. S. Diplomacy since 1900*, p. 47.

开始出现，华尔街迎来了其发展史上第一个黄金时期，如摩根财团、花旗银行、坤洛银行、塞利格曼公司和布朗兄弟公司等。① 这些投资银行拥有大规模的融资能力，开始向生产性企业渗透管理，并且积极对外拓展贷款业务。与美国毗邻的墨西哥首先感受到了华尔街不断增长的金融力量。随着美西战争的结束，美国在原先西属拉美地区的贸易和投资环境大为改善。1899 年，摩根银行已经开始向墨西哥发放贷款。同年，摩根银行的伦敦分部已经开始与英国的巴林兄弟公司（Baring Brothers）合作共同向哥斯达黎加贷款 10 万英镑。② 1903 年起，随着国内工业债券的利润开始下滑，美国金融界对于利润丰厚的外债的兴趣明显增加，再加上国内《谢尔曼反托拉斯法》正在酝酿的反垄断政策，银行业在国内的竞争日趋激烈，国内的利润空间下降，美国的金融家将目光越来越多地投向海外债务。1904 年，摩根财团已经贷款给美国的托管地古巴。同时摩根财团和坤洛银行都感兴趣于多米尼加共和国的贷款项目。1906 年，坤洛银行开始与多米尼加共和国政府签订贷款合同，银行家提供 50 年 2000 万美元的贷款，利息为 5%。

1907 年，美国国内爆发了金融危机，华尔街投资银行加快了对外债务扩张的步伐。在没有国务院的支持下，1908 年花旗银行开始向巴西进行贷款。1909 年 1 月，华尔街银行已经向玻利维亚政府发售了 60 万英镑的债券。随后，三家华尔街银行正在激烈竞争危地马拉的还债合同，其中摩根财团还插手了洪都拉斯债务的贷款。③ 因此到塔夫脱总统上台时，华尔街的银行家已经敏锐地察觉到了对外贷款所拥有的巨大利润，并且跃跃欲试，他们提供的资金成为金元外交的重要环节。

---

① ［美］查理斯·R. 吉斯特：《华尔街史》，敦哲、金鑫译，经济科学出版社 2004 年版，第 77、88、103 页。

② Vincent P. Carosso, *The Morgans: Private International Bankers* 1854 – 1913, pp. 589 – 590.

③ Vincent P. Carosso, *The Morgans: Private International Bankers* 1854 – 1913, pp. 590 – 591.

一 塞利格曼公司和布朗兄弟公司与国务院的前期接触

19世纪后期开始,美国资本开始关注中美洲地区。尼加拉瓜拥有丰富的自然资源,再加上其特殊的地理位置,美国企业早已进入尼加拉瓜从事种植行业与商贸往来。19世纪末期,美国企业已经充斥于尼加拉瓜的东海岸,凭借尼加拉瓜政府给予的特许经营权,美国企业家在该地区建立了巨大的香蕉种植园。"到1893年,美国企业已经控制了该地区超过90%的商业与财富,并且形成了以布卢菲尔兹为中心的美国商业集散地,沟通着尼加拉瓜与外国的商业联系。"[1] 1894年,尼加拉瓜总统塞拉亚正式将东部地区并入尼加拉瓜,结束了英国人的统治,同时塞拉亚建立特许经营权制度,威胁着美国企业家的利益。1909年秋,尼加拉瓜东海岸地区爆发了革命。"这一地区的许多美国人都支持革命一方反对塞拉亚总统的无道统治",革命者许多资金的来源也是美国商人。[2]

1910年10月11日,国务院指示赴尼加拉瓜特使托马斯·道森,要根据两国政府间的协议,"重组财政,偿还合法的国内外索赔要求,并且通过一定比例的关税收入作为贷款的保障。国务院向尼加拉瓜承诺当起草一项贷款时,国务院将出面保证尼加拉瓜与美国一些可信赖的银行家之间缔结合同"[3]。也就是说,国务院在制定对尼加拉瓜的金元外交时已经考虑到应该发挥华尔街银行家的资本优势为美国外交政策服务。1911年初,急于得到美国贷款的尼加拉瓜政府也要求美国出面组织华尔街银行贷款给尼加拉瓜。临时总统埃斯特拉达及其他高级官员都认为:"为了重塑公共财政,偿还合理的赔偿要求,我们将恳请美国政府的调停,目标是协商贷款,并且将通过双方政府均满意征收特定比例

---

[1] Emily S. Rosenberg, *Financial Missionaries to the World: The Politics and Culture of Dollar Diplomacy*, 1900-1930, p. 66.
[2] "A Friend of Justice, Our Policy in Nicaragua and the Recent Revolutions," *The North American Review*, January 1913, Vol. CXCVII, American Periodicals, p. 50.
[3] "The Acting Secretary of State to Minister Dawson," *FRUS*, 1910, pp. 763-764.

的关税收入予以担保。"①

与此同时，华尔街的投资银行塞利格曼公司和布朗兄弟公司得知国务院这些计划之后，也开始表示出对于贷款计划的强烈兴趣。1911年2月2日，布朗兄弟银行负责人写信给国务卿诺克斯："作为银行家，我们乐意有机会参与这一贷款……此外，我们对于重组该国的财政尤为感兴趣。"② 1912年6月，当《美国与尼加拉瓜贷款协议》还在参议院搁置之时，国务院与塞利格曼公司和布朗兄弟公司协商为尼加拉瓜贷款筹集资金，谈判的结果是《美国与尼加拉瓜贷款协议》应该成为尼加拉瓜政府与银行家之间缔结合同的一部分。换言之，在国务院与银行家的设想中，政府间的条约和银行家与尼加拉瓜政府之间的合同应该是相互依赖的两个文件：一方面，国务院需要银行家的资金来实施财政重组，从而保障尼加拉瓜的稳定，促进美国在中美洲利益的实现；另一方面，银行家扩大贷款是基于国务院牵头，这就意味着其投资具有政府的保障，这样能降低风险，保障贷款利息的定期归还。6月21日，上述两家银行与尼加拉瓜政府达成协议草案，贷款达到1500万美元。华尔街银行成为尼加拉瓜的债主。根据塞利格曼公司和布朗兄弟公司在国会听证会所做的证词，两家银行取得了许多特权。银行家出资偿清针对尼加拉瓜政府的索赔要求，建立美国银行家监管的银行；修缮尼加拉瓜旧有的铁路，美国银行家可以控制铁路，并且以两家公司的名义建设新的铁路，尼加拉瓜政府给予特许经营权。③

二 塞利格曼公司和布朗兄弟公司对尼加拉瓜"贷款网络"的形成

由于参议院拒绝批准《美国与尼加拉瓜贷款协议》。国务院派往尼

---

① "Translation of Agreement Signed by Provisional President Estrada and Others," *FRUS*, 1911, p. 653.

② U. S. Sen. Rel. Com., *Supra*, Part Ⅵ., pp. 170 – 171. 华尔街银行家参与金元外交的档案文件还可参见"Brown Brothers and Company and J. and W. Seligman and Company to the Secretary of State," *FRUS*, 1912, pp. 1078 – 1081, 1101 – 1102, 1105。

③ U. S. Sen. Rel. Com., "Hearings on Nicaraguan Affairs," 1913, Part Ⅵ, pp. 205 – 206.

加拉瓜的财政顾问欧内斯特·万兹（Ernest Wands）报告国务院说，塞利格曼公司和布朗兄弟公司即使在条约没有得到参议院批准的情况下也会提供贷款。国务院则希望能够将控制尼加拉瓜的海关收入作为保障，因为关税征收权是确保尼加拉瓜政治稳定与改善财政状况的最佳途径。但是巨额利润和良好声誉的刺激，显然难以使华尔街的银行家裹足不前。即便没有参议院批准的正式条约的支持，华尔街银行家对迪亚斯政府要求华尔街银行家进行预先垫款的谈判还是予以积极支持。1912年9月1日，塞利格曼公司和布朗兄弟公司与尼加拉瓜政府达成临时协议，先行垫款150万美元给尼加拉瓜政府，银行家同意改革币制，重组国家银行（MNB），并且控制银行51%的股份，尼加拉瓜政府则保留其余49%的股权。该协议被称为《财政法案协议》（Treasury Bills Agreement），协议规定：贷款中10万美元资金作为银行的本金；改革尼加拉瓜的货币，平衡财政；银行家将雇用货币专家来改革货币，并由尼加拉瓜政府付给薪水；银行家准备向美国的抵押信托公司（Mortage and Trust Company）存款总额140万美元，用于改革尼加拉瓜的货币；贷款以关税作为抵押；关税则由一名美国银行家提名的候选人担任，经美国国务院批准，并最终由尼加拉瓜政府"任命"；没有银行家的同意，关税不得修改。① 协议同时给予美国银行家酒税作为抵押，银行家与尼加拉瓜政府若发生争端，可以提交国务院进行仲裁。

与此同时，塞利格曼公司和布朗兄弟公司联合向国务卿诺克斯致函，要求国务院批准它们推荐的候选人克利福德·汉姆（Clifford D. Ham）担任尼加拉瓜的海关总税务司，以此作为贷款的担保。此前，汉姆是菲律宾马尼拉港的税务司，拥有丰富的海关事务经历。尼加拉瓜迫切希望得到美国银行家的贷款来医治国内千疮百孔的财政窘境。11月1日，尼加拉瓜外长也向诺克斯致函，请求诺克斯尽快任命银行家提出的候选人担任海关负责人。11月11日，国务卿在回复塞利格曼公司和布

---

① U.S. Sen. Rel. Com., "Convention between the U.S and Nicaragua," Part Ⅵ, pp. 170 – 171.

朗兄弟公司的信中，诺克斯同意了对汉姆的任命："我很高兴能够知会你们，我已经收到了同意的回复，因而我选择汉姆先生担任尼加拉瓜海关总税务司，作为一名合适、胜任的人选来承担该职务的职责。"① 为了避嫌，诺克斯还宣布他支持海关总税务司的人选无论如何不能被理解为美国政府将提供任何其他或者进一步的行动来保护美国公民在海外的事业。换言之，诺克斯也意识到由于没有参议院正式批准两国间的政府协议，国务院无法给这两家企业提供强有力的保障。但是，华尔街银行家看重的是国务院的"支持"和"承诺"，至于其他的，至少不是现在应该考虑的头等大事。

1911年12月，银行家提名、经诺克斯批准的汉姆开始接管了尼加拉瓜的海关，但是由于海关税收大部分都已经承诺作为清偿特定债务之担保，所以尼加拉瓜政府还不能将其作为收入的主要来源。与此同时，迪亚斯的政府财政并没有改善多少，相反海关税收被控制令其政府开支捉襟见肘，不得不再次向华尔街银行求援。1912年3月，为了阻止整个财政改革计划的崩溃，塞利格曼公司和布朗兄弟公司与尼加拉瓜政府缔结了《补充贷款协议》（Supplementary Loan Agreement）。两家银行向尼加拉瓜追加贷款（不超过72.5万美元），其中50万美元用于美国货币专家稳定尼加拉瓜的货币汇率，而其余的22.5万美元用于支付尼加拉瓜政府的财政开支，贷款的期限为6个月，利率为6%。这项补充贷款也是以尼加拉瓜关税作为抵押的，并且协议还要求尼加拉瓜政府将其所有的铁路和轮船航线都交由美国公司来经营，并且实行免税政策。银行家在一年时间内有权购买新美国公司100万美元资产中51%的股份，剩余的49%份额由尼加拉瓜政府持有，除非偿清所有贷款，否则不得售予他人。5月，塞利格曼公司和布朗兄弟公司与英国的埃塞尔伯加辛迪加（Ethelburga Syndicate）签订协议，将1909年塞拉亚政府所欠的借款125万英镑转移到美国银行的名义下，塞利格曼公司和布朗兄弟公司以尼加拉瓜

---

① "Brown Brothers and Company and J. and W. Seligman and Company to the Secretary of State," *FRUS*, 1912, p.1079.

政府的名义与英国的埃塞尔伯加辛迪加协商,而所有的协商都和当时的国务院进行了沟通。可以说,这些贷款协议是由银行家与国务院共同完成的。

表2.1 美国华尔街银行与尼加拉瓜政府达成的贷款协议(1912年) 单位:美元

时 间	贷款银行名称	金 额
1912年3月	塞利格曼公司和布朗兄弟公司	72.5万
1912年6月21日	塞利格曼公司和布朗兄弟公司	1500万
1912年7月29日	塞利格曼公司和布朗兄弟公司	50万
1912年9月1日	塞利格曼公司和布朗兄弟公司	150万(应急垫款)

资料来源:根据FRUS(1912年卷·尼加拉瓜部分)相关数据整理所得。

1912年7月29日,尼加拉瓜自由派领导人路易斯·梅纳(Luis Mena)将军发动革命,革命导致美国的财产损失以及未来美国对尼加拉瓜政策的前景黯淡。履新不久的总统迪亚斯向美国银行家申请了另外一项贷款。与此同时,美国国务院也积极准备给予华尔街银行家和迪亚斯总统予以支持。9月初,美国海军陆战队开始镇压梅纳叛乱。9月24日,梅纳将军向美军投降,10月初美国军队撤出尼加拉瓜,但保留了100人规模的海军陆战队在马拉瓜以保护美国使团。10月诺克斯公开支持美国华尔街银行在南美和中美洲的存在,通过实施"金元外交"不仅促进了美国的对外贸易,而且也实现了这些处于困境中姊妹共和国的和平与繁荣。[①] 11月4日,华尔街银行家准备向尼加拉瓜贷款50万美元,以烟酒税作为抵押,烟酒税则由美国控制下的尼加拉瓜国家银行来征收。此外,银行家还取得了购买尼加拉瓜铁路债券中49%股份的权利。这样华尔街银行家在国务院的帮助下,与尼加拉瓜政府达成了一系

---

① "Knox Upholds Taft: Premier Lauds Chief's Work at Home and Abroad," *The Washington Post*, October 24, 1912, p. 1.

列贷款协议，形成了一种"贷款的网络"。①

1912年11月4日，布朗兄弟公司要求尼加拉瓜国会通过决议，批准该公司对铁路剩余49%股份和尼加拉瓜国家银行49%股份额外的买卖特权，否则布朗兄弟公司告知国务院，公司不会向尼加拉瓜立即支付大量的资金。当然，尽管尼加拉瓜的财政实际上没有多大改善，但华尔街的两家银行并没有打算退出。1913年2月4日，诺克斯在发给美国公使的指示中就谈到"尽管前景不乐观，但银行家给国务院的印象是他们乐意在尼加拉瓜继续其事业，并且已经积极准备调查购买铁路的可能性"②。与此同时，布朗兄弟公司提出新的贷款方案，即通过购买尼加拉瓜整条铁路（200万美元）并且预先垫款250万美元（10年为期，利息6厘，以关税为担保）来实施其优先购买权。整个贷款过程必须由国家银行监督，混合赔偿委员会审核所有的利权要求，通过国家银行征收内部税收等。这一计划最大的优势就在于"它可以迅速建立混合赔偿委员会的保障和权力，并且将赢得人们的信心"③。总统迪亚斯及其财政顾问均"同意"银行家提出来的建议。但迪亚斯也指出，上述计划并没有考虑尽快缓解尼加拉瓜面临的最为要紧的债务到期问题，并且此时的尼加拉瓜国会也反对任何趁机拖延立即支付贷款的行为。

1913年2月9日，韦策尔公使报告说，银行家又提出了另外一个计划。这个计划包括：立即以200万美元的价格购买整条铁路；在部分偿还银行家的债务之后，结余部分用于满足支付大部分的债权人并且支付部分混合委员会的奖金（少于2000比索，相当于250美元）。④ 由于银行家接管铁路实施直接管理，1913年1月铁路的净利润超过4万美元，这在尼加拉瓜是少有的情形。对于这一计划，银行家十分热心，因为这就等于长期取得了尼加拉瓜仅有的一条铁路的控制权。但是银行家

---

① Scott Nearing and Joseph Freeman, *Dollar Diplomacy: A Study in American Imperialism*, London: George Allen and Unwin LTD., 1927, p. 161.
② "The Secretary of State to the American Minister," *FRUS*, 1913, p. 1036.
③ "The American Minister to the Secretary of State," *FRUS*, 1913, pp. 1036–1037.
④ "The American Minister to the Secretary of State," *FRUS*, 1913, p. 1037.

们迟迟不正式预付资金，使得尼加拉瓜政府转而向其他国家寻求资金的援助。2 月 20 日，美国公使韦策尔秘密告诉诺克斯，一家英国的辛迪加已经向尼加拉瓜政府提供了一项更大规模的贷款，而美国银行家还没有意识到形势的紧迫性。① 实际上，并不是美国银行家没有紧迫感，而是他们想通过谈判获得更多的权利。银行家再次要求尼加拉瓜国会批准其对铁路 49% 股份的购买权。然而，美国银行家的贪婪和野心使得尼加拉瓜国内政治论争纷起，于是尼加拉瓜国会拒绝了出售整条铁路利权的要求。2 月 24 日，布朗兄弟公司随之拒绝了上述两种方案。国务院面临十分尴尬的处境，要么撤回这项币制改革计划，要么与其他银行家谈判缔结新的贷款。3 月 3 日，诺克斯致电韦策尔，要求尽快提出圆满的解决方案，调解银行团与尼加拉瓜政府之间紧张的关系。这是国务卿诺克斯在其任内试图挽救其对尼加拉瓜"金元外交"的最后努力之一。

3 月 5 日，国务院易主，民主党总统伍罗德·威尔逊正式任命了威廉·布赖恩担任国务卿。布赖恩上任后并没有退出诺克斯在尼加拉瓜的事业。银行家向新上任的布赖恩抱怨说，美国公使韦策尔并没有认真考虑银行家在提供 40 万美元资金时的责任问题，现在这一资金已经上升至 80 万美元。同时韦策尔也没有认识到尼加拉瓜政府给予的担保已经大为缩水。然而，鉴于形势紧急，银行家已经向尼加拉瓜政府发去电报，"银行家同意立即垫款 150 万美元以履行对英国辛迪加的责任并且同意在 1913 年 6 月 30 日前让尼加拉瓜政府处理海关税收"②。这样一来，至少在 6 月 30 日前，尼加拉瓜政府拥有足够的资金来满足其自身的需要，同时也给新上任的国务卿布赖恩提供了重新考虑计划的时间。

为了避免尼加拉瓜重新举借欧债，国务院拉美司的意见认为如果参议院能够批准近来国务院与尼加拉瓜政府谈判并且经过尼加拉瓜国会批准的运河贷款，贷款内容是美国愿意向尼加拉瓜提供 300 万美元来购买经尼加拉瓜开筑的大洋运河，并且租借大西洋沿岸的科

---

① "The American Minister to the Secretary of State," *FRUS*, 1913, p. 1037.
② "File No. 817.51/535, Department of State, March 5," *FRUS*, 1913, p. 1039.

恩岛（Corn Island），并且有权在中美洲太平洋海岸最具有战略地位的丰塞卡海湾（Fonseca Bay）建立海军加煤站。① 这样，尼加拉瓜能够得到长期以来梦寐以求的"运河资金"，能够用于国内各项公共事业建设，也就消除了重举欧债之必要。

国务院拉美司认为，尼加拉瓜此时最想要的就是和平，没有美国的支持与合作，清偿债务、开发资源和稳定财政只能是奢谈，因此，尼加拉瓜方面的合作意愿并不需要质疑。现在关键的问题是新政府要对银行家是否继续尼加拉瓜的事业表明态度。换言之，华尔街银行家需要新政府的对其贷款的保证。毕竟，塔夫脱政府"金元外交"最为显著的态度就是通过贷款来保护上述成果的，新政府应该延续这一贷款协商的政策。② 由于没有明文规定美国对尼加拉瓜的"保护国义务"，仅仅是规定美国政府应监督和保护美国在尼加拉瓜的"海关税收"和"财政利益"，因此布赖恩的倡议得到美国国内不少支持，更为重要的是巴拿马运河的开通不容得尼加拉瓜因债务危机转为欧洲之控制，而美国仅需300万美元就可以获得一条尼加拉瓜运河的开凿权。《纽约时报》的评论就认为，布赖恩的新计划将超越塔夫脱政府的"金元外交"并且将开启美国与拉美关系的新时代。③

与此同时，尼加拉瓜总统迪亚斯也得悉了华尔街银行家的顾虑，联合起来督促国务院尽快表明态度。因此1913年5月27日，迪亚斯总统转告美国驻尼加拉瓜代办琼斯（Jones），根据之前与银行家的协议，尼加拉瓜便无法再收取海关关税（1912年6月30日后），而银行家之所以现在"犹豫不决"，是因为国务院拒绝表明态度。④ 新政府对尼加拉瓜贷款的态度变得谨慎起来，但这种犹豫并没有持续多久，威尔逊总统

---

① "Memorandum of the Latin American Division of the Department of State for the Information of the Secretary," *FRUS*, 1913, p. 1041.
② "Memorandum of the Latin American Division of the Department of State for the Information of the Secretary," *FRUS*, 1913, p. 1042.
③ "Dollar Diplomacy Outdone," *New York Times*, July 21, 1913.
④ "The American Charge d'Affaires to the Secretary of State," *FRUS*, 1913, pp. 1042–1043.

迅速拾起了其原先所"谴责的""金元外交"政策。1913年6月，威尔逊总统决定支持与尼加拉瓜进行条约的谈判。这令美国国内的扩张主义和霸权主义者感到非常欣慰。当时美国重要的刊物《独立》（*The Independent*）杂志就撰文，积极鼓动支持参议院通过威尔逊总统对尼加拉瓜的条约。评论认为"与尼加拉瓜的条约具有巨大的优点与价值……美国不仅能驱散欧洲国家染指尼加拉瓜运河的威胁，而且能取得具有战略价值的海军加煤站，保护巴拿马运河。同时条约也能开发尼加拉瓜和促进那里的善治"①。

1913年8月20日，国务卿布赖恩致信华尔街银行家，强调银行家应该关注增加贷款后（在200万—250万美元之间）的担保问题，因为尼加拉瓜不会答应给予铁路全部的购买权。②

实际上，华尔街银行家与尼加拉瓜政府也存在着复杂而微妙的关系。一方面，华尔街银行家追逐巨额利润，在尼加拉瓜这个财政如此不稳的国家贷款是将自身与风险捆绑在了一起，倘若没有国务院的支持，很难能有所保证，所以会千方百计寻求合适的担保，甚至是派出顾问，并且要求以海关税收为抵押。另一方面，尼加拉瓜政府急需美国华尔街银行的资金，但同时又努力想摆脱华尔街贷款后面施加的种种控制。正如尼加拉瓜财政部长所说："一方面，我们希望银行家的自然和合法利润与尼加拉瓜的福祉相一致。另一方面，我们认为银行家只能限定在纯粹的财政领域，因为尼加拉瓜真正的利益和责任在于自由履行其行政功能。"③ 易言之，尼加拉瓜政府作为"金元外交"的对象国，其内部在对待美国的态度上也存在着一个平衡的问题，即在寻求对外贷款与维护自主权利之间走钢丝，然而就尼加拉瓜与美国的实力对比而言，尼加拉瓜政府选择的空间很小。

---

① "The Treaties with Nicaragua," *The Independent*, June 5, 1913, p. 1226.
② "The Secretary of State to Brown Brothers and Company," *FRUS*, 1913, pp. 1042–1043.
③ "The Minister of the Treasury of Nicaragua on an Official Visit to Washington, to the Secretary of State," *FRUS*, 1913, pp. 1048–1049.

1913年9月13日，塞利格曼公司和布朗兄弟公司致信国务卿布赖恩，汇报银行家已经于9月12日与尼加拉瓜领事等协商了针对尼加拉瓜共和国的新贷款一事。新计划的内容包括贷款数额（200万美元）、贷款利息（每年6厘）、贷款期限（一年）、贷款的担保（铁路收益以及铁路本身的股份；尼加拉瓜国家银行的收益；海关关税）。这次协商的贷款只能用于清偿银行的账户开销（71.1万美元）、增加国家银行股本（25万美元）、设立币制转换基金（Conversion Fund，25万美元），结余部分存在尼加拉瓜国家银行。华尔街银行家还特别规定，币制转换基金由尼加拉瓜国家银行管理并且存入纽约的一个特别账户。① 这就促进了华尔街对于尼加拉瓜国家银行及相应改革进程影响的进度。

国务院对于塞利格曼公司和布朗兄弟公司提出新的贷款方案基本满意，于是助理国务卿奥斯本（Osborne）与银行家、尼加拉瓜驻美公使查莫罗（Chamorro）、财政部长进行协商，商定立即贷款200万美元，其中100万美元用于购买铁路，以此询问尼加拉瓜总统迪亚斯的态度。鉴于当时严重的经济形势和借款别无他途，迪亚斯总统希望银行家能实施其对铁路51%股权的购买，以此换得尼加拉瓜政府急需的资金。② 但美国国务院担心引发尼加拉瓜的反美情绪，故希望银行家能摆出妥协态度。9月17日，国务卿布赖恩写信给塞利格曼公司和布朗兄弟公司，要求在签署正式协定前删去将尼加拉瓜铁路剩余49%股份作为100万美元担保的条款，因为国务院认为"这部分铁路的收益已经作为抵押了"③。但布赖恩的说辞迅速被银行家拒绝。9月19日，塞利格曼公司和布朗兄弟公司告诉布赖恩，银行家无法删去该条款，因为他们已经与尼加拉瓜的财政代理、尼加拉瓜政府的法律顾问达成一致意见。10月2日，塞利格曼公司和布朗兄弟公司通知国务卿，他们已经与尼加拉瓜政

---

① "Brown Brothers & Co. and J. and W. Seligman & Co. to the Secretary of State," *FRUS*, 1913, pp. 1052–1053.

② "The American Minister to the Secretary of State," *FRUS*, 1913, pp. 1053–1054.

③ "The Secretary of State to Brown Brothers & Company and Seligman & Co.," *FRUS*, 1913, pp. 1052–1053.

府达成了5项协议，包括以下几个方面内容：

1. 尼加拉瓜与美国抵押与信托公司之间签订的《联合信托协定》（Collateral Trust Agreement），旨在保障发行106万美元的国库券（Treasury Bills）；

2. 尼加拉瓜与塞利格曼公司和布朗兄弟公司之间达成的通过这两家银行购买上述国库券的协定；

3. 尼加拉瓜与塞利格曼公司和布朗兄弟公司之间达成的相关于购买尼加拉瓜太平洋铁路（the Ferrocarril del Pacifico de Nicaragua）51%股权、增加尼加拉瓜国家银行股本并且通过上述两家银行购买尼加拉瓜国家银行51%股本的协定；

4. 尼加拉瓜政府与尼加拉瓜国家银行之间关于增加货币汇率基金（Currency Exchange Fund）和维持当前币制的协定；

5. 尼加拉瓜政府与尼加拉瓜太平洋铁路（公司）之间的协定。

上述协议旨在进一步加强华尔街对尼加拉瓜的财政控制能力。但银行家谨记国务院的警告，塞利格曼公司和布朗兄弟公司致信国务卿布赖恩，"上述任何的贷款合同行动都应取决于这些合同是否能取得阁下的批准"①。10月6日，国务卿布赖恩核对并且批准了银行家与尼加拉瓜政府达成的上述协议，但也做了一些保留。布赖恩宣称国务院不会再反对贷款协议中关于将马拉瓜铁路49%股份当作贷款的担保条款，因为"尼加拉瓜政府愿意将这一股份作为担保"②。紧接着，由于担心国务院在这个问题上越陷越深，布赖恩又开始为国务院在贷款中的角色作出辩护。他认为国务院批准贷款并不意味着国务院承诺采取任何进一步的行

---

① "Brown Brothers & Co. and J. and W. Seligman & Co. to the Secretary of State," *FRUS*, 1913, p. 1055.

② "The Secretary of State to Brown Brothers & Co. and J. and W. Seligman & Co. ," *FRUS*, 1913, p. 1057.

动，国务院仅仅是"顾问"的角色。国务院仅仅是在相关各方共同邀请下"批准"这一贷款的，因为这是为了促进与尼加拉瓜的"友谊"，鼓励美国所有合法的对外投资，国务院应该根据自己的判断有自由行事的权利。实际上，布赖恩的辩解并没有多少新意，华尔街银行家们都对此心领神会。因为这个"顾问"的角色对于贷款，对于"金元外交"起多大作用，参与各方都十分清楚。

10月8日，塞利格曼公司和布朗兄弟公司与尼加拉瓜政府正式缔结了贷款合同，10月20日贷款合同被公之于众。国务院希望参议院能够批准这项合同，从而为在丰塞卡海湾建立海军加煤站和永久取得建设尼加拉瓜运河的权利，作为补偿，美国将向尼加拉瓜提供300万美元，这项资金将为尼加拉瓜清偿内部债务和赔偿要求提供充足的资金。[①] 到时，尼加拉瓜除了塞利格曼公司和布朗兄弟公司发行的106万美元的外债（主要是英国1909年发行的债券总计1200240英镑，利息为5厘。）之外，尼加拉瓜就可以还清所有的外债了。参议院不少成员对于布赖恩的新贷款计划并不赞同，认为这与前任政府的两项被搁置的条约有类似之处，其目的都是在尼加拉瓜建立一个"保护国"。[②]

第三节 美国财政专家对尼加拉瓜的币制与财政控制

"金元外交"最直接的目的在于整顿尼加拉瓜国内混乱无序的财政体系，建立尼加拉瓜的中央银行，改革货币制度，从而稳定尼加拉瓜的政治经济秩序，避免欧洲列强的干预，维护门罗主义的威望和影响。"金元外交"的推行涉及一系列以财政政策为核心的政治经济安排，它

---

① "Statement of the feature of the loan contracts of October 8, 1913, prepared by the bankers and given to press October 20 with the assent of the Secretary of State," *FRUS*, 1913, p. 1063; "Money To Nicaragua: New York Loan Approved by Wilson Administration," *The Washington Post*, October 24, 1913, p. 3.

② "A Loan for Nicaragua," *The Independent*, October 9, 1913, p. 68.

需要通晓货币改革、债务管理和银行运作知识的专家力量的指导才能得以顺利实施。美国派出多名财政专家到尼加拉瓜负责调查研究并且提出具体改革措施，他们一直努力引入某些在当时被视为"现代""科学"的财政改革原则，如以美元为基准的金本位制、建立中央银行、严格财政支出等。就尼加拉瓜而言，以万兹、高兰为代表的美国财政专家称为尼加拉瓜政府的"财政顾问"，他们承担了具体的财政重组和政府管理的任务，因而是美国推行金元外交的重要行为载体。

一　万兹、高兰与尼加拉瓜的货币改革

1911年1月20日，诺克斯在发给美国公使的指示中阐述了国务院对尼加拉瓜财政重组的政策。"美国政府将派出财政专家，委任财政专家旨在秘密地向尼加拉瓜政府建议考虑彻底重组这个国家的财政，包括提出一项令利益各方均满意的贷款。"① 美国派出的财政专家为就是欧内斯特·万兹。1911年2月，万兹到达尼加拉瓜首都马那瓜，开始调查尼加拉瓜国内真实的经济形势。"万兹推荐了一项贷款计划，贷款的前提是美国控制尼加拉瓜的海关关税作为保障。"② 同时国务院与尼加拉瓜政府达成协议，"两国授权万兹调查尼加拉瓜的财政状况和提出问题，以便决定需要多大一笔贷款。当这一调查报告完成之时，万兹将起草一份合同，而贷款将奖励给提供最佳方案的银行"③。

由于参议院迟迟不批准美国与尼加拉瓜的贷款协议，因此塞利格曼公司和布朗兄弟公司联合起来向负责贷款事务的万兹表示，他们即便在没有国会同意下，亦会贷款，但前提是美国必须派出专家担任美国的海关总税务司，控制海关收入作为贷款抵押。万兹决定接受这两家华尔街

---

① "The Secretary of State to the American Minister," *FRUS*, 1911, pp. 649–651.
② Walter V. Scholes and Marie V. Scholes, *The Foreign Policies of the Taft Administration*, Columbia: University of Missouri Press, 1970, p. 66.
③ "Statements of the Secretary of State before the Senate Committee on Foreign Relations, May 21, 1911," *FRUS*, 1912, p. 594.

投资银行的建议。① 9 月 1 日，万兹促成了华尔街银行向尼加拉瓜政府贷款 150 万美元，用于偿还英国的债务，同时建立国家银行，由两家纽约公司管理，稳定贬值的货币，消除从塞拉亚政府以来就一直困扰尼加拉瓜局势的经济隐患。

如果说万兹奠定了美国对尼加拉瓜财政重组计划的宏大框架的话，那么高兰就是具体指导尼加拉瓜货币改革方面的最佳代表。高兰是 19 世纪末 20 世纪初期美国最负盛名的经济学家和财政学家之一。早在 1904 年，他在担任美国国际汇率委员会（Commission on International Exchange）委员一职时，就曾经向国务院提交了在实行白银货币制的中国、菲律宾、巴拿马及其他国家进行金本位改革的报告。② 塔夫脱实施"金元外交"为高兰为代表的财政顾问提供了施展专业才能的机会。1908 年，高兰写信给塔夫脱，祝贺其参选成功。在与国务卿诺克斯的通信中高兰一直在推销其货币改革计划。根据高兰的计划，"美国政府应建议与美国银行家协商贷款的对象国，建议他们要雇用一个财政专家来重组货币体制。收益应该在银行家与国家之间五五分成，并由对象国支付财政专家的薪水"③。美国驻尼加拉瓜公使道森认为这一计划可行，并且将其送交国务院其他官员以及尼加拉瓜的财政部长。实际上从 1909—1913 年，高兰促成了华尔街银行家向古巴、中国、玻利维亚、危地马拉、洪都拉斯和尼加拉瓜等国家的贷款。高兰相信基于金本位的财政重组所带来的巨大利益会使所有参与金元外交的各方都受益。

1911 年，塞利格曼公司和布朗兄弟公司聘请了高兰在尼加拉瓜发起一场金本位制的货币改革。根据银行家与尼加拉瓜政府的协定，高兰建立起新的尼加拉瓜国家银行，国家银行 51% 的股份以及银行董事会成员皆由美国银行家控制。从 1911—1912 年间，国务院甚至允许高兰

---

① Dana G. Munro, *Invention and Dollar Diplomacy in the Caribbean* 1900 – 1921, p. 95.
② Hugh H. Hanna, Charles Conant, *Report on the Introduction of the Gold-Exchange Standard*, New York: Washington Government Printing Office, 1904.
③ Emily S. Rosenberg, *Financial Missionaries to the World: The Politics and Culture of Dollar Diplomacy*, 1900 – 1930, p. 64.

特利用国务院官方电报来与尼加拉瓜政府交换商业信息。① 1912 年 2 月，高兰经过调查告诉美国驻尼加拉瓜公使，尼加拉瓜的币制改革有两大障碍，一是改革币制需要 50 万美元来降低汇率，从而使原先的纸币退出流通；二是由于尼加拉瓜的财政已经濒临破产，因此货币改革很难长久延续，倘若货币改革稍有不慎，将会更严重地导致尼加拉瓜的财政赤字。② 随后，美国华尔街的代表邦迪·科尔（Bundy Cole）被任命为尼加拉瓜国家银行的经理，常驻首都马那瓜，并且还在几个重要城市建立了分支机构。

1912 年 3 月，高兰在提交给塞利格曼公司和布朗兄弟公司的《尼加拉瓜货币改革报告》中提出了全面改革尼加拉瓜货币体系的方案。高兰认为，尼加拉瓜最亟须解决的是国内纸币发行泛滥的问题。在 1906 年底，尼加拉瓜的纸币还是相对稳定的，但由于 1909 年革命的爆发，塞拉亚总统及其接班人马德里斯（Juan Madriz）总统时期，尼加拉瓜纸币由 1906 年的 7896905 比索增至 1909 年的 12149000 比索，到 1911 年已到达 48557000 比索。相应地，尼加拉瓜比索兑美元的汇率急剧上升，从 1906 年的 520∶1 增至 1911 年的 2000∶1。③ 高兰的核心目标是要建立一个拥有足够黄金储备的、美国式的独立货币制度。"采取一个在黄金价值上与美金相同的货币单位具有便利于尼加拉瓜与美国发展财政与贸易关系，它能减少与美国交易时汇款成本，缓解因货币单位不同引发的混乱，使得合同和价格指数能够在两国间通用，而无须兑换彼此。"④

诺克斯对于美国财政顾问的改革方案进行了大量的外交游说，1912

---

① Emily S. Rosenberg, *Financial Missionaries to the World*: *The Politics and Culture of Dollar Diplomacy*, 1900 – 1930, p. 75.
② "The American Minister to the Secretary of State," *FRUS*, 1912, pp. 1093 – 1094.
③ Messrs. F. C. Harrison and Charles Conant, *Report Presenting a Plan of Money Reform for Nicaragua*, April 23, 1912, p. 2. 全文可在 www.archive.org 上获得。
④ Messrs. F. C. Harrison and Charles Conant, *Report Presenting a Plan of Money Reform for Nicaragua*, April 23, 1912, p. 5.

年3月5日到6日间,诺克斯亲自访问了尼加拉瓜。这是美国首位在任期间访问尼加拉瓜的国务卿。访问期间,诺克斯在尼加拉瓜火车站、总统府、国会、最高法院和外交部连续发表了多次演讲,并且与总统迪亚斯、国会议长(National Assembly)苏亚雷斯(Ignacio Suarez)、最高法院院长索罗扎诺(Alfonso Solorzano)、外长查莫罗(Diego M. Chamorro)进行会谈。诺克斯大谈美国顾问的计划,承诺美国政府愿意向马那瓜派遣一名专家来实施财政稳定的计划,这一计划得到了两国领导人的支持并且将在重建尼加拉瓜的过程中协调合作。在尼加拉瓜的邀请下,美国政府认为"一个称职的财政顾问将会仔细研究尼加拉瓜国内的经济形势,并且建议政府采取最有效的方式来克服这一棘手而又重要的问题,同时帮助贵国构筑新的渠道来处理针对尼加拉瓜的赔偿要求,处理拖欠的债务等"[①]。尽管《美国与尼加拉瓜贷款协定》被民主党人把持的参议院搁置起来,但诺克斯要求尼加拉瓜提前进行改革,立即按照顾问的要求对当地货币做出改革,并且任命一名美国人担任海关总税务司。因此,美国随时准备在尼加拉瓜提出邀请的情况下,在恰当的时刻提供诸如此类的财政咨询与援助,从而推动尼加拉瓜建立一个秩序井然、讲求法治和国际责任的尼加拉瓜。在诺克斯的外交攻势下,1912年3月20日,尼加拉瓜国会通过了高兰的货币改革法案。

根据法案,尼加拉瓜国家银行发行新的货币单位"科多巴"(Cordoba),"科多巴"与美金具有相同的重量和成色,并且规定每一"科多巴"等值于1.672克90%纯金;同时用国家银行发行的"科多巴"逐步收购共和国现在流通的纸币,并且规定,"科多巴"能够用于关税支付及公共财政支出,还能用于偿还债务。经过努力,币制得到了改善,尼加拉瓜在金本位的基础上建立了新的货币制度,这样原先的比索逐渐被信誉较好的"科多巴"取代,尼加拉瓜的货币暂时稳定下来。

---

① *Speeches Incident to the Visit of Philander Chase Knox: Secretary of State of the United States of America to the Countries of the Caribbean*, Washington D. C.: Government Printing Office, 1913, pp. 39 – 40.

但尼加拉瓜国家银行面临的最大问题就是股本很少,就只有美国银行家贷款所投入的50万美元。1913年,其贷款的利率高达18%至24%,为了维持尼加拉瓜银行的正常运转,尼加拉瓜财政部长夸德拉(Pedro Raf. Cuadra)访问华盛顿,向继任国务卿布赖恩建议说,要寻求新的贷款给尼加拉瓜国家银行注入更多资本,同时认为美国任命的财政代理有权申购银行51%的份额,从而将银行的股本增加到50万美元。① 8月底,夸德拉还与华尔街银行家就财政代理的委派展开谈判。尼加拉瓜能够接受财政代理的条件是规定财政代理唯一的目标在于在最短时间内取得400万比索(金)的贷款,贷款以92折交付,期限30年,年利息5厘或者6厘。实际上,尼加拉瓜需要的是一个贷款的说客,其唯一的使命就是帮助尼加拉瓜取得急需的资金。

到1913年10月,华尔街的塞利格曼公司、布朗兄弟公司与尼加拉瓜政府共同设立的尼加拉瓜国家银行已运营一年多时间,其银行股本从10万美元增加到了30万美元。除了总行在马那瓜之外,国家银行在布卢斯菲尔兹、格林纳达和莱昂(Leon)设立分行或者办事处。国家银行是尼加拉瓜政府的储备银行,代表政府发行银行的钞票,董事会的两名成员都由尼加拉瓜财政和美国国务卿任命,并且美国国务卿有优先任命的权力。

贷款合同还设立了货币汇率基金(Exchange Fund)来维护金本位(Gold Standard),为了维持这一基金的延续性,贷款合同还将每月尼加拉瓜海关关税收入的四分之一作为担保。尼加拉瓜滥发纸币的问题也得到了一定程度的遏制。在高兰的指导和塞利格曼公司和布朗兄弟公司提供系列贷款资金的支持下,从1911年到1913年,总计有3730万比索的货币退出了流通,占总数4800万比索(估计数字)的77.7%。② 新

---

① "Summary of the Above Letter and some Suggestions for Remedies for the Evils Mentioned Therein," *FRUS*, 1913, pp. 1049–1050.
② "Statement of the Feature of the Loan Contracts of October 8, 1913, Prepared by the Bankers and Given to Press October 20 with the Assent of the Secretary of State," *FRUS*, 1913, p. 1062.

的货币"科多巴"逐渐在市场上流通并且发挥日益重要的作用。尼加拉瓜的货币已经是建立在"金本位"的基础之上("科多巴"等同于美金),原来发行的纸币1比索等于8分科多巴(或者美金),即12.5比索等于现在1"科多巴",汇率暂时稳定了下来。

在尼加拉瓜国家银行中,51%的股份为塞利格曼公司和布朗兄弟公司所有,其余49%属于尼加拉瓜政府。国家银行有两大功能,一是履行政府财政代理机构的职能;二是严格开展商业业务。国家银行包括两大部门,发行部(Issue Department)负责代表政府发行新货币;储蓄部(Banking Department)负责银行的常规性商业业务。发行部通过购买、兑换方式使科多巴逐渐取代了原有的纸币比索(Billetes),到1913年11月15日,比索的数量已经缩减至约950万比索,大约相当于76万美元。而此时国家银行发行部拥有储备金达932693美元,其中829100美元的储备金是储存于或者转运至纽约,占到了88.9%,作为特别的储备。① 这笔储备金银行不能用于商业目的。尼加拉瓜政府还与塞利格曼公司和布朗兄弟公司达成协定,一旦储备金下降到10万美元,双方同意将海关税收的25%用于支持和扩大储备金,直到储备金达到20万美元的数额,并且规定储备金一旦有所下降要及时跟进平衡。

二 "联合赔偿委员会"与尼加拉瓜财政改革

美国对尼加拉瓜的金元外交大都与国务院、华尔街投资银行家聘请的财政专家联系在一起。通过财政顾问的努力,银行家控制了尼加拉瓜国家银行,发行了新货币,采纳了金本位制度,然而美国对尼加拉瓜的金元外交还与半官方的社会组织有关,尤其是美国国务院与尼加拉瓜政府建立的"联合赔偿委员会"。有学者就认为:"金元外交家正是通过联

---

① "Statement to the Press concerning Nicaragua Finances," *FRUS*, 1913, pp. 1065 – 1066.

合赔偿委员会来发起尼加拉瓜政治、经济与文化现代化的。"① "联合赔偿委员会"设立的初衷是处理由于塞拉亚总统独裁统治时期以及1909—1910年间内战给尼加拉瓜本国人和外国人所遭受的损失:"联合赔偿委员会的宗旨在于清算索赔要求,取消非法特许经营权,从而为重组尼加拉瓜财政与经济环境提供良好条件。"② 1910年11月,美国代办道森与尼加拉瓜政府签订协议,决定"源于取消特许经营权所引发的索赔要求应该转给一个联合委员会来处理,联合委员会由美国政府和尼加拉瓜政府联合任命"③。

1911年,根据《道森协定》的精神,联合赔偿委员会要解决所有针对尼加拉瓜政府的索赔要求,包括那些前任共和国政府取消或者中止其垄断、租借、特许权和合同,从而保证尼加拉瓜公民与外国人都拥有平等合法的权利。联合赔偿委员会有三名委员组成,其中一名必须为尼加拉瓜公民,由该国政府任命;另外一名则由美国政府推荐并由尼加拉瓜政府任命;最后一名成员由美国国务院直接委任。联合赔偿委员会的主席应有美国人担任并且由国务院任命。"没有主席本人或者主席的授权,所有的会议讨论的结果都是无效的,在做出任何决议之前都必须征得主席的意见。"④ 根据美国驻尼加拉瓜公使的回电,联合赔偿委员会年薪为8000美元,并且还有额外2000美元的开支。同时规定,每一件案子都必须由联合赔偿委员会予以审查并且作出最终决定。⑤ 尼加拉瓜政府接受这

---

① 在尼加拉瓜,金元外交家由财政专家、两名联合赔偿委员会委员、各大城市海关税务司、马拉瓜国家银行经理及各分行代表以及太平洋铁路的经理组成。转引自 Michael Gobat, *Confronting the American Dream: Nicaragua under U. S. Imperial Rule*, Durham: Duke University Press, 2005, pp. 127-300。

② Otto Schoenrich, *Report of Nicaraguan Mixed Claims Commission to the Secretary of State of the United States*, Washington, January 20, 1915, p. 16.

③ "Minister Dawson to the Secretary of State," *FRUS*, 1910, p. 766.

④ "Act of October 14, 1911, of the Nicaraguan Constitutional Assembly, approving the Presidential decree of October 9, 1911, amending the act of April 4 - May 17, 1911, establishing the tribunal or mixed commission," *FRUS*, 1911, p. 641.

⑤ "The Minister to the Secretary of State," *FRUS*, 1911, p. 628.

些条件,并且保证联合赔偿委员会的独立性和决策的效力。① 1911年5月17日,尼加拉瓜国会正式通过了3月29日总统的提议,在首都马那瓜成立联合赔偿委员会。同时国会还授权尼加拉瓜的权力部门将给予联合赔偿委员会以支持,"如同尼加拉瓜的法庭一样"②。

联合赔偿委员会用于赔偿的资金主要来源于1911年9月1日华尔街银行家与尼加拉瓜政府达成的贷款合同。1911年美国政府推荐亚瑟·汤普森(Arthur R. Thompson)担任联合委员会的主席。律师出身的汤普森在调查了尼加拉瓜的局势后撰文表示要通过联合赔偿委员会来重新改造尼加拉瓜。"在尼加拉瓜,政府法律的初衷已经扭曲为一个少数人的政府。"③ 美国任命的第二名委员由卸任的国务院官员托马斯·莫法特(Thomas D. Moffat)担任。委员会成员的薪水本来应由尼加拉瓜政府支付,但由于美国参议院没有批准贷款条约,尼加拉瓜政府无力承担,尼加拉瓜政府与银行家达成协议,1913年6月30日之前的薪水都由银行家支付,作为贷款的一部分。这就等于美国银行家的资本,经过一个安排,又重新回到美国人的腰包。由于"美国人、尼加拉瓜人"主导了联合赔偿委员会的一切活动,因此,欧洲人针对尼加拉瓜的赔偿要求也需要提交给美国主导下的委员会,因此欧洲各国政府反对美国的独断做法,英国和法国都要求由各自国民与尼加拉瓜人一道组成赔偿委员会,但这些提议都遭到了拒绝。美国人认为中美洲是美国的势力范围,美国主导下的委员会正是"彰显美国政府在中美洲首要影响力和重要性的时刻"④。

当然,由美国主导下的联合赔偿委员会根本任务在于保持尼加拉瓜公共财政的"独立性"。它开始重新界定国家与经济活动的关系,通过将国家财政从政治中剥离出来,美国专家教导当地精英形成这样一种观

---

① "The Minister for Foreign Affairs to the American Minister," *FRUS*, 1911, p. 629.
② "The Acting Secretary of State to the American Minister," *FRUS*, 1911, p. 631.
③ Arthur Thompson, "Renovating Nicaragua," *World's Work*, No. 21 (March 1916), pp. 490–503.
④ "Memorandum of the Latin-American Division of the Department of State for the information of the Secretary," *FRUS*, 1913, p. 1042.

念,"国家的制度不能仅仅服务于掌权者的私利,而应当是公民社会的整体利益"①。相应地,尼加拉瓜的财政问题被认为主要应归咎于国家的政治化以及由此带来的经济组织的效率低下。政策、法律和制度都沦为一小部分统治精英攫取财富的工具,因此,有必要建立一个美国式公正有效的制度,这样才有可能真正建立合理的财政。

1912 年 5 月 26 日起,联合赔偿委员会正式开展工作。美国主导下的联合赔偿委员会为美国带来了巨大的利益。据统计,截至 1913 年,联合赔偿委员会在美国顾问的主持下,共处理了 7911 宗索赔案件。美国公民(包括企业)向尼加拉瓜政府索赔的案件仅有 66 宗,不超过所有外国人索赔的 1%,但其数额却达到了 7576564.13 比索,占赔偿总额的 55%。② 这样就形成了一种局面,美国银行家的贷款通过联合赔偿委员会来偿还针对政府的索赔要求,稳定国内的形势;同时,大部分美国的资金通过联合赔偿委员会又回到了美国个人和企业的腰包。在这一过程中,美国人控制了尼加拉瓜的财政政策,为美国资本大量进入尼加拉瓜提供了良好的环境,再者,联合赔偿委员会支付赔偿指定用美国人推行的新货币——"科多巴"。

1913 年 10 月,正当华尔街银行家与尼加拉瓜政府之间在贷款问题上谈判取得进展之时,布赖恩要求尼加拉瓜财政部长将解决联合赔偿委员会资金问题的条款正式纳入贷款合同之中。6 日,布赖恩认为,应将 40 万美元的贷款(属于银行家提供的、总计为 200 万美元贷款的一部分)作为联合赔偿委员会的奖励。③ 与此同时,布赖恩向布朗兄弟公司的负责人撒切尔·布朗写信,要求银行家不得反对这项内容。④ 银行家自然不会反对,因为联合赔偿委员会与他们具有千丝万缕的联系。但尼

---

① Michael Gobat, *Confronting the American Dream: Nicaragua under U. S. Imperial Rule*, p. 128.
② Otto Schoenrich, *Report of Nicaraguan Mixed Claims Commission to the Secretary of State of the United States*, p. 29.
③ "The Secretary of State to the Minister of Finance of Nicaragua," *FRUS*, 1913, p. 1055.
④ "The Secretary of State to Brown Bros. & Co. and Seligman & Co.," *FRUS*, 1913, p. 1055.

加拉瓜政府方面就开始表示强烈的反对。尼加拉瓜财政部长夸德拉反对将40万美元（专门为联合赔偿委员会设立的奖励）从总体的贷款中剥离，认为这是不可能的。① 实际上，对于尼加拉瓜来说，这等于其能支配的贷款的数量又锐减，因为这部分资金将重新由美国人所掌握。但国务院不会轻易妥协。10月8日，代理国务卿穆尔（Moore）要求驻尼加拉瓜公使向尼加拉瓜总统迪亚斯施压，要求遵从这项内容，以"在公众舆论中造成积极的效应"②。但实际的情况是，美国国务院的要求引起了强烈的反美情绪。尼加拉瓜财政夸德拉就向布赖恩写信，言明倘若将40万美元从贷款中剥离，这将导致尼加拉瓜经济形势更加恶化，面临资金窘境的政府将无力保障国内的和平与安定，尼加拉瓜的政府将坍塌。尼加拉瓜国内的局势以及财政部长等人的坚决反对给美国国务院造成了压力，不得不作出妥协。10月13日，迪亚斯总统同意贷款中40万美元用于支付薪水后若有盈余，则可以考虑用于联合赔偿委员会设立的奖励。③ 华尔街银行家与尼加拉瓜政府签订正式合同之后，国务院要求银行家从尼加拉瓜政府可支配的20万美元贷款中拨出10万美元分配给联合赔偿委员会。④

美国人把持的联合赔偿委员会这个机构一直存在到20世纪40年代中期，其对于尼加拉瓜的影响也是持续性的。⑤ 由此，美国财政专家所推行的"科学管理"和"专业知识"成为尼加拉瓜财政改革的方向所在，同时也成为"金元外交"必不可少的重要环节。

---

① "The Minister of Finance of Nicaragua to Brown Brothers & Co. and J. and W. Seligman & Co.," *FRUS*, 1913, p. 1058.
② "The Acting Secretary of State to the American Minister," *FRUS*, 1913, p. 1055.
③ "The American Minister to the Secretary of State," *FRUS*, 1913, p. 1060.
④ "The Secretary of State to Brown Bros. & Co. and Seligman & Co.," *FRUS*, 1913, p. 1065.
⑤ "联合赔偿委员会"（Mixed Claims Commission, 1911-1915）后于1917年改为"公共信用委员会"（Public Credit Commission, 1917-1918），而后于1919年改为"高级委员会"（High Commission），数易其名，但其宗旨都在于维护其债务和国家财政之稳定。参见 Michael Gobat, *Confronting the American Dream: Nicaragua under U. S. Imperial Rule*, p. 127。

小 结

塔夫脱政府对尼加拉瓜的"金元外交"取得了一定的成果。从1909年起,尼加拉瓜的进口和出口呈现出增长的态势。1909年,尼加拉瓜进口为2583千科多巴;1910年,增至2856千科多巴;1911年急剧增加达到5724千科多巴,1912年因为革命的爆发导致出口减至4967千科多巴;但到了1913年尼加拉瓜的进口又增加到了5770千科多巴。相应地,尼加拉瓜的出口也大量增加,1909年为3989千科多巴;1911年增至6579千科多巴;到1913年达到了6609千科多巴。[①] 所以美国使团在回复国务院的报告中,总是夸大"金元外交"所取得的显著进步,如财政之稳定、中央银行的建立以及美国所获得的权利等。

然而实际情况并非如此,至少在尼加拉瓜看来,华盛顿对尼加拉瓜的政治和经济局势的乐观态度是错误的。[②] 因为从总体来看,"金元外交"并没有实现政策设计者设想的财政上的自给自足和稳定发展。相反,尼加拉瓜承受了美国顾问的财政监管以及美国海关总税务司的破产管理,沦为了美国的"非正式的保护国"(Unofficial Protectorate)却没有享受到贷款的好处。[③] 实际上,尼加拉瓜得到的贷款远比其他拉美国家得到的要少,而且尼加拉瓜自身的债务也没有得到彻底的改善。1913年7月15日,美国驻尼加拉瓜使团发回的数据显示,尼加拉瓜的债务还有近1200万美元,其债务构成如下表:

[①] B. R. Mitchell, *International Historical Statistics*: *The Americas* 1750 – 2000, New York: Palgrave Macmillan, 2003, Fifth Edition, p. 436.

[②] 1913年12月13日,尼加拉瓜财政部长写信给国务卿布赖恩,认为尼加拉瓜处于前所未有的经济危机之中。参见 "The Minister of Finance of Nicaragua to the Secretary of State," *FRUS*, 1913, pp. 1066 – 1067; "Drops the U. S. Loan: Facing Money Crisis, Nicaragua Hits Dollar Diplomacy," *The Washington Post*, July 1, 1912, p. 6。

[③] "Annual Report on Central America for the year 1913", in Kenneth Bourne and D. Cameron, edit., *British Documents on Foreign Affairs*: *Part I ~ Series D Latin America*, *Volume 8*, *Central America*, 1887 – 1914, An Imprint of CIS: University Publications of America, 1992, pp. 405 – 408.

表 2.2　尼加拉瓜对外债务统计表（截至 1913 年 7 月 15 日）　　单位：美元

债务名称	数　额	备　注
埃塞尔伯加辛迪加	620 万	利息为 5 厘，每月海关税收担保 31500（后由美国银行家接手）
美国塞利格曼公司和布朗兄弟公司	75 万	利息为 6 厘（1913 年 10 月 15 日到期）
政府历年拖欠的薪水等	约 150 万	—
针对革命和混乱期间的索赔	约 300 万	由混合赔偿委员会处理
总计	约 1145 万	

资料来源："The Legation of Nicaragua to the Department of State," *FRUS*, 1913, pp. 1043–1044.

因此，经过两年的海关关税破产监管以及银行家的贷款，尼加拉瓜的债务水平并没有下降多少，唯一不同的是，尼加拉瓜的债主由原来英国和德国组成的辛迪加变成了华尔街银行。再者，每年尼加拉瓜政府的总收入约为 3555000 美元，而每年仅就尼加拉瓜政府中内务和警察部、外交部、作战部、财政部和公共事务部五大部门的预算就达到了 300 万美元。盈余部分仅有 55.5 万美元，这对于尼加拉瓜的财政状况是一个极大的挑战。究其原因，最主要的还在于美国银行家提供的都是短期的贷款，最初答应的 1500 万美元实际上并没有到位，之后的还款期限十分短暂，没借多久就要偿还，因此对尼加拉瓜的改善有限，国务院也避免作出长期支持之承诺，其结果是尼加拉瓜陷入了无休止的短期贷款的恶性循环之中。再者，美国派遣的各种顾问、海关的总税务司等运营成本都是一笔不小的负担。就像 1913 年 8 月底访问华盛顿的尼加拉瓜财政时任部长夸德拉所抱怨的，美国关税监管的成本也是极其高昂的，这给目前尼加拉瓜的窘迫财政造成了极大的负担。[①] 尼加拉瓜需要的是长

---

① "The Minister of the Treasury of Nicaragua on an official visit to Washington, to the Secretary of State," *FRUS*, 1913, pp. 1042–1043.

期的贷款资金，否则难以形成持续的还贷能力。事实证明，这几乎不可能。因此，正如"金元外交"设计者坦诚的，"金元外交在尼加拉瓜的主要目的不是经济的，而是战略性的，其宗旨在于阻止欧洲列强利用这个国家长期的不稳定来建立一个替代性的跨洋运河"①。

但无论如何，塔夫脱对尼加拉瓜的"金元外交"是第一个建立在私人银行合同基础上的"控制性贷款"的案例。自1909年美国开始干涉尼加拉瓜事务伊始，美国政府及其决策者们根据北美的"自由发展主义"（Liberal Developmentalism）的意识形态来改造尼加拉瓜。② 通过国务院、投资银行和财政顾问的努力，美国专注于在尼加拉瓜建立一个具有理性化、逻辑化和合法化的现代财政体系和银行体系来增强尼加拉瓜的财政和经济，从而希望将美国进步主义时代理性化和现代化的意识形态和制度设计嵌入尼加拉瓜这个动荡的国家。与此同时，塔夫脱和诺克斯一直想将尼加拉瓜作为其推行金元外交的试验田，通过尼加拉瓜的成功经验来向其他地区推而广之，从而塑造一个理性的国际经济秩序。

美国在尼加拉瓜实验"金元外交"的同时，塔夫脱和国务院积极地向中美洲的洪都拉斯、海地、危地马拉、萨尔瓦多、乌拉圭、阿根廷等不发达地区推行美国式的解决方案。③ 塔夫脱之后，新上台的威尔逊总统虽然起初公开反对"金元外交"，但不久又依旧延续了这种外交决策模式，甚至走得更远。威尔逊政府在"天定命运"精神的指引下甚至试图拟订一项整顿世界范围内落后地区的合作计划，这项计划将鼓励"借债国和开发国按照合理的利率取得贷款并在优惠的条件下开发世界；另一方面，将创造条件使得这些贷款可以得到合理的保障"④。然

---

① 转引自 Michael Gobat, *Confronting the American Dream: Nicaragua under U. S. Imperial Rule*, p. 125。

② Michael D. Rice, *Nicaragua & the U. S. : Policy Confrontations & Cultural Interactions*, 1893 – 1933, Dissertation (Ph. D), University of Houston, 1995, p. 277.

③ "Work For U. S. Firms: State Department Seeks Bids on Montevideo Contracts," *The Washington Post*, September 8, 1912, p. 5.

④ [英] 莱斯利·贝瑟尔主编：《剑桥拉丁美洲史》（第4卷，约1870—1930），第107页。

而第一次世界大战的爆发使得大国在不发达地区竞争的合作"金元外交"受到限制，但美国从未彻底放弃这一方面的努力。而华尔街投资银行在拉美的扩张也在延续，摩根财团对外贷款遍及拉美诸国，被誉为"世界的银行家"，华尔街与拉美诸国经济和金融联系逐渐增强。而从财政专家方面来看，到20世纪20年代，美国的财政专家埃德温·凯默勒博士（Edwin Kemmerer）又被许多拉美国家召去帮助进行货币体系改革。在很大程度上，这些拉美国家依靠他按照美国联邦储蓄的模式普遍建立了中央银行，推行金汇兑本位制度。在美国财政专家的持续努力下，金汇兑本位制度被广泛采用，到1926年有12个中美洲和南美洲国家中得到确立。"20年代被誉为埃德温·凯默勒的年代"①。因此，"金元外交"中的"组合模式"变成了理解美国20世纪在拉美地区构建合理国际经济秩序的主要线索之一，而塔夫脱"金元外交"的实验在其间起了重要的探索性作用。

---

① ［英］莱斯利·贝瑟尔主编：《剑桥拉丁美洲史》（第4卷，约1870—1930），第75—76页；参见 Emily S. Rosenberg, *Financial Missionaries to the World: The Politics and Culture of Dollar Diplomacy, 1900–1930*, Massachusetts: Harvard University Press, 1999, pp. 155–165。

第三章 利比里亚的债务危机与美国主导下的"金元外交"

塔夫脱政府时期,作为与美国有着特殊关系的利比里亚发生债务危机,为美国在非洲推行金元外交提供了绝佳的试验场,也成为由美国主导、由欧洲列强共同参与的运用"金元外交"的唯一案例。利比里亚成为美国开启非洲"门户开放"政策的立足点,通过干预利比里亚的债务危机,塔夫脱政府打造了在非洲地区塑造有利于美国投资的、挑战欧洲霸权、建立美国"财政附庸国"的范例。

第一节 国务院对利比里亚的"保护性"外交行动

美国与利比里亚之间存在着十分特殊的历史渊源,利比里亚是美国殖民协会(1816年成立)在遣返自由黑人、仿效美国模式于1847年建立起来的非洲第一个黑人共和国。因此美国长期以来自视利比里亚的"代理人"(Next Friend),而利比里亚人被美国视为其子民,利比里亚是美国在非洲的"黑咖啡"。[①] 由于联邦政府中奴隶主势力的阻挠以及

---

① 利比里亚(Liberia,意为"自由之地")是1819年美国总统詹姆斯·门罗在美国国会直接授权在非洲西海岸建立的一个政治实体。1821年,美国殖民协会将解放的黑人奴隶送回非洲,但因不清楚他们的确切出生地,而在西非的"谷物海岸"(Grain Coast)买了一块地,首次让88位解放奴隶居住在这里。其后,美国政府又进行数次移民,1847年利比里亚在美国海军的支持下,建立非洲第一个黑人共和国,而从历史上看,利比里亚许多黑人也是美国的子民。因此,利比里亚被称为美国的"黑咖啡",强调的是两国间的特殊关系。参见《世界百科全书》第15卷:非洲Ⅱ,"赖比瑞亚"条,光复书局1989年版,第204页。

美国外交决策圈中的"种族歧视"意识的影响，美国到1862年6月之后才正式承认利比里亚。① 作为利比里亚的"母国"，美国具有根深蒂固的"利比里亚情结"，但美国政府对于利比里亚事务仅仅保持一种"关注"的态度，偶尔对于欧洲列强侵略利比里亚的行径表示一下"抗议"，除此之外，没有什么实质性的干预行动。毕竟对于19世纪后期的美国而言，利比里亚不是美国战略利益攸关地区，而且英法等殖民列强在此争夺十分激烈，美国孤立主义传统使其不愿在利比里亚事务上与欧洲有过多的纠葛。但是到了20世纪初期，随着欧洲列强对利比里亚资本输出的加剧，利比里亚的债务危机日趋严峻，欧洲列强的索债要求已经使得美国一手建立的黑人共和国处于崩溃边缘。再加上20世纪之交，美国经济与外交也开始走上世界政治的竞技场，美国希望通过保持利比里亚的独立来为美国未来进入非洲其他地区提供一个立足点。因此，利比里亚的债务危机提供给美国一个强势介入利比里亚事务的机遇。而这一机遇与塔夫脱政府时期新的世界政策——"金元外交"结合，成为塔夫脱时期美国在非洲实施该政策的典型试验。

一 利比里亚债务危机与1909年"美国赴利比里亚委员会"报告的出台

利比里亚在建国后相当长时间内面临持续的经济困难。作为拥有特殊关系的美国却因国内黑奴问题的纠结，直到1862年才正式承认利比里亚共和国，而且之后很长一段时间内"漠视"利比里亚的发展。1871年，利比里亚发生财政危机，不得已向当时的英国借款。② 1905年利比里亚授权发行一笔期限60年、数额达200万英镑的贷款，用于偿还原先

---

① 参见梁根成《美国与非洲》，北京大学出版社1991年版，第2—3页；"Conveys Liberia's Thanks: American Minister Brings Letter about Fleet's Timely Appearance," *New York Times*, September 11, 1904, p. 4.

② "The First Loan of Liberia," *The African Repository*, October 1871, Vol. 47, pp. 297 – 299; "The Loan of 1871," *The African Repository*, October 1882, Vol. 58, pp. 126 – 129.

的债务和国内经济发展,然而这一举动并没有成功。① 1907 年,利比里亚再次向英国借款,但是持续性的借款并没有带来稳定的财政收入,到 1908 年,利比里亚的财政收入恶化严重。据 1910 年英国外交部的《利比里亚年度报告》显示,利比里亚到 1911 年可预期的内外债务总额已经达到 1502419 美元(相当于 313000 英镑),其中包括各种发行的债券、人头税和个人在内的内债为 669252 美元,而外债部分总额为 833167 美元(相当于 173576 英镑),这些外债主要包括来自英国、法国以及个人的贷款,详细信息如表 3.1 所示。

表 3.1　　　　　　　1911 年利比里亚外债来源构成表

债务来源	数额(美元)	数额(英镑)
英国 1871 年贷款	348720	72650
英国 1907 年贷款	449864	93722
寇米林(Mr. Cromelin)的个人贷款	2937	612
法国(French Doundary)	5545	1155
英国的利权(claims)	26101	5437
总计	833167	173576

资料来源:Liberia. Annual Report 1910, in in Michael Partridge and David Gillard, eds., *British Documents on Foreign Affairs*:*Part I*,*Series G. Africa*,1848 – 1914, Vol. 22, p. 334, An Imprint of CIS:University Publications of America, 1996.

因此,按照当时的估计,到 1910 年 12 月 31 日为止利比里亚应该偿还的内外债务总额相当于整个国家 4 年的财政收入总和。此外,还有大概 20 万美元的债务没有计算在内,这部分的债务主要来自德国的商人以及其他一些国家。由于利比里亚无法按期偿还债务,其财政面临破产风险,与利比里亚接壤的英国、法国两国的殖民机构想方设法以偿还债务为名,蚕食利比里亚的大片领土,据统计,截至 1909 年 7 月仅英

---

① "Liberia's Finances:Commission Coming Here to Get Material to Reorganize Them," *New York Times*, March 12, 1905, p. 7.

国就占领了300平方公里。① 德国虽然没有直接的领土要求，但是也在积极地扩张势力，争取在利比里亚夺取更多的特权（包括通商口岸）。因此，利比里亚这个弱小的非洲黑人共和国遭受着被殖民瓜分的危险。

面对着英法殖民大国咄咄逼人的侵略态势，1905年《纽约时报》评论道"美国不仅失去了一个宝贵的商业竞争机会，也失去一个道德利益的制高点"②。驻利比里亚首都蒙罗维亚的美国使团最先感受到压力。1907年8月10日，美国公使欧内斯特·莱昂（Ernest Lyon）写信给著名的黑人领袖布克·华盛顿（Booker T. Washington），报告称1907年英国虽然"无意于"利比里亚的领土，但如果利比里亚方面无法确定其东南边界是否遭到法国侵犯的话，英国将密切与法国在西北地区的边界防务，这样一来将形成英法共同夹击利比里亚的局面。莱昂认为"我们必须设法拯救那里的人民，所以有必要首先确保美国对于这些国家的控制"③。莱昂对于美国政府将采取行动十分自信。然而，此时的西奥多·罗斯福并不想接"黑人问题"这块在当时来说十分烫手的山芋。美国黑人领袖积极开始向政府施压，游说西奥多·罗斯福改变对利比里亚的冷漠政策，拯救美国一手建立的黑人共和国。1907年9月19日，在华盛顿举办了盛大的全国黑人浸礼会大会，布克·华盛顿发表致西奥多·罗斯福的演说，"阁下（指罗斯福）知道利比里亚这一国家是如何由美国建立起来的，美国又是如何捍卫着该国的国家利益……我得到可靠消息，英国和法国都在图谋占领利比里亚的大块领土，我相信阁

---

① "British Have Taken Liberian Territory: Seizure of 300 Square Miles Reported to American Commissioners," *New York Times*, July 3, 1909, p. 4; "Cross Into Liberia to Curb Savages: Washington Believes Encroachment by English Was to Police Border Tribes," *New York Times*, July 4, 1909, p. 5. 此外，法国对利比里亚的殖民侵略也是由来已久，参见 "French Aggression In Liberia: The United States Will Interpose to Protect the African Republic," *New York Times*, September 11, 1893, p. 8.

② "The United States Missing a Valuable opportunity by Not Entering Into Active Competition With European Commerce in the New Field," *New York Times*, January 8, 1905, p. SM4.

③ "(Letter) From Ernest Lyon," in Louis R. Harlan, ed., *The Booker T. Washington Papers*, Urbana: University of Illinois Press, 1980, Series 9, pp. 332 – 333.

下将会阻止这一切的发生"①。同时，布克·华盛顿还派出其助手埃米特·斯科特（Mr. Emmett Scott）前往华盛顿与罗斯福总统会面，要求关注利比里亚的利益。9月28日，布克·华盛顿回信给欧内斯特·莱昂，谈论到埃米特·斯科特华盛顿之行已经取得了重要进展。"利比里亚问题已经和平解决。罗斯福总统说他将使用一切的权力和道义力量来保护利比里亚"②。但对于利比里亚和美国黑人而言，"问题在于总统和国务院仅仅是准备利用道德的劝告，而非用武力赶走欧洲人。"③ 但无论如何，美国对于利比里亚的关注度在逐渐提高，尤其是在政府决策的层面，已经开始意识到恢复与利比里亚关系的重要性了。

利比里亚面临内外债务危机的严重性也使得利比里亚政府向原来的"母国"求援。1908年1月27日，利比里亚议会（Liberia Legislature）批准委派代表团访问美国，以寻求美国的援助，目标是要争取美国的贷款，并且要求美国充当国际仲裁，反对任何列强意图利用利比里亚弱小地位攫取任何的利益。该代表团由利比里亚前总统吉布森（Dr. G. W. Gibson）、时任副总统道森（J. J. Dossen）、大法官（Attorney）邓巴（C. B. Dunbar）及两名随员组成。布克·华盛顿则积极帮助利比里亚代表团与美国当时的政要联系。3月21日，布克·华盛顿致信西奥多·罗斯福总统，表达其担心"由于这是美国历史上首次由黑人组成的代表团，他们黑人的身份是否可能会影响他们在美国所受的礼遇"④。实质上这是向罗斯福总统施压，要求不要歧视利比里亚代表团。4月14日，西奥多·罗斯福总统回信，认为："允许由新奥尔良主教斯科特（L. B. Scott）带领三名代表团核心成员前往拜见，但是其他重要官员则需要避免会谈。"⑤ 到了5月12日，布克·华盛顿致信莱昂，认为经

---

① "（Letter）To Theodore Roosevelt," *The Booker T. Washington Papers*, Series 9, pp. 337–338.
② "（Letter）To Ernest Lyon," *The Booker T. Washington Papers*, Series 9, p. 341.
③ Elliott P. Skinner, *African Americans and U. S. Policy toward Africa*, 1850–1924, Washington D. C.: Howard University Press, 1992, p. 310.
④ "（Letter）To Theodore Roosevelt," *The Booker T. Washington Papers*, Series 9, p. 476.
⑤ "（Letter）From Theodore Roosevelt," *The Booker T. Washington Papers*, Series 9, p. 499.

过自己的努力,"总统已经答应非正式地会见这些特使。按照正常程序,总统不会会见这一代表团,但是已经让他们与国务院进行直接的联系"①。实际上,西奥多·罗斯福总统开始关注利比里亚是在兑现共和党对于国内众多黑人选民的投票承诺。正如布克·华盛顿于1908年6月3日所说:"众所周知,美国国内300万的黑人选民公开反对任何外国政府对于利比里亚事务的干涉,美国政府必须找到满足国内黑人民意的解决方案。"②

5月22日,代表团自德国经汉堡抵达华盛顿,随即要求与国务卿罗脱(Elihu Root)会面。5月26日,利比里亚代表团(Liberian Commission)得到了国务卿罗脱的接见。国务院随后于6月初通知英国驻美大使白莱士(Mr. Bryce)利比里亚代表团对于美国政府的要求,这些要求包括以下四个方面内容:一是要保护利比里亚共和国的领土独立和完整;二是要努力获得与英、法、德三国签订仲裁条约;三是要参与资助开通一条直接通往利比里亚的新蒸汽船航线;四是向利比里亚政府派出合格的美国官员来帮助改革财政体制和军队。③ 在利比里亚政府看来,寻求美国在上述四个方面的援助不仅能够抗衡英、法、德三国施加的殖民桎梏,更为重要的是美国作为利比里亚的"母国",在利比里亚没有直接的领土要求,不大可能牺牲利比里亚共和国的主权独立和领土完整。因此基于历史原因和美国的"特殊利益",美国政府能够拯救利比里亚于存亡之际。

鉴于1871年贷款和1907年贷款协议形成的"英国特殊利益",利比里亚政府希望美国出面与英国联合起来维护利比里亚的主权独立。6月11日,利比里亚代表团致函美国国务卿罗脱,请求美国政府发起倡

---

① "(Letter) To Ernest Lyon," *The Booker T. Washington Papers*, Series 9, p. 535.
② "(Letter) To Ernest Lyon," *The Booker T. Washington Papers*, Series 9, p. 548.
③ "Memorandum Respecting the Affairs of Liberia," in Michael Partridge and David Gillard, eds., *British Documents on Foreign Affairs: Part I*, Series G. Africa, 1848 – 1914, Vol. 22, An Imprint of CIS: University Publications of America, 1996, p. 334.

议，力邀英国参加一项针对利比里亚的援助计划。① 罗脱随后指示美国驻英大使维特罗·里德（Whitelaw Reid），要求其向英国外交大臣爱德华·格雷阁下（Sir Edward Grey）转达美国的这一主张。这封请求信包括两方面的内容：一是强调美国在利比里亚的"特殊利益"，罗脱认为美国在利比里亚有着特殊的利益——这是起源于殖民时代的，因此美国非常希望能够帮助利比里亚政府渡过难关。二是美国政府愿意与英国合作，共同推动利比里亚的福祉。② 6月29日，美驻英大使里德向英国外交大臣转交了美国国务卿的信件。

此时的英国对利比里亚事务拥有很大的发言权，尤其是根据1907年贷款协议，英国控制了利比里亚海关、财政部以及边防军，英国不愿意美国介入从而削弱自身主导权，但英国也不愿公开严词拒绝美国。于是英国开始使用两面手法，一方面英国表示愿意与美国保持合作；另一方面则表示英国政府已经派出多名官员帮助利比里亚政府重组海关和边防部队，并且正在重组财政，在这些方面已经没有合作的可能。因此，在7月23日，英国外交大臣爱德华·格雷回复美驻英大使的信件中，格雷谈道，"现在有关海关或是边防军方面与美国合作的空间值得质疑，如果利比里亚希望得到切实援助的话，或许他们对其他部门的改革更感兴趣"③。也就是说，英国认为现在利比里亚事务上英国处于绝对的主导地位，美国如果打算参与援助，只能选择财政、海关和军队等重要部门以外的其他领域，这实质上便是反对美国的介入。英国人还给美国大使提供一条建议，认为在所有英国政府与利比里亚打交道中最受抱怨的是利比里亚的法律不公问题。因此，如果美国政府能以其方式引入改革司法体制，或是派出官员担任司法顾问，英国政府认为这是对所有人都有益的事情。因此，格雷的答复仅仅表示了英国政府不反对任命美

---

① "The Liberian Commission to the Secretary of State," *FRUS*, 1910, p. 696.
② "The Secretary of State to Ambassador Reid," *FRUS*, 1910, p. 695.
③ "The Minister for Foreign Affairs to Ambassador Reid," *FRUS*, 1910, p. 698.

国的法律官员来担任利比里亚的司法顾问。① 美国想介入利比里亚事务只能参与当时无关紧要的司法领域，这是将美国干预的范围边缘化的设想。显然，美国政府的意图不会局限于英国政府设定的"司法领域"改革，美国需要的是一项针对利比里亚全面介入的"美国式"政策。

利比里亚代表团对美国的访问重新燃起了美国社会一股"利比里亚风"。当时的《独立》杂志撰文就认为美国是利比里亚的救世主，美国是利比里亚共和国免于崩溃"最后的希望"。② 在非裔领袖布克·华盛顿的安排下，利比里亚代表团会见了诸多的美国政界要人，包括现任总统西奥多·罗斯福、新当选总统塔夫脱以及国务卿罗脱等美国外交决策的决策人。因此，布克·华盛顿在总结利比里亚代表团的美国之行时说道，代表团得到美国总统的会见，罗斯福总统向他们保证美国将尽可能地协助利比里亚；同时与国务卿罗脱会面，罗脱听取了代表团的倾诉，并保证美国政府将全力帮助实现他们的愿望；代表团还与新任总统塔夫脱会谈了近一个小时，塔夫脱表示对于利比里亚及其国民的相关利益，他本人一直在关注着。③ 再者，代表团在美国非裔领袖的帮助下参加了数量众多的招待会，而美国当时的公众舆论也进行了积极的反应，无论是白人还是黑人主办的报纸杂志都积极而热情地报道利比里亚使团此行的活动。因此，利比里亚代表团此行可以说是重新唤醒和激活两国的共同利益。

通过利比里亚代表团与布克·华盛顿的多次协商以及同社会各界的交谈，时任国务卿罗脱在1909年1月18日向罗斯福总统提出建议，认为美国应该向利比里亚派出三名经验丰富的美国官员前往调查利比里亚情况，并且与利比里亚官员以及其他国家派驻蒙罗维亚的代表们展开协

---

① "The Minister for Foreign Affairs to Ambassador Reid," *FRUS*, 1910, p. 697.
② "Why Liberia Wants America's Help," *The Independent*, July 8, 1909, Vol. 67, pp. 70–74.
③ "(Letter) To P. O. Gray," *The Booker T. Washington Papers*, Series 9, pp. 574–575; "Liberia Honors American: Confers the order of African Redemption on Booker T. Washington," *New York Times*, October 18, 1908, p. 1.

商，从而向国务院提交调查报告，推荐美国介入的具体方案，因为国务院十分清楚地意识到"利比里亚非常需要帮助，美国能够从根本上帮助它，这是我们的责任"①。而布克·华盛顿早已告知利比里亚副总统道森美国政府已经决定派出一个三人委员会的消息。他认为美国委员会的目标有三个方面：

1. 向世界其他地区表明，美国并没有失去对利比里亚的兴趣并且这次行动意味着美国重新唤起和加强其之前的兴趣和联系；
2. 美国将服务于以任何方式改善和改革利比里亚的统治；
3. 增强利比里亚的教育工作。②

布克·华盛顿现在认为造成美国干涉利比里亚事务唯一的威胁在于美国国内即将进行的政府更迭，尤其是国务院的易主。因此，布克·华盛顿对道森说："我希望即将继任的诺克斯先生，对利比里亚的兴趣将与罗脱国务卿一样。"③ 事实证明，塔夫脱总统和诺克斯国务卿比起前任在干涉利比里亚事务上走得更远。

1909年3月，塔夫脱政府履新，塔夫脱任命诺克斯担任新一任国务卿，随后国会批准了3万美元用于支持美国派遣一个小型代表团前往利比里亚调查具体情况，这表明新政府对于利比里亚的关注度正在提升。当时的美国驻蒙罗维亚公使欧内斯特·莱昂呼吁美国加强对该共和国的干预，在其给塔夫脱总统的信件中谈及"无疑阁下将知晓利比里亚人民承认并且赞赏阁下对于他们的同情态度"。而新上任的国务卿诺克斯也被告知了利比里亚此时的国内局势，如当地的驻英大使里德告诉诺克斯"利驻伦敦公使约瑟夫·克里姆林（Joseph Crommelin）向其转

---

① "The Secretary of State to President Roosevelt," *FRUS*, 1910, p. 699.
② Elliott P. Skinner, *African Americans and U. S. Policy towards Africa*, 1850 – 1924, Washington D. C.: Howard University Press, 1992, p. 323.
③ Elliott P. Skinner, *African Americans and U. S. Policy towards Africa*, 1850 – 1924, p. 323.

达了利比里亚支持更多介入的态度，并且指出美国与多米尼加的模式可以成为这类介入的样板"①。这样，美国干预利比里亚事务已经正式提上了日程。

最终，美国赴利比里亚委员会（American Commission to Liberia）的人选敲定，由福克纳（Mr. Roland Post Falkner）、乔治·赛尔（Dr. George Sale）、埃米特·斯科特（Mr. Emmett Scott）组成，前两者入选是因为他们在美国"保护国"波多黎各和古巴的长期工作经历，而且他们都是白人，后者是美国著名黑人领袖布克·华盛顿的助手，代表布克·华盛顿背后数百万美国黑人对于利比里亚共和国的关注。② 此外使团还有四名随员，一名武官，一名医生及两名秘书。1909年4月13日，国务卿诺克斯给美国赴利委员会发去一封指令，阐述他对于利比里亚问题的看法。诺克斯认为："美国在利比里亚的利益及其公民起源于共和国的奠基与历史，并且直到今天这种切实的或潜在的利益依然相关于两国之间的商业、交流以及可能的移民关系，因此捍卫这些利益完全取决于政府稳定的环境以及利比里亚人民的福利。"③ 易言之，美国已决定拯救这个弱小的黑人共和国不仅是因为其历史上的"利比里亚情结"，而且关乎现实的经贸往来以及国内的黑人（非洲裔）移民问题，这种拯救是一种兼具理想主义与现实利益的外交行动。而美国赴利委员会的目的便是要找出美国给予援助的切实可行的、方便的具体途径，提出具体主张，使得美国能够有效地缓解利比里亚目前面临的困境，维护利比里亚的稳定与人民福祉，从而奠定两国关系的未来。

在美国赴利委员会出发前，诺克斯作为国务卿还特意叮嘱了调查和

---

① 转引自 David P. Kilroy, *Extending the American Sphere to West Africa: Dollar Diplomacy in Liberia*, 1908 – 1926, Dissertation (Ph. D), Iowa: The University of Iowa, 1995, pp. 30 – 31。

② 美国著名的黑人领袖布克·华盛顿欲亲自作为特使前往，但为塔夫脱总统拒绝，这也一度让企盼黑人特使的利比里亚人失望，但华盛顿助手作为黑人入选自然也是一大胜利。参见 "Liberia Is Disappointed: Expected Battleships and Washington-Got His Secretary and a Cruiser," *New York Times*, July 14, 1909, p. 4。

③ "The Secretary of State to the Commission of Liberia," *FRUS*, 1910, p. 705。

推荐过程中，委员会必须注意的几点内容，这是利比里亚政府尤为需要支持的。诺克斯的建议包括了六个方面的内容：第一，协调利比里亚与邻国的边境纠纷；第二，组织边防部队；第三，美国政府援助管理利比里亚的财政事务，从而将财政建立在一个稳固的根基之上；第四，美国支持利比里亚邮政、教育和农业部门改革；第五，利比里亚应开展卓有成效的司法改革；第六，美国与利比里亚两国间共同利益最主要的一点是美国黑人的殖民活动，并且这个国家提供了保持非洲裔种族移民的场所。①

诺克斯提及的这六大问题实际上几乎囊括了美国对利比里亚政策的方方面面，这是美国与利比里亚关系发展史上，美国国务卿如此全面地提及美国对利政策的规划范畴，更为重要的是，在拯救深陷债务危机的利比里亚过程中，诺克斯认为应当拓展前任政府在多米尼加的成功模式。"在考虑利比里亚的财政事务时，美国与多米尼加共和国的条约复本提供了美国在征收、运用关税监管提供了无私援助。实施这一条约的内容已经缓解了多米尼加共和国的严重财政困难，并且在内部财政事务管理上走上了良好的轨道。"② 换句话说，西奥多·罗斯福政府任内美国对多米尼加财政监管的成功给予诺克斯极大的信心，希望美国赴利委员会能将"多米尼加模式"拓展到利比里亚，通过调查研究，找出在非洲的利比里亚实施"多米尼加模式"的具体方法。

1909年4月23日，诺克斯正式通知利比里亚外交部，美国将派出委员会前往利比里亚调查情况，并且与利比里亚官员展开协商，从而形成最有效缓解利比里亚处境的报告。第二天，美国赴利委员会便乘坐美国军舰"伯明翰号"出发，于5月8日抵达蒙罗维亚，受到利比里亚民众的热烈欢迎。③ 随行的《纽约时报》记者报道中，谈及"这里

---

① "The Secretary of State to the Commission of Liberia," *FRUS*, 1910, pp. 706–707.
② "The Secretary of State to the Commission of Liberia," *FRUS*, 1910, p. 706.
③ "Liberia Entertains Envoys: American Commissioners So Feted That Work Is Interfered With," *New York Times*, May 22, 1909, p. 4.

（利比里亚）普遍希望得到美国的保护和来自美国的资本……利比里亚政府愿意这个国家税收完全交由美国人控制"①。经过一个月的调查，美国赴利委员会访问了首都蒙罗维亚及其他几个城市，并且同利比里亚总统、议会及官员直接接触和交谈。使团成员埃米特·斯科特就认为"英法两国长期以来侵蚀、吞并了利比里亚大片领土，而且这一趋势还将延续……利比里亚现在极其渴望美国能够作为其法官或者是代理人来阻止外国的进一步领土扩张……美国将被迫承担着对利比里亚'保护国'的角色"②。美国赴利委员会主席罗兰·福克纳（Roland Post Falkner）亦持有类似的看法。福克纳在其撰写的《美国与利比里亚》一文中便谈及"利比里亚过去完完全全是美国的一个殖民地，但现在是必须更为清晰地展现其与母国法律关系的时候了"③。福克纳的意思是要重新界定美国与利比里亚的关系，因为现在这已不再是过去的"殖民关系"，而应是一种"附庸国"（Protectorate）与宗主国之间的合法关系。

1909年10月9日，美国赴利委员会正式向国务院提交了报告，建议要大幅度增强美国对利的干预，而且唯有美国能够提供"有效的援助"。委员会还认为"除非利比里亚得到某些与英国或法国实力相称的大国支持，否则它将作为一个独立国家从（非洲）的版图上消失"④。美国的使命不允许这种情形的发生，况且利比里亚蕴藏着巨大的财富，

---

① "Go Separately to Liberia: Commissioners to Travel Each Upon His Own Cruiser—Trouble Not Over," *New York Times*, April 22, 1909, p. 4; "Hurt Pride In Liberia: Prominent Citizens Omitted from American Commissioners' Dinner," *New York Times*, May 29, 1909, p. 4. 引自南开大学图书馆American Periodicals 数据库。

② Emmett J. Scott, "Is Liberia Worth Saving?" *The Journal of Race Development*, Vol. 1, No. 3 (Jan., 1911), pp. 298-299.

③ Roland P. Falkner, "The United States and Liberia," *American Journal of International Law*, No. 4 (1910), pp. 534-535.

④ Report of the American Commission to the Republic of Liberia, "Affair of Liberia," *Senate Document*, No. 457, 61st Congress, 2nd Session, 1910, p. 16; "Liberia and The United States," *Outlook*, May 7, 1910, p. 5; "Liberia Baited By Britain and France," *New York Times*, May 26, 1910, p. 6.

如果美国无所作为，那么一直对利比里亚抱有觊觎之心的英、法、德等殖民大国将会毫不迟疑地利用利比里亚的弱点夺取这些潜在的资源，届时美国将失去非洲的一个重要战略立足点。正如美国驻利比里亚使馆秘书乔治·艾里斯（George W. Ellis）所言，"德国人正在利用利比里亚提供的商业机遇。随着利比里亚发现黄金与钻石，美国资本拥有巨大的机会"①。最终，美国赴利委员会的报告中提出了六大建议，以有效缓解利比里亚的处境，增强美国对利比里亚的影响力。这些建议包括：

第一，美国帮助利比里亚尽快解决悬而未决的边界问题，从而保障利比里亚的主权独立和领土完整。边境纠纷是利比里亚发展的一大障碍，美国应在一个确切的基础上迅速解决这些纠纷，从而清除利比里亚进步的最大障碍。

第二，美国帮助利比里亚偿还债务，作为担保美国必须控制并且征收海关关税，现在这一建议实施的时机已经成熟。

第三，美国帮助利比里亚改革财政体制，任命有能力的美国人担任利比里亚财政顾问兼总税务司。

第四，美国应帮助利比里亚组织并训练足够的常备军或边防警察力量，建议派遣美国军官（不少于三名）前往利比里亚边防部队，并训练一批军官掌控军队的指挥权。

第五，美国应建立并维持一个研究站，提供一个科学研究、实习训练的机会。

第六，美国要重新开始建设一个海军加煤站。②

---

① "Opportunities in Liberia: Secretary Ellis, Home on a visit, Tells of the Negro Republic," *New York Times*, May 16, 1910, p. 18.
② 早在1902年美国巡洋舰"旧金山号"就曾与利比里亚协商海军加煤站建设。参见"Coaling Station In Liberia．：The Cruiser San Francisco Said to Have Been Negotiating with the West African Republic," *New York Times*, June 1, 1902, p. 4; Emmett J. Scott, "Is Liberia Worth Saving?" *The Journal of Race Development*, Vol. 1, No. 3（Jan.，1911）, pp. 299 – 300。

从委员会提出的六大建议来看，其中的前四条都与诺克斯4月13日训令内容并无二致。因此可以说，诺克斯早已筹划了其未来对利比里亚的政策蓝图，而委员会赴利比里亚的调查不仅"验证"了诺克斯的四方面内容，而且也使美国对利比里亚的支援政策"更加具体化"，这四项内容可以说是塔夫脱政府美国对利政策的核心内容。因为这涉及当时利比里亚面临的严重危机——整顿军队，维护边境的安全与领土完整，形成对于当地部族的有效控制，从而堵住强邻干涉之口实；重新调整内外债务，形成国家财政的系统化，与此同时，开发内陆地区，增加贸易，为政府进步提供必要的资源。① 这些都是从国内和国外两个方面形成了对利比里亚局势发展的支撑。当然，委员会经过调查研究提出了最后两则建议，这是在为美国的科学研究和未来海军向非洲的扩张铺路的战略设想。

委员会的这一报告引发了英国的强烈担心，因为英国驻利比里亚使团认为报告中许多内容是虚假的，而且很多是针对英国的且偏向利比里亚一方的。但诺克斯基本上采纳了这些建议，并且向塔夫脱总统呈送了美国赴利委员会的报告，塔夫脱最终同意了诺克斯的计划。美国人视自己为备受压迫的利比里亚人反对英国无道统治的捍卫者。如果委员会报告都被采纳，这将导致美国控制利比里亚财政部、海关及军队，还将建立一个美国资本控制的银行，并且美国人还将援助恢复坎瑞拉洪地区（Kanre-Lahun），进一步控制利比里亚的内陆地区。② 这样，美国人不仅控制国内重要岁入来源，也俨然支配了利比里亚的外交事务，一个美国控制下的"财政保护国"的前景已经逐渐浮现。

对于美国而言，委员会的报告与新政府的外交政策转向可谓不谋而合。塔夫脱和诺克斯上台后的外交政策被称为"金元外交"，其根本宗旨在于政府为美国贸易和投资寻求国外市场，并且不断地拓展美国的经济边疆。美国政府开始相信，美国外交政策的成功并不在于那些已有的

---

① "Liberia: Annual Report 1910," *BDFA*, Vol. 22, p. 378.
② "Memorandum respecting the Affairs of Liberia 1910," *BDFA*, Vol. 22, pp. 348–349.

并且有着相对稳定经济的市场,而在于那些世界的欠发达地区,尤其是限于债务无法自拔的亚非拉国家,而与美国有着密切的渊源、有着丰富资源潜力同时又限于欧洲债主侵略野心的利比里亚自然成为新政府考虑新政策实施的理想场所。根据美国驻蒙罗维亚公使莱昂的描述,"利比里亚拥有大量的潜在资源和未经开发的巨大财富,而美国资本和资本家的创造力将使之变成现实"①。而助理国务卿 H. 威尔逊则回忆当时的情况说:"我认为利比里亚问题是重要的。利比里亚不仅是一个道义上的保护国,同时也是实际上的保护国,这样就能给予美国未来在非洲政治、经济和战略上的立足点。"② 总之,在塔夫脱上台后不久,美国白宫已经认为代表利比里亚采取行动是值得的,美国政府将请求国会批准拯救这个弱小的黑人共和国。③ 1910 年 3 月 25 日,塔夫脱向国会两院提交了委员会的报告及国务卿诺克斯的五点建议,要求国会批准美国政府旨在履行美国对于利比里亚人民的国家责任的行为——改变美国对利比里亚的政策。国务卿则建议在利比里亚建立类似在多米尼加的税收体制和财政控制权。④

二 美国国务院出面干预利比里亚边境问题

就在国务院积极向利比里亚派遣美国代表团调查合适的美国介入方式的同时,国务院也多方与在利比里亚事务上拥有重要利益的英国、法国和德国展开协商谈判,寻求在利比里亚事务上形成国际合作的局面,尤其是与利比里亚有着毗邻边境的英法两大殖民国,这一点此时更是成为美国介入利比里亚事务难以逾越的障碍。在"扫清"这两大障碍的

---

① 转引自 David P. Kilroy, *Extending the American Sphere to West Africa: Dollar Diplomacy in Liberia*, 1908 – 1926, p. 45。

② Huntington Wilson, *Memoirs of an Ex-Diplomat*, Boston: Humphries, Inc.: 1945, p. 195.

③ "Will Ask Congress to Save Liberia: African Republic Founded by Us Needs Assistance," *New York Times*, October 19, 1909, p. 9.

④ James D. Richardson, *A Compilation of the Messages and Papers of the Presidents*, Vol. XXIII, Bureau of National Literature, 2006, pp. 7858 – 7859; "To assist Liberia," *The Independent*, March 31, 1910, Vol. 68, p. 673.

过程中，美国不得不妥协退让，为了继续执行美国人主导的对利政策，有时甚至是不惜牺牲利比里亚的领土和主权。

1910年3月7日，诺克斯通过驻英大使里德向英国外交大臣传话，表达了美国政府希望维持利比里亚现状的想法，"目前我国政府（美国）得知贵国与利比里亚的边境谈判正在积极地进行。鉴于这些事实以及美国利比里亚之间长期存在的特殊关系，或许阁下将与我国政府亦抱有同样的看法，即贵国也将倾向于承认边境现状，一直到美国援助利比里亚的具体行为最终确定"①。英国外交大臣格雷认为由美国发起的行动会产生积极的影响，但他同时也强调英国支持美国计划是有条件的。3月14日，英国外交大臣格雷在回复美驻英公使的信件中，谈及了这两个前提条件：一是在1907年贷款协议中，英国债权人的优先权和特权必须予以维持，并且未来贷款协议要有支付尚欠英国债权人的赔偿要求的内容；二是未来利比里亚财政收入必须控制在欧洲或美国的代表手中。② 事实上，此时的利比里亚已经濒临破产的绝境边缘，急需拯救国家财政的有效措施，英国也无力单独解决，尤其是面临着英国对利比里亚领土的勃勃野心和英国对于利比里亚政府财政、海关和军队的控制，利比里亚人的反英情绪在高涨，英国不得不做出妥协，让与利比里亚宣称存在特殊关系的美国介入，前提是要尊重英国的"既得利益"。

国务院首先需要解决的是委员会报告中所说的边境纠纷问题，利比里亚边境纠纷由来已久，尤其是在19世纪末期大量领土为英法所占据。1885年通过《英国—利比里亚条约》，利比里亚丧失了沿海的大片领土。到了20世纪，英国急切地想控制利比里亚西北部的坎瑞拉洪地区，这一地区由英属殖民地塞拉利昂军队占领，英国一直想将这一地区的实际控制合法化，从而进一步蚕食利比里亚的相邻领土。因此，针对美国提出的贷款计划，英国想在利比里亚领土问题上大做文章，并趁机向美国提出了要求美国出面帮助解决坎瑞拉洪地区领土的主张。

---

① "Ambassador Reid to the Secretary of State," *FRUS*, 1910, p. 703.
② 参见 "The Minister for Foreign Affairs to the Ambassador Reid," *FRUS*, 1910, p. 704。

1910年6月，塔夫脱总统通知利比里亚政府，美国很明确将在适当的时机通过谈判来确保对于利比里亚边境的尊重。到了11月，英国政府要求美国建议利比里亚解决悬而未决的边境问题。英国的计划是企图将利比里亚坎瑞拉洪地区据为己有，以交换其他地区领土，为了弥补利比里亚的损失，英国会进行适当的赔偿。11月2日，英国政府要求美国利用调停利比里亚政府来加快解决这一问题，并明确了"英国政府希望能够在贷款谈判完成之前圆满地解决这一问题"①的立场。毫无疑义，英国的意图十分明显，没有满足其对利边境划分的要求，英国是不会加入美国的贷款计划的，英国需要的是美国"道义的支持"来作出有利于自身的让步。11月15日，诺克斯回复美驻英大使，认为"国务院很赞赏英国的声明"，也就是说，美国国务院支持英国的计划。随后英国驻美大使詹姆斯·白莱士还亲自致电诺克斯，要求美国国务院"利用自己的方式支持英国政府的建议来和平解决问题并综合地运用其调停，以便展开谈判"。1911年1月，恰逢利比里亚参议院休会，英国政府"希望美国政府尽快地实施影响力来支持解决这一问题"。② 1月19日，英国政府通知了国务院其解决英—利西北边境问题上的正式条件，即用摩洛－马努（Morro－Manu）地区交换坎瑞拉洪地区，而英国给予额外的4000美元作为开发这一地区的费用③，美国国务院认为在当前条件下，该建议提供了圆满解决这一长期悬而未决问题的机会。国务卿诺克斯还告诉美驻利比里亚公使，要将国务院的这一态度转达给利比里亚政府。1月27日，利比里亚参议院在美国的"要求"之下，通过了《坎瑞拉洪边界协定》。由此，通过英美之间的"友善行为"与"友好精神"，在以牺牲利比里亚领土为代价的情况之下，美国赢得了英国对于其贷款计划的支持。

---

① "The American Ambassador the Great Britain to the Secretary of State," *FRUS*, 1911, p. 338.
② "The British Ambassador to the Secretary of State," *FRUS*, 1911, p. 339.
③ "The Secretary of State to the American Minister to Liberia," *FRUS*, 1911, p. 340.

就在美国出面解决利比里亚与英属塞拉利昂边境问题的同时，美国、法国与利比里亚关于利比里亚东部边境的谈判也在展开。法国对利比里亚的侵略野心丝毫不逊于英国。"法国不仅蚕食利比里亚的领土，而且还实际吞并了沿海与内陆的大量领土，利比里亚作为独立国家，根本无力与强大的法国抗衡。"① 1892年，法国吞并了利比里亚东部长达60公里的海岸线并积极向内陆扩张，通过1907年条约，利比里亚很可能将再次丧失一块面积达2000平方公里的领土，将其割让给法国。利比里亚请求美国的仲裁，将边境界线划分清楚，从而避免被不断吞食的噩运。法国对于美国出面干预利比里亚事务感到愤怒。1910年8月，法国媒体公开反对美国的干预，认为美国此类的干预将会伴随着美国在非洲的一个稳固立足点，"法国不会允许美国在非洲推行如同西半球般的门罗主义"②。1910年12月5日，法国外长皮克顿（S. Piclton）致电美驻法大使，要求美国方面在法—利边境问题上务必做到"像过去法—利边界委员会一样解决目前的法—利边境问题"，并公然宣称"只要美国政府确保得到其所应该得到的，共和国政府将不会反对北美计划付诸实施"③。也就是说，法—利边境的划分还是与过去一样，由法—利边界委员会来解决，但这样一来，美国并没有起到所谓的"保护者"的角色，当然，一如既往的是，在美国的授意之下，1911年1月13日，利比里亚代办（驻法）与法国外交部在巴黎签订了《法国与利比里亚边界条约》。④ 由此，在美国所谓的"主导"和"调停"之下，法国与利比里亚的边界暂时得以确定。这样，边境问题的顺利"解决"，为英法参加美国主导的对利比里亚政策扫清了障碍。

---

① "French Aggression In Liberia: The United States Will Interpose to Protect the African Republic," *New York Times*, September 11, 1893, p. 8.
② "Oppose our Liberia Move: French Think America Has No Right to Interfere in Little Republic," *New York Times*, August 7, 1910, p. 7.
③ "The French Minister for Foreign Affairs to the American Ambassador to France," *FRUS*, 1911, p. 344.
④ "Minister for Foreign Affairs," *FRUS*, 1911, p. 345; "Liberia Satisfies France: And the Way Is Now Clear for the Conclusion of the America," *New York Times*, January 10, 1911, p. 1.

三 美国派出军事顾问"协助"建立利比里亚边防部队

利比里亚的军事建制时间比较晚,根据1907年的贷款协议,在英国两名军官的监督下,利比里亚组建了警察和军事部队。1909年3月,利比里亚在英国的授意下,创建了边防部队(Frontier Force)[①]。然而,英国一手进行的军事改革却面临着迅速崩溃的险境,最主要的根源在于边防军官员没有任何的薪水,进而造成军队纪律涣散,指挥不灵,战斗力低下。而且由于利比里亚害怕为英国所吞并,利比里亚人相信边防部队与其说是利比里亚的,不如说是英国人的,反英情绪高涨使得英国推行军事改革举步维艰。1909年利比里亚发生土著部族叛乱,英国并没有给予政治和军事支持,于是"利比里亚的领导人发现自身退回到了起点,并且决定转向美国求取外交、军事和经济援助"[②]。

利比里亚边防部队的羸弱使得利比里亚代表团在向美国救援过程中,明确提出要求美国派出战舰,帮助改组边防部队。[③] 这主要有两方面的原因,一来利比里亚边防部队战斗力低下导致利比里亚政府无法有效地控制边境地区的部族势力,由此进一步导致边境地区的混乱局势,这不仅影响了该地区海关关税的稳定征收,也落下了强邻以维护秩序为名进行侵略的口实;二来雇佣英国军官担任边防部队的指挥官是一个敏感的话题,由于英国对利比里亚领土的野心使得利比里亚希望聘请与利比里亚没有领土纠葛的中立国家军官来完成此事,这也是一种制衡于英国势力日益强大的平衡术,利比里亚迫切希望美国能改变这一局面。因此,在1909年5月,利比里亚代表给美国的报告中要求美国每年定期派遣战舰到利比里亚来访问。

---

① "Memorandum of Interview between Mr. Clark and President Barclay," *BDFA*, Vol. 22, 1910, p. 331.

② Yekutiel Gershoni, *Black Colonialism: The Americo-Liberian Scramble for the Hinterland*, Boulder and London: Westview Press, 1985, pp. 44–45.

③ "Warship to Liberia: State Department Considers Sending One to Negro Republic," *New York Times*, February 14, 1909, p. 2.

对于美国而言，国务卿诺克斯在给美国赴利比里亚委员的建议之一就是要关注利比里亚军队的整顿问题。委员会报告也认为利比里亚边防部队最需要军事训练和严明纪律，美国要派出军官去完成英国军官未竟的事业。利比里亚需要的是"某些有能力的、无私强国的友好建议"①。1909 年 12 月 4 日，利比里亚政府正式要求美国政府援助组建一支警察力量，来控制腹地地区的土著叛乱。② 1910 年 12 月 13 日，塔夫脱总统正式向国会提交了委员会报告，建议国会通过美国支持利比里亚和训练一支合格的边防部队。与此同时，应利比里亚代表团的要求，美国战舰应当每年或者更为经常地访问利比里亚。③

1912 年 1 月 1 日，英属塞拉利昂—利比里亚边境局势再次升级。据闻，当时利比里亚边防部队准备进攻两国边界线中立区的碧卢镇（Behlu），但被英国军队所击退，四名利比里亚士兵在战斗中身亡，同时在东部的法国—利比里亚边界线也发生了骚乱。形势逐渐变得危急起来，1 月 8 日，利比里亚政府通知美国驻利公使，要求美国总统委任退役的美国陆军军官重组边防部队。按照美国公使的说法，目前的形势表明利比里亚需要尽快重新组建边防部队，以维护边境的稳定。④ 1 月 4 日，英国政府要求利比里亚政府采取立即措施，阻止进一步的流血事件以及克制利比里亚军队在中立区的"入侵活动"。1 月 5 日，利比里亚国务卿回复道：利方遵守 1911 年 5 月达成的临时边界协议，也将采取一切努力方便边界划分委员会的工作，但巴克莱总统表示不允许英国军队在边境中立区杀害利比里亚公民的行为。⑤ 事实上，利比里亚否认了英国的指控。利比里亚与英法边境地区的紧急事态促使利比里亚要求美

---

① Emmett J. Scott, "The American Commissioners in Liberia," *The Independent*, August 19, Vol. 67, pp. 403 – 405.

② "Army officer For Liberia: Negro Republic has Requested Assistance to Organize Hinterland," *New York Times*, December 5, 1909, p. C4.

③ "Message of the President to the Congress," *FRUS*, 1911, p. 337.

④ "The American Minister to the Secretary of State," *FRUS*, 1912, p. 652.

⑤ "The Liberian Secretary of State to the Acting British Consul-General," *FRUS*, 1912, p. 654.

国尽快采取行动,委任美国军官担任边防部队的指挥官。

1月10日,诺克斯通知美驻利公使,陆军部认为至少需要四名美国军队军官来重组边防部队,其中包括一名上校(年薪为2500美元)、一名上尉(年薪为2000美元)以及两名中士(年薪为1600美元)。利比里亚总统随即将这一建议提交给议会,并获得批准。到了3月,英国外交部认为利比里亚政府官员拒绝执行英—利协议,并且利比里亚边防部队已经毁坏了由划界委员会设立的边界标志。因此,边境地区形势进一步恶化。英国单方面通知利比里亚政府将派出塞拉利昂殖民军队占领并且管理这一中立区,此外,英国政府还给利比里亚下达了正式通牒,"除非利比里亚边境指挥官詹姆斯·库珀(James Cooper)、洛马克斯(Lomax)和莫里斯(Morris)在十天内撤出,否则塞拉利昂总督将派兵占领这一地区"①。美国国务院对此非常紧张,因为英国直接出兵将直接损害美国在利比里亚的国际声望,也给其贷款谈判带来了新的大挑战。因此,助理国务卿H.威尔逊一方面要求催促利比里亚政府"完全有必要立即遵守英国政府的要求"——迫使利比里亚政府向英国做出妥协让步;另一方面,美国的武官和三名前陆军军官也赶往蒙罗维亚重组利比里亚的边防部队。3月7日,在与国务院协商后,美驻利总领事莱昂与前美国陆军军官签订了一份一年期的合同,包括一名上校和两名上尉(如表3.2所示)。

表3.2　　美国军事顾问(利比里亚)的构成(1912年)

序号	军事顾问构成	每年薪水 (由美国籍海关总税务司支付)
1	巴拉德上校(Major Ballard)	2000美元
2	布朗上尉(Captain Brown)	1600美元
3	纽顿上尉(Captain Newton)	1600美元

资料来源:根据FRUS(1912年卷·利比里亚部分)相关资料和数据整理所得。

---

① "The Acting Secretary of State to the American Minister," *FRUS*, 1912, p.654.

按照合同规定，这些军官的薪水由美国任命的海关总税务司直接支付。4月12日，美国派驻利比里亚使团的武官和三名美国军事顾问已经动身前往蒙罗维亚。国务院认为通过美国军事顾问的参与，利比里亚军队重组能够带来边境地区的稳定，"这是利比里亚边境安定的前提条件，并且未来将展现其进步意义"①。5月1日，三名美国军官到达蒙罗维亚，开始筹划重组军队事宜。同月9日，情急之下的利比里亚总统向美国公使询问，能否派美国驻利比里亚使团的武官查尔斯·杨格上尉（Captain Charles Young）担任边境委员会利比里亚一方的代表，也就是说，利比里亚希望美国官员直接代表利比里亚出面与英国谈判。助理国务卿H.威尔逊否决了利比里亚总统的请求，但同时向利比里亚政府推荐了其他三名前美国陆军军官来担当此职。5月16日，杨格推荐美国军官巴拉德（Ballard）担任边境委员会利比里亚一方代表，利比里亚政府旋即接受了这一举荐。国务院要求英国支持美国重组边防部队的工作，限制采取针对利比里亚的极端行动，直到美国重组边防部队的结果取得实际成效之后。

然而，美国重组边防部队的工作进行得并不顺利。美国军官们到达蒙罗维亚前两个月时间里几乎无事可做，而美国武官杨格调查发现"此时的边防部队道德堕落，指挥不灵，已有三年时间未发军饷，总统和作战部部长对于其人数、底下的军队以及枪支、驻地等皆是不甚清楚"②。因此，杨格认为边防部长重组的核心在于美国贷款计划迟迟未见生效造成军费开支缺口，关税监管谈判的一再拖延导致利比里亚国内弥漫着悲凉的情绪。换言之，财政贷款迟迟未见生效延误了军事方面的努力。杨格还警告美国使团，"利比里亚无论是在精神上还是物质上都应予以援助，并且应当尽早执行，否则当英、法、德利用我们的弱点和失败而庆幸之时，美国将会异常难堪"③。

---

① "The Acting Secretary of State to the American Minister," *FRUS*, 1912, p.657.
② "The American Military Attache to the American Minister," *FRUS*, 1912, p.665.
③ "The American Military Attache to the American Minister," *FRUS*, 1912, p.667.

在利比里亚总统的请求之下，杨格起草了一份全面整顿边防部队的计划，开始招募士兵，训练年轻军官，加强军队纪律教育，建立完全忠诚的军人品质，培养利比里亚籍的指挥人才，并且杨格还向国务院施压，要求尽快让美国倡议的贷款生效，因为当前大量的支出用于解决边境地区的混乱状态，这严重阻碍了美国对利比里亚的战略实施。

到1912年底，利比里亚作战部报告显示，在美国使团武官杨格的指导下，利比里亚边防军已经招募了20名利比里亚籍的军官，包括3名美国军事顾问来组建一支合格的边防部队，并且根据贷款协议，美国军事顾问们分别带领了总数为540人的部队驻扎在边境地区。[①] 经过数年的发展，这项工作对利比里亚影响颇大，美国顾问对于利比里亚军队重组以及对于该国军事设施的完善大大提高了边防军队的效率和指挥机制。[②]

再者，美国的海军和军事顾问还直接介入了利比里亚边境地区的冲突事件。1910年4月，美国巡洋舰"伯明翰号"抵达蒙罗维亚，为利比里亚政府镇压帕尔马斯角（Cape Palmas）地区土著部落格雷博斯（Grebos）提供"道义的支持"。就在到达后不久，美军海军舰长弗莱彻（Captain Fletcher）便援引1862年美国与利比里亚达成的《通商航海条约》帮助利比里亚政府平叛。美军的巡洋舰"伯明翰号"还载着利比里亚副总统道森以及其他政府高官前往镇压叛乱地区与部落进行"和平的谈判"。对于这一行动，利比里亚政府拒绝承认，但之后美国巡洋舰"德梅因号"（Des Moines）也出现在利比里亚海域，执行着相同的使命。[③]

1913年，美国军事顾问分别带领各自的边防部队直接镇压各地纷起云涌的部落叛乱，如巴拉德上校驻防的里弗塞斯地区（River Cess），

---

① "Message of the President to the Legislature," *FRUS*, 1912, p. 649.
② 参见 "Message of the President Daniel E. Howard to the Legislature," *FRUS*, 1915, p. 627。
③ "Liberia Annual Report 1910," *BDFA*, Vol. 22, p. 383.

纽顿上尉驻扎在卡瓦拉河（Cavalla River）地区，霍金斯上尉（Captain Hawkins）则被派往塞拉利昂—利比里亚的边境地区，他们都随时准备好镇压当地的部落叛乱，从而维护边境地区的稳定，保证美国主导下关税的正常征收。

美国直接派出军舰提供"道义支持"的例子还不仅于此。利比里亚克鲁人（Fru Tribe）与政府之间的矛盾一向尖锐。1915年9月初，由于谣传利比里亚政府打算向克鲁人聚集地区派遣税务司，克鲁人掀起叛乱，封锁了格林维尔（Greenvill）港，并且攻击城镇，建立了土著人的政权。利比里亚总统请求美国派出战舰到利比里亚水域，舰长将"充当公正的调停者"。美国继任总统威尔逊10月1日下令派出美国巡洋舰"切斯特号"（Chester），舰长被要求努力"解决克鲁人与政府之间的矛盾"，而当时的利比里亚边防军因武器不足，还曾向美国求援，请求美国政府提供500支克拉格卡宾枪（Krag Carbines）和25万发子弹，"切斯特号"舰长赞同国务院支持这一决定①，并帮助利比里亚政府从海上运输50名边防军士兵调往发生叛乱的锡诺地区（Sinoe），充实该地区的防御力量。这些事实都说明，美国在拯救深陷于债务危机的利比里亚的同时经常都有军事后盾的直接支持。

第二节 "美国银行团"主导国际银行团对利比里亚的贷款安排

利比里亚面临为英法殖民大国瓜分势力范围最主要的根源之一就是利比里亚政府长期背负着沉重的债务，尤其是1907年与英国达成的借款合同使得利比里亚的海关税收和国内财政为英国所掌控。一旦利比里亚违约，英国就会趁机攫取利比里亚西北部的领土，而对利比里亚虎视眈眈的法国也会趁火打劫，从而威胁到利比里亚共和国的主

---

① "Charge d'Affaires Bundy to the Secretary of State," FRUS, 1915, p. 632.

权独立和领土完整。再者，利比里亚财政收入长期不稳还导致无法稳定地提供军费，削弱了利比里亚边防军的战斗力，给国内的部族叛乱和外国列强的觊觎野心提供可乘之机。因此，如何解决债务背后的资金来源问题成为援助利比里亚的关键所在。国务卿诺克斯的上台带来了调整美国与世界关系的新视野，即加强与华尔街投资银行的联系，并将之纳入美国外交政策的范畴之内。实质上，私人组织（或者说私人机构、非政府组织）被纳入外交轨道服务于国家利益这并不奇怪，按照罗森堡所说"比起麦金莱——西奥多·罗斯福时代坚船利炮的正式殖民主义，（美国）的私人组织能够更好地拓展美国梦"①。而华尔街的投资银行业开始加强与政府的互动，双方共同投入因财政恶化需要拯救的利比里亚事务上来。

一 从"北美银行团"的倡议到美国主导下"国际银行团"的成立

美国赴利比里亚委员会强调的是维持利比里亚的"财政合理与政治之完整"②。1909 年 10 月，美国赴利比里亚委员会在提交给塔夫脱总统的六大建议之中，一条核心的原则就是"美国提供资金帮助利比里亚偿还债务"③，这样既能避免利比里亚政府陷入破产的风险，同时又能为美国以其意志重组利比里亚财政提供便利，从而有效地击破列强干涉的借口。塔夫脱总统和国务卿诺克斯一开始希望能够通过参议院批准的立法方式达成国与国之间的贷款合同，从而为美国的对外财政援助披上"合法外衣"的保障。因此在当年塔夫脱总统呈送给参议院的报告中就极力鼓吹利比里亚的"特殊性"，认为这是美国对于利比里亚人民

---

① Emily Rosenberg, *Spreading the American Dream*: *American Economic and Cultural Expansion*, 1890 – 1945, p. 62.
② "Liberia's Crisis and Appeal," *The Independent*, July 29, 1909, Vol. 67, p. 263.
③ 美国公使莱昂也认为现在利比里亚需要的是美国资本，来偿还其近 100 万美元的债务。参见 Emmett J. Scott, "Is Liberia Worth Saving?" *The Journal of Race Development*, Vol. 1, No. 3 (Jan., 1911), p. 299; "Liberia Needs Capital: American Consul General Says the Little Republic Progresses," *New York Times*, October 4, 1909, p. 10.

的"国家责任"(National Duty)。诺克斯在报告中也补充道,"委员会的报告及其建议已经经过国务院最为细致的研究,因此,国务院认为委员会建议采取的行动不仅事出紧急,而且也是美国的责任使然"①。

然而,参议院并不觉得有直接介入非洲事务的必要,况且此时的非洲大陆欧洲列强正在为瓜分非洲大陆竞争得不可开交,美国的卷入意味着风险。因此,参议院否决了塔夫脱总统的计划。这样一来塔夫脱和诺克斯的外交政策面临着极大的挑战,参议院这条路已经被堵死,美国国务院自身又没有经费可供支援利比里亚,于是塔夫脱和诺克斯便开始寻找替代方案,利用华尔街的银行家来出资实现美国的外交政策目标。实际上,利用银行家作为美国对外关系的"代理"或者说是筹码并非没有先例可循。如前章所述,1909年初,由美国华尔街的金融大鳄J. P. 摩根领导,有坤洛银行、纽约第一国民银行和纽约花旗银行参加的华尔街投资银行组成了"北美银行团"(North American Group),已经开始筹划向中国清政府进行贷款的协商。4月,诺克斯上任国务卿后不久便与"北美银行团"接触,并且询问是否愿意参与利比里亚的贷款计划。北美银行团同意加入,并且指定由坤洛银行负责与国务院、利比里亚政府具体进行谈判,这样华尔街的银行家也积极参与到美国对利比里亚的"金元外交"中来,并且随着时局的发展逐渐承担着越来越重要的角色。

1910年3月,在奠基美国对利比里亚政策的委员会报告中,委员会明确向塔夫脱总统提出要"利用美国资本建立一个美国银行来帮助利比里亚,并且进一步改善各种公共设施"②。在委员会成员的建议中,美国的资本(或者说是美元)应该是起绝对支配作用的,而诺克斯与"北美银行团"的协商与谈判正是这一建议的具体体现,美国在利比里亚事务上应该独立承担"力挽狂澜"的角色,拯救弱小的共和

---

① Report of the American Commission to the Republic of Liberia, "Affair of Liberia," *Senate Document* No. 457, 61st Congress, 2nd Session, 1910, p. 55.
② "Message of the President to Congress," *FRUS*, 1911, p. 337.

国。然而，随着美国在利比里亚事务上介入不断加深，塔夫脱政府逐渐意识到利比里亚问题错综复杂，美国无法忽视英、法、德三个欧洲殖民大国在利比里亚的利益。没有这三国的合作，美国的干涉要困难得多。因此，美国国务院的政策设计，给予英国、法国和德国一定的参与和介入的空间。这充分体现在对利比里亚贷款来源构成的多元化上，即组建美国主导的"国际银行团"（或者说是四国银行团）。

按照国务卿诺克斯的说法，美国向欧洲列强保证"美国没有也不会寻求其公民在利比里亚享有任何独占或者是特殊的商业利益，并且作为利比里亚的友好顾问，美国将协调维持对于所有国家的经济机会均等"①。在美国政府看来，贷款来源的国际化就是"机会均等"原则的具体化。在1910年3月25日，塔夫脱给国会的咨文中，塔夫脱谈到了国务院对华尔街银行家参与国际贷款问题上的态度，"美国对利比里亚的财政援助将以贷款的方式进行，并且将由一家美国银行联合英、法国和德国的银行伙伴"②。1911年6月11日，诺克斯通知利比里亚政府，偿还利比里亚共和国债务的贷款正在筹集中，贷款将由利比里亚政府与美国银行家以及来自英国、法国和德国组成的银行团共同协商完成。在一封美国国务院任命的财政代表与北美银行团达成的非正式声明中，国务院充分表达了对于"北美银行团"联合欧洲银行家联合介入利比里亚的企望。通过调查，国务院得出结论认为，"国务院能够支持银行家与利比里亚政府目前正在草拟的协议。为了照顾英、法的利益和德国的商业，国务院很高兴北美银行团承认那些来自上述三国以及荷兰的合伙银行……容纳非美国资本及其来自英国、法国和德国的助理将使得利比里亚更容易接受"③。换言之，容纳欧洲资本的参与不仅能降低美国在利比里亚事务上的风险，而且也能取得欧洲列强在世界范围内对

---

① "The Secretary of State to the German Ambassador," *FRUS*, 1911, p. 346.
② "Message of the President to Congress," *FRUS*, 1911, p. 338.
③ "Informal Statement for the Guidance of Mr. Falkner and the American Banking Group," *FRUS*, 1911, p. 344; "No Protest On Liberia: Washington says European Powers Have Not Opposed Loan Plan," *New York Times*, July 31, 1910, p. C4.

于美国外交的支持，尤其是在远东中国国际贷款协商的"机会均等"事业容不得美国在非洲的"单独行事"。

当然，利比里亚并没有"更容易接受"美国的安排，相反利比里亚政府反对欧洲列强的介入，因为它们向美国求援就是希望借助美国的力量平衡乃至抵抗欧洲列强的觊觎之心。但是，利比里亚政府别无选择，只得勉强同意美国的计划。助理国务卿 H. 威尔逊明确告诉当时已担任美国华尔街另一家巨型投资银行斯派尔（Speyer & CO.）银行代表的高兰欧洲列强将参与利比里亚的贷款。这样，欧洲列强不会在外交上反对国务院在利比里亚的努力，而且也不会反对国务院在世界其他地区的行动。但 H. 威尔逊也强调"美国仍然维持对于利比里亚贷款计划及其运作完全的控制权"①。换言之，国务院这是在承认英国、法国和德国在利比里亚的既得利益，同时又确保未来对利比里亚的贷款行动必须在美国"金元"主导下进行，最终无论是谈判进程还是1912年达成最终贷款协定的核心内容都体现了这一点。

一方面，美国对利比里亚的主导权充分体现在财政代表的人事安排上。担任该国政府特别财政代表的福克纳是由美国国务院任命的，并且接受国务院的指导。② 福克纳之前曾经作为美国赴利比里亚委员会的主席，现在国务院的一纸聘书使其成为协调利比里亚政府、华尔街银行团和欧洲银行团、债权人之间的负责人。1910年6月，国务卿诺克斯向利比里亚转达了国务院的意见。国务院认为："当前的财政安排已经发展到了必须任命财政代表来与银行家进行协商的阶段，国务院建议（利比里亚政府）任命福克纳为财政代表……如果利方同意，福克纳将被任命为利比里亚共和国的特别财政代表，全权代表利比里亚与一家银

---

① 转引自 David P. Kilroy, *Extending the American Sphere to West Africa: Dollar Diplomacy in Liberia, 1908–1926*, p. 61。

② 福克纳在给《纽约时报》的声明中，表示美国要处理利比里亚高达140万美元的债务，其中近100万美元是外债，美国的目的是控制其财政，将其建立在合理的基础之上。参见 "Liberian Finance in American Hands: United States Government Will Appoint Officials to Collect Customs and Taxes," *New York Times*, August 7, 1910, p. 7。

行或者银行团（旨在募集贷款来偿还共和国的内外债务）进行谈判、缔结和签署协议，当然上述协议必须得到利比里亚总统的批准并经立法机构表决通过。"① 1910 年 6 月 21 日，利比里亚政府正式任命福克纳担任其财政代表，而坤洛公司作为银行团的代理机构，向福克纳垫付了一笔上限达到 4000 美元的资金用于财政代表的活动经费，当然这笔经费是作为美国银行团贷款的一部分，最后须由利比里亚政府支付的。

福克纳虽是利比里亚政府任命的"全权代表"，却接受国务院的支配，执行美国对利财政外交政策。就在其任命后不久，美国驻利比里亚公使在发给福克纳的一封备忘录中，要求在福克纳与银行家的谈判中要注意几大要点，包括贷款总额不超过 200 万美元，期限不超过 50 年，利息也不超过 5%；利比里亚政府每年发行的债券不得超过 10 万美元。② 1912 年 1 月，利比里亚政府又新增流动性债务 20 万美元，诺克斯斥责驻地的美国使团调查不清，认为这会让美国政府难堪并导致美国政府拒绝批准贷款。③

另外一方面，从谈判的结果来看，虽然有英、法、德甚至荷兰等多方力量的参与，但美国银行团仍然起着主导作用，因为来自华尔街的坤洛公司全权担负着国家银行团的作用。就在银行团与利比里亚政府达成正式协议前，国务院任命的财政代表福克纳与坤洛银行的代表举行会谈，并且对贷款协议进行了多处修改。"国务院对于这些协议的修改表示满意，国务院应该依靠你们（坤洛银行）与其他银行家及相应的政府进行沟通。"④ 经过反复磋商，到了 1912 年 3 月 7 日，北美银行团、欧洲银行团正式与利比里亚政府签订了《还债贷款协议》（Refunding Loan Agreement, 1912），协议详细规定了银行家各自的出资份额（如

---

① "The Secretary of State to the American Minister," *FRUS*, 1911, p. 342.
② "The American Minister to the Secretary of State," *FRUS*, 1911, p. 343.
③ "Knox to American Legation, Jan. 17, 1912," *Records of Foreign Service Posts*, *Diplomatic Posts*: *Liberia*, Vol. 13, pp. 143-162, RG84. Archives Unbound, Collection: Liberia and the U. S.: Nation-Building in Africa, 1864-1918.（下同）
④ "The Acting Secretary of State to Messrs. Kuhn Loeb, and CO.," *FRUS*, 1913, p. 670.

表 3.3 所示）。

表 3.3　　　　1912 年贷款协议各国银行资本一览表　　　　单位：美元

银行名称	所属国家	金　额	所占比例（％）
摩根财团（J. P. Morgan）	美　国	92968.75	22
坤洛银行（Kuhn Loeb, & CO.）	美　国	92968.75	
花旗银行（National City Bank）	美　国	92968.75	
第一国民银行（First National Bank）	美　国	92968.75	
罗伯特·弗莱明银行（Robert Fleming）	英　国	371875.00	22
巴黎银行（The Banque de Paris）	法　国	371875.00	22
华平银行（M. M. Warburg & CO.）	德　国	371875.00	22
阿姆斯特丹希望银行（Amsterdam's Hope & CO.）	荷　兰	212500.00	12

资料来源：Vincent P. Carosso, *The Morgans*: *Private International Bankers*, 1854 – 1913, Cambridge MA: Harvard University Press, 1987, p. 853.

从上表可知，四家美国华尔街银行组成的"北美银行团"总共分得了 371875 美元的份额，占发行债券总额的 22%。这与在利比里亚占主导地位的来自英、法、德三国银行占有相同的比例。这旨在证明美国在利比里亚"门户开放"中的"机会均等"原则，同时也是美国银行家为规避风险，减少不确定性的产物。但是"北美银行团"的代表坤洛银行同时也是这次国际金融合作的指定代理机构，负责协调实施美国国务院与利比里亚政府之间的一系列行动。而作为借款方的利比里亚最终批准了贷款协议，得到了约为170万美元的贷款，期限为40年，利息为5%，这基本上实现了国务院之前对于利比里亚政府债务重组的预期计划，即以很小的资金实现了对利比里亚事务的主导权。诺克斯还明确反对利比里亚向比利时财团的借款行为，威胁这"不仅会损害利比里亚共和国，而且也会导致目前协商中的贷款夭折"①。当然，由于利比里亚错综复杂的局势使得美国主导下银行家的贷款一拖再拖，真正实施计划是在1913年1月之后，但这无疑促成了美国华尔街银行的资本真正输入利比里亚，开启了两国政治和经贸关系发展的"新时代"。

二 美国主导下"国际银行团"内部的争夺

从"金元外交"的发展历程来看，参与对利比里亚贷款的投资银行尤其是华尔街的投资银行均是私人企业。私人银行家在参与国务院对外国政府债务重组的贷款过程中，作为企业本身是要承担一定的风险的，尤其是在政局不稳、经济恶化和财政收入日益窘迫的利比里亚，华尔街银行家面临的不确定因素更为明显与多样。但为何华尔街银行家还会如此热衷于进入这些欠发达的、不稳定的地区呢？除了国务院方面的压力和出于"爱国主义"的目的之外，像利比里亚之类的欠发达地区蕴藏着丰富的自然资源和潜在市场的诱惑可以说驱使这些银行家投资未来。此外，美国国务院对于利比里亚海关收入的监管也为银行家们介入这些地区提供了保障。后来坤洛银行在写信给国务院要求美国加强对利比里亚海关的控制时，道出了当初华尔街银行家的动机："……与利比里亚的谈判利润太少，以至于无法提供给银行团足够的报酬……我们进入谈判的目的仅仅是帮助国务院保护利比里亚共和国，使之不被强敌吞并，在贷款和向公众销售债券的过程中，我们严重依赖总税务司实施的

---

① "Knox to American Legation, April 25, 1912," *Records of Foreign Service Posts*, *Diplomatic Posts: Liberia*, Vol. 13, pp. 205–206, RG84.

监管和控制。"① 易言之，华尔街银行家贷款的保障来源于国务院对利比里亚关税收入的掌控以及国务院对于利比里亚国内安全局势的"驾驭"，这两样因素才能提供稳定的、长期可预见的丰厚回报。因此，华尔街与白宫之间在对利比里亚的贷款上形成了异常紧密的关系。

即便如此，我们不能忽视的一点是，在谈判和实施贷款的具体过程中，复杂多变的利比里亚局势不仅很多时候让初涉非洲事务的国务院"束手无策"，同时也使华尔街银行家陷入了一个充满风险的动乱之地，进退维谷。首先的挑战来自英国与利比里亚边境的骚乱及其引发的两国关系紧张。1912 年，居住在利比里亚与英属塞拉利昂相邻边境地区的土著民族克鲁人反对美裔利比里亚人的统治，发动了叛乱，而利比里亚派往边境地区镇压叛乱的指挥官洛马克斯和库珀与英属塞拉利昂边防部队交火，并造成了人员伤亡。英国政府要求利比里亚政府撤回这两位指挥官并且解除职务，永不录用，如有不从，就实施军事恫吓。1912 年，利比里亚总统在致国会的咨文中阐明了当时面临的严峻局势："边境的骚乱以及洛马克斯、库珀未能及时撤回蒙罗维亚，导致银行家们质疑与利比里亚政府继续谈判是否明智，银行家们认为从已知的报告来看，投资利比里亚是不安全的。"② H. 威尔逊赶紧命令美国使团向利比里亚施加压力，否则"银行家及本政府将立即暂停贷款谈判"③。与此同时，随着利比里亚债务清理工作的开展使得一大批新的债务浮现出来，这些将近 10 万美元的债务并没有包括在 1912 年的贷款协议中，这使得华尔街银行家在利比里亚问题上的担忧日益增强。到 1912 年 3 月，利比里亚政府通知国务院，除非美国财政代表能够提供支援，否则利比里亚很有可能会拖欠 1871 年贷款的利息，政府没有能力偿还到期的利息，而

---

① "Messrs. Kuhn Loeb, and CO. to John Bassett Moore," May 21, 1913. 转引自 David P. Kilroy, *Extending the American Sphere to West Africa*: *Dollar Diplomacy in Liberia*, 1908 – 1926, p. 59。
② "Message of the President to Legislature," *FRUS*, 1912, p. 651.
③ "Wilson to American Legation, March 29, 1912," *Records of Foreign Service Posts*, *Diplomatic Posts*: *Liberia*, Vol. 13, p. 146, RG84.

银行家则质疑利比里亚方面提供报告的真伪。① 3月28日，英国方面通知美国国务院，"如果利比里亚方面不立即撤出洛马克斯、库珀以及另外一名军官莫里斯三人，并且圆满解决此事件的话，英国银行家和政府会立即退出任何进一步的贷款谈判"②。英国的迅速退出将导致美国主导下的"国际银行团"直接瓦解，这是美国不愿看到的局面，因为这将使美国刚刚开始实施的财政重建计划夭折，因此美国政府要求利比里亚解除相关人士的职务并且向英国政府作出正式的道歉。同时美国在牺牲利比里亚部分领土的基础上，换得英国重新回到针对利比里亚贷款的"国际行动"中来。在美国的压力下，利比里亚政府通过伦敦总领事向英方支付了1871年贷款的利息1750英镑，美国国务院允诺要继续就银行团关注的债务问题进行调查。③

其次，美国越来越感受到利比里亚国内政局动荡的压力。1912年3月贷款协议总算敲定下来，利比里亚解除了燃眉之急，但这仅仅是治标的措施，要使利比里亚政府能通过美国的援助形成自给自足的财政才是长远之计，但这绝非易事。7月，外国债务人委员会宣布银行团负责购买利比里亚拖欠的债务已经完成，利比里亚的财政暂时似乎有所好转。④ 11月，利比里亚再次发生骚乱，许多外国商人及其商店都成了这次骚乱的矛头所向，银行家感到非常担心。美国代理国务卿艾迪（Alvey Adee）在致电美国驻利比里亚代办邦迪（Bundy）中谈道："纽约的银行家刚刚通知国务院，他们从汉堡获悉目前骚乱正在蒙罗维亚蔓延并且席卷了整个共和国，利比里亚当局由于缺乏资金，无法恢复正常的秩序，甚至德国的巡洋舰都已派往蒙罗维亚。因此，华尔街的银行家

---

① "The Acting Secretary of State to American Minister," *FRUS*, 1913, p. 671.
② "The Acting Secretary of State to American Minister," *FRUS*, 1912, p. 655.
③ "Crum to Secretary State, March 28, 1912," *Records of Foreign Service Posts, Diplomatic Posts: Liberia*, Vol. 13, p. 153, RG84.
④ "Will Buy Liberian Bonds: Bankers Offer to Take the 1871 Issue Off the Owner' Hands," *New York Times*, July—26, 1912, p. 5.

不愿意就贷款一事举行谈判,如果局势果真如此的话。"① 显然此时的邦迪也知道利比里亚处于十分不稳定的状况,但邦迪认为骚乱发生的根本原因在于新的贷款协议迟迟未见生效,而身处当地的欧洲人甚至认为这一协议永远都不会得到实施。因此,美国使团建议国务院要尽快地推动 1912 年 3 月贷款协议的切实贯彻执行,免得银行家中途退出,时间拖得越久,对美国的声誉越不利。

最后,第一次世界大战期间欧洲列强英法与德国的交恶重挫利比里亚的财政监管机制,同时也在极大程度上影响了银行家在利比里亚事业的开展。1914 年欧战爆发,利比里亚的商业遭受重创。自 1914 年 7 月以来,利比里亚海关每月可获得的收入从正常值 4.5 万美元下降到了 8 月的 8000 多美元,当年的预算中,每月的开支由 4 万美元下降到了 1.1 万美元,而根据贷款协议,每月到期的利息就达 8600 美元。② 另外,根据 1914 年美国驻利比里亚公使的报告,作为主要税源的海运业几乎瘫痪,究其原因在于英、法、德是利比里亚海运行业的大宗客户,由于战争的影响,欧洲大国无暇顾及。到 8 月,利比里亚政府已经发不出薪水,仅有小部分的开支用于海关官员和边防部队的薪水,利比里亚的财政再次濒临崩溃的边缘。这也再次引发了英法的殖民瓜分野心,在一份当时的绝密文件中,英国认为"拓展在利比里亚利益唯一的途径就是利用目前的战争状态,与法国合作,在利比里亚各自毗邻地区建立'保护国',瓜分势力范围"③。英法的企图引起美国方面的不安。时任代理国务卿罗伯特·兰辛(Robert Lansing)急促地给坤洛银行发去电报,要求坤洛银行"谨慎地提供意见,并且

---

① "The Acting Secretary of State to American Charge d'Affaires," *FRUS*, 1912, p. 658.
② "Consul general Maugham to Sir Edward Grey," in Peter Woodward, edit, *British Documents on Foreign Affairs: Reports and Papers from the Foreign Office Confidential Print, Tropical Africa; Abyssinia, December 1918 – October 1925*, Volume 26, An Imprint of CIS: University Publications of America, 1992, p. 20.
③ "Notes re British Interests in Liberia," in Peter Woodward, edit, *BDFA*, Volume 26, University Publications of America, p. 23.

采取任何措施来缓解目前利比里亚的困难"。

实质上，美国国务院是要华尔街的银行家伸出援助之手，发放新的贷款。但坤洛银行的态度却是十分坚决地予以回绝，声称（华尔街银行家）"无力提供任何建议来缓解这一局势，因为在利比里亚目前的形势之下，无法安排贷款事宜"①。美国国务院对此毫无办法，深陷利比里亚问题的美国公使邦迪感到异常沮丧，甚至发出了这样的感叹——"为了防止利比里亚债务违约，还有什么能做的呢？"② 11月30日，罗伯特·兰辛再次给坤洛银行发去电报，要求华尔街银行家援助国务院基于历史情感和仁爱之心对利比里亚提供的支持，并且希望贷款的谈判能够取得积极的成果，国务院乐于看到在此危急时刻，坤洛银行能够有任何帮助利比里亚的举动。

然而，华尔街的银行家还是没有理会国务院的苦苦哀求，追加新的贷款的幻想又成为泡影。1915年1月，利比里亚的美籍军事顾问和边防军都已经三个月没有发放薪水了，这不仅影响国内政局的稳定，而且直接关系到海关关税的征收大局。因此，国务院以"保护关税征收安全"为由向华尔街银行家施压，要求华尔街银行家批准利比里亚在偿付到期利息之前，能够有部分税收用于支付维持边防军的适度规模。新上任的国务卿威廉·简宁斯·布赖恩延续了诺克斯以来的政策，依然向华尔街银行求助。1月6日，布赖恩发电报给坤洛银行，要求"鉴于目前由于欧战引发的利比里亚严重局势，为了维持一支完整的边防军必须恰当地征收关税，因此，国务院很希望知道能否在偿还到期利息前，先用部分税收维持一支最小规模的边防军"③。1月12日，诺克斯致电利比里亚使团，要求其提供关于利比里亚过去一年财政收支的详细报告，认为国务院要获得利比里亚公开透明的报告，"除非有担忧说纽约银行

---

① "The Acting Secretary of State to Messrs. Kuhn Loeb, and CO.," *FRUS*, 1914, p. 441.
② "American Legation," *FRUS*, 1914, p. 441.
③ "The Acting Secretary of State to Messrs. Kuhn Loeb, and CO.," *FRUS*, 1915, p. 635.

家们听到利比里亚财政恶化的谣言"①。华尔街的银行家意识到,如果利比里亚的军队因为缺乏军饷导致战斗力下降乃至出现哗变,这将摧毁银行家们苦心经营多年的努力,因此,华尔街银行家决定放宽资金支配的严格规定。1月23日,花旗银行的代表法纳姆(Mr. Farnham)致电国务院,声称银行家们根据1912年贷款协议的相关条款,授权财政顾问垫款给利比里亚的边防军,用于预先支付薪水。

第三节 美籍财政专家与利比里亚关税与财政改革

美国国务院提供的安全"可控"的环境有了,来自银行团的资金也到位了,因此作为金元外交的核心环节之一的财政专家(顾问)的作用就逐渐凸显出来。

一 美籍财政顾问的任命与国际关税破产监管体制的建立

1909年美国赴利比里亚委员会报告的重要内容之一就是要"通过美国的专家来承担利比里亚海关税收和财政管理系统化与组织化的职责"②。委员会的建议实质上包含着两方面的内容:一方面,美国银行团贷款给利比里亚的资金安全必须有所保障,这个保障就是利比里亚海关关税要由美国控制与支配,从而为利比里亚偿还贷款(包括利息)提供稳定的资金来源;另一方面,光有稳定的税收也不行,还必须解决如何更为有效地管理征收上来的资金,因此美国要"支持"利比里亚政府改革国内的财政体制,从而将国内财政建立在一个合理的基础上,保证利比里亚政府按期偿还到期债务,重建国际信誉和推动国内开发。从二者的关系来看,前者是后者的基础,倘若没有稳定的税收来源,财政收入匮乏,利比里亚的独立地位岌岌可危;后者是前者的保障,如果

---

① "Knox to American Legation, January 10, 1912," *Records of Foreign Service Posts, Diplomatic Posts: Liberia*, Vol. 13, p. 27, RG84.

② "Message of the President to the Congress," *FRUS*, 1911, p. 337.

一如既往政府的腐败无能，造成资金浪费，最终还是会危及美国在利比里亚的既定目标。因此，能够履行这两大任务的"专业人士"就显得非常重要，因为无论是海关税收的征敛还是政府财政的改革，都离不开作为执行者角色的财政专家，这是美国在利比里亚推行金元外交政策的核心环节之一。美国赴利比里亚委员会成员埃米特·斯科特认为，要有效缓解目前困境就是要建立一个"类似于当前美国在多米尼加共和国设立的海关关税监管体制"①。换言之，美国意图将西奥多·罗斯福总统在多米尼加的实验模式推广到利比里亚，塑造"非洲版"的金元外交。历史事实表明，美国之后对利比里亚政策的演进充分证明这一模式的运用，不仅利比里亚的"海关关税监管"是"多米尼加模式"在西非的首次推广，就连美国国务院任命的海关总税务司（General Receiver）兼利比里亚政府财政顾问里德·佩奇·克拉克（Reed Paige Clark）也曾经担任美国驻多米尼加总税务司约翰·霍兰德的得力助手。

实际上，自国务院采纳美国委员会的报告作为其对利比里亚政策蓝图之时起，国务院以及驻利使团都已经积极在物色担任总税务司兼财政顾问的合适人选。1910年，美国国务院任命的利比里亚特别代表福克纳在致英国驻利比里亚总领事鲍德温（Baldwin）的信中，谈到了美国对于总税务司兼财政顾问人选的看法。当时鲍德温询问福克纳这个人是否为一名有能力的官员或是一名熟悉税务工作的人？福克纳回复说"在他看来，这样的人不需要，并且他将建议委任一个'大学职员'（College Man）担当此职"②。可见一开始福克纳心目中的人选是一位大学的教授或者是教师。1911年底，经过多次的遴选，国务院推荐了里德·佩奇·克拉克作为担任海关总税务司兼财政顾问的人选，递交给利

---

① Emmett J. Scott, "Is Liberia Worth Saving?" *The Journal of Race Development*, Vol. 1, No. 3 (Jan., 1911), p. 299; "Wants Us to Solve Liberian Problem: Booker T. Washington Says the Negroes There Are in Dire Need of Assistance," *New York Times*, February 15, 1909, p. 4.

② "Annual Report 1910," *BDFA*, Vol. 22, 1910, p. 390.

比里亚政府批准。12月，利比里亚政府致电国务院，正式任命里德·佩奇·克拉克担任利比里亚共和国的关税总税务司兼财政顾问。[①] 克拉克是美国土生土长的新罕布什尔州人，能够入选是因为其此前在多米尼加共和国"关税监管"中担任总税务司助理一职中的优异表现。从1905年起，美国对于多米尼加共和国海关关税监管的成功成了美国金元外交的"典型范例"，虽然当时还没有"金元外交"之名。与此同时，多米尼加的实验也培养了一批熟悉海关关税征收、财政监管以及与国务院联系密切的"专业人士"，而克拉克就是其中的佼佼者。

虽然总税务司兼财政顾问是由利比里亚政府正式批准予以任命的，算来应该是利比里亚的官员，但是他的一举一动都受到美国国务院的支配。在一封给法国驻美大使让·朱瑟朗（Jean Jules Jusserand）的信中，助理国务卿H. 威尔逊就不无坦率地承认："海关总税务司，尽管其为利比里亚政府所雇佣，但在很大程度上是受这一政府（美国）所影响的。"[②] 总税务司兼财政顾问的大多数决策都必须向国务院或者美国驻利比里亚使团汇报，并且听从国务院的指导。可以说，他就是国务院在利比里亚的重要代表，发挥对利比里亚政策实际执行者的重要职能。

美国国务院对利比里亚的政策设计是以美国为主导的，由英、法、德三国共同参与的国际行动，这种"国际性"不仅体现于前节所述其贷款资金来源的多样化上，而且也体现在利比里亚关税监管体制的"国际化"上，即建立以美国总税务司为主导，由英、法、德三国政府派出相关人员担任利比里亚海关税务司，作为总税务司的"助手"，从而共同协调、一致对利比里亚的海关进行控制的模式。早在1910年，塔夫脱总统在致国会的咨文中就谈及美国在利比里亚要建立"一种由美国官员主导海关并且兼任利比里亚财政顾问、同时由英、法和德三国

---

① "The Secretary of State to the British Ambassador," *FRUS*, 1911, p. 347.
② "The Acting Secretary of State to the Ambassador of the French Republic," *FRUS*, 1912, p. 676.

官员协助的体制"①。由于有了美国维持在利比里亚门户开放的前景以及美国银行团偿还英国所有债务的承诺，英国支持美国的计划，而法国在得到其领土的"特殊让步"之后亦表示赞同美国的计划。1910 年 7 月，德国外交部发表声明，完全支持美国援助利比里亚的计划，并且给予德国参加国际辛迪加贷款予以"道义支持"。② 1910 年 12 月 5 日，法国外长在与美国驻法大使的信件中，要求美国保证"在利比里亚的财政机构中必须有法国的参与"③。1911 年 6 月 29 日，诺克斯通知德国驻美大使，"如果现在或者将来需要在利比里亚建立一个委员会来监督利比里亚政府私人债权人的要求的话，同时委员会若有涉及德国臣民的利权要求的话，国务院希望建议德国政府推荐一名德国臣民参加上述委员会"④。1912 年 1 月 26 日，法国正式任命了沃尔夫（Mr. Frederic Wolf）为法国驻利比里亚的税务官。1912 年 3 月 14 日，里德·克拉克前往欧洲，5 月抵达蒙罗维亚，开始准备筹建海关监管事宜。1912 年 3 月 21 日，利比里亚公使根据 3 月 7 日达成的协议要求英国派出税务官，英国政府回复说英国准备派出原利比里亚的海关总监督夏普（Mr. Sharpe）担任英国的税务官。⑤

到 1912 年 11 月 26 日，随着利比里亚总统霍华德正式发布命令，美国人克拉克正式代表利比里亚政府接管了海关，同时英、法、德三方的税务官也正式履新，这样利比里亚海关的国际监管体制就正式成立了起来（如表 3.4 所示）。

---

① "Message of the President to Congress," *FRUS*, 1911, p. 337.
② "Approves Liberia Plan: Germany Gives Its Moral Support to the Syndicate Loan," *New York Times*, July 29, 1910, p. 4.
③ "The French Minister for Foreign Affairs to the American Ambassador to France," *FRUS*, 1911, pp. 344 – 345.
④ "The Secretary of State to the German Ambassador," *FRUS*, 1911, p. 345.
⑤ 参见 "Memorandum respecting the Affairs of Liberia," *BDFA*, Vol. 22, pp. 402 – 403。

表3.4　1912年11月26日建立的利比里亚关税监管领导体制表

姓　名	职　务	国　籍	年　薪 （由利比里亚政府支付）
里德·佩奇·克拉克	总税务司	美国	5000美元
古斯塔夫·兰格 （Gustav Lange）	税务司	德国	2500美元
弗雷德里克·沃尔夫 （Frederic Wolf）	税务司	法国	2500美元
理查德·夏普 （Richard Sharpe）	税务司	英国	2500美元

资料来源：根据FRUS（1912年卷·利比里亚部分）相关内容和数据整理所得。

就在推进建立关税监管国际化的过程中，美国遭遇到德国方面的严重挑战。19世纪末20世纪初的德国是瓜分非洲的主要欧洲列强之一，1886年柏林会议更是将德国对非洲的野心推上一个前所未有的高度。然而，德国在利比里亚却没有殖民地，也没有建立所谓的"附庸国"（Protectorate），而是致力于经济侵略控制利比里亚的经济命脉——海运业，但德国一直以来也正在仿效法国攫取领土，并且迫使利比里亚接受德国的"保护"，利比里亚越来越感受到德国寻求"新殖民地的野心"[①]。至1909年前后，德国商人与利比里亚的贸易往来在利比里亚外贸中占据最主要的位置，德国商人还以蒙罗维亚为中心形成了德国在非洲商贸的集散地。面临着美国占主导的"关税监管"计划，德国人视美国的企图使利比里亚沦为美国的殖民地，再加上同样为"非利益攸关方"（指没有殖民地），美国未来潜在的经济能力，对德国在利比里亚的未来事业构成严重威胁。当时准官方的《科隆报》就认为，美国的开发计划将使其

---

① "Fresh Demand On Liberia: Germany Imitating France in Attacks on the Republic," *New York Times*, January 14, 1910, p.7; "Germany Would Aid Liberia: Will Exchange Views with the United States on Country's Independence," *New York Times*, August 10, 1908, p.6; "Liberia Fears Germany: High Government Official Tells of Needs of West Africa," *New York Times*, August 6, 1901, p.6.

在利比里亚拥有政治影响,美国注资偿还利比里亚债务的行为表明"美国正在更为明确地介入旧世界的事务"①。因此,虽然德国没有公开反对北美计划,但却一直阻挠美国的谈判进程。首先,德国提出了替代计划,倡议成立"关税委员会",德、美、英、法四国在关税委员会中处于平等地位。这样的计划实质上否决了美国在"关税监管"中的主导地位,这是美国所不能容忍的。国务院的立场是美国并没有对于德国的特殊义务,并且拒绝德国的修改方案。国务院认为通过承认他们在利比里亚的既得利益,国务院已经给足了欧洲的面子,欧洲必须接受这样一个事实。正如后来美国驻利比里亚代办邦迪(Bundy)报告的,"我坚信美国在利比里亚政策的成功完全依赖于美国政府保持在利比里亚事务中不可削弱的主导权"②。

其次,德国在委任德国籍臣民担任海关税务官的人选上遭到来自英、法、美三国的抗议。1912年7月中旬,德国政府通知利比里亚政府,德国人兰格将担任德国籍利比里亚海关税务官,此时他的职务是德国驻利比里亚副领事。但麻烦的问题是,兰格发表书面声明说直到关税监管实际建立后他才会辞职,并且他将同时担任一段时间内的利比里亚税务司和德国驻利比里亚的代理领事(副领事)。双重任职很容易有干涉内政之嫌,这引起利比里亚政府的愤怒。7月17日,利比里亚驻德国柏林代办丁克雷吉(Dinklage)向德国外交部提交抗议,要求德国外交部撤销兰格为副领事职务的任命,并且丁克雷吉还指出"如若不然,利比里亚政府将被迫撤销兰格的领事许可,一旦关税监管真正运转的话"③。这样一来,利比里亚与德国的关系逐渐变得尖锐起来,但对于利比里亚的保护者——美国还是忌惮三分,德国希望在向利比里亚施压的同时,向美国寻求支持。

---

① "Approves Liberia Plan: Germany Gives Its Moral Support to the Syndicate Loan," *New York Times*, July 29, 1910, p. 4.
② "The American Charge d'Affaires to the Secretary of State," *FRUS*, 1913, p. 675.
③ "The American Minister to the Secretary of State," *FRUS*, 1912, pp. 684–685.

但是德国显然对利比里亚这个弱小共和国的"威胁"感到十分不满。8月23日，德国通过德国驻美代办向助理国务卿抱怨说："如果我国政府屈从于这些要求，它必将损害所有大国的国际地位。此外，兰格仅仅是暂时兼任两个职务，一旦出现合适人选并被派驻蒙罗维亚，兰格将会辞去代理领事一职。"实际上，德国的态度是给兰格双重履职进行辩解。在该信件中，德国政府还进一步希望英、法、美支持其立场。"德国政府并不反对其他国家的税务司兼任领事一职，而且也不会担心引发冲突。"显然，德国是想利用英、法来向美国施压，以此阻挠美国的"关税监管计划"。最后，德国政府"希望美国亦持有此观念并且因此采取必要措施来防止利比里亚政府的极端行为"①。换言之，德国的意图不仅让美国支持其对兰格双重任命的承认，还进一步要求美国国务院向利比里亚政府施压，让利比里亚政府亦承认这一举动。但是，德国的做法随后引发了英、法、美以及利比里亚政府的一致反对。美国国务院回复中说道："美国政府同其他相关国家政府一致认为，总税务司及税务官是利比里亚政府的官员，因此利比里亚政府拒绝承认有人能够同时兼任利比里亚海关税务司和外国政府的领事，这种反对是合理的，理应得到美国政府在道义上的支持。"② 因此，美国政府拒绝了德国的计划。9月12日，H. 威尔逊再次让美国驻利比里亚公使重申美国对于利比里亚政府合理要求的支持，反对德国人兰格的双重任职，并且坚持美国反对德国的主张。

在关税监管正式生效后，1912年11月29日，总税务司克拉克召开的第一次会议上，英国代表夏普和法国代表沃尔夫（Mr. Wolf）询问是否总税务司和每一名税务司仅担任税务司一职。事实上，据美国代办的报告，德国人兰格依然担任德国驻利比里亚的副领事。③ 英法两国代

---

① "The German Charge d'Affaires to the Acting Secretary of State," *FRUS*, 1913, p. 686.
② "The Acting Secretary of State to the German Charge d'Affaires," *FRUS*, 1912, pp. 686 – 687.
③ "The American Charge d'Affaires to the Secretary of State," *FRUS*, 1912, pp. 694 – 695.

表表示如果兰格依然担任德国领事的话,他们将立即离开会场。这让刚刚履新的美国总税务司处境异常难堪。当天,利比里亚政府向兰格递交了一封照会,指出兰格并未遵守德意志帝国与利比里亚共和国之间的协议(在放弃其领事职务的问题上)。11月28日,兰格分别以德国代理领事和(利比里亚)海关税务官的身份分别向国务院以及利比里亚政府发了两封信,解释其理由都在于"没有收到德意志帝国政府正式辞职的命令,因此不能放弃德国副领事一职"①。这引发了美、英、法等国的普遍不满。英国驻利比里亚总领事的意见是兰格根本没有资格担任税务司,何况还身兼德国副领事,法国则坚决反对德国政府的这一行径。②然而尽管有美国、英国和法国以及利比里亚的强烈反对,德国依然自行其是。

  国际关税监管体制的另外一个焦点是关于各国税务司口岸的分配问题,这在美、英、法、德四国之间引起了激烈的争论与较量。根据1912年的《还债贷款协议》,关于美国人担任总税务司兼财政顾问、常驻蒙罗维亚这一点,各国均未见异议。问题在于1912年协议还规定当总税务司不在之时,离蒙罗维亚最近的海关口岸税务官将代行总税务司一职。这样一来,英、法、德都争相竞争在国际关税监管中的相对有利地位。事实上,早在1911年贷款协议正式生效之前的谈判中,英国政府已经通知利比里亚政府原来担任利比里亚海关监正(Inspector of Customer)的夏普显然是"最合适的人选",并且要求利比里亚政府委任夏普。1912年3月4日,法国大使来电咨询英国政府对于各国税务官(英、法、德三国)地点分配的意见,英国驻利比里亚使团的意见是英国税务官夏普由于其曾经从事海关工作的经历及之前在利比里亚政府服务的资质,能够代行总税务司一职。③ 英国政府的初衷是打算通过委任

---

  ① "The German Receiver of Customs to the Acting Secretary of State of Liberia," *FRUS*, 1912, pp. 696 – 697.
  ② "Memorandum respecting the Affairs of Liberia 1912," *BDFA*, Vol. 22, pp. 404 – 406.
  ③ 详细参见"Memorandum respecting the Affairs of Liberia 1912," *BDFA*, Vol. 22, p. 404。

经验丰富的夏普达到单独控制（当美国籍总税务司不在时）关税监管的权力真空时期。

法国政府对待这一问题的态度则是由三国轮流坐庄。1912年3月30日，法国驻英大使致电国务院，询问法国政府的意见是蒙罗维亚口岸的税务官，如若总税务司不在之时，能否由其他三国轮流代行总税务司的职责。之所以提出这一方案，法国政府认为"这将所有利益各方都置于一个完全公平的根基之上"①。法国政府还将这一立场向英德两国政府进行了通报，法国的这一主张实质上否决了英国政府的初衷，即英国人夏普对于临时总税务司的控制，但这一计划同时也容纳了英国对于国际关税监管"可能的"领导权，因此英法两国的立场还逐渐妥协靠拢，共同向美国施压，而就在此时，美国与德国在税务司口岸分配上的"谅解"触动了英法敏感的神经，形势变得更加复杂。

1911年6月，德国同意加入福克纳构想的美国贷款修订计划，但前提是美国要在未来的对利比里亚政策安排中照顾德国在利比里亚商业中的"特殊位置"，慎重考虑德国税务司的驻地，这是双方合作达成的"谅解"。7月国务院答复德国大使，强调总税务司将分配蒙罗维亚作为德国税务官的驻地。1912年4月初，还在伦敦访问的总税务司里德·克拉克知晓了福克纳的备忘录，备忘录同意让德国税务官常驻地靠近蒙罗维亚，里德·克拉克提醒国务院"涉及德国税务官的协议有必要予以公开，并且这一协议的影响将会使关税监管分裂成两大派别，因此这一政策将很难取得成效"②。克拉克意识到承认德国税务官常驻蒙罗维亚给未来国际关税监管带来的潜在风险，即会使内部形成英法以及美德两大阵营，这会使关税监管一开始就建立在不稳定的根基之上。助理国务卿H.威尔逊也意识到这一问题的严重性，要求前税务司要"谨慎小心地处理"，希望能先成立国际关税监管体制后再通过四大国与利比里亚政府协商解决德国税务官的选址问题。

---

① "The Ambassador of the French Republic to the Secretary of State," *FRUS*, 1912, p. 673.
② "The General Receiver to the Secretary of State," *FRUS*, 1912, p. 673.

德国对于法国政府的轮流坐庄计划很不满，认为其主张违背了美国与德国达成的"谅解"，实际上削弱了德国在国际关税监管中的特殊地位。德国对于其要求不会放弃，其理由如下：一是根据贷款协议，美国任命的总税务司有权指导关税监管，并且因此有权分配各自口岸驻地；二是美国政府在缔约前曾经向德国保证，鉴于德国在利比里亚拥有大规模的贸易，这将促使总税务司将蒙罗维亚视为德国税务司的驻地；三是德国常驻蒙罗维亚和代行总税务司一职，目的在于保护德国的银行家和商人参与贷款。① 因此，德国政府要求坚决保留德国驻蒙罗维亚的权利。换言之，这是德国参与美国计划的前提，倘若在法国的压力之下，美国不答应或中途变卦，德国将退出关税监管的协商。

5月29日，英法两国收到来自美国使馆发来的一封照会，通知美国已正式同意德国政府的要求，作为德国同意参加贷款的前提，德国税务官将被任命常驻蒙罗维亚。6月初，英法两国外交部联合向德国施压。德国政府强调无法同意英法两国政府提出的三国轮流坐庄主张，因为美国政府缔结协议之前，已事先作出承诺，以此作为德国银行加入贷款的必要前提。德国的坚决态度使得英法迁怒于"始作俑者"的美国。英国驻利比里亚副领事鲍德温就抱怨道："实际上，美国政府为了征得德国同意加入贷款协议，已作出了让步，并且向英法两国政府隐瞒了事实。"②

美国对于英、法、德三国一直阻挠建立关税监管感到十分沮丧，而且这一问题悬而不决将使美国对利比里亚贷款计划夭折。为了避免这一局面，在德国不作出丝毫让步的情况下，英法对于美国提出在各自毗邻边境地区分别建立英法两国的税务司口岸之时，美国迅速予以答应，而罔顾了利比里亚未来面临着被欧洲大国建立势力范围的风险。6月19日，法国代办致函国务卿，转达法国政府希望"美国政府支持在最靠

---

① 参见"The German Ambassador to the Secretary of State," *FRUS*, 1912, p. 674。
② "Annual Report on Liberia for the year 1912," *BDFA*, Vol. 22, p. 407。

近法国与利比里亚边境的口岸委任法国的税务官"①。实际上,这是在利用德国的筹码向美国政府索要利益,使得法国在利比里亚与法国殖民地边界建立"势力范围",为以后的侵略行动提供可乘之机,与此同时,英国政府也提出了这一要求。此时深陷于利比里亚事务的美国,不愿眼看关税监管迟迟未能建立对于美国国际声望的削弱,急于牺牲利比里亚的利益以求换取"英法两国的同意"。这一点在诺克斯与坤洛银行代表之间的通信中体现得十分明显。当时诺克斯对于利比里亚的局势已经感到紧张,"国务院在督促从形式上建立关税监管之时,它强烈感觉到这是继续执行贷款合同的一个不可或缺的前提。在目前的形势下,唯一建立关税监管的办法可能就是仅仅宣布关税监管已经存在,将运作的问题留待以后解决"②。为了取得英法的同意建立那时处于极端重要地位的关税监管,对于靠近法国与利比里亚边界地区设置法国关税司口岸一事,美国政府保证只要其他政府方同意并且可预见地不会遭到利比里亚的反对或者出于关税监管效率的考虑,美国将站在法国这一边。③ 事实上,德国坚持其立场已遭到两国的指责,因此英法的要求德国也不能公然反对,而美国乐见其成,英法两国的要求由此得到美国的全力支持,并且认为同意这一要求是贷款协议继续最为重要的事情。1912 年 7 月 1 日,临时性的海关关税监管体制达成协议。④ 就这样,在列强之间相互牵制与妥协之下,美国主导下的国际关税监管至少在形式上建立了起来。

二 美籍财政顾问里德·克拉克与利比里亚的财政改革

根据 1912 年贷款协议,自 1912 年 11 月 26 日起美国总税务司开始

---

① "The Charge d'Affaires of the French Republic to the Secretary of State," *FRUS*, 1912, p. 684.
② "Secretary of State to Messrs. Kuhn, Loeb & Co.," 1912, *FRUS*, pp. 681 – 682.
③ "The Acting Secretary of State to the Charge d'affaires of the French Republic," *FRUS*, 1912, p. 687.
④ "American Minister Resident to Mr. Reed Page Clark, July 1st, 1912," *Records of Foreign Service Posts, Diplomatic Posts: Liberia*, Vol. 15, p. 429, RG84.

正式接管设置利比里亚共和国境内所有海关口岸，同时总税务司里德·佩奇·克拉克还发布了第一号行政令，规定所有进出口关税都必须以按照黄金的比价方式予以支付（In Current Gold），各海关口岸税务官将严格执行，所有于1912年11月26日当日征收以及之后将征收的税入将原封不动地交由总税务司全权处理，除非得到总税务司的具体授权，上述关税收入不得以任何形式支付出去。① 这份命令不仅意在控制海关关税的征收，同时也攫取了对于海关税收的绝对管理权，因为海关税收是利比里亚财政收入最重要的来源，由此作为利比里亚财政顾问角色的里德·佩奇·克拉克也粉墨登场了。

一方面，克拉克要求在关税监管生效之后支付关税应建立在金本位（Gold Basis）的基础上，试图整顿利比里亚的币制混乱问题。过去与利比里亚做生意的外国商人会使用税单（Duty Paper）来进行支付，由于这种税单经常受到外国列强影响下由利比里亚政府发行的，处于优势一方的外国商人可以操纵，由此提供巨大的利润空间，尤其是在蒙罗维亚具有重要贸易的德国商人。他们强烈反对总税务司提出的这项措施，因为"这会大幅度地降低他们过往习惯于在操纵利比里亚的税单所获取的利润"②。与此同时，从11月份起，财政顾问在美国国务院的授意下，发布命令禁止从德国输入大量的利比里亚元（Liberian Dollar），并且将英国的银币撤出流通市场。③ 美国的做法实质上即是要堵住利比里亚政府滥发纸币来还债的做法，将之建立在以黄金为汇兑本位的基础之上。

另一方面，严格控制利比里亚的财政支出，将财政支出建立在合理的基础上。由于克拉克掌握着关税的征收大权，同时也控制着财政收入的分配问题，因此如何避免过去利比里亚政府腐败造成的财政分配低效率问题。在利比里亚，"美国人逐渐意识到一个事实——利比里亚根本

---

① 参见 "Administrative Circular No. 1 of the Customs Receivership," *FRUS*, 1912, p. 694.
② "The American Charge d'Affaires to the Secretary of State," *FRUS*, 1912, p. 611.
③ "Liberian Annual Report," *BDFA*, Vol. 22, 1913, pp. 419–420.

不是 1909 年美国委员会报告中的那个被欧洲列强欺压的牺牲品。根据 1912 年贷款协议，美国的财政顾问自上任以来，他会有机会发现一个事实——利比里亚的行政部门有多么腐败。他们会利用各种各样的机会侵占公共资产，将其纳入自己的腰包"①。因此，美国财政顾问反对利比里亚政府进行任何未经过其允许的财政安排，尤其是在 1912 年底针对德国商人在利比里亚动乱局势中损失的赔偿要求，美国财政顾问要求充分尊重其对利比里亚海关收入的绝对支配与控制权，反对德国任意瓜分利比里亚财政收入的野心。

利比里亚内部的动乱已成为美国国务院对利政策实施道路上的绊脚石。1912 年底，利比里亚再次发生叛乱，德国商人遭受了损失。到了 1912 年 12 月下旬，德国"黑豹号"（Panther）战舰已经游弋在利比里亚海域。12 月 25 日，德国另一艘巡洋舰"不来梅号"（Bremen）也抵达蒙罗维亚，再加上原有的一艘德国战舰，这样在利比里亚水域已经有了三艘德国战舰以保护侨民的生命和财产为名，对利比里亚政府进行军事恐吓。德国商人的损失要求利比里亚政府将关税作为赔偿的资金来源，而关税收入却是美国总税务司控制下的财政来源。因此到 1913 年 1 月，美国驻利比里亚代办就意识到"新的责任将严重危及债务的安全……当时德国领事一开始说这次赔偿不超过 3 万美元，在国际委员会计划提出后，这一数字一下子蹦到 6 万美元"②。美国要求成立国际委员会来调查这些赔偿要求。针对国际委员会的人员构成，一开始，美国的初衷则是要建立五国委员会，制衡德国的不合理要求。德国一方认为五国委员会（英、法、德、美、利）太多，由来自德、美两方，再加上双方同意的中立方组成即可。到了 1913 年 2 月，德国政府进一步通知利比里亚政府，即使在赔偿数目未定、国际委员会仍未成立的情况之下，利比里亚政府也必须在一年内解决所有德国商人的利权要求。更为重要的是，德国政府再次任命已经担任利比里亚海关税务官的兰格为国

---

① "Liberian Annual Report," *BDFA*, Vol. 22, 1913, p. 420.
② "The American Charge d'Affaires to the Secretary of State," *FRUS*, 1913, p. 668.

际委员会的德方委员。这引起了美国财政顾问克拉克的强烈反对，认为德国人兰格的"合理时间必须用于指导委员会的工作，否则他将无法给予关税监管所必需的关注"①。美国认为德国的勃勃野心在于挑战美国在利比里亚事务上的主导权，并且德国的企图最终将加剧这样观念，即利比里亚的政权没有权利存在。这样一个耗费了大量精力的"代理人"将失去其代理对象国的独立，这势必会削弱美国政府的主导地位。因此财政顾问兼总税务司克拉克坚决反对德国的这一任命，1913 年 2 月 28 日克拉克向国务院列出其反对的理由，同时也道出了国务院的意图。其主张包括如下几点：

1. 赔偿为何要从关税监管控制下的资金中拨出，这会妨碍关税监管的正常运转；
2. 任何赔偿将会摧毁利比里亚的财政预算，并且使刚刚构建的财政改革失去效力，因为为了偿还债务，利比里亚还会发行纸币，这会导致新的危机；
3. 关税监管已经欠在利比里亚服役的外国人超过一万美元的薪水，这一责任比起任何赔偿都来得关键；
4. 由于税收下降，关税监管已经运转困难，自 11 月 26 日以来赤字已经超过了三万美元；
5. 除了德国之外，还有其他国家的赔偿要求。因此克拉克认为："如果德国的建议强行施加于利比里亚的话，他将无法履行财政管理重组的责任。"②

此外，克拉克还与利比里亚政府一道抵制兰格担任国际委员会德方代表。利比里亚政府坚称如果兰格担任德方委员会，则由财政顾问克拉

---

① "The General Receiver of Customs to the American Charge d'Affaires," *FRUS*, 1913, p. 675.
② 参见 "The American Charge d'Affaires to the Secretary of State," *FRUS*, 1913, p. 678.

克担任德、利之外的第三方中立代表。因此，在克拉克的强烈反对和利比里亚政府的坚决斗争下，德国政府最终没有任命兰格以"新职务"，而是让另一名德国人施皮希特（Freit Specht）担任德方代表，利方代表詹姆斯·库珀以及仲裁法国人奥丁（Mr. I. Odin）组成了另外两名成员。从1913年4月3日国际委员会成立到4月13日委员会完成使命，其确立的赔偿总额为5501.77美元。这比起最初德国领事所声称的赔偿数量可谓大大缩水。① 这对于已经属于应付财政管理的利比里亚财政顾问克拉克来说，无异于一个利好消息。虽然之后德国商人对于国际委员会的调查数量颇为不满，但克拉克以及利比里亚政府都宣称不会承认任何没有基于委员会调查的赔偿要求。这样，利比里亚财政状况总算是稳定下来。

经过美国财政顾问兼利关税总税务司努力以及英、法、德三国税务官的配合，国际关税监管较为顺利地运作起来，这样利比里亚海关建立在较为合理的基础之上。据统计，利比里亚海关税收从1907年的32.8万美元上升到1911年的40.7万美元（1910年为35.7万美元）。② 在美国的主导下，利比里亚海关还修建了货栈仓库，训练了一批当地税务官，原告混乱不堪的状态得到了稳定，连危害多年的海上走私活动也消失了。在财政重组和严格控制支出的情况下，利比里亚的财政状况得到了改善，这从整体上为进一步稳定利比里亚局势，维持其独立性奠定了财政基础。这些进步使得克拉克倍感信心，当时的利比里亚财政部长甚至估计1914年的财政收入会达到53.4万美元，这将比正式建立关税监管前（1911年）增长30%。③

然而，一战的爆发打断了克拉克在利比里亚重组财政的计划，使得美国对利比里亚政策遭受重创。由于前述德国、法国与英国三大欧洲强国之间的大战，德国与利比里亚商业贸易急剧下降，这直接导致利比里

---

① 参见 "The American Charge d'Affaires to the Secretary of State," *FRUS*, 1913, p. 680。
② "Annual Report on Liberia for the year 1911," *BDFA*, Vol. 22, p. 400.
③ "Liberia Annual Report," 1913, Vol. 22, *BDFA*, p. 422.

亚关税锐减。从一战爆发到 1915 年 3 月底，1912 年贷款协议规定的指定税种收入波动幅度十分大，而且呈现出急剧衰退之势（如表 3.5 所示）。

表 3.5　　一战爆发后初期美国主导下利比里亚海关指定税收数额表（1914—1915）　　单位：英镑

时间（年月）	指定收入数额
1914.07	10000
1914.08	5000
1914.09	2000
1914.10	1600
1914.11	2000
1914.12	3000
1915.01	3000
1915.02	2200
1915.03	2000

资料来源："Liberia Annual Report," *BDFA*, 1914, Vol. 22, p. 437.

指定税种收入在 1913 年为 97115 英镑，而到了 1914 年下降到 71882 英镑，1914 年数额下降最主要的原因便在于遭受了五个月以来的战争损失，这使得利比里亚重新陷入赤贫与违约拖欠的困境，美国一手建立起来的关税监管和财政顾问体制面临着极大的冲击。

一直到 1915 年 7 月，在总税务司下令对所有进口商品征收特别税，并将之统一归入利比里亚财政部国库之后，利比里亚的财政才稍有好转，从 1915 年 4—6 月，每月平均税收仅仅大约为 4000 美元。[①] 1915 年 10 月 29 日，经过财政顾问的批准，利比里亚政府与英属西非银行（Bank of British West Africa, Ltd.）签订协议，将所有上缴或征收的税入，包括各种税费、执照以及从关税贸易税收的盈余部分等收入都统一存入英属西

---

① "Charge Bundy to the Secretary of State," *FRUS*, 1915, p. 640.

非银行，这被视为是共和国内部财政改革迈出的最为重要的一步。①1915 年底，利比里亚财政收入进一步得到改善，10 月和 11 月到期的利息都已偿还，而且 12 月的利息支付也不存在问题。② 这将有助于利比里亚清理所有未付的利息，并且使利比里亚在新年伊始能拥有一个偿清债务的良好记录。另一方面，改革效果还体现在财政顾问的监督下，利比里亚政府开始定期偿还到期的利息。

小　结

作为美国政府支持自由黑人一手缔造的非洲第一个黑人共和国，1862 年两国签订友好通商条约后相当长时间内美国都试图充当这个羸弱共和国在国际上"代理人"的角色，但由于无论从经济上、政治上还是从地缘上来说，利比里亚都不处于当时美国战略攸关的关键地区，因此长期以来美国仅仅是在外交场合中宣称其对利比里亚所拥有的"道义责任"，而没有具体的、系统的外交政策的实施。到了 19 世纪末 20 世纪初，随着美国经济实力跃居世界前列和美西战争的结束，美国已经跻身于世界舞台，美国的整个外交战略都在发生着巨大的变化。按照塔夫脱总统所说的，"我们（美国）已经成为世界舞台中的强国之一，美国已经足够强大，以至于无法延续过去的外交政策了。在国际社会中，美国享有的权利以及美国承担的责任都在扩大……我们外交的成功需要一个更为广阔和现代的视野，这样才能展示一个伟大国家的宏伟理想"③。塔夫脱政府竭力推行的"金元外交"正是在美国崛起为世界经济强国的宏大背景下以"金元"（美元）为媒介和手段建构美国为主导的国际政治经济秩序的外交战略，并且这种战略最初就是在亚非拉等

---

① "Charge Bundy to the Secretary of State," *FRUS*, 1915, p. 640.
② "Charge Bundy to the Secretary of State," *FRUS*, 1915, p. 642.
③ "Annual Message on Our Foreign Relations," in David H. Burton, ed., *The Collected Works of William Howard Taft*, Vol. IV, Athens: Ohio University Press, 2002, p. 311.

国际政治经济体系中的"欠发达"地区"和平地"实施的。

20世纪初期,利比里亚发生的严重债务危机及由此触发的殖民瓜分威胁,为美国首次向非洲地区实施"金元外交"提供了理想的场所,美国对于利比里亚的"传统兴趣"增添了新的"时代内容"。通过拯救此时内忧外患的"黑咖啡",在塔夫脱总统看来,美国不仅完成了一个起源于"历史兴趣和道义监护"的责任。①更为重要的是,利比里亚拥有丰饶的土地和丰富的自然资源,这是美国对外贸易投资潜在的巨大市场和未来进入非洲大陆的稳定立足之地,这是"金元外交"运用的目的所在。国务卿诺克斯将美国对于利比里亚的援助视为"'金元外交'的一个典型案例",是一个展示美国外交"公正无私的良好榜样"②。助理国务卿 H. 威尔逊则认为美国在利比里亚的事业可以为美国带来巨大的政治和经济优势。在后来为金元外交所作的辩护词中,他认为"将非洲的这个小国作为进入非洲的立足点,其潜在的价值不仅在于美国的商业利益,而且这是非洲裔美国人的移居之地"③。换言之,美国对利比里亚的金元外交不仅能够从经济上争取美国的商业立足点,从而建立永久性的、利润巨大的贸易市场,更为重要的是能够将其纳入美国的势力范围,增强美国在势力范围内的政治优势。这是崛起中的世界经济巨人在非洲西端自己着手培育利益范围的尝试。

从"金元外交"的实施效果来看,利比里亚政府的关税收入在美国主导的"国际税务司体制"的严格监管下,逐渐有所增加,至少在一战爆发前利比里亚政府的财政收入和还债能力都朝着美国主导的"合理化"方向发展。因此,美国建立的"财政保护国"在形式上维护了利比里亚主权的独立,防止了欧洲列强进一步瓜分利比里亚的侵略野心。与

---

① "Annual Message on our Foreign Relations," in David H. Burton, ed., *The Collected Works of William Howard Taft*, Vol. Ⅳ, Athens: Ohio University Press, 2002, p. 302; "Why Liberia Should be Saved," *Outlook*, August 7, 1909, p. 823.

② Philander C. Knox, "The Achievement of Dollar Diplomacy," *Saturday Evening Post*, March 9, 1912.

③ H. Wilson, *The Peril of Hifalutin*, New York: Duffield and Company, 1918, pp. 246 – 247.

此同时，在国务院派出军事顾问的主导下，利比里亚边防部队得到了整顿，这为利比里亚建立一支战斗力相对强大的军队，成为之后利比里亚政府镇压当地部族叛乱、维护美裔非洲人政权的关键力量，这对利比里亚的历史发生了重要的影响。① 美国的全面干涉在一定程度上挽救了濒于被英、法、德三国肢解的利比里亚政权。

但我们也应看到，塔夫脱政府为了保证美国推行的"金元外交"得到欧洲列强的支持，在利比里亚与英法两国的边境谈判中作出了有利于英法殖民大国的"让步"，无形中纵容英法两国殖民非洲的野心，牺牲了利比里亚的领土主权。同样，为了使德国参加美国的计划，国务院承认了德国在蒙罗维亚地区的"特殊利益"，并且在利比里亚与德国商人发生冲突时，不断牺牲利比里亚的利益来换取德国的"友好合作"。凡此种种，皆暴露了美国在拯救利比里亚过程中的虚伪一面。

再者，美国主导下的海关税务司体制在给利比里亚政府带来"稳定收入"的同时，也给利比里亚政府带来了沉重的负担。为了维持海关税务司体制的政策运转，每年单单付给外国税务司、本地海关雇员以及保障海关税收的边防部队的薪水，仅此一项每年的运营成本就达到23.8万美元，再加上美国国务院派出的军事顾问，每年这几项支出就达25万美元。② 这对于财政紧张的利比里亚政府又是一个沉重的包袱。再者，美国财政顾问完全控制利比里亚的财政收支，拥有广泛的权力，几近"独裁大权"，并且直接触及原先财政部的利益，也引发了利比里亚国内官员的不满。③ 美国银行团给予的贷款在支付了英国原有的贷款、海关税务司相关职员、美国军事顾问的薪水之后，留给利比里亚政

---

① 正是由于美国的军事干预和美国重组后的边防部队的长期存在，利比里亚的美裔非洲人虽仅占人口比例的5%，却长期掌握着利比里亚的政权，这种局面一直延续到1980年的军事政变，此后代表土著势力的军人政府上台，利比里亚陷入内战烽火。2003年，在美国和联合国的斡旋下，利比里亚国内各派政治势力达成妥协，实现了和解。——笔者注

② "Liberia Annual Report 1910," *BDFA*, Vol. 22, 1910, p. 388.

③ "Liberia Makes Protest: Says Customs Receiver for Loan Has Assumed Dictatorial Powers," *New York Times*, June 2, 1914, p. 5.

府自己可支配的收入所剩无几，因此美国国务院最初设想的有效缓解财政窘境、使得利比里亚走上自给自足道路的初衷根本难以企及。相反，美国对利比里亚的"金元外交"使得利比里亚陷入不断贷款的恶性循环之中。唯一不同的是，这次是美国主导下的国际银行团的合作，但远没有达到诺克斯所说的"财政稳定与和平地自我发展的目的"[①]。利比里亚政府此后在美国财政顾问的主导下不断地寻求美国银行家新的贷款。正是通过这种"财政保护"和贷款实施的循环，美国完成了对利比里亚的控制，将之纳入美国的势力范围。

综上所述，塔夫脱政府对利比里亚的"金元外交"是该项政策运用于非洲的唯一例子。国务院视深陷债务危机和瓜分威胁的利比里亚为欠发达国家，需要美国的"财政援助"，美国对于弱小黑人共和国负有的使命感和责任感使得这种能够带来未来切实利益的政策披上了"道德理想"的外衣。这种"理想主义色彩"与现实利益的交织结合，使得塔夫脱政府完成了19世纪60年代以来美国对利比里亚政策的转向，标志着两国关系新的开端，同时也为20世纪美国介入非洲事务，与英、法、德等欧洲列强竞争非洲国际关系主导权提供了范例。按照前国务院官员对助理国务卿H.威尔逊所说："在不久的将来，当非洲大陆成为我们在世界商业和政治中的舞台之时，围绕蒙罗维亚的微小的势力范围将成为美国企业有机会进入非洲的唯一门户。"[②] 因此从这个意义上说，塔夫脱政府对利比里亚的政策为美国在非洲西部建立一块立足之地，从而有助于美国在未来向整个非洲大陆扩大其利益。而塔夫脱政府实验所体现出来的前瞻性使得此后美国多届政府皆延续其政策的要旨，即将"美元"作为美国政策的主要工具，构建美国主导下的国际经济政治秩序。1926年，美国的"金融公司"（Finance Corporation of America）和

---

① Philander C. Knox, *Address of Hon. Philander C. Knox before the National Civic Federation*, New York: The Department of State, 1911, p. 41.

② 转引自David P. Kilroy, *Extending the American Sphere to West Africa: Dollar Diplomacy in Liberia*, p. 169。

花旗银行合作，正式介入利比里亚的贷款谈判，发行了500万美元的债券用以偿还利比里亚所欠贷款，同时派出财政顾问，接管海关，并且协助建立利比里亚中央银行，排除了欧洲列强的影响，美国资本成为利比里亚贷款的唯一来源，国务院也成为影响利比里亚局势的支配性力量，美国成为"黑咖啡"真正意义上的"代理人"和"监护者"。① 这是塔夫脱政府肇始的"金元外交"持续实施的结果使然。

此外，塔夫脱政府在利比里亚实施"金元外交"的过程中，利用华尔街私人银行家与利比里亚政府达成协议，从而通过私人贷款合同的方式将"美元"植入国际关系中，建立了美国的"财政保护国"。但这种"财政保护国"本质上来说是一种"私人合同式"的控制，它没有经过美国国会批准，是一种"看不见的保护国"（Invisible Protectorate）。按照美国著名学者罗森堡的说法，这是一种"合同式的殖民主义"（Colonialism by Contract），是一种介于19世纪盛行的以攻城略地为特征的"老殖民主义"与20世纪后半叶以不等价交换和金融间接控制为特征的"新殖民主义"之间的过渡形态。② 塔夫脱对利比里亚的"金元外交"呈现出来的"美国式"财政控制，既是美国对于欧洲列强赤裸裸武力建立殖民帝国的"抛弃"，同时也是美国当时政治和军事实力相对不够强大的"无奈之举"，但它预见了二战后美国等发达国家对于独立后非洲大陆实施"新殖民主义"的政策，在美国对非洲政策史上具有重要意义。

---

① "Government of the Republic of Liberia and Finance Corporation of America Loan Agreement," in Peter Woodward, ed., *British Documents on Foreign: Reports and Papers from the Foreign Office Confidential Print*, Part II Series G, *African* 1914–1939, Vol. 30, February 1925–Novermber 1939, An Imprint of CIS: University Publications of America, 1997, pp. 67–79.

② Emily Rosenberg, "The Invisible Protectorate: The United States, Liberia, and the Evolution of Neocolonialism, 1909–1940," *Diplomatic History*, Volume 9, Issue 3, July 1985, pp. 211–212.

第四章　清末民初中国外债问题与美国参与下的"金元外交"

清末民初中国政府因为大量赔款与举借外债等因素的影响，且不时有外国干涉之威胁（主要来自欧洲列强与日本），面临严重的财政困难与债务危机。① 与此同时，清末新政的开展也在一定程度上加剧了财政窘境，陷入外债的恶性循环，也加剧了殖民瓜分的危险。塔夫脱政府时期，美国政府利用中国政府面临的财政困难和债务危机对华实施"金元外交"，一方面希望加强在远东事务尤其是中国事务上的影响；另一方面也希望利用华尔街的资本来与欧洲列强、日本竞争抗衡，从而维护中国这个巨大市场对美国的"门户开放"，推动美国的经济和贸易扩张，实现美国在远东不断扩大的利益。在华实施金元外交的过程中，美国国务院为美国资本的投资活动保驾护航，提供政策的支持；华尔街银行家组成银行团提供大量的资本，用于促进中国的投资；美国的财政顾问想方设法地希望能提供财政知识的专业指导，实施币制改革，推广金本位制度，从而为美国的扩张提供良好的经济环境。但是由于美国在远

---

① 自《马关条约》和《辛丑条约》之后，清政府的财政困难与债务危机紧密相连，互为因果，造成恶性循环。其债务包括内债和外债两种，从实际情形来看，主要是外债占了大多数，由于晚清政府信用逐渐丧失，即便发行的内债，也大多为外国资本家、银行所购买，其内债也转化为外债，另外从债务的偿还上，也是外债高于内债、外债优于内债。因此本节主要论述的是清政府举借大量外债及由于拖欠引发外国干涉财政、政治主权的危机。可参见许毅、金普森、孔永松等《清代外债史论》，中国财政经济出版社1996年版，第590—606页；缪明杨《中国近现代政府举债的信用激励、约束机制研究》，西南财经大学出版社2008年版，第194—195页。

东地区自身实力的局限、欧洲列强和日本的反对以及在华推行"金元外交"引发清政府对其侵略态势的疑虑，美国欲在中国推广其在中美洲建立以美国为核心的国际政治经济秩序的做法并没有取得成功，相反美国不得不于1913年退出了在华"国际银行团"的事业。

因此，本章以中国为案例，第一节，先阐述清末民初中国政府面临的财政窘境和债务危机以及由此引发的殖民瓜分格局，进而分析塔夫脱上台前美国对华政策转变与清政府的联美努力，从而为认识对华"金元外交"提供一个整体性的环境。第二节，以国务院在美国强行挤入湖广铁路贷款中的政策演变为侧重点，探讨华盛顿的官方政策在"金元外交"中所起的作用。第三节，着重探讨美国的财政专家对于币制实业借款的构想方案与具体谈判的过程，当然由于种种因素之影响，美国财政专家没有实现其构想。第四节，以美国银行团为主线，厘清华尔街投资银行在善后大借款谈判过程中决策动机、受制因素以及撤出的原因，尤其注重分析华尔街银行家作为一个独立市场主体夹杂在政府与市场二者之间的微妙关系。通过上述三个案例不同侧重点的分析，从而对三者之间的互动与美国对华"金元外交"的关系进行更为深入的剖析。

第一节 清末中国面临的财政窘境与外债危机

降至清末，尤其是1894年甲午中日战争和1900年八国联军侵华以来，大量的对外赔款和国内币制混乱等因素的影响使得清政府的财政持续恶化，清政府上至中央各部、下至各个行省，欲举一事，兴一利，皆受制于财政之窘境，不得不四处借款。与此同时，随着欧洲、日本进入帝国主义阶段，列强加强了对华资本输出的力度，与原先占据的势力范围一起构成了对华侵略新阶段的主要内容。清政府的财政窘境和巨额外债长期延续既是列强资本输出加剧的产物，同时也为列强加大资本输出提供了大好机遇，因此清政府与欧洲列强、日本等签订了一系列的财政协议和借款合同。清政府深陷债务的恶性循环和国内币制的混乱给欧洲、日本干涉中国财政提供了可乘之机，也对美国在华利益构成威胁。在对华资本输出方面，美国远远落后于欧洲列强甚至是日本。1904年日俄战争之后，日俄两国在中国东三省的势力范围得到确认，并且随着日俄两国的侵略经营，清政府对中国东北地区的控制能力急剧下降，同时也威胁着西奥多·罗斯福总统和海约翰国务卿等美国官员奉行的"门户开放"事业，清政府由于财政困难根本无力抗衡日俄在东北的追求特殊的要求。再者，英国在中国长江流域势力范围已经大为巩固，法国和德国也借助清政府财政困难将经济势力渗透到这一地区，欧洲列强间的斗争使得美国在华商业机遇和"门户开放"政策面临着边缘化的危险。

因此，清政府希望借助当时还没有势力范围、又公开维持中国"门户开放"和"行政完整"的美国力量来抗衡其他列强，而"金元外交"恰好是用于形容美国国务卿诺克斯用官方的干涉来支持美国"参加"外国开发中国经济的纲领。① 实质上，塔夫脱时期美国的"金元外交"正是希望利用美国的资本与清政府形成一系列的合作，从而实现美国在华利益的外交政策。而清政府面临的财政窘境与外债危机一直延续至民国初年，这也构成了美国在此期间对华持续实施金元外交的整体背景，故而我们在1909—1913年间看到中美之间的合作大都以借款合同的方式出现。易言之，清末民初中国政府面临的财政困难和外债危机为美国实施金元外交提供了直接的条件。

一 《马关条约》以来清政府所欠之外债与财政境况的持续恶化

清政府举借外债之起源，论者纷纭，各执己见，但就各家说法来看，最一般的说法是"1865年（同治四年）说"，是年清政府向英国借英金一百四十三万一千六百六十四二先令，《清朝续文献通考》认为

---

① ［美］李约翰：《清帝逊位与列强（1908—1912）：第一次世界大战前的一段外交插曲》，孙瑞芹、陈泽宪译，江苏教育出版社2006年版，第443页。

中国订借洋款始于此年。① 自此之后，清政府借取外债的次数和总额逐渐增多，但是从现存资料来看，清政府在甲午战争前的财政情况基本上能够收支平衡，甚至稍有盈余。据测算，1875—1894 年平均每年有 400 余万两的积余，"即其数不可尽信，仅以半数计算，平均每年亦可尚余二百余万两。可见，此期各年财政就同年计算，皆微有余力"②。1895 年清政府在甲午中日战争中战败，中日之间签订《马关条约》，清政府须赔偿日本白银 2 亿两。甲午战争期间借取的外债加上战后偿付赔款的外债总计达 380775866 两（折合库平银）。③ 当时的《国债辑要》就深刻揭露了甲午战争对清政府财政的影响："自中日战争后，吾国各方面所受影响最巨，因之威信扫地，以启外人有睡狮进而为死狮之消。于是列国乃弄其外交手腕，今而要求土地租借，明又要求路况权利，如此种种。就中国财政之影响，亏损最巨。第二次英德公债募集之际，英则要求财政监督权，而并牵及政治之目的，此吾国财政上之信用一败涂地之明证也……战败之结果，骤负如此之巨额外债，致岁出非常增加，无有止境。"④《马关条约》的巨额赔款限七年内八次偿还，为了如期满足日本的要求，清政府不得不向英、法、俄、德等欧洲列强举借外债，这使得清政府财政越发入不敷出。因此，甲午战争赔款使财政缺口越来越大，所借军政外债数额远远超过甲午战前，作为担保的抵押方式也越来越苛刻，中国面临的来自欧洲列强（包括日本）的殖民危机和瓜分危险越发严重。

1900 年八国联军侵华，最后列强迫使清政府签订《辛丑条约》，中国要赔偿外国列强白银总计为 4.5 亿两。这次赔款数额如此巨大，给清

---

① 参见刘秉麟《近代中国外债史稿》，武汉大学出版社 2007 年版，第 4 页。
② 罗玉东：《光绪朝补救财政之方策》，《中国近代社会经济史研究集刊》（第 1 卷），第 2 期，1933 年 5 月。
③ 《附：甲午战费和偿付赔款的外债统计表》，引自中国人民银行参事室编《中国清代外债史资料》，中国金融出版社 1991 年版，第 247 页。
④ 《国债辑要》，第 31—37 页，引自中国人民银行参事室编《中国清代外债史资料》，第 228—229 页。

政府的财政资源造成极其沉重的负担。就连 1901 年 5 月 1 日由列强组成的国际赔偿委员会发表的中国财政资源报告也指出:"委员会深信依赖中国财源,是无法一次性付清上述各国赔款总额的,中国国内缺乏足够的资金。"① 本来赔款指向外国赔偿的费用,不算外债,因为这并非从各国借来,但列强按照外债一样的办法,公然将赔款分为五种债票形式,加算利息,按期摊还,规定抵押品等,事实上等于一种借债,而从清政府的角度而言,其负担也与外债一致。② 于是,清政府不得不走上了对外举债的老路,不仅中央各部,各省都开始大量举债,而且外债越借越多,渐有一发不可收拾之势。据统计,辛丑以后(含辛丑年,即 1900—1911 年)的铁路、工矿和地方督抚借款达 368300185 两(折合库平银)。③ 因此,清末外债从产生时就注定了恶债性质,对中国经济的破坏力极大,不仅难以引发财政制度的近代化,而且导致清政府中央集权的财政体制瓦解。④

1904 年底,遍访中国各地的美国财政专家精琪教授返回美国后的演讲就认为中国弊政之最著者在于财政之腐败,财政腐败最重要的表现就是滥借外债。"中国之最大患者,莫若轻借外债。政府也,行省也,京中各部也,一有所需,辄借外债,而究其用所应用者实鲜。其大半之如何耗用,则无有知之者。且今日国家之进项,较之十五年前已经大减,自烟产限制以后,减之有甚已。循是为之,势不至蹈辄埃及不止。"⑤ 精琪认为外债的泛滥将使中国重蹈埃及沦为英国财政附庸国之覆辙。至于中国偿还外债的能力,精琪教授断定清政府难以偿清外债,然而"母本不还犹可言也,若并子息而不能如期交付,则其结果岂忍

---

① 《赔偿委员会关于中国财政资源的报告》,引自中国人民银行参事室编《中国清代外债史资料》,第 911 页。
② 参见刘秉麟《近代中国外债史稿》,第 20 页。
③ 参见中国人民银行参事室编《中国清代外债史资料》,第 842—849 页。
④ 马陵合:《晚清外债史研究》,复旦大学出版社 2005 年版,第 12 页。
⑤ 《精琪归美后的演说——仍主张中国币制宜仿效菲律宾为虚金本位制》,引自中国人民银行总行参事室金融史料组编《中国近代货币史资料》(第一辑·清政府统治时期·下),中华书局 1964 年版,第 1200—1201 页。

言哉"。长此以往，清政府债务违约延续的结局必然为外国所监督财政，此诚中国之危机。

另一方面，庚子之役之后，清政府不得已加快了实行新政的步伐，但面临的最大问题还是财政困难。兴办新政，如办学校、修铁路、开矿产、筹练新军、重办海军等都需要大笔资金来启动与维持。尤其是整顿财政为新政的根本，欲整顿财政必先整顿混乱的币制，统一国帑，这也需要一大笔的准备金。因此，清末的财政逐渐枯竭，不得不举借外债，由此陷入了更为严重的债务恶性循环之中。

到1911年10月辛亥革命爆发时，清政府每年的财政赤字，据各种估计约有2000万两至7000万两关银，清廷很快就感觉到因资金匮乏，军事进攻缺乏财力支持。清政府对局势既无力抵抗，起义各省的收入损失及其对政府款项的没收，同时又加以官吏的大量贪污，使清政府面临财政崩溃的深渊。当时《远东评论》出版的"中国革命的财政历史"专号便指出清政府在革命到来时四面楚歌的命运，"北京帝国当局很快便意识到，由于缺乏资金，不可能进行军事进攻，并因叛乱各省夺去了政府存于各地钱庄的款项而造成财政损失，以及各级官吏大规模盗窃国库的结果，他们已经面临破产。海、陆军则因军饷的拖欠，已不再可靠。满人们惊慌失措，他们愿意接受一切建议，只要能带来现款"①。然而由于革命党和各省议会威胁断绝借贷给清政府的相关国家之间的经济往来，列强采取了"严守中立"的政策，清政府无法从外国列强那里获取财政支持，这也进一步加速了清王朝的灭亡。1911年，清政府巨额外债违约已经不可避免，尤其是1900年前的外债、1901年庚子赔款和之后的系列外债，清政府债务危机越加严重。②

1912年2月，袁世凯上台之后虽作为政治强人受到在华列强的青

---

① 《远东评论：中国革命的财政历史专号》，引自中国人民银行参事室编《中国清代外债史资料》，第840—841页。

② "Default of Foreign Debt," in Nish Ian, ed., *British Documents on Foreign Affairs: Part I ~ Series E Asia*, 1860 - 1914, Volume 14, Annual Reports on China, 1906 - 1913, An Imprint of CIS: University Publications of America, 1993, pp. 270 - 271.

睬，但是袁世凯的北京政府依旧不得不面对着财政烂摊子。3月，美国驻华公使嘉乐恒就明确向国务院报告说，北京此时的财政已经濒临破产，唯一的希望只能是借取外债。① 1912年5月24日，北京政府财政总长熊希龄还通电全国，痛陈政府面临的财政困难："希龄前以国民委托，深知财政困难，未敢担负，五辞不获，乃就斯职，接代后，南京库储仅余三万，北京倍之，不及六万，东张西借，寅吃卯粮，危险之状不敢告人。"② 财政困难不仅使得北京政府正常运转难以维系，更为严重的是导致外债偿还能力下降，加剧了欧洲列强干预的风险。1913年4月26日，继任财政总长周学熙致各省议会的通电也指出北京政府面临的外债危机："洋赔各款，积欠累累，除赔款上年结欠二百万镑外，本年洋款之已过期者二百三十余万镑，洋款之不久到期者三百六十万镑。各省历欠外债二百八十七万镑，综欠英金一千一百万镑之多。而本年份又已积欠四个月赔款均一百万镑，此外前清暨南北临时政府短期临借之款，尚不在内。数月以来，英使既开单索偿，俄使则催逼犹急，应付之术俱穷，破产之祸立见……况值鼎革之后，公私荡然，国信未著，得此结果，实已智能俱竭，笔舌皆穷。"③

财政窘境使得袁世凯无力维持军队及社会秩序，也无法发动针对革命党人武装力量的有效进攻，于是袁世凯以整顿清朝外债，善后借款的名义向英、法、德、美、日、俄六国银行团借取外债。1913年10月，美国驻华代办卫理（E. T. Williams）致电国务卿布赖恩，认为现在中国的财政已经濒于崩溃边缘，没有外国的干预北京政府根本无法履行其责任。④ 这样在清末民初中国持续性外债危机的背景下，塔夫脱政府对

---

① "The American Minister to the Secretary of State," *FRUS*, 1912, p. 119.
② 《北京政府财政总长熊希龄痛陈财政困难致全国通电》，1912年5月24日，引自程道德、张敬孚、饶戈平等编《中华民国外交史资料选编一：一九一一至一九一九》，北京大学出版社1991年版，第50—51页。
③ 《北京政府财政总长周学熙致省议会通电》，1913年4月26日，引自程道德、张敬孚、饶戈平等编《中华民国外交史资料选编一：一九一一至一九一九》，第64—65页。
④ "The American Charge d'Affaires to the Secretary of State," *FRUS*, 1913, p. 191.

华财政领域的"金元外交"出现在远东国际关系舞台之上。

二 塔夫脱总统上台前远东形势与清政府的联美努力

19世纪末,远东地区在美国对外扩张中的战略地位逐渐上升,尤其是菲律宾在1898年的美西战争之后成为美国的殖民地,美国取得了向大陆的中国进行商业和政治扩张的跳板,这也标志着美国跻身远东国际舞台上的重要大国行列。面对列强瓜分中国狂潮的兴起,没有建立势力范围的美国政府宣布了对华实施的"门户开放"政策。1899年9月至11月,美国国务卿海约翰致列强的门户开放备忘录,具体陈述了机会均等的原则。海约翰提出:(1)每个国家不应干涉其他列强在其势力范围内的既得利益;(2)只应由中国政府征收关税,并且只能按照中国的条约税则征收;(3)一个占有势力范围的国家的公民不应取得在港口税或者铁路运费上的优惠待遇。① 各国对于美国备忘录的答复是相当模棱两可或者附有条件的。俄国的答复则是所有答复之中最不可捉摸者。虽然如此,各国答复中的外交辞令仍使海约翰向全世界宣布,"门户开放政策"已被接受,并成为对华的基本政策。② 1900年中国爆发义和团运动,美国参加了列强的联合军事行动。列强希望借此机会打击清政府,威胁清政府的政治统治,俄国更是趁火打劫开始强行占领满洲。1900年7月3日,海约翰在给参加联合国军各政府的通牒中进一步阐述了对华的门户开放政策。海约翰的第二次门户开放照会宣称"美国政府的政策在寻求解决中国的困难,以保持中国领土与行政的完整",并且为全世界维护在中国各地在原则上能作平等公平的交易,这样,"维持中国领土与行政的完整原则",遂成为美国政府对华的政策。

八国联军侵华的一个重要后果就是日俄两国趁机在中国东北地区大肆扩张势力,这也引发了两国在中国东三省的矛盾。1904年至1905年

---

① [美]费正清:《美国与中国》,张理京译,世界知识出版社1999年版,第304页。
② 《中美关系资料汇编》编写组:《中美关系资料汇编》(第一辑),世界知识出版社1957年版,第78页。

日俄战争的结果是日本战胜了老牌的欧洲大国沙俄，日本成为远东地区国际舞台上重要的新兴力量。日俄两国在中国东北战场上的帝国主义角逐引发了远东国际关系格局的重大变化。美国总统西奥多·罗斯福对中国东北问题十分重视，在战争期间美国支持日本发动对俄国的作战行动，战后西奥多·罗斯福总统还出面调停日俄两国关系，签订了《朴茨茅斯条约》，使日俄在中国东北的争夺达成妥协，西奥多·罗斯福总统后来还因此获得了"诺贝尔和平奖"（1906年）。作为战胜国的日本于1905年12月22日与清政府订立《中日会议东三省事宜条约》及其《附约》规定，中国承认《朴茨茅斯条约》所确定的俄国对日本的权利让与，增开东北的长春、哈尔滨等16处为商埠，日俄战争中日军擅自建造的安奉铁路仍由日本改建经营，为期18年等。1907年4月15日，日本又迫使清政府签订了《新奉吉长铁路协约》，日本在中国东北的路权进一步扩大。

日本还在远东地区构筑了有利于日本的国际条约体系。首先，日本与英国关系的巩固。早在1902年，英国和日本为对抗俄国在远东的扩张而结成了军事同盟。在英日同盟中，英国为了加强在远东的地位，力图假日本之手遏制俄国在远东的扩张；而日本为侵占朝鲜和中国东北急于寻求反俄的同盟者。1902年1月30日，英国外交大臣兰斯多恩侯爵和日本驻英大使林董签订了《英日同盟条约》，日俄战争的胜利充实和扩大了英日同盟的影响。1905年两国签订了第二个同盟条约，承认日本对朝鲜的"保护权"，重申在遭到任何第三国进攻时，应提供军事援助。其次，日本加强了与法国的联系。1907年6月，日本与法国在巴黎订立了《日法协定》，互相承认了双方各自的势力范围。再次，日本还缓和了与宿敌俄国的关系，1906年7月与俄国签订了《日俄协定》和《日俄密约》，具体划分了两国的势力范围。这样，作为远东地区新的力量，日本获得了三大协约的支撑，使得其在中国地区的扩张更加牢固。1907年，伊藤博文与朝鲜正式签订新约，朝鲜正式成为日本的殖民地，"举凡韩国（指朝鲜，笔者注，下同）之立法、行政、用人均归日本统监节制，外交内政之权全在日人掌握，韩政府实去名存，与亡无异。路透社电报又载，日本外务大臣林董之言谓中国当以韩为鉴，否则恐他国仿韩京之案，为中国整顿国政等语。似此危辞悚论，实足以为吾国之晨钟暮鼓，发人深省"①。日本在中国东北、朝鲜地区的扩张已经形成咄咄逼人的局面。

美国总统西奥多·罗斯福在远东地区实行现实主义的"均势"政策，力图通过在日、俄、英和中国之间采取平衡战略来使美国在远东的利益最大化。在日俄战争期间，美国方面支持了日本的立场，并且为其对抗俄国提供了资金支持，美国总统西奥多·罗斯福还亲自调停了日俄在中国东北的争夺，希望能够通过这一行动保持中国东北对美国的"门户开放"。因此，美国在战争期间要求清政府方面要"严守中立"，实际上是偏袒日本，牺牲中国东北的主权去实现自身的利益。然而，美国支持日本并没有使中国东北的"门户开放"范围越来越宽，相反，美国在中国东北的贸易遭到羽翼渐丰的日本的冲击与排挤，日本的势力范围政策使得美国"门户开放"的政策越发无力。1905 年 10 月 12 日，美国铁路大王哈里曼（E. H. Harriman）与日本首相桂太郎交换了共同经营南满铁路的备忘录，以缓解日本方面的资金困难，从而实现哈里曼的"环球运输系统"计划。但是到了 1906 年 1 月 15 日，日本方面正式通知哈里曼，南满铁路共同经营的备忘录无效。它表明日本将在其中国东北势力范围内实行垄断性的投资政策，而不是实行它在《朴茨茅斯条约》中保证的"门户开放"政策，这一事件标志着日本对美国政策的转变。② 此外，日本与美国之间因为加州日本移民问题与两国在太平洋上的海军扩张爆发了更为激烈的矛盾。

1907 年 6 月，西奥多·罗斯福派出美国海军"大白舰队"（Great White Fleet）做环球航行，日本的横滨也作为美国环球舰队的访问目的

---

① 中国第一历史档案馆编：《光绪朝朱批奏折》第一一二辑，中华书局 2009 年版，第 895 页。
② 吴心伯：《金元外交与列强在中国：1909—1913》，第 10 页。

地，此举的动机，正如西奥多·罗斯福私下所称，是要"使日本认识到局势的严重性"①。11月，罗斯福又同德国驻美大使讨论了缔结德、美、中三国协约，以在远东对付日本的问题。由于欧洲的局势和远东地区英日同盟、日法协定和日俄密约使得德国在远东局势十分孤立，德国也希望能与美国达成协定，以保证中国的行政完整来交换商业特权。这样，美国对日本政策的转变已经有了雏形，但是西奥多·罗斯福并没有真正打算联合德国与中国签订正式同盟条约，来遏制日本的扩张。

与此同时，面对日俄战争后欧洲列强和日本势力范围的扩张，清政府也加强了"联美"的努力。实际上，早在1898年，华美合兴公司从清政府手中获取单独承揽粤汉铁路筑路权时，清政府的用意就是引进美国资本来平衡华中、华南地区欧洲列强的势力范围之扩大。但是合兴公司后来又将大部分的股份出售给比利时资本（背后是俄国的支持），违反了不准转让合同的规定，清政府在张之洞、盛宣怀等官员的努力和国内舆论的配合下，引入英国资本将筑路权收回，华美合兴公司背信弃义之行为以及歧视华工行为引发了中国部分地区抵制美货。1905年，时任陆军部长塔夫脱率领美国代表团访问中国，借以缓和中国民间广泛发起的抵制美货运动。1905年塔夫脱代表团的访华之行"通过友好的外交访问和面对面的高层会晤来化解中美两国之间的敌对情绪和外交僵局"②。

日俄战争后，面对着日俄两国在中国东北地区联合蚕食侵略的势头，清政府欲再次联合美国，抗衡日俄尤其是日本日益嚣张的气焰。1907年12月，西奥多·罗斯福总统在给国会的咨文中谈到庚子赔款善后的事宜，"当日政府之初意，本欲俟各种损失清偿之后，即以盈余之数交还中国，以为友谊之证"。罗斯福又说"此邦（美国）宜竭力助中

---

① G. P. Good & H. W. V. Temperley, eds., *British Documents on the Origins of the World War*, 1898–1914. Vol. 8, London: H. M. S. O., 1929, p. 457.
② ［美］马戈·塔夫脱·斯蒂弗等：《看东方：1905年美国政府代表团访华之行揭秘》，浙江大学出版社2012年版，第5页。

国之教育发达,使此地大人众之帝国,能振拔以适于今日之竞争世界,即如招致中国学生来此邦留学高等教育,亦达此目的之一法也"①。美国退款庚子赔款,用于学生留美之用,这在当时赢得了清政府的好感,也改善了由于合兴公司引发的民众排美、拒美情绪。1908 年 7 月 17 日,清政府宣布派出奉天巡抚、曾经留学美国哥伦比亚大学的唐绍仪作为特使访问美国,名义上是答谢美国退还庚子赔款。② 当然,唐绍仪访美另外的使命就是要尝试联络美国方面的力量,商议东三省的借款,借以联合抗衡日本的影响。

1908 年 10 月 30 日,西奥多·罗斯福总统派出"大白舰队"中八艘美国军舰组成编队访问中国东南沿海的厦门。海军提督萨镇冰率海圻、海容、海筹、海琛四舰等组成中国海军编队欢迎美国舰队访华,并且清政府方面还派出贝勒毓朗、外务部侍郎梁敦彦以及制军松寿慰问由美国太平洋舰队司令额墨利(Admiral Emory Sperry,又译为思柏立)率领美国海军编队。③ 美国舰队在厦门待了六日,受到了清政府以及当地官员、百姓的热烈欢迎。当时的中国官民都希望能联络美国的力量,"欢迎联两国之邦交,诚一时之盛典,是则我国家之官绅商民所厚望者也"④。这次访问开启了中美两国海军友好合作的先河。再者,美国舰队对厦门的访问,历时 14 个月、航程数万海里、横穿三大洋,一方面极大震慑了当时英国的海上霸主地位,同时也削弱了日本进一步扩大它在远东和太平洋地区影响的企图;另一方面对改善中美关系起到了一定

---

① 胡适:《美国退换庚子赔款记》,引自胡寄尘《清季野史》,岳麓书社 1985 年版,第 183—185 页。
② 《美国减收庚子赔款奉上谕遣唐绍仪加尚书衔往美国致谢》,引自周振鹤策划,广西师范大学出版社编《美国政府解密档案·中美关系往来照会集》(卷十一),广西师范大学出版社 2007 年版,第二七一页。
③ 《派贝勒毓朗等抵厦门劳问美舰,美馆派黎富恩为柔大臣代表并致谢》,引自周振鹤策划,广西师范大学出版社编《美国政府解密档案·中美关系往来照会集》(卷十一),第二一一页;《美国水师提督思柏立率领舰队至厦门停泊六日》,引自《美国政府解密档案·中美关系往来照会集》(卷十一),第二二〇页。
④ 《光绪三十四年十月初六日美水师访问厦门石刻》,现仍可见于福建厦门南普陀寺碑林,笔者曾进行实地调查。——笔者注

的积极作用。① 中国官绅对此均反应强烈，不少人就提出要趁机结成"清（中）美联盟"。当时的《大公报》就长篇连载报道美舰访华一事，认为在远东地区竞争如此激烈的情势之下，"美与我适居太平洋两岸，俨若左右夹辅，有互相维持之势，假令同心合力，共策治安，则此数万里浩浩荡荡之海洋大可作金城汤池之巩固"。现在前有唐绍仪作为专使赴美，而今美舰队东来，"一时世谕纷纷，皆议及中美联盟一事"。作者呼吁清政府应趁彼美舰来时，上自君臣将帅，下至社会人民，无不鼓舞踊跃，备极欢迎，从而"共保太平之意识"。② 清政府与美国政府之间一系列的外交行动似乎预示着美国对远东政策的变化，尤其是对日政策的转变迹象。

然而，西奥多·罗斯福总统不愿使其远东势力均衡政策发生彻底的改弦易张，否则这会影响到美国对华的门户开放政策的有效性。西奥多·罗斯福更不愿因为清政府的东北计划而使本已紧张的日美关系再发事端。正如西奥多·罗斯福后来对塔夫脱所说："东北的整个历史，无论是在俄国或者日本控制之下，都同样证明，一旦有一个强大的国家决心不顾门户开放政策，宁愿冒战争的危险而不欲放弃它的野心，这个政策就立刻在事实上成为一纸空文。"③ 因此，美国不愿意因为与中国结盟而在远东地区招致与日本开战的结局。对此日本政界元老、派往朝鲜的监国伊藤博文在接受《纽约先驱报》采访时发表的看法更为切中实际。伊藤博文认为，"清美同盟"根本没有可能，因为美国固守孤立主义的"历史主义"，何况当时的"清国"的实力也不够格。④ 伊藤博文之言固然是离间中美之宣传话语，却也点出了西奥多·罗斯福的政策所

---

① 屈春海：《1908年美国舰队访华》，《中国档案》2008年11月，第56—59页。
② 《论欢迎美舰事》，《大公报》（天津，光绪三十四年十月十七日），第一张。
③ Tyler Dennett, *Roosevelt and the Russo-Japanese War*, New York: Doubleday, Page & Company, 1925, pp. 320–323.
④ 《日元老关于清美关系之谈片》，《大公报》（天津，光绪三十四年十二月初二日），第二张。持此说者还有英国公使朱尔典参见 "Annual Report 1908," in Nish Ian, ed., *British Documents on Foreign Affairs: Part I ～ Series E Asia, 1860–1914, Volume 14, Annual Reports on China, 1906–1913*, An Imprint of CIS: University Publications of America, 1993, pp. 90–91.

向。1908年11月30日，就在唐绍仪抵达华盛顿的当天，日本驻美大使高平与美国国务卿罗脱签订了《罗脱—高平协定》，该协定保证了日本在朝鲜和中国的优先权，作为回报，日本答应不入侵菲律宾。① 西奥多·罗斯福最终选择了纵容日本对中国东北的势力范围的占有和门户开放政策"象征性地存在"。

1909年3月，一直被认为是西奥多·罗斯福总统接班人的威廉·塔夫脱正式就任美国新总统。白宫的新主人改变了西奥多·罗斯福对日本一味纵容的既定政策，以一种前所未有的积极姿态推行对华"金元外交"政策，即通过美国资本来与欧洲、日本竞争，从而推动美国在华利益的实现。塔夫脱总统和诺克斯国务卿大幅度地扭转美国对远东地区中日两国的政策，既有前任政府政策在与清政府联合之铺垫，同时也有着美国国内工商业资本寻求中国巨大市场的推动，甚至有塔夫脱总统自身的因素。首先，从美国国内来看，1907年的金融危机余威未平，国内竞争激烈，利润率下降，国内工商企业主、华尔街银行家们迫切希望寻求海外市场，尤其是中国的市场。再者美国的出口结构来看，到塔夫脱上台前，美国工业制成品的出口已经大于原材料的出口，美国需要为工业制成品寻找更多的市场，尤其是对工业制成品有巨大需求的欠发达地区的市场。塔夫脱曾经指出："在政治和经济利益之间有一种基本的关系，这是政府必须承认的。美国金融界和工业的代表寻求投资机会与市场。他们走到哪里，政府便应跟到哪里，提供对他们的保护，并且为美国国民寻求更多的商业机会。"② 塔夫脱总统强调20世纪初期已经是商业外交的时代，外交必须为经济扩张服务。

清政府的财政困难及其新政的实业计划给美国提供了机遇，也为美国资本找到了广阔的市场，与此同时，欧洲列强、日本在华资本输出的

---

① ［美］亨利·J. 亨德里克斯：《西奥多·罗斯福的海军外交：美国海军与美国世纪的诞生》，王小可，章放维等译，海洋出版社2015年版，第222页。
② ［美］查尔斯·威维尔：《美国与中国：财政和外交研究（1906—1913）》，张玮瑛、李丹阳译，社会科学文献出版社1990年版，第68页。

增加和借助债务问题对清政府财政事务实施干预的事情时有发生，美国迫切需要在华有实际行动，才能维护门户开放的政策。此外，塔夫脱总统本人在远东问题尤其是中国问题上经验丰富。塔夫脱曾于1905年和1907年两次访问日本、中国，到过中国的广东、上海和东北地区，因此对中国事务尤其是美国对中国的贸易早有关注。1905年塔夫脱在迈阿密大学开学典礼上发表演讲，声称"中国一直把美国看作她是好的朋友。世界上最大的商业目标之一就是同四亿中国人做生意"①。是年9月，塔夫脱受罗斯福之命访华，努力改善因抵制美货运动引发的紧张局面，认为美国同情与支持中国"现代化"的努力。1907年10月8日时任陆军部部长的塔夫脱访问中国上海时就提出"要采取一切合法的手段来保护美中贸易，反对竞争者的政治偏见"。美方准备鼓励中国政治改革，支持中国政府开发本国资源。这一改革将使中国强大起来，使之能够抵制外国寻求不合理的、排他性特权的侵略要求，并实行对所有国家机会均等的门户开放政策。塔夫脱还提出要协助中国进行大规模的工业开发计划，使中国成为伟大的"工业强国"，这样才能扩大双方的贸易，因为"永远依赖落后地区人民开发其资源所带来的利润或者说依赖强买强卖而无力使他们享有合适的相对价值的做法不是一个稳定的贸易所在"②。1908年末，塔夫脱赢得了大选。12月10日，塔夫脱以新当选总统候选人的身份接见了正在美国访问的中国特使唐绍仪。唐绍仪在会见后给外务部的报告称："顷晤新总统，据云……所盼中国极力办事，数十年后比可成全球最强之国，以后美国自当尽力协助，设各国有不利中国之举动，亦当设法阻拦，以助中国发达"，"余将来在任一日，必能尽力帮助中国一日"③。

---

① Ralph E. Minger, *William Howard Taft and United States Foreign Policy*, Urbana: University of Illinois Press, 1975, p.166.
② "China and Her Relations With the United States," in David H. Burton, ed., *The Collected Works of William Howard Taft*, Vol.1, Athens: Ohio University Press, 2001, pp.108-109.
③ 《唐绍仪致外务部电，光绪三十四年十一月初七》，第一历史档案馆，外务部档，第3482号。转引自吴心伯《金元外交与列强在中国：1909—1913》，第24页。

1909年3月4日，塔夫脱总统在其就职演说中谈到了东方（Orient，指远东地区）的国际争端是便提出其政策构想："在远东地区，由于门户开放及其他问题很有可能引发的国际争端中，美国能够维持其利益的完整，并且能获得对其正当要求的尊重。然而，可以理解的是，除了通过口头的抗议和外交照外，如果美国不采取任何其他手段来维护其宣称的权利，那么美国也无法达成所愿。"① 与此同时，塔夫脱呼吁未来国会应该清醒地认识到美国对外贸易的重要性并且尽全力推动美国的外贸。因此塔夫脱需要有一种具体的政策手段来维持远东的"门户开放"，推动美国在远东地区的贸易。这次演讲可以说是塔夫脱政府时期对华"金元外交"政策的第一次公开的声明。新的对华政策转向在国务院也得到了国务卿诺克斯及其他官员的支持，现在就欠缺的是落实这一原则的具体机会，而1909年5月，英、法、德三国银行家与财政拮据、债务缠身的清政府之间关于湖广铁路的贷款谈判成为美国新政府介入中国事务的大好机遇。

第二节 美国国务院强行挤入湖广铁路贷款

一 美国国务院强行挤入湖广铁路贷款

甲午战争前后，西方列强掀起了掠夺中国路政之狂潮。1896年（光绪二十二年），总理各国事务衙门奏为统筹南北铁路，拟设铁路总公司，而湖广铁路（亦称"粤汉铁路"）亦在规划之列。这一筑路消息引发了国内绅民和外国列强的极大关注，美国欲先得之而后快。督办铁路总公司大臣盛宣怀统筹路政的总方针是坚持"先优官款开办，然后择借洋债，再集华股"。是年，美国参议院提议开发中国铁路利益，于

---

① James D. Richardson, *A Compilation of the Messages and Papers of the Presidents*: *William Howard Taft*, Vol. XXIII, Bureau of National Literature, 2006, pp. 7752 – 7753; Scott Nearing and Joseph Freeman, *Dollar Diplomacy*: *A Study in American Imperialism*, London: George Allen and Unwin Ltd., 1927, p. 43.

是创设了美华合兴公司,要求由美方投资建设粤汉铁路。清政府基本态度奉行"以夷制夷"之术,盛宣怀也希望利用美国资本来建设湖广铁路,借以平衡英、法、俄等欧洲列强在中国建立势力范围之野心。盛宣怀复奏称"现在德已踞胶,俄已留旅,法已窥琼,英亦有扼长江之谋是。各要害口岸几尽为外国所占,仅有内地尤可南北自由往来。若粤汉一线再假手英人,将来俄路南引,英轨北趋,只芦汉一线踞脊其中……故此路借款断以美国为宜"①。于是盛宣怀与美国合兴公司代理人巴时画押,签证了《美国合兴公司粤汉铁路借款草合同》,由美华合兴公司出资400万英镑(或照美金申算)用于建设汉口到粤东省城铁路,利息为5%,每半年交一次利息,偿还期限为50年。但由于当年爆发的美西战争使得美国合兴公司暂停了铁路建设一事。1900年,盛宣怀再次与美华合兴公司商议,7月伍廷芳在华盛顿与合兴公司签证了《粤汉铁路借款续约》,借款数额增加到4000万美元。

1902年(光绪二十八年),美国合兴公司私自将粤汉铁路借款2/3底股售与比利时、法国两国公司,而且董事多为比利时人,同时在汉口的美国人也陆续返回美国。这样一来,粤汉铁路之权益则落入了以比利时国王为首的万国东方公司(La Compagnie International d'Orient)手中,比利时人将公司改组,大权落入其手。

美国合兴公司私下将美股售予比利时的消息一经传出,引起中国湘、鄂、粤三省绅商大哗②,尤其是鄂督张之洞听闻该消息后,认为"当时欧局比与法俄最亲,京汉铁路已由比法两国合办,若再包修粤汉则我们南北干线全归牢□,与俄之所造东三省铁路衔接一气,实不大利"③。按照合同规定,股票售予他国,权利亦属于他人,即使美国商

---

① 詹福瑞主编:《民国文献资料丛编·近代交通史全编》,第35卷,国家图书馆出版社2009年版,第240页。
② 中国社会科学院科研局:《孙毓棠集》,中国社会科学出版社2007年版,第220页;《湘抚赵尔巽致外部湘绅请电盛宣怀驳诘美公司合同私售比国电》,引自王彦威纂辑、王亮编《清季外交史料》卷一七一之一四,书目文献出版社1987年版,第二七二五页。
③ 詹福瑞主编:《民国文献资料丛编·近代交通史全编》,第35卷,第257页。

人出面，然而最终还是得听从比利时人。因此，美国合兴公司私售股权的行为极大地危害到清政府战略意图的实施。鉴于此，张之洞等人倡议废约，收回路权自行办理。1904 年 5 月 10 日，清政府饬令出使美国大臣梁诚照会美国国务院，要求美方在合兴公司事件上表明态度。一是，美国政府是否以为合兴公司实系美国公司；二是，美国政府愿否全权办理关系该公司之交涉事件；三是，美国政府愿否对待粤汉之意见及保护之主义宣布于众。① 美国国务院对此的答复是"美国政府以为合兴公司实系美国公司；该公司若照现在经理办决，美国以为本国政府独自存权办理关系该公司之交涉事件；美国愿将对待粤汉之定见及将该路遇有合宜应办事件必自极乐助之意宣布于众。倘若该公司将其规模办法更改，以致本国不应承认相助，本国政府即可停止承认相助。"②

从这封照会来看，美国政府对于美华合兴公司的支持力度是有限的，即"合宜则相助，不合宜则不助"。合兴公司违反了《借款合同》之第十七款中"不准转与他国之语"，这在盛宣怀等清政府官员看来是无可辩驳的铁案。因此，他随后给梁诚发文，要求后者向美国政府表达"符约则存约，违约则废约"之意，同时还通知福开森参赞，要"极力争辩，必办到废约为止"③。但西奥多·罗斯福以及国务卿罗脱并不愿意合兴公司遭到如此之失败。1904 年 11 月 15 日美国驻华公使康格（Conger）照会外务部庆亲王，抗议清政府"如此武断的措施，认为中

---

① 《出使美国大臣梁诚照会美国外交部文》，引自詹福瑞主编《民国文献资料丛编·近代交通史全编》，第 35 卷，第 258 页；"Legation of the United States to the Honorable John Hay," in Jules David, ed., *American Diplomatic and Public Papers: The United States and China*, series Ⅲ, the Sino-Japanese War to the Russo-Japanese War, 1894 – 1905: Railroad Building and Financial Affairs, Wilmington, Del.: Scholarly Resources, 1981, p. 120.

② 《美国外交部照覆出使大臣梁诚文》，引自詹福瑞主编《民国文献资料丛编·近代交通史全编》，第 35 卷，第 259 页。

③ 《督办铁路总公司大臣盛宣怀咨出使美国大臣梁诚文》，引自詹福瑞主编《民国文献资料丛编·近代交通史全编》，第 35 卷，第 259 页。

国政府将承担由此引发的美国既得权利的损失"①。1904年11月19日，康格再次照会外务部庆亲王，认为清政府想要将合兴公司所有合同作废的做法，美国并不赞同。国务卿罗脱的态度是"嘱本大臣（指康格）再行驳复中国政府所拟之办法，催迫其将所拟办法先行停办，须俟与合兴公司所有关系之美国人等将其于此事意见达知中国。查照后中国政府再行议办"②。美国的态度是要中国政府与合兴公司美方人员协商之后才能决定下一步如何行事，实际上这是国务院的缓兵之计，国务院希望美国公司能够赎回合兴公司卖掉的股份，从而保住美国企业好不容易才在中国富庶的长江流域建立起来的影响。

1905年初，华尔街金融大鳄J. P. 摩根财团出资把比利时买去的2/3股票重新收回，美国财团重新控制了合兴公司。1月27日，美国国务院指示驻华公使康格，令其"须竭力驳诘，不允中国将合兴公司合同作废"。这次国务院的理由是"因该公司前售与他国人之股票，现经该公司美国人多出优价将股票买回，是以该公司完全由美人管辖，如中国政府废此合同，美国政府必以此事与抢劫无异"③。换言之，美国认为美国资本已经购回合兴公司的股权并且占据绝大多数，所以原先的合同必须有效，美国政府坚决反对清政府提出的废止合同的要求。但美国合兴公司反反复复的做法，激起了清廷大员和地方乡绅的激烈反对，清政府坚决要求赎回粤汉铁路之股权。

就在清政府与美国政府两方僵持之际，作为购买方J. P. 摩根财团最先做出妥协，在能得到一大笔赔偿的前提下，摩根银行答应清政府赎回铁路股权之要求。1905年8月底，西奥多·罗斯福总统与摩根协商，

---

① "Mr. Conger to Prince Ch'ing," in Jules David, ed., *American Diplomatic and Public Papers: The United States and China*, series Ⅲ, *the Sino-Japanese War to the Russo-Japanese War*, 1894–1905: *Railroad Building and Financial Affairs*, p. 252.

② 《欲将合兴公司合同作废须俟该公司美国人将意改订达知再行议办》，引自周振鹤策划，广西师范大学出版社《美国政府解密档案·中美关系往来照会集》（卷十），广西师范大学出版社2007年版，第一五八页。

③ 《美国政府不允中国政府将合兴公司合同作废》，引自周振鹤策划，广西师范大学出版社《美国政府解密档案·中美关系往来照会集》（卷十），第一九八到一九九页。

不得不同意这位银行家接受中国的赔款,作为取消这一特许权的补偿。因为西奥多·罗斯福总统觉得插手太晚,已经不能起什么作用,因此罗斯福被迫同意这种做法,即承认在与中国发生纠纷时,他也不能保证给予保护。① 于是,清政府颁布上谕,责成张之洞、梁诚一手经办,盛宣怀不准干预。1905 年 8 月 3 日,梁诚签订了赎路条约。9 月 9 日,张之洞与英国达成《粤汉铁路商借磅款合同》,向香港港英政府殖民当局借款 110 万英镑,以十年为期,按照利息 4.5%,并且以湖北、湖南、广东三省的烟土税收作为担保。② 与英国人合作的成功使得张之洞对于邀请英国参加铁路建设的态度更加积极。张之洞向英驻汉总领事法磊斯表示"以后粤汉铁路如须向外洋续借造路之款,自当先与贵国询商,果其利息抵押等款较他处相宜,应先优贵国承办。如造路借取英款则粤汉铁路需用之外国工程师当一半用英国人,凡用外国物料(除中国所产外),亦可先优英商开价"③。张之洞对英国驻武汉总领事的承诺为后来英国介入川汉铁路埋下了伏笔。

川汉铁路是连接四川成都至湖北汉口段的铁路干线。1903 年(光绪二十九年)初,四川总督锡良奏请由四川省设立川汉铁路公司,先优华股招集,试修川汉铁路。五月十七日朱批外务部奏议。④ 当时英美两国公使请求照会外交部磋商借款修筑川汉铁路。外务部的批复是"力主速筹自办,请俟设立商部后由商部大臣招商,专集华股"⑤。外务部与锡良等人关于川汉铁路自办的方案得到清政府的许可,但英美两国并不肯善罢甘休。是月,美国公使康格再次发函,要求清政府允许美商承办川汉铁路。外务部随后予以函复,"川汉铁路已经决定由四川省自

---

① [美]查尔斯·威维尔:《美国与中国:财政和外交研究(1906—1913)》,第 73 页。
② 参见詹福瑞主编《民国文献资料丛编·近代交通史全编》,第 35 卷,第 269 页。
③ 《湖广总督张之洞致驻汉总领事法磊斯函》,引自詹福瑞主编《民国文献资料丛编·近代交通史全编》,第 35 卷,第 267—268 页。
④ 《署川督锡良奏自设川汉铁路公司以开利源而保主权折》,引自王彦威纂辑、王亮编《清季外交史料》卷一七三之一四,第二七四九至二七五〇页。
⑤ 詹福瑞主编:《民国文献资料丛编·近代交通史全编》,第 35 卷,第 255 页。

行办理……将来建筑川汉铁路如筹借外款先优英美商借"。与此同时，法国驻重庆领事也向锡良表示，法国要商办川汉铁路事宜。① 当时的外交部亦发表声明，重申各国公司如果要请求修建中国铁路，"均应由中国酌定，不能以请办未定之案，视为应得之利益，并为日后优后承办之据"②。实际上，美国紧紧咬住不放的正是前一则复函，而对后一则复函视而不见。正是外务部的前一则复函后来为美国强行挤入贷款合同提供了"切实之依据"。

1908年年中，江苏巡抚陈启泰上奏，鉴于粤汉铁路收回后，经营数载，官绅董事意见不一，迄无成效，建议派督办大员统一事权，之前在粤汉铁路收回事件中立下功劳的张之洞得到了清廷的赏识。7月，清政府颁布上谕，派军机大臣、大学士张之洞兼任督办粤汉铁路大臣，会商邮传部及三省督抚认真筹办。但由于铁路涉及两省，官绅意见众多，事权分歧。于是，十月初四，清廷再颁谕旨，"责成张之洞通筹全局，严定期限，各就三省情形分别妥订章程，因时制宜，主持定断……经此次申谕后，该督办大臣等务当协力赶办，不准延续"③。12月底，清廷再颁上谕，以鄂境川汉与粤汉两路本属相辅，自应联为一气为由，命张之洞兼任"督办鄂境川汉铁路大臣"。这样，张之洞便开始统筹两湖境内粤汉与川汉铁路鄂段事宜，由于两湖地区"商民不厚"，资金不足，张之洞便积极向欧洲列强借款筹办铁路。④

英国驻汉口总领事法磊斯据1905年的照会致电英国驻中国公使朱尔典，推荐中英公司代表濮兰德到北京活动。濮兰德一开始提出包揽工

---

① 《驻重庆法领事安致川督锡良请商办川汉铁路事宜照会》，引自王彦威纂辑、王亮编《清季外交史料》卷一七四之一八，第二七六八页。
② 詹福瑞主编：《民国文献资料丛编·近代交通史全编》，第35卷，第255页。
③ 中国第一历史档案馆编纂：《清代中南海档案·政治活动卷二十》，西苑出版社2004年版，第三一三页；另参见《政治官报》，光绪三十四年十月初五日，第34669页。引自全国图书馆文献缩微复制中心编《清末官报汇编》，全国图书馆缩微中心2006年版，第69册。
④ 两湖境内粤汉与川汉鄂段二者因皆在湖广总督辖境以内，故合称湖广铁路，参见中国社会科学院科研局《孙毓棠集》，第233页。

程的要求，而后又提出要英国的总工程师（司）负责铁路建设购料用款，有签字画押之权。这遭到张之洞的强烈反对，认为"濮兰德于开议后，要挟多端，并不按照光绪三十一年所订照会商办。始欲包工，意在揽修路之权，继又欲凡用款时必令总工程师签字，意在干涉中国用人购料之权，种种无理要求，实出情理之外"①。濮兰德随后便以中英公司不能办理为由，坚决退出。在此时在华的欧洲列强当中，法俄两国关系密切，而俄国已据中国东北，为清政府心腹之患，美国由于之前合兴公司之案为清政府所弃，英国又提出各种不合理要求为挟。因此，张之洞便转向德国借款，试图平衡英国在长江流域日益壮大的影响力。实际上，早在1906年，清政府与德国在借款建设津浦铁路时已有合作先例，当时德国为了能分取中国路权，给予津浦铁路贷款较为宽松的条件，至少德国人没有向张之洞要求其所忌讳的总工程师签字权之内容。于是，张之洞与德华银行订立了粤汉铁路借款大概办法，主要是依照津浦铁路合同办理。1909年3月7日，张之洞与德华银行代表柯达士（Heirich Cordes）签订了《中德湖广铁路借款合同草案》。

张之洞与德国德华银行借款商办川汉铁路引发了英国的强烈抗议，英国公使援引前照，要求两湖粤汉铁路借款仍应向英国议借，英国还向清政府驻英公使诘责张之洞借款一事。迫于英国的压力，张之洞不得不做出妥协，在回复外务部的电文中称道："（英国）如改派他家英商来商肯，按照现与德商所定办法办理，亦可与商鄂境川汉借款。"② 张之洞无奈做出退让之后，英国公使遂派出汇丰银行与张之洞进行谈判，由于当时的中英公司是由英法两国商人合资建立，因此，法国东方汇理银行也代表了法国加入与清政府谈判借款的行列。于是，在1909年6月6日，张之洞便与英国汇丰银行、法国汇理银行以及德国德华银行签订了《湖北湖南两省境内粤汉铁路、鄂境内川汉铁路借款合同草案》。三

---

① 张文襄：《张文襄公全集》（卷70），文海出版社1963年版，第33页。
② 《附张之洞致外务部函》，引自詹福瑞主编《民国文献资料丛编·近代交通史全编》，第35卷，第304页。

家银行共同出资550万英镑,利息为5厘,所筹资本主要有两大用途:一是为赎回比利时现持有前购美华合兴公司的股份(约合222万美金),并且要求全数赎回;二是用于建设两湖境内粤汉铁路干线、鄂境内川汉铁路干支两线官办铁路之资本。其资金的分配为粤汉铁路约250万英镑,川汉铁路约250万英镑。借款合同的抵押是以两湖的盐税和厘金作为担保。① 英、法、德三家公司各占1/3的贷款,同时平等享有购买筑路原材料之权。

就在张之洞与英、法、德三国银行签订协议前夕,西奥多·罗斯福政府下台,同属共和党阵营的塔夫脱政府赢得了大选上台,组建新政府。3月5日,新任国务卿诺克斯执掌国务院,他们开始改变前任政府对待远东尤其是中国的外交政策,代之以一种前所未有的新姿态。在湖广铁路贷款问题上,姗姗来迟的美国国务院开始强势介入,要求美国驻华公使柔克义向外务部表示美国援引1903年前美国驻华公使康格向清外务部申请美国为川汉铁路筹措资金权利为由,要求加入湖广铁路贷款合同。1909年5月24日,国务卿诺克斯致电柔克义,要求向清政府外务部转达美国政府"坚持外务部1903年照会保证了美国与英国资本在竞标川汉铁路贷款中的优先权"②,这一立场改变了前任政府在此问题上的消极态度。实质上,西奥多·罗斯福政府早就得悉湖广铁路贷款的消息。1904年以濮兰德为代表的中英公司在寻求粤汉铁路计划贷款时,就首先与美国第一国民银行和花旗银行接触,并提出合作意向。

1905年7月25日,英国驻美大使杜兰德(H. M. Durand)致函代理国务卿艾迪(Alvey A. Adee),询问美国资本家是否还有意愿参加中国铁路的贷款事业,而当时美国的代理国务卿则回复称美国国务院目前还不知道美国资本家的意图,因此国务院随后将这一计划公之于众。③ 9月15日,英国驻美大使再次询问艾迪,既然美国资本家的意图未知,

---

① 詹福瑞主编:《民国文献资料丛编·近代交通史全编》,第35卷,第305—307页。
② "The Secretary of State to Minister Rockhill," *FRUS*, 1909, p. 144.
③ "The British Ambassador to the Acting Secretary of State," *FRUS*, 1909, p. 147.

英国希望知晓国务院接下来将采取何种行动。9月27日，艾迪回复称，国务院尽管已经做了两次宣传工作，但仍然没有收到美国资本家愿意参与该计划的消息。① 这样一来，英国理所当然视美国资本家无意参与此项贷款。经办贷款事宜的张之洞也认为"敝处筹款自去年七月（光绪三十三年）起已经十个月，如上午秋间美国将允愿借款之意，早为提议"②。因此，张之洞与三国银行家都未料想美国在此刻突然提出加入借款合同，而且（光绪三十四年四月初七）美国公使柔克义亲自至外务部，当面向庆亲王抗议，柔克义宣称"奉美国政府电称1904年外务部曾有公文致前康使（康格），许以将来建筑川汉铁路如筹借外款，先优英美商借。现闻该路向英、法、德三国订借，特命向贵部声明'前案鄙意如将美国增入，通融办理，美国政府或可见允等语'"③。美国公使柔克义的一纸抗议照会使得已是付诸在即的贷款合同草案签订方——张之洞和英国、法国、德国皆非常被动，而诺克斯执掌下的国务院更是咄咄逼人，在门户开放和利益均沾的口号下，强行要求加入贷款谈判，增强美国在长江流域的影响力，至少要求不被排除在外。在激烈的外交角逐中，有两条线索有助于厘清美国国务院对华政策的态度，即对华恫吓与对英、法、德三国以"门户开放"为名下的施压活动，从而为美国资本投资湖广铁路开辟道路。

首先，从清政府的角度来看，美国是抓住1903年外务部给康格的回复当成了令箭，一直紧咬着不放，将之作为插手湖广铁路贷款的楔子。6月4日，美国助理国务卿H.威尔逊通知柔克义，称"美国没有采取行动并不能解释为美国放弃其资本参与此项事业之权利"④。显然，这是一种诡辩的行为，6月5日，美驻华代办费勒琪（Fletcher）给清政府外务部负责人的庆亲王发去照令，要求尊重1903年中、英、美三

---

① "The Acting Secretary of State to the British Ambassador," *FRUS*, 1909, p. 148.
② 詹福瑞主编：《民国文献资料丛编·近代交通史全编》，第35卷，第315页。
③ 詹福瑞主编：《民国文献资料丛编·近代交通史全编》，第35卷，第315页。
④ "The Acting Secretary of State to Minister Rockhill," *FRUS*, 1909, p. 148.

国之间的谅解，而且美国国务院认为美国之前没有采取行动并不代表美国放弃其资本参与的权利。① 6月9日，费勒琪称已经将照会发给外务部，而且北京的外务部并未质疑这些照会的合法性。因此美国驻华使团认为，清政府承认其作为一项约束性内容。换句话说，外务部不敢开罪美国而承认1903年照会的"合法性"为美国介入寻找到了借口。然而，掌握实权的张之洞并不以为然，由于有了美国合兴公司的先例，张之洞对待此事较为谨慎。四月十九日，张之洞函复外务部，要求代为婉拒。张之洞认为光绪二十九年（1903）六月外务部复函美使时，"当日并未允许美国承办借款"，那么外务部应回复美国公使"不能以请办未定之案，视为应得利益及优先承办之据，且措词相当严正公允"②。换言之，张之洞否决了美国公使康格所谓来自外务部的"保证"，且张之洞认为与英、法、德三国的借款草约议定已久，而美国柔克义商借公函近数日才至，因此"为时为迟，无可如何"③。然而对于张之洞的婉拒，美国使团并不接受。费勒琪随之又致电外务部，希望能将英、法、德贷款分摊若干，以图利益均沾。外务部向督办大臣张之洞转述了美国照会，而张之洞的回复是合同已经签押，无从与美国商借未便。实际上，张之洞的意图在于以合同签押为借口，先稳住美国，同时也回绝美国野心，因为张之洞担心美国的突然介入将会"再令承办人员转商，别生枝节"④。五月，张之洞致函外务部，就五月二十八日（7月13日）接到三国银行团来函说明，美国银行团已派代表赴伦敦与之会商，但三国银行团认为"美国银行此次所请加入一节，敝银行等实不能复允"⑤。实质上，三国银行团原本亦是打算要求张之洞顶住压力，从而不给予美

---

① "Charge Fletcher to the Prince of Ching," *FRUS*, 1909, p.155；又见《川汉铁路借款美政府必须按前所允之言商界，望早复》，引自周振鹤策划，广西师范大学出版社编《美国政府解密档案·中美关系往来照会集》（卷十一），第四〇五页。
② 詹福瑞主编：《民国文献资料丛编·近代交通史全编》，第35卷，第315页。
③ 詹福瑞主编：《民国文献资料丛编·近代交通史全编》，第35卷，第315页。
④ 詹福瑞主编：《民国文献资料丛编·近代交通史全编》，第35卷，第316页。
⑤ 《附张之洞致外务部函》，引自詹福瑞主编《民国文献资料丛编·近代交通史全编》，第35卷，第316页。

国的突然插手松口。张之洞对此亦心知肚明，于是回复外务部时表示因美国提出要求过迟，实属自误。但面对美国的咄咄逼人之势，张之洞也做出了一些妥协，答应美国虽然川汉铁路借款未能如愿，但如果将来三国银行愿意，也可与美国和衷商议，分借款项，也就是说，希望以未来的合作前景换取美国现阶段的让步。五月二十九日（7月14日），庆亲王将张之洞的回函转达费勒琪。信中，张之洞对于美国的行径大加批驳，认为自己花费无数精力才勉强借英国资本从比利时人手中，将美国合兴公司私售股份赎回，"断断无自美国赎回之后，重复又借美款修造粤汉铁路也"[①]。而且此议一出，必致三省官绅之反对。张之洞还声明将先行向清政府上报，从而尽快了结贷款一事。

张之洞的强硬回复经外务部转给美国驻华代办费勒琪，庆亲王希望美国国务院体谅张之洞提出的困难。然而结果非但没有达成张之洞所愿，反而引起美国国务院上下的强烈反应。7月15日，国务卿诺克斯通知费勒琪，要求严正警告清政府，"如果美国政府不能以平等方式参与，或者如果美国政府被迫放弃该项权利，中国政府应负完全之责任"[②]。甚至塔夫脱总统也按捺不住，违反外交惯例，直接修书与当时清政府摄政王醇亲王，表达了美国对华政策的总方向：

> 我被贵国政府带有明显偏见的报告深为困扰。在目前的铁路贷款中，美国资本家应当是能够平等参与的。在摄政王阁下的英明裁决下，显然十分清楚的是，美国政府希望不仅基于中国1903年、1904年的承诺（这些在上个月已经得到确认），更为重要的是这将拓宽国家与个人之间平等、善意的原则——这对于贵国是最为重要的利益之一。我有着强烈的个人兴趣利用美国资本来开发中国，使

---

① 《美银行欲加入川汉铁路借款内，望申饬该银行从速议结，毋负中国顾全之意》，引自周振鹤策划，广西师范大学出版社编《美国政府解密档案·中美关系往来照会集》（卷十一），第三四七至三四八页。

② "The Secretary of State to Charge Fletcher," *FRUS*, 1909, p. 179.

其成为推动中国福祉的工具,并且成为增强中国物质繁荣的驱动力量,而这又不会影响中国的独立政治发展和领土完整。①

这是塔夫脱总统亲自给美国对华金元外交注入的催化剂,也是清末美国对华政策史上鲜有的、如此"高调"的外交行动。7月16日,诺克斯的强烈照会也由费勒琪向庆亲王转述,这封措辞极为强硬的照会包含两方面的内容,一是美国直接要求清政府将川汉铁路与三国银行签押借款作废,并且一律同办借款事宜;二是对于屡次拒绝美国政府参与贷款的张之洞严加指责,同时还严厉批驳了外务部的行为,认为"外务部之语不能不行骇异色"。照会强调加入湖广铁路贷款的条件是"本国总统与政府均以美国与他国银行一同办理路款视为最重之件"。此外,照令还进行了外交上的恐吓,称"贵国政府拒绝本国银行,窃恐生有意外枝节","有数人意欲破坏本署大臣实深骇异,所有中国使美国不得一律办理借款一节。是于本国体统及美政府应得之公理均有未合"。最后,费勒琪还力劝外务部,"若中国破坏美政府合理之请,其责任皆在中国政府",而且"此数人(指张之洞)之景况,允能悞公平之办法,且美政府之所最憎者,有数人能于中国或他国破坏在华均沾之利益,所以三国银行果不允美国一律同办借款,是直能将三国政府及中国政府之意见作废,到此地位,中国应藉主权,自己妥定"②。塔夫脱违反外交惯例的不寻常举动和费勒琪递交的"霸凌主义"的强硬照会在北京引起了震动,庆亲王不得不召集外务部官员商讨应付之道。7月18日,摄政王醇亲王回信塔夫脱总统,表明在对外贷款问题上,为回报塔夫脱总统的"伟大善意",摄政王已通知外务部尚书梁敦彦与美国驻北

---

① "The President of the United States to Prince Chun, Regent of the Chinese Empire," *FRUS*, 1909, p. 178.
② 《美国要求川铁路与三国银行签押借款作废,一律同办借款事宜》,引自周振鹤策划,广西师范大学出版社编《美国政府解密档案·中美关系往来照会集》(卷十一),第四一二至四一五页。

京代办费勒琪协商，以便达成"合适的决定"并采取"相应的措施"。① 塔夫脱接阅此文件后，极为高兴，认为摄政王的回电是"文意足征，交谊甚敦"，是一个"相当大的外交胜利"。②

由于与英、法、德三国已经签押的借款合同迟迟未能出奏，张之洞再次致函外务部，要求速为转达美国公使会商，但此时的张之洞也同意做出了妥协退让。张之洞的意见是"除粤汉铁路从美国赎回万难复借美款外……至借款总数三国银行业已允认四国均分，并无轩轾。盖川汉铁路本议必须续借。现议此项借款将川汉多借数十万镑，三国银行允愿匀出川汉借款之半全分与美国，三国分以其半，务使四国总数彼此必得平均"③。这也就是说，张之洞意料到粤汉铁路因诸省绅民议论众多，若再借美款，必生事乱，届时难以平息，因此这是万万不能采取的策略。唯有在川汉铁路借款问题上，一方面可以通过扩大借款的数额；另一方面在扩大数额的基础上分拨川汉铁路一半的份额给美国资本，从而将四国的借款份额平摊。这已是张之洞认为最为公正公平的办法了。然而美方的要求远不止于此。7月20日，诺克斯向费勒琪强调，美国国务院7月16日的强硬照会中涉及的美方权利应包括所有关于原材料、工程师、技工以及伴随着第四方的其他利益。④

当然，美国要加入湖广铁路贷款，还必须克服来自欧洲列强方面的障碍，毕竟从当时中国的国际形势来看，英、法、德已经和张之洞达成了一系列合作协议。因此，在对清政府施压的同时，美国也在积极地以"门户开放"的名义化解三国政府及财团建立起来的种种针对美国的藩篱。而夹在美国参与要求与英、法、德集体抗拒之间的清政府很是无

---

① "The Prince Regent of China to the President of United States," *FRUS*, 1909, p. 180.
② 《转交摄政王之谢函》，引自周振鹤策划，广西师范大学出版社编《美国政府解密档案·中美关系往来照会集》（卷十一），第四一五页。亦可见于吴心伯《金元外交与列强在中国：1909—1913》，第33页。
③ 《附张之洞致外务部函》，引自詹福瑞主编《民国文献资料丛编·近代交通史全编》，第35卷，第317页。
④ "The Secretary of State to Charge Fletcher," *FRUS*, 1909, p. 181.

奈，不得已只好同意美国参加，前提是其他国家赞同美国的参与。"这是把责任推回给美国的一种干净利落的办法，这个责任国务院高兴地承认了下来。"① 然而，美国要硬生生地从英、法、德三国到嘴的肥肉中撕下如此"公平"的一大块，亦不是易事，而其间美国国务院为了给"美国资本"均沾筑路之利，可谓无所不用其极。

就在得知英、法、德三国与清政府即将达成关于湖广铁路贷款协议之时，美国国务院便迅速行动起来，向英、法、德三国要求"均沾中国之利益"。首先，美国与英国展开了协商。1909年6月2日，国务卿诺克斯致函美国驻英大使里德，要求转达美国国务院关于1905年7月25日以及9月19日的回复（前述）并不等同于放弃美国参与的权利。"根据1904年备忘录，国务院愿意与英国合作，利用美国资本修筑这两条铁路。"② 诺克斯之意在于要求英国承认美国依然拥有中国政府所承诺的优先权，从而加入现在的英国合作事业。但英国认为之前英国驻美大使已经两次通知美国，国务院都没有做出肯定答复，现在协议达成，墨迹未干，美国人出尔反尔，就要来瓜分利益，英国自然不肯答应。于是6月8日，英国外交大臣回复里德，英国银行有权独立行事，并且由于时机已过，的确不能期望他们能做出别的（安排）。③ 英国外交部还给美国政府发去一封备忘录（6月7日），详述了英、法在贷款谈判中曾多次以公开或秘密方式通知美国方面，包括与前国务卿罗脱进行过沟通，但都没有收到国务院的回复，也没有任何反对声音，因此这一机会应当被视为美国已经错过。在此情况下，英国外交部希望美国方面理解"英国政府感到没有任何必要介入已经达成的安排"④。6月9日，诺克斯再次饬令里德尽快与英国外交大臣会面，并且最好能私下非正式地讨论中国目前的局势。诺克斯指出："大多数国家都感兴趣于维护商业机

---

① ［美］查尔斯·威维尔：《美国与中国：财政和外交研究，1906—1913》，第79页。
② "The Secretary of State to Ambassador Reid," *FRUS*, 1909, p. 146.
③ "Sir Edward Grey to Ambassador Reid," *FRUS*, 1909, p. 149.
④ "Memorandum from the British Foreign Office," *FRUS*, 1909, p. 150.

会均等的原则，如果缺乏列强间恰当同情的外交行动会对对外贸易构成威胁。"换言之，英国若不让美国参与，就是破坏了各国利益均沾的原则。

紧接着诺克斯还希望里德向英国外交大臣表达美国政府的态度，即公开与坦诚的合作是维护中国门户开放和领土完整最为有效的途径，因而"成立一个强有力的、由美、英、法和德国组成的财团将进一步推动此目的……这将缔造一个值得称赞的利益共同体"①。因此，可以看出诺克斯将美国加入国际银行团视为运用"门户开放"战略的强有力工具，他认为近来缔约的贷款不能仅仅包括川汉铁路的鄂段，建议贷款协议应包括整条铁路（意指川汉铁路的延长线）在内，并且允许美国的参与，这将提供问题解决的圆满方案。于此，一方面美国想以1900年多国均同意的"门户开放"旗号介入贷款事宜；另一方面做大铁路贷款计划，从而为自己的加入争取时间。

对于美国的新提议，英国的态度认为为时已晚。6月14日，英国外交大臣格雷致信诺克斯，声称英国"不会做任何对中美已存在的权利或者责任构成偏见的事情。但据英国资本家消息，在目前的形势下，贷款已经完成了"。很明显，这是格雷以英国资本家为名堵住美国干预之口，不仅如此，他还进一步指出"考虑到这些事实，英国真诚地希望美国可以通知驻华公使不要设置任何障碍去阻止清政府批准已经签订的四方协议，否则这将引发英国政府极大的担忧"②。英国政府的强硬态度引发了美国方面的不满，美国于是将压力转嫁到清政府头上，要求外务部做出"除非三国财团与美国银行达成协议，否则中国政府不会批准的承诺"。清外务部尚书梁敦彦不敢怠慢，无奈之下答应并向三国发出照会。6月22日，英国驻美大使白莱士致函诺克斯，声称英国政府欢迎美国在湖广铁路贷款问题上的合作，前提是"英国目前已同中

---

① "The Secretary of State to Ambassador Reid," *FRUS*, 1909, p. 152.
② "The British Ambassador to the Secretary of State," *FRUS*, 1909, p. 160.

国政府缔结并且只等待批准的协定不会被危及"①。美国得知英国的回避态度自然十分恼火，声明美国不希望因其政策而损害三国银行家的利益，相反，维护美国的利益并不会危及英国在此事件上的利益。美国坚持说如若美国不能参与，美国驻华使节的抗议照会就不会撤销。现在英国只是原则上同意美国银行团的参与，剩下的便是美国银行团与英国银行家之间的谈判了，但又应该如何谈呢？于是诺克斯要求英国政府出面，向英国的银行家施压。"众所周知，在华银行十分依赖各国政府，英国政府很容易通过知会令其银行家让美国银行家参与分享在华的利益，从而终结目前的争论。"②

美国的强硬回复并未促使英国的基本立场有所退让。6月23日，英国外交大臣格雷再次重申希望美国不要阻挠清政府批准合同，否则这将引发列强在华利益的分歧与冲突。第二日，白莱士致函国务卿诺克斯，再次要求美国政府与英、法、德三国之间的财政合作必须基于一个前提，那就是1909年6月6日已经签署的协定（合同）不会被破坏。与此同时，鉴于美国的强硬立场，英国也做出一些让步。白莱士认为："现在达成切实可行的方案就是四国代表尽早在伦敦或欧洲大陆国家首都举行会谈，而美国代表将予以协助，并且能够获得一切的信息。"③这对于美国而言是一个重大的外交胜利，至少作为最重要的介入障碍之一的英国，现在已经答应美国加入并且愿意给美国代表团提供相关的信息。这样，美国银行代表司戴德便动身前往伦敦和三国代表谈判。

1909年6月30日，诺克斯进一步指示里德，如果目前的川汉铁路贷款合同包括提供筑路原料的条款，美国必须拥有相同的份额，这对于美国是最为重要的。④ 显然，这是在为美国的工业制造品寻求中国富庶的腹地地区广阔的市场。这项内容代表美国不仅要参与贷款，而且也要

---

① "The British Ambassador to the Secretary of State," *FRUS*, 1909, p. 163.
② "The Secretary of State to British Ambassador," *FRUS*, 1909, p. 164.
③ "The British Ambassador to the Secretary of State," *FRUS*, 1909, p. 165.
④ "The Secretary of State to Ambassador Reid," *FRUS*, 1909, p. 168.

均沾筑路原材料的采购，这简直是一种彻头彻尾的"商店主"外交。7月9日，助理国务卿H. 威尔逊通知里德，强调中国政府已经做出承诺，除非与美国银行协商，否则中国不会批准合同。因此要求里德利用中国政府的"承诺"向三国施压。H. 威尔逊认为："根据机会均等的原则，欧洲银行团希望牺牲（美国）利益的做法将危及整个铁路贷款。"① 换句话说，如果美国不能在原料供给上享有平等的权利，美国就不会撤销对北京外务部的抗议照会，这样就会使英、法、德三国尤其是英国苦心经营的贷款计划化为泡影。当时的梁敦彦也希望美国不要坚持平均提供原材料的要求，防止再次因美国的要求而横生枝节，然而国务卿诺克斯坚持此项计划。7月15日，塔夫脱总统违反惯例给醇亲王的信以及费勒琪的强硬照会，使得英国也意识到美国的决心，因此之后便开始妥协，逐渐承认美国在提供原材料上与其他三国平等的权利。

　　美国在与英国接触的同时，也积极向德国和法国寻求在"门户开放"上的支持。6月7日，美国已向德国和法国发去电报，要求美国参与湖广铁路的贷款项目。第三日，德国外长范肖尔男爵（Baron Van Schover）便回复："德国政府并未参与贷款事项的安排，我们将之完全交给了银行家处理。银行家知晓他们自己的利益，并不需要政府代其行动。"② 实际上，德国宣称自己在对华贷款上实行的是不干涉政策，这就等于是在搪塞美国，给美国银行团的介入制造门槛。法国外交部的回复则更是充满诡诈，法国声称并不知情美国的利权要求。6月10日，法国外交部回复诺克斯，询问"为何美国不在三国与中国签署协议之前让其他国家政府知晓美国与中国政府之间于1904年的保证呢？"然而，法国并不愿意得罪美国，于是又表示欢迎美国参加贷款，但鉴于已于6月6日签署的合同仅仅涉及湖北部分路段，后面还有整条铁路，希望未来能加强与他国的合作。法国外长还建议美国财团代理人最好与相关银行接触，各国政府不直接参与。实际上，与德国的态度一样，法国

---

① "The Acting Secretary of State to Ambassador Reid," *FRUS*, 1909, p. 169.
② "Ambassador Hill to the Secretary of State," *FRUS*, 1909, p. 151.

也是避重就轻，设置障碍，将责任下卸，不愿美方与政府直接谈判。6月12日，法国态度有所变化。美国驻法大使怀特（White）向诺克斯报告称："法国的建议是如果美国财团能以低于三国合同的条件或许可以继续联络，否则法国质疑美国财团目前获取份额的可能性。"① 换句话说，这时法国的态度已经有所松动，即美国能够参与，但并非一种平等的参与，并且这仅仅是一种可能性。

通过6月12日前的德、法两国政府的回复，美国得出的结论是美国的参与应当在银行家和财团之间解决，各方政府并不出面。因此，美国国务院开始积极鼓动纽约银行家组建银行团，参与四国银行团贷款谈判。6月16日，美国驻德大使希尔回复诺克斯，报告称德国政府的意见是"具体的协商还是应让那些银行家自己去解决。到目前为止，帝国政府并未意识到美国在川汉铁路上存任何优先的利权"②。在此问题上，德国财团的代表柯达士与张之洞曾有过良好的合作，因此他们都不愿看到美国推翻已经达成的协议。然而，随着美国外交攻势的开展，德国政府迫于美国压力做出妥协，因为从欧洲的形势看，德国与英法俄之间的矛盾在积聚，德国希望在中国问题上能与美国保持合作，借以牵制遏制德国的力量，至少不要让美国和中国导向德国的对手一边。德国外交部于6月22日指出："如果美国银行家不会拖延或者大幅度修改目前与中国政府达成的合同，合作还是可能的。"③ 6月24日，梁敦彦电告德国公使，除非三国银行团与美国达成协商，否则清政府无法批准合同。德国知晓如果再反对美国的参与已经没有意义，于是千方百计坚持美国只能提供贷款，而不能再有其他的附加要求。第二日，美国助理国务卿通知希尔大使，让其通知德国政府，美国方面依然坚持美国的参与应包括平等提供原材料的权利。这是美国在放弃美国资本用于修筑川汉

---

① "Ambassador White to the Secretary of State," *FRUS*, 1909, p. 158.
② "Ambassador Hill to the Secretary of State," *FRUS*, 1909, p. 162.
③ "Ambassador Hill to the Secretary of State," *FRUS*, 1909, p. 163.

铁路1/2贷款，而接受整条铁路1/4的条件之一。① 6月29日，希尔大使电告诺克斯，在美国方面不参与总工程师人选委派和原料提供的情况下，德国答应接受美国的贷款第四方方式参与，美方资金占总数的1/4。然而，美国政府并不同意德国的要求，依然坚持平等地提供原材料的权利。经过激烈地讨价还价，8月10日，费勒琪与英、法、德三国代表以及梁敦彦会晤，达成两点共识：为了美国财团的平等参与，湖广铁路借款总额增至600万英镑，其中300万英镑用于川汉线鄂段，其余300万英镑用于汉粤线两湖段；美国财团获得川汉线鄂段一半的贷款份额，即150万英镑，至于在原材料供应方面，美国应作为协议第四方，享有其他三国平等的权利。②

二 美国强争湖广铁路工程权利及其对华施压活动

美国与英、法、德三国虽然在贷款份额和筑路原料的供给方面达成了妥协，但是在工程权利方面（即实行工程线路分段责任制，规定由各国委派相应各段总工程师，总工程师拥有监督、人事、采购等铁路建设权利），还存在着较大的争议。诺克斯随即回复他不会同意任何一项计划，除非美国银行家与中国政府达成的协议与其他国家的一致，即追求利益绝对之均沾。8月27日，诺克斯饬令费勒琪，给出了美国在工程权利上的四点要求：一是采购部门中要有美国均等的声音；二是司戴德拟定的合同草案由美国银行团代表签字，而非国务院派驻中国的代办费勒琪；三是美国认为变更的仅仅是贷款数量，其余不变的是应是美国不变的平等权利；四是美国银行团应服从费勒琪的意见并且听从使团的指挥，而中国政府要保证雇用美国工程师以及其他平等权利。③

梁敦彦对于美国的要求非常愤怒，认为这些苛刻的要求作为湖广铁

---

① "The Acting Secretary of State to Ambassador Hill," *FRUS*, 1909, p. 166.
② "Banker's Alternative Proposals Re Hukuang Loan," *FRUS*. 1909, p. 192; "Memorandum from Mr. Liang," *FRUS*, 1909, p. 193.
③ "The Secretary of State to Charge Fletcher," *FRUS*, 1909, p. 194.

路督办大臣张之洞是不会接受的，此时病重的张之洞拒绝推翻原先与英、法、德三国达成的合同协议，除了在贷款数量方面进行变更。当然，迫于美国的咄咄逼人之势，张之洞也做了一些妥协，张之洞表示愿意签订一个附加合同，从而为美国的参与提供条件，但时间不宜再拖。实际上，美国当时提出的要求比起伦敦会议宣称的要多得多，因此清政府与三国代表都觉得无法接受，谈判陷入僵局。英国驻华盛顿代办甚至认为因美国的要求而造成的拖延是"可耻的"。①9月8日，英国大使白莱士致函诺克斯，答应原有签字国英、法、德三国作出一些让步以使美国财团能够参与，英国建议是与中国政府谈判，将整条川汉线在工程权利方面一分为四，四国各占有一段，这是当前英国政府认为唯一公平的安排。②白莱士的建议遭到了美国助理国务卿艾迪的严词拒绝。10月初，担任督办大臣的张之洞病逝，这使四国银行团与清政府之间的谈判更加复杂，再加上各省人民掀起的拒绝外国贷款运动，形势异常紧张起来。

从四国银行团内部来看，由于张之洞的离世，张之洞与德国之间自津浦铁路贷款合同签订以来的亲密合作关系也宣告结束，而长期在长江流域实力占优势的英国意图削弱德国在这一区域的影响。因此，美国希望能趁机再次与英国靠近，在对华事务上保持精诚合作，以共同应对德国的扩张。10月5日，美驻华代办费勒琪给诺克斯的信件中，提出英国政府的行动是导致协议迟迟无法签署的原因。现在因张之洞的离世，费勒琪判断英国的态度已经发生变化。10月17日，H.威尔逊要求驻英大使里德通告英国外交部，基于"美英两国远东政策的相似性，美国政府对于再行拖延合同签署感到异常失望"③。美国对于英国拖延态度的指责引发了英国方面的不满。10月20日，驻英大使里德得到的回复是英国的反驳之音——"美国要清楚的是，拖延湖广铁路贷款并不

---

① [美]查尔斯·威维尔：《美国与中国：财政和外交研究，1906—1913》，第79页。
② "The British Ambassador to the Secretary of State," *FRUS*, 1909, p. 201.
③ "The Acting Secretary of State to Ambassador Reid," *FRUS*, 1909, pp. 206–207.

是英国的事情,英国依然坚持将川汉铁路工程权利一分为四的主张"①。然而,毫无疑问的,英国的方案遭到了美国和法国的坚决反对,法国甚至威胁要退出银行团。

就在四国银行团为争夺湖广铁路工程权利争吵不休的时候,川、鄂、湘、粤四省乡绅本就因借外款而酝酿已久的不满情绪逐渐高涨,在这一区域素有威望在张之洞一死,地方乡绅与举借外债的清政府因路权问题的关系更为紧张,再加上外国列强间的巧取豪夺,长江流域诸省的排外之声日渐增高。这时候各国列强都意识到了长江流域局势的复杂程度。1909年12月9日,诺克斯在致美驻法代办布兰查德(Blanchard)的信中,要求催促法国政府尽快议结合同,"鉴于中国诸省的反抗之声愈加强烈,如果法国政府现在叫停其银行家缔结合同,美国相信所有人都会认为法国的行为将带来深远且严重的负面后果"②。

面对着严峻的形势,经过四国外交部门旷日持久的激烈谈判,1910年5月24日,四国银行团签署了一项协定,以此作为1909年6月6日《湖广铁路贷款合同草案》的补充。该协议规定"四国银行团与中国政府缔结的贷款总额为600万英镑,贷款在四国间平均分配,并且关于贷款的债券应同时发行一切关于筑路原料的订单将尽可能在四国间平均分配;根据合同草案第18款,美国应当享有平等的提供原料的权利;在涉及工程权利方面,四国同意粤汉总工程师由英国人担任,川汉首段800公里的工程师由德国委派,次段400公里由美国任命,剩余的1200公里由英法两国各占一半,同时在德国工程师负责的800公里线路上,最后200公里由美国派一名工程师担任德国总工程师的副手"③。整个谈判过程根本未容许清政府代表有任何参与的机会。但无论如何,四国瓜分湖广铁路工程权利的妥协方案最终达成,下一步便是将四国拟好的

---

① "Memorandum of Hukuang Loan," *FRUS*, 1909, pp. 207–208.
② "The Secretary of State to Charge Blanchard," *FRUS*, 1909, pp. 213–214.
③ "Memorandum of Terms of Agreement Come to a Meeting at the Banghe de Indo-China, Paris," *FRUS*, 1910, p. 280.

补充协议递交给清政府批准。

　　张之洞的逝世中断了四国银行团与清政府的谈判进程。宣统元年（1909）八月二十四日，清政府谕旨将粤汉铁路、鄂境内川汉铁路的相关事宜移交给邮传部接办。九月二十二日，邮传部尚书徐世昌上奏称，希望将原张之洞所办湖广铁路中的函牍核阅，而后理清头绪，再行办理。十二月二十日都察院代奏鄂境内铁路请准予商办，而清廷上谕"奉旨邮传部，知道"。① 此时正是湖广、川粤地区保路运动高涨，美、英、法、德四国担心清政府改变立场，因而共同照会清外务部，认为这项谕旨有损1909年6月6日达成的合同草案之宗旨。美国代办费勒琪尤为积极，认为"二月十四日邮传部批准鄂绅设立铁路公司筹款拓股，仿照湘粤等省公司办法办理。英、法、德三使以此项批准似侵妨已允四国银行湖广路之筑造"。美国政府命令费勒琪照会庆亲王，要求请旨批准以上所有的合同，而且尽快画押施行。②

　　1910年（宣统二年）6月8日，英国外交大臣格雷要求美国与法、德四国驻北京公使联合向外务部发出相同的照会，督促清政府尽快批准条约，不得拖延。美国公使嘉乐恒此时信心满满，认为清政府会迅速颁布上谕通过该协议。1910年7月13日，嘉乐恒向庆亲王发去照会，要求将美国公司代表列入续合同，并且"约十日期内可奉上谕批准……以资振兴中国商务，而敦邦交"③。与此同时，嘉乐恒要求外务部将1903年给予英美修建铁路之优先权扩大给法德两国。1910年9月20日，嘉乐恒再次照会清外务部，要求催促邮传部按照四国银行团所达成之协议办理，同时还派出花旗银行代表梅诺克会同

---

① 詹福瑞主编：《民国文献资料丛编·近代交通史全编》，第35卷，第319页。
② 《附驻京美国署理公使费致外务部函》，引自詹福瑞主编《民国文献资料丛编·近代交通史全编》，第35卷，第320页。
③ 《美国政府早日呈复加入英法德银行团借款修湖广铁路之照会》，引自周振鹤策划，广西师范大学出版社编《美国政府解密档案·中美关系往来照会集》（卷十一），第450—451页；《要求允许美英两国借款修建粤汉、川汉铁路之照会》，引自《美国政府解密档案·中美关系往来照会集》（卷十一），第452页。

各国银行与邮传部接洽。① 然而，由于四川省保路运动风起云涌，其余各省乡绅也正伺机而动，华中地区局势变得异常复杂，清政府亦不敢一口答应下来。于是，夹在美国等西方列强与各省民族主义运动间的清政府不得不采取拖延战术。10月3日，清外务部通知美国公使嘉乐恒，四国银行与邮传部在外务部署衙会面；10月5日，嘉乐恒报告国务院，清政府邮传部夸大了两湖、四川地区的排外形势，其目的在于获得更为有利的条件，因此四国银行团必须联合向清政府施压。② 实际的情形是，美国驻华使团彻底低估了银行团在华活动以及清政府倒行逆施带来的恶劣影响，清政府的统治已经处于摇摇欲坠之边缘，清政府还希望抓住外国资本和外国政府作为救命之稻草，后来的史实证明这反而加速了清政府的灭亡。

狡黠的美国外交家还在玩弄外交权术。当时的美国助理国务卿艾迪还特意交代驻华公使嘉乐恒，国务院稳健的政策在于要求平等分享湖广铁路贷款，但又不会造成强行施加于中国政府的印象。因此，特意叮嘱嘉乐恒避免带头向清政府施压，而应采取四国联合行动的策略。实际上，自从美国新政府强行挤入贷款的那一封抗议照会开始，腐败的清政府已经处于被动屈辱的境地，真可谓"强者倾其所能，而弱者受其所不得不受"。1910年10月18日，邮传部部尚书及右侍郎盛宣怀以1909年6月6日张之洞与英、法、德代表商定合同草案汉文后记有"须俟奏奉谕旨并度支部核准，如度支部有驳改之处，即再令商办法等语"为由，要求暂缓批准，待度支部核准后再颁上谕。嘉乐恒于是再次照会庆亲王，要求遵守合同，不得修改。③ 11月26日，嘉乐恒再次发来照会，要求外务部将与邮传部会商结果迅速告知，实际上，美国

---

① 《饬催与英、法、美、德四国银行借款修粤汉、川汉铁路商谈会晤时间之照会》，引自周振鹤策划，广西师范大学出版社编《美国政府解密档案·中美关系往来照会集》（卷十一），第454页。

② "Minister Calhoun to the Secretary of State," FRUS, 1910, p. 291.

③ 《回复关于借款建湖广铁路合同条文说明之照会》，引自周振鹤策划，广西师范大学出版社编《美国政府解密档案·中美关系往来照会集》（卷十一），第457页。

人已经很不耐烦了。1911年5月20日（宣统三年四月二十二日），由邮传部大臣盛宣怀与德华银行、汇丰银行、东方汇理银行经及美国资本家（纽约摩根银行、昆勒贝公司也就是坤洛银行、第一国民银行、花旗银行四家组成）签订了《湖北湖南两省境内粤汉铁路、湖北省境内川汉铁路借款合同》。合同以5%利息向各国银行团借款600万英镑，内容涉及方方面面共25款。盛宣怀代表清政府签字并由外务部用正式公文照会德、英、法、美四国驻华公使。① 这样，美国挤入湖广铁路借款的计划终于实现了。

第三节　美籍财政顾问与币制借款谈判

一　美国国际汇率委员会与财政专家精琪的币制改革方案

（一）美国"国际汇率委员会"的成立

19世纪70年代以降，世界市场范围内的白银价格呈现出长期下跌的趋势，主要原因在于世界市场上白银产量的增加，而银本位国家转向金本位，则同时是白银价格下降的原因和后果。受世界银价的影响，依然实施银本位国家的银两/银元的汇价也随之出现下降的迹象，尤其是对当时还在实行银本位两个最大的国——中国和墨西哥产生了严重的影响。如以英镑来兑换海关两（清政府），其价值从1872年的79.75便士下跌到了1902年的31.2便士，30年间跌落了60.9%。除主要资本主义国家英国、法国、德国、美国和俄罗斯实行金本位制以外，欧美列强的殖民地或者附庸国也在逐渐主动或被动地放弃银本位制，转而采用金本位制，如印度、荷属东印度、菲律宾等地区，从1901年1月开始到1902年12月短短两年时间里，在作为当时世界金融中心风向标的伦敦

---

① 内容全文参见詹福瑞主编《民国文献资料丛编·近代交通史全编》，第35卷，第327—336页。

市场，银价便暴跌了23%左右。① 这一情况使得当时的清政府债务问题愈发严重，盖因庚子赔款按照当时合同之约定，须按"金"赔付，而非"银元"，因此银价暴跌。

金价日益昂贵且赔偿各国之债务须以"金"支付，这使得清政府每年因赔款还债便产生巨大的"镑亏"。而作为当时世界上最大的产银国，墨西哥也受到银价暴跌的严重影响。清政府驻美代办沈桐于1903年就曾报告称："查墨国所铸银圆，统计历年总数约二十万万圆，除墨国自行存用一万万圆外，其余十九余万流通各国，其由英国南洋、美国旧金山等处流入中国者，为数最多。若银价日落，墨国利源骤绌，固多亏耗。"② 因此，墨西哥打算联络中国一起向美国总统西奥多·罗斯福寻求支援，要求美政府出面以维持国际白银汇价市场的稳定。

光绪二十八年（1902）十一月二十三日，墨西哥驻美公使阿士比罗斯与清政府驻美代办沈桐在华盛顿会晤。阿士比罗斯出示了墨西哥政府的电报指示，内容称"近日银价起落无常，请转达中国政府可否中墨两国会商维持银价之普法"。沈桐认为中国与墨西哥均是实行银本位制国家，目前市场上金贵银贱，与墨西哥的会商应是有益无损，因此将墨西哥政府的电报转发给清政府外务部。二十六日，外务部予以回复："银币事可会商，办法若何，即电复候核等因。"③ 沈桐出使美洲七年，对于美国推行的金本位制度甚为了解，因此也向外务部推荐需仿美国之制，改革白银本位制。沈桐还认为应抓住与墨西哥会商银价之时，用金为币。这样一来，清政府的"龙银"有当金之时，而墨银且在退废之列。"是墨之会商就可籍以为银，如骖之有靳，不能恃以为用，致与狐

---

① ［韩］丘凡真：《精琪的币制改革方案与晚清币制问题》，《近代史研究》2005年第3期，第120页。亦可参见汪敬虞《外国在华金融活动中的银行与银行团（1895—1927）》，《历史研究》1995年第3期，第119页。
② 《美墨会商币制档·外务部收驻美代办沈桐（致函参）函》，引自黄嘉谟主编《中美关系史料·光绪朝》，光绪二十九年二月十三日，第三四二一页。
③ 《美墨会商币制档·外务部收驻美代办沈桐（致函参）函》，引自黄嘉谟主编《中美关系史料·光绪朝》，光绪二十九年正月二十八日，第三三九七页。

谋裘也。"换句话说，由于墨西哥银元在中国沿海地区流行十分广泛，虽然两国因银价同病相怜，但清政府仍须注意维护主权，这次银价会商也是一个争夺货币控制权的良好契机。

光绪二十九年（1903）十二月十七日，墨西哥政府旋即派出两名财政专员到美国与清政府驻美使馆会商银价。这两名专员分别是格里和贾萨，与清政府驻美使团会商的大概意见即是"因银价起落无定，用银之国诸多受损，拟联合我国暨南美洲各国请美廷出为主持，向欧洲用金各大国公司筹商善法，维持银价"。十二月十九日，沈桐将墨西哥联中请美出面维持国际银价的计划转给外务部。十二月二十二日，外务部回复称"墨廷拟向各国公议银价，自可联合"①。这样一来，唇齿相依的两个银本位大国联合起来，墨西哥政府并于1903年1月联名中国一起向美国国务院递交了外交照会和备忘录（亦称节略），请求转达于美国总统，希望美国为两国顺利实行币制改革提供帮助。② 节略言明"近因银价起落无常，无论用金或用银，各国均于商务有关碍，中国政府为大局起见，通盘筹算，是以现拟会同墨国向美国商议维持此事"③。与此同时，美国驻华使团也在积极探查清政府币制改革问题。实际上，美国驻华使团早已十分关注中国的币制问题。1901年，驻华公使康格已经报告国务院中国的币制混乱，目前最为迫切的是要施行良好的货币和合理的币制。④ 1903年2月4日，康格就清政府采纳金本位制改革问题致信国务卿海约翰，报告说现在已经有不少清政府官员私下表示乐见美

---

① 《美墨会商币制档·外务部收驻美代办沈桐（致参函）函》，引自黄嘉谟主编《中美关系史料·光绪朝》，光绪二十九年二月十三日，第三四二一页。

② "Notes of the Governments of China and Mexico to the United States," The Commission on International Exchange, Stability of International Exchange: Report on the Introduction of the Gold-Exchange Standard into China and Other Slive-using Countries, Washington D. C.: Government Printing Office, 1903, pp. 43–45.

③ 《美墨会商币制档·附件一：拟请美国会同维持银价节略》，引自黄嘉谟主编《中美关系史料·光绪朝》，光绪二十九年二月十六日，第三四三五页。

④ "Legation of the United States in Peking to Secretary of State," in Jules David, ed., American Diplomatic and Public Papers: The United States and China, series Ⅲ, the Sino-Japanese War to the Russo-Japanese War, 1894–1905: Railroad Building and Financial Affairs, pp. 249–251.

国的金本位改革设想，但康格认为"清政府自身在这个事务上是完全无助的"，美国应当首先取得袁世凯的支持，这样其他地方官员才会如法炮制。①

西奥多·罗斯福希望美国能在"帮助"中国和墨西哥两国采纳金本位制度方面发挥主导作用。② 光绪二十九年（1903）二月二十五日，西奥多·罗斯福召集白宫会议，认为此事关系大局，允诺宜竭力维持，由于美国三权分立的政治体制，此事须经国会批准，因而最终西奥多·罗斯福决定提交给国会裁决。二月二十六日，沈桐报告称美国总统西奥多·罗斯福已经通知国会将中墨两国政府的请求归入菲律宾币制改革的提案内，一并议行。"议院（国会）拟议覆美国政府应有权会同欧洲用金各国及中墨用银之议一酌中银价，以免过于涨落低昂，俾于商务有益，不日即可呈覆，俟政府合同各国议定后，再发回议院公同查核。"③

会商银价并不是要已采纳金本位制的国家改为银本位，而在于同心合力维持银价，免使贸易受阻。1903年3月，美国国会通过法案，特别拨款5万美元以组建"国际汇率委员会"（International Exchange Commission）④，旨在要由该委员会出面协商欧洲各国维持银价。"国际汇率委员会"由三名美国当时久负盛名的财政专家组成，分别是高兰（Charles Conant 或译为柯能德、查尔斯·科南特等）、精琪（Jeremiah Jenks）和汉那（H. Hanna，或译为罕纳）。沈桐代办对于高兰的印象是"美纽约省人，总理矿物公司事务，向来究心财政，深悉金币银币源流得失，去年美廷曾派往吕岛（菲律宾）查询银币，时誉甚称其能，

---

① "Doc. No. 75," in Jules David, ed., *American Diplomatic and Public Papers: the United States and China*, series Ⅲ, *the Sino-Japanese War to the Russo-Japanese War*, 1894 – 1905: *Railroad Building and Financial Affairs*, p. 253.

② "The Chinese Times, February 3, 1903," in Jules David, ed., *American Diplomatic and Public Papers: The United States and China*, series Ⅲ, *the Sino-Japanese War to the Russo-Japanese War*, 1894 – 1905: *Railroad Building and Financial Affairs*, p. 252.

③ 《美墨会商币制档·外务部收驻美代办沈桐（致参议）函》，引自黄嘉谟主编《中美关系史料·光绪朝》，光绪二十九年二月十六日，第三四三四页。

④ 亦称"国际汇价会"，"汇价会之最要宗旨，在求使用金用银之国汇划皆有准价"。详细内容参见《美员价银明论》，引自黄嘉谟主编《中美关系史料·光绪朝》，第三六三八页。

现由墨国专员邀至美都襄助一切,高兰因维持银价,则银矿公司隐受其益,故乐任不辞"①。清政府驻美大臣梁诚对于财政专家精琪的评论则是"精琪素在美国康奈尔大学堂为计学总教习,此次偕满摊拿(蒙大拿州)省财政局总办罕纳(指汉那)、美国银行总办高兰等同赴欧洲条议一切,多为精琪所主持,平日于东方情形颇省讲求,盖为美政府及财政家所推重也"②。于是,这三名当时美国财政界的专业人士组成了"美国国际汇率委员会",国会还特别拨款 5 万美元作为这三名财政专家的活动经费。

当时的美国已经采用金本位制度,银价的下跌对于美国而言并无损失,相反还能带来直接的利益,那么美国政府及国会推动成立的"美国国际汇率委员会"的动机又何在呢?这必须在探究美国与墨西哥的关系以及美国在 20 世纪初世界金融市场中的地位后才能予以理解。美国与墨西哥边界接壤,墨西哥对于美国经济与安全而言皆十分重要。因此,美国希望通过维持银价来加强美国对于墨西哥的影响力。依照沈桐所言:"墨本弱国,而与美同洲,邦交尤睦,美允议银价,实欲树德于墨,并非有爱于我也。"③ 墨西哥因银价下跌造成经济损失,欧洲资本在墨西哥的投资显著增强,这不得不引起美国对于欧洲列强借债务危机干预墨西哥事务之担忧。再者,虽然美国随着 19 世纪中叶以来工业革命所释放的巨大优势跻身于世界经济头把交椅,但其在世界金融市场上的影响与其经济总量和地位并不匹配,西奥多·罗斯福为代表美国政府希望能够通过维持银价,理顺"银本位"国家与"金本位"国家(最好是美国)之间的关系,从而增强美国对于世界金融市场上的影响力,而高兰、精琪等财政专家拥有丰富的财政经验和专业知识,他们正是美

---

① 《美墨会商币制档·外务部收驻美代办沈桐(致参函)函》,光绪二十九年二月十六日,引自黄嘉谟主编《中美关系史料·光绪朝》,第三四三四至三四三五页。
② 《美墨会商币制档·外务部收驻美大臣梁诚函》,光绪二十九年十月十二日,引自黄嘉谟主编《中美关系史料·光绪朝》,第三七五八页。
③ 《美墨会商币制档·外务部收前驻美代办沈桐函》,光绪二十九年十月十三日,引自黄嘉谟主编《中美关系史料·光绪朝》,第三七六四页。

国政府希望借助的重要力量。况且，由于当时美国并非国际舞台上的政治和军事强国，美国在对外扩张中更多是以商品和贸易作为缔造商业帝国的武器，因而倘若银价过跌亦有损于国际贸易（尤其是在远东的中国），这一点在沈桐代办转交外务部的《节略》中便有详细之说明。因此，正是上述的综合因素使得美国迅速成立了"国际汇率委员会"，并且开始连同墨西哥、中国的财政专员赴欧洲各国商议银价。

美国"国际汇率委员会"1903年夏访问了欧洲的英、法、德、荷兰以及俄罗斯等各国，要求各国派出精通财政要员，同美、中、墨财政专员共议银价，实际上是美国的财政专家一手操持。七月，"国际汇率委员会"到达法国巴黎，上书法国政府，认为"国际汇率委员会"所办之事不仅对于美国有益，而且对于法国及他国而言无不"一体均沾"也。因为金银交换没有准价，用金各国输往用银各国的商品，则无从准确估算，且商人怀疑观望态度明显，不敢轻易冒险，由此反过来也会影响各国之间的贸易。美国"国际汇率委员会"的专家们认为通过美、法、荷等国的通力合作，可以使当时起伏不定的汇价稍有准数，但必须同时事先做到以下三点：

> 1. 辅助中国定一律银币及易金之准，约以三十二换为准；
> 2. 欧洲藩属及其他用银之国，以后泉币之制，使之大致与中国拟办者不差，如各处能一概划一更妙；
> 3. 如各国能按年定数购银以为铸钱之需，则金银易中可使有准，刻急宜商议是事。①

从上述三条内容来看，首先要列强尤其是美法联合起来帮助清政府统一币制，整顿圜法，并且厘定金准，这是要法国答应协助帮助清政府的币制改革，从而使中国"量力为出，按期偿付赔款"。第二条内容涉

---

① 《美墨会商币制档·附件二：美国会员上法国政府书》，引自黄嘉谟主编《中美关系史料·光绪朝》，第三六三五至三六三六页。

及的是法国在越南地区实行的统一银币改革，法国为越南确立了易金之准，这样能使法属印支与中国之间的贸易能顺利往来，提供极大的便利。最后一条是维护国际银价稳定的措施，即各国先编写预算，由各国协商相与告知，则金银之间的比价不会过于波动。美国"国际汇率委员会"还向法国政府提交了一篇《价银略论》，阐述美方对于进一步维持银价的办法。美方认为近来银价大跌的原因在于国际社会中对于银本位制度的抛弃。此时的新加坡、槟榔屿各处、菲律宾群岛、越南、暹罗、墨西哥等这些以往持银本位的国家都纷纷出现向金本位转向的行动或言论，因此银块的销路大幅度下降，进而导致价格下跌。因此，如果银块销路能有大概的预算，则出售银者维持准价应不困难，而购银最多者以各国政府为首屈一指，由此美国专家指出"（果）能使各国政府言定五年内每年大概需银若干，以后按月分购，则银块价值无甚腾跌"[1]。

同一时期，美国财政专家与墨西哥财政专员同德国也进行了会商，随后达成了《美德墨员会议条款》，条款内容如下：

> 第一条，凡用银钱之国，亦本金钱之法办理，其银钱应照定章使用，倘能定准金价，既于用银之国有益，且于金银各国通商事宜又可因而推广至各国，因本生利之事，亦必蒸蒸日上。
>
> 第二条，中国应照定章铸造银钱通行一律，为当今急务，银钱抵金之价倘能定妥，此等变通办法，实于中国及用金各国大有裨益，如此新造银钱，莫妙均归国家按照定章铸造，当变通伊始，中国应先设法使外国金银互换市价，无所牵动。
>
> 第三条，虽然用银之国，其银之市价按该国财政民产、并与外国交易情形为定，然用银钱各国，将来应设法添用金币，定为准则，以归画一，如银价无大更变，至善之法莫若先将金价定为三十二换。

---

[1] 《美墨会商币制档·附件四：美员价银略论》，引自黄嘉谟主编《中美关系史料·光绪朝》，第三六九页。

第四条，倘各国政府铸造银钱，均按定章收买银两，则无银价高低之虞，此法固然甚善，倘于各国造钱章程，并用银多寡各事无碍，各国均可办理，然用金各国本无更改铸钱章法之意，其银钱在用金钱之国抵金钱使用一节，不但不能通行，而且碍难办理，又无论何国凡连银进口专为制造器具者，莫妙免税或减税，如此银价庶可无甚低昂。①

从上述四条内容来看，首要一条还是应按照章程统一银钱铸造，从而为定下银钱抵金之法创造条件。其次是应划定金银之汇价，最好是先按32∶1的比例划定下来。最后倡议各国政府铸造银钱时，均按定率收买银两，这样就没有银价高低之风险。实际上，德国政府此时并不存在购买银两的问题。1903年7月23日，德国政府发表声明，称德国在数年内均有足够的银两，无须购买。"按各员所议第一条至第三条如能通行，将来德国在属地购银造钱时，即可按照第四条办理。"② 实际上，这一声明等于间接表明德国已经大体上同意美墨两国提出的要求，按照精琪所言，"所商诸事尚称顺手，美员甚为满意"。包括法、德、荷兰三国在内，均同意美国的建议，要求中国以金价定为准率。然而，美国"国际汇率委员会"的欧洲之旅并非一帆风顺，美国的建议一经提出，即刻遭到英国和俄国的反对，尤其涉及中国币制改革问题方面的内容。英、俄两国对于美国出面插手清政府的币制改革计划甚为担忧，但他们并没有直接否决美国的计划。"英俄两国以中国先定一律通用银币，自是正办，至于是否与金钱等价，尽可随后酌量定夺。俄国谓中国鼓铸银钱若干，应由政府督理管束，英国议员则认为银钱可由民间用银条或银锭互换，略收鼓铸之费，此皆英、俄两国议员之意见，稍有不同者，其

---

① 《美墨会商币制档·附件一：美德墨员会议条款》，引自黄嘉谟主编《中美关系史料·光绪朝》，第三七一九页。
② 《美墨会商币制档·附件二：德国政府代办人声明之事》，引自黄嘉谟主编《中美关系史料·光绪朝》，第三七二〇页。

命意所在，此时可无评论。"① 实际上，英、俄两国只答应让中国先统一币制，即统一全国通用银币，反对美国欲在中国实行金本位制度的方案。

准驻美大臣梁诚十月十二日发给外务部的电报中，揭露了英、俄两国反对美国提议的动机所在。梁诚认为英、俄两国对于中国自铸金币及金银等价两件事情持反对的原因在于"盖英欲于南方行其金磅，俄欲于北方行其卢布，各怀私见，不欲从同"②。换言之，英国想在其占优势的长江流域势力范围内推行英镑，而俄国则欲在东三省推行卢布，对于美国主导的、仿行美国币制改革抱有戒心。从当时列强瓜分中国狂潮的时局来看，英、俄联合抗德之势日益明显，因此两国对于美国计划的抵制就不难理解了。然而，在此之时，清政府对于币制改革的意愿也正在增强，美、墨两国同议银币，恰好给清政府联美提供了契机，而精琪来华则促成了中美在近代币制改革上的首次实质性合作。

（二）精琪来华与币制改革方案

鉴于中央政府财政之窘境及全国币制之混乱，清政府并非一成不变地想就此苟延残喘。清政府也希望利用与美墨会商币制的契机，先行"维持银价"，避免银价下跌造成的巨额"镑亏"。尤其是在庚子赔款的问题上，因银价暴跌引发的还金还银之争愈加激烈。光绪二十八年（1902）十二月十七日，美国驻华公使转给外务部各国公使联衔照会（除美国外），中国赔款以银交付，不按金价补足，违背成约，与时局甚有违碍，责任非浅等语。光绪二十九年（1903）正月二十八日，驻美代办沈桐就提到现在"各国因偿款为数甚钜，金贵银贱，遂倡还金之说以难我，至今迄无定议，若不早为之所，窃恐海外各邦握财用之权，而制其轻重，凡用银各国固受其害，而中国分年偿款，所费尤钜，

---

① 《美墨会商币制档·附件一：照泽会议银价大臣精琪来函》，引自黄嘉谟主编《中美关系史料·光绪朝》，第三七六〇页。
② 《美墨会商币制档·外务部致财政处、户部咨，光绪二十九年十月十七日》，引自黄嘉谟主编《中美关系史料·光绪朝》，第三七六八页。

若束手待毙，终有财务力竭之时"①。换言之，在沈桐看来，如果再不主动变革币制，政府财政终将枯竭，届时财政大权难免沦于列强之手。沈桐的这一担心并不夸张，到1903年3月10日，清政府已经通告各国因金银昂贵，照约表所筹白银数量已经不足，拟将海关新税则改为金钱税则。实质上就是说为了弥补"镑亏"，按时还款，清政府将新税则的征收按金价来缴纳。②这一提议并未得到美国国务卿海约翰的支持。海约翰认为美国方面对于清政府的庚子赔款"初议以收银为然，至今不改前说"，至于新税则按照金价由算，"海甚为踌躇，谓于商务恐有窒碍。美国收银（指庚款）……毋使美商重困……据言美国只能守己，不能绳人"③。实际上，海约翰并不想在这一问题上开罪其他列强。这样，清政府新税则改革方案不得不放弃，因为连当时主张收银的美国都不再支持，更遑论其他联合照会施加各国了。但美国方面则表示欲先取得列强支持中国修订关税税则，必先整顿币制混乱之局面。

与此同时，清政府官员尤其是外交官在与美国、墨西哥及欧洲列强谈判过程中，也逐渐意识到维持银价乃逐末之法，根本之计还在于改革币制。光绪二十九年（1903）十月十三日，沈桐再次呼吁亟须实行金本位制，改革混乱币制。"墨议银价，仅为逐末之谋，我行金币，正为持本之策。"④ 二月十八日，外务部将沈桐的改革币制拟成奏折，上奏朝廷要求请旨饬下政务处、户部会同核议施行。外务部奏折中分析了目前"因金贵银贱，中国受亏甚钜，函宜变通钱币，以圜补救面保利权"。沈桐的意见被归纳为四点，即"以金钱定铜二币之值，以钞票济金银二币之用，以银行为利国便民之枢纽，以矿产为设

---

① 《美墨会商币制档·外务部收驻美代办沈桐（致参函）函》，光绪二十九年正月二十八日，引自黄嘉谟主编《中美关系史料·光绪朝》，第三三九七页。
② 《美墨会商币制档·外务部致美使康格照会》，光绪二十九年二月十二日，引自黄嘉谟主编《中美关系史料·光绪朝》，第三四一七页。
③ 《美墨会商币制档·外务部收驻美代办沈桐函》，光绪二十九年二月十三日，引自黄嘉谟主编《中美关系史料·光绪朝》，第三四二〇页。
④ 《美墨会商币制档·外务部收前驻美代办沈桐函》，光绪二十九年十月十三日，引自黄嘉谟主编《中美关系史料·光绪朝》，第三七六四页。

备鼓铸之来源,借鉴列邦,是有成法,但能损益尽善,捡回利权"①。

在国际交往的过程中,清政府官员终于意识到银价问题与中国的币制改革具有不可分离的关系。这也为美国介入中国的币制改革,派遣美国财政专家提供一个绝佳的机会。1903年10月8日,经过多次磋商,清政府与美国政府签订了《中美续订通商条约》,其中第十三条内容规定中国政府允原设法立定国家一律之国币。这一条款成为美国政府介入的"法定理由"。11月25日,康格照会庆亲王,申明"美国政府之意应用西历本年正月二十二日中国政府之文,以会同讲解此条之意。所致文内系贵国请本国襄助贵国所欲之法,俾得与用金用银各国国币可以有一定交换之价,是以本国望中国印行将所铸新国币先有一定之价,俾可以与金币交换。本大臣切盼贵亲王早行筹办此事,因甚有至要关系也"②。易言之,美国政府向清政府表明美国政府要将《中美续订通商条约》的币制改革条款与1903年1月22日驻美代办沈桐提交美国国务院的《节略》联系起来,要求清政府立即确定新国币的价值,这样才能统一与金币的兑换价值。然而,这种解释遭到了庆亲王的否定。12月4日,庆亲王回复康格称他认为商约第十三条中国改革币制一文"是中国自行整顿国币之举",而且沈桐代办之《节略》是在《中美续订通商条约》之前,因此"未便据以讲解约文"。言外之意,拿着后来签订的《商约》去解释前已呈交的《节略》,这是不恰当的。但庆亲王也得知此事不宜久拖,因此声明"金银价值于商务最有关系,果能立有一定交换之价,自为有益。唯中国铸造国币,甫位议办,尚须通盘筹画,本部已将贵大臣照会咨行户部、财政处酌核办理"③。美国方面的压力倒是推动了清政府币制改革的步伐,于是到1903年底,中美两国

---

① 《美墨会商币制档·外务部奏折》,光绪二十九年二月十八日,引自黄嘉谟主编《中美关系史料·光绪朝》,第三四二六至三四二八页。
② 《中美新约十款有中国愿设一律之国币之语,请将我币定价以与交换》,引自周振鹤策划,广西师范大学出版社编《中美关系往来照会集》(卷十),第六七至六八页。
③ 《愿中国铸新币先有定价一节,唯中国尚须通盘筹算,已咨户部、财政处酌核加盟》,引自周振鹤策划,广西师范大学出版社编《中美关系往来照会集》,第七十至七十一页。

就币制革新合作的框架已经奠定，现在是美国财政专家精琪施展的时刻了。

1903年3月3日，国会通过法案，授权美国政府出面维持银价。光绪二十九年（1903）四月十二日，美国国务院照会清政府驻美公使，美国总统已经派出汉纳、高兰、精琪三人作为委员会成员会面商议。国务院的训条中认为"该员等应专告中国政府，如中国有可行善法，我国允为布告各国，从中协助，倘银行富户有可相助之处，亦当邀同筹办"①。

光绪二十九年（1903）八月十八日，精琪向驻美公使梁诚递交了关于中国整顿钱币的十八条建议②（简称《条议》），内容如下：

1. 中国政府宜设法整顿钱币，酌定通用钱银金价，总期适合应得偿款诸国最多之意；

2. 中国开办此事，宜延相当洋人帮同办理；

3. 中国政府办理此事，宜派外国人一名专理国中钱币，称为司泉官，又派副司泉数员，帮管铸钱事务及正司泉所指应办诸事；

4. 司泉官宜于每月将国中钱币情形、流通若干、借贷若干、外国汇票存若干等账目，详细开报，并按时交付应得债款之国使员查阅，如有应办之事，各国使员及副司泉均可随时条陈；

5. 中国政府宜定专一作准之国币，此国币内含金若干格廉（五金重数），其值约同银一两或者稍多于墨银一元。又亦定例准收铸费，由民间缴金代铸金元，其值如作准之国币或、五倍或十倍或二十倍。政府亦随时自行鼓铸；

6. 中国宜从速鼓铸银元二万万，大小与墨银相仿，以便国中

---

① 《附件二：美国外交部为精琪来华致中国公使照会》，光绪二十九年四月十二日，引自中国人民银行总行参事室金融史料组编《中国近代货币史资料》（第一辑·清政府统治时期·下），第1116—1117页。

② 《精琪所著之〈中国新圜法条议〉》，引自中国人民银行总行参事室金融史料组编《中国近代货币史资料》（第一辑·清政府统治时期·下），第1126—1128页。

行用。此项银元须与所定准之国币同价，金银相较为三十二之与以比。此后如不敷用，再行按照章程鼓铸。除铸大元，另铸小元以便兑换。（按所谓作准之国币者，系虚设之词，作为值银一两之金圆以定金价也。现在美国、日本亦有作准之国币，唯不铸一元之金元而铸五元、十元、二十元之金元，以资流通，即是此意）；

7. 中国各省欠解政府款项，无论用金用银，均可作为同价付给，其欠项原系银元者，即以所铸新式银元交付，不问所值；

8. 中国政府与督抚随时可以出示晓谕各省知悉，所有铸新式银元，计自某日起，作为合例支付其欠项之银，唯在期前债款，应照原定办法清还；

9. 中国政府如欲开办此事，并欲维持银价，宜与伦敦、巴黎、柏林、森彼得堡、横滨、纽约各银行，订定价值，以银易金，互相往来。其所定之价，与银行平常时价略昂，此等汇兑专归司泉官管理，唯必须交新铸银元一万两以上，方得兑换此项汇票；

10. 如须借款设立国币，以便兑换，宜指定税款之足数，分次清还本利者作保。至所值税项应如何办理，须彼此同意方可；

11. 鼓铸所盈余之款，宜另行存储，倘满五十万两，即作金款附存兑换金之票之各银行，以积存至二千五百万两为止；

12. 中国政府与外国银行兑换金票，总由司泉按定价随时将银票支给外国经理人抵充金券；

13. 银行律例宜定专条，所有银票均与中国通用钱币同价，以便殷实银行出发银票，其事即由司泉督理；

14. 中国各省宜速行新定国币，司泉即约同地方官暨各银行以及贸易行协力佐理；

15. 五年以内，商埠宜用新定国币，其非商埠之处，亦推广行用。五年后以新定钱币完纳关税，俟各省可用新币之时，所有各项赋税亦须一律照用；

16. 中国宜请各国允许赔款十年之内以银付给，十年之后以金付给。付银所短之数，如次暂时登记，俟每次还款之时，商定日后分次摊还，亦可照办；

17. 中国如有新铸银元二千五百万流通，所定新法宜即颁行；
18. 整理中国财政诸事，司泉及各国使员均得随时条陈办理。

精琪与中国外务部官员的接触是在光绪二十九年（1903）五月初十。当时的清政府驻美公使梁诚便与美国专员高兰、精琪两人展开会商各国维持银价及墨西哥整顿钱币的大致方案，梁诚对其印象是"至高兰、精琪为财政专家之家，本大臣与之讨论改币情形，颇有切中旨綮，足资采择"。五月初九日，国务卿海约翰宣布"似另派一名赴中日会商，届时面谒贵部，于事机更臻妥谧"①。梁诚与高兰、精琪进行了多次会商，质疑问难，而精琪多次为梁诚答疑解惑，这为精琪来华做了很好的铺垫工作。

光绪二十九年九月初六，美国新派会议银价大臣精琪赴中国。精琪访华的目的在于"拟将所商之事转达（银价），如有可办之法，自应出为助力，并拟先谒各省督抚，然而北上，以免稽延时日，且中国民间获益，尤为捷速"②。实际上，精琪已经了解到中国币制改革的关键在于地方督抚的鼓铸之权，因此希望了解地方督抚对于改革的态度。

1904年初，精琪到达中国，2月22日与美国驻华公使康格一同前往中南海觐见光绪皇帝，商谈整顿币制问题。③ 在清政府的支持下，精琪从北京到汉口、上海、广州、天津、苏州、杭州、厦门、烟台等地的访查过程中，总计与10位总督、巡抚以及12个省的地方官员（包括海关税务司官员）交换过意见，并在上海与商约大臣吕海寰、盛宣怀进

---

① 《出使大臣梁诚致外务部咨呈——为精琪来华事》，引自中国人民银行总行参事室金融史料组编《中国近代货币史资料》（第一辑·清政府统治时期·下），第1115—1116页。
② 《美墨会商币制档·外务部收驻美大臣梁诚文》，引自黄嘉谟主编《中美关系史料·光绪朝》，第三七五七至三七五八页。
③ 中国第一历史档案馆编：《光绪朝朱批奏折》，第一一二辑，中华书局2009年版，第一二四至一二五页。

行了会谈。① 通过通商口岸以及内陆一些重要省份或城市的调查研究，精琪与中国地方督抚及其他官员交谈对于中国维持银价、改革币制十八条方案的看法。当时地方督抚反馈的意见是中国应迅速导入金本位制度（实指金汇总本位制度），但其前提应是实现银本位制下的币制统一，这一意见得到不少人的支持。但清政府各级官员对于外国顾问（司泉官）的派遣抱有强烈的抵制情绪。实际上，早在精琪、高兰等人前赴法国协商、美方提出十八条对策之时，便已有不少的反对之声，尤其是最先得知的外务部官员，早就在电报中提醒外务部要提防美国人的主权干预问题。光绪二十九年（1903）闰五月二十三日，驻法大臣孙宝琦报告了精琪在法国巴黎的会议情形。孙宝琦特意提及"其（指美国顾问）代我筹图法事，谓须聘外人为稽查，推说钞票银行皆有参预之权，各公使可派人查账，干我主权太甚"②。因此，孙宝崎要求将美方的说帖斟酌修改，至少美方在没有与中国商议的情况之下，便定此条款，固然为了取信于他国，但中国应有裁决之权。同年十月十二日，梁诚也对精琪十八条中第三条聘请洋人担任司泉官表示了抵制态度，"唯第三条派外国人充司泉官一节，虽所司之事与我国财政出入无涉，唯延用外人，太阿最易倒持，傥因华人于西国财政素未讲求，一时难得其选，不得不借才异也，亦须妥议章程，订定年限，声明于铸钱圆发钞票以外之事不得干预，庶无盘踞把握之意"③。

梁诚在此电报中指出如果聘请洋人不可避免，国内难以找到合适人选，必须对担任司泉官司的洋人制定章程、年限以及权限，使之归于清

---

① [韩]丘凡真：《精琪的币制改革方案与晚清币制问题》，《近代史研究》2005年第3期，第123页。"The Work in China", *Report on the Introduction of the Gold-Exchange Standard into China, the Philippine Islands, Panama, and Other Silver-using Countries and on the Stability of Exchange*, Washington D. C.: Government Printing Office, 1904, pp. 14 – 15.

② 《驻法大臣孙宝琦致外务部电》，引自中国人民银行总行参事室金融史料组编《中国近代货币史资料》（第一辑·清政府统治时期·下），第1119页；《美墨会商币制档·外务部收驻法大臣孙宝崎孙》，光绪二十九年六月二十日，引自黄嘉谟主编《中美关系史料·光绪朝》，第三六三三至三六三四页。

③ 《美墨会商币制档·外务部收驻美大臣梁诚函》，光绪二十九年十月十二日，引自黄嘉谟主编《中美关系史料·光绪朝》，第三七五八至三七五九页。

政府管辖，同时又能为政府所用，发挥其财政专长。与此同时，梁诚也指出精琪方案中第四条和第十八条亦有"各国使员条陈财政，以视干我内政，刻不容发"。因此，梁诚提出应分辨明析，考核精详，否则"我之财政主权不难尽沦外人之手"，这样就与中国整顿币制、革新自强之企望背道而驰。户部尚书赵尔巽就说："按照条文所言，中国财政完全在外人手内，如同人全身组织，自己不能自已。"①

精琪的币制改革方案在当时的中国来说，是一个新鲜事物，不仅中国许多官员对于这个方案不理解，精琪本人在翻译成中文提交给清政府外务部时，就有不少翻译不准确的地方。例如，在精琪的方案中，有"中国政府宜将司泉官账目交发给各国使员查阅一条"，孙宝崎等官员认为这"如照此法办理，则各国使员授权过重。诚恐即须查考中国政府出入款项以及其他项账目"。实际上，精琪的本意仅在于公开铸钱局的账目，与中国政府开支账目无关。按梁诚语，此等账目就是应由司泉官按期造册刊布，任人取阅，以昭大信。各国使臣也能取阅，不用特地声明交付，免得有干涉之嫌。然而，司泉官的会计账目被翻译为"此账目并非中国政府之账目"，这令清政府官员很是不满。然而，原文意见应是将清政府的一般会计和司泉官的会计报告书分开，但中文版本却翻译成司泉官的会计不属于清政府管辖。② 实际上，这反映出精琪币制改革的两面性：一方面，精琪希望在中国推行美国"科学的""专业的"货币制度，即财政数据应公开化、透明化，从而将最新的金融知识运用于中国的币制改革事业中，推动中国走向美国式的"进步"；另一方面，精琪的方案也包含了诸多的干涉、控制内容，不免有服务于美国金融扩张的自私之动机。

在中国各级官员的抵制之下，精琪对其原先的"十八条方案"进

---

① 《精琪与户部及外务部官员会议记录》，引自中国人民银行总行参事室金融史料组编《中国近代货币史资料》（第一辑·清政府统治时期·下），第1123页。
② 《美墨会商币制档·附件二：照译会议银价大臣精琪节略》，引自黄嘉谟主编《中美关系史料·光绪朝》，第三七六〇页。亦可参见［韩］丘凡真《精琪的币制改革方案与晚清币制问题》，《近代史研究》2005年第3期，第124页。

行了修改，重新提出了《中国新圜法说帖》（Considerations on a New Monetary System for China，以下简称《说帖》）。《说帖》对于原先的方案进行了大幅度修改，主要体现在：第一，立即导入金汇总本位制度，这样能比银本位制多出15%以上的铸造差益，同时导入新币制同时必须规定银币的金本价，在当时各国货币通用情况下，带有金本位的新币不会带来混乱。第二，强调在中国开发新的税源，从而为借取新外债，为金储备作抵押。第三，聘请具有专门知识的外国专家，为了得到公信，清政府应遵守"公开性"原则。[1] 这样一来，便缓和了清政府对于外国专家干预中国财政主权的担忧。赵尔巽在同精琪的对话中便指出"中国如办新圜法，必须聘用专门外国人，恐中国人无专门之学，办理不妥善，以后更改又多费周章，聘用专门洋人，立定权限，决不侵中国主权，倘逾权限，中国自有权革退，并立学堂，使中国人学习财政专门之学"[2]。赵尔巽提出的限定外国专家权力，开办财政专门学堂培养人才的建议精琪都表示同意。因此，赵尔巽也说道："此次说帖已较原书条议合乎情理。"[3] 1904年9月，精琪临行前向庆亲王索取函件，实际上是要庆亲王表态对于其币制改革方案的支持。庆亲王虽然行事谨慎，但也表示"此事关系重大……是以美国专使所条陈者，中国政府尚未能定，现时中国政府之意盖将采用若干条，其余俟一切预备妥协后，斟酌采用"[4]。似乎户部尚书以及外务部尚书的态度使得精琪"载誉"返美，以为清政府必定会推行"精琪式的"币制改革方案。

然而，湖广总督张之洞、江南商务局总办刘世珩等地方督抚大员以及各地钱业商业对于精琪的方案均持强烈的反对态度，尤其是地方重臣

---

[1] "Considerations on a New Monetary System for China," in Hanna, Hugh H. Charles Conant and Jeremiah W. Jenks, *Report on the introduction of the Gold-Exchange Standard*, pp. 117–147.

[2] 《精琪与户部及外务部官员会议记录》，引自中国人民银行总行参事室金融史料组编《中国近代货币史资料》（第一辑·清政府统治时期·下），第1123页。

[3] 《精琪与户部及外务部官员会议记录》，引自中国人民银行总行参事室金融史料组编《中国近代货币史资料》（第一辑·清政府统治时期·下），第1123页。

[4] 《庆亲王致美国政府函稿》，光绪三十年，引自中国人民银行总行参事室金融史料组编《中国近代货币史资料》（第一辑·清政府统治时期·下），第1125页。

湖广总督张之洞于光绪三十年（1904）八月二十九日的一道奏折，认为"精琪之议，陷我以虚无铸头之利，而夺我实在财政之权，其计至毒，其害至显。……唯外人图揽中国财政者，正复不一其人，即中国人震于外国用金说，勤袭附和，妄思尝试以缴大利者，故恐亦复不少。臣之此奏不仅为精琪一人，并不仅为金币一事，此后倘再有以行空票作金币之说进者，或外饵我以重利图揽我利权绝我利源者，拟请敕下外务部、财政处、户部开诚布公正言驳拒，勿受其愚"①。由于当时除了户部尚书赵尔巽、驻美公使梁诚等少数官员外，大多数官员并未能完全理解精琪方案，所以张之洞的反对之声产生了关键性的影响，成为清政府废弃精琪方案最为直接的原因。② 然而，考稽张之洞等清朝士员的反驳之辞，其对精琪的全面攻击实际上按当时的世界金融形势，并无十分道理，所以精琪回国之后依然在坚持其"金汇兑本位制"改革中国币制之理念。并且，就整体而言，美国对于中国财政改革的影响已经根植，并在清政府内形成一定的支持声音，而美国对于财政顾问（由美国人担任）的想法也一起未彻底放弃。③

二　美国意在"财政顾问"之职位对币制借款谈判的影响

精琪及美国"国际汇率委员会"的币制改革方案由于触动了以张之洞等为首的地方督抚"铸币"与"财政"大权，最终清政府并没有采纳。然而美国对于派遣美国人担任中国财政顾问的野心并没有放弃。1910年5月24日，随着清政府颁布《币制则例》，清廷再次要求整顿

---

① 《湖广总督张之洞折——驳精琪虚金本位及用洋司泉官》，引自中国人民银行总行参事室金融史料组编《中国近代货币史资料》（第一辑·清政府统治时期·下），第1188—1194页。
② 杨端六编著：《清代货币金融史稿》，武汉大学出版社2007年版，第330页。
③ 民国三年（1914）底至民国四年（1915）初袁世凯领导的民国政府财政部写出一万一千余字的《中国币制改革商榷书》，概述了各种改革方案，提出了自己的主导意见。该书又说，美国人精琪建议把金款分存于伦敦、巴黎、柏林、圣彼得堡、横滨、纽约六处，作为维持法定比价的基金，"中国既为独立国，则精琪之学说不可采"。其实，此法不仅有亏国体，还使外人得以从中图利。参见孔祥贤《从〈中国币制改革商榷书〉看民初货币本位制度的争论》，《中国钱币》1986年第2期。

财政，增加中央政府的收入，削弱地方的财政实力，尤其是取消地方铸币的陋习，再次进行了币制改革。随后清廷又再次颁布上谕，进一步规定关闭各省铸币局，将货币的发行权统一至中央手中。这为美国再次与中国进行币制改革方面的"合作"，派遣"财政顾问"提供了重要契机。

实际上，早在1908年12月，唐绍仪访美期间，便向国务院建议，通过美国资本家发行大笔贷款以满足中国币制改革、取消厘金之用，当时的坤洛银行老板席夫表示愿意承担此项贷款。① 正当双方准备就合作细节进一步谈判之际，清政府内部政局发生重要变化。由于光绪帝和慈禧太后相继驾崩，袁世凯失去了重要的支持力量，醇亲王载沣为摄政王，迫使袁世凯辞官下野。袁世凯是唐绍仪的重要靠山，因此袁世凯的"暂时隐退"使得唐绍仪向美国借款进行币制改革一事失去了清政府中枢的支持。

到1910年6月，清政府《币制则例》颁布后，清廷内部又想起了之前唐绍仪与美国国务院、华尔街银行曾推动的币制借款谈判。于是，清政府驻美公使张荫棠向清政府建议，以金本位为基础整顿新币制，并且电告外务部，即关注该项建议，实施改革，从而为将来修改关税税则做准备。美国国务卿诺克斯迅速得到消息，6月11日、13日国务卿与清政府驻美公使张荫棠沟通，一面建议清政府"宜先遍访各国著名圜法专门家，择其一二才识练达、品望素优者聘为顾问"，一面又重申"中国果能实行改良币制，美政府甚愿效力"②。助理国务卿H. 威尔逊致信张荫棠，希望张荫棠能够执行他宣称的意思，给清廷外务部发送电报。电报同样应该强调，"这一有效行动不宜久拖，并且为了重新确认列强的支持，有必要雇佣一名外国的财政专家并且尽早与之接触，从而

---

① "Currency Reform and Industrial Development Loans," *FRUS*, 1912, p. 88.
② 《张荫棠致外务部函》，宣统二年五月十八日（1910年5月24日），第一历史档案馆·外务部档，第3497号。转引自吴心伯《金元外交与列强在中国：1909—1913》，第189页。

让财政专家能够提出（币制）修改的方案"①。虽然美国驻华公使嘉乐恒否认了美国强加顾问于清政府的想法，保证美国放弃任何强行将一名美国籍顾问施加于中国的愿望。但助理国务卿H.威尔逊已经要求张荫棠将美国对于币制改革的设想加入给外务部的建议之中，从而为美国未来派出财政顾问铺路。7月22日，H.威尔逊给嘉乐恒发去电报，指示驻华公使嘉乐恒应尽可能明确地厘清中国近来在财政改革方面的政策动向。H.威尔逊强调："中国实施这一改革的重要性是无可置疑的，需要外国专家也是显而易见的，国务院希望一位美国专家被录用。"②

8月17日，清政府外务部会办大臣那桐通知美国驻华公使，清政府欲采取立即措施进行币制改革，希望向外国借一大笔贷款。同时那桐也对美国国务卿一直关注的"财政顾问"问题做出表态，"希望接触一名财政顾问，但这名财政顾问应是由清政府度支部（户部）挑选的美国人"③。换言之，那桐已经答应美国国务院可以派出美国人担任顾问，但这名美国顾问必须经由清政府方面予以选用，并且由度支部直接任命，属于清政府的官员。这样清廷方面既能避免外国政府任命顾问带来的干预内政之虞，同时又能征得美国国务院方面出面联系中国币制改革所需的巨额贷款和与欧洲列强之间的协调工作。

9月22日，根据度支部的任命并经摄政王批准，邮传部侍郎盛宣怀正式向嘉乐恒询问，美国银行家是否愿意承担总额为5000万两的贷款，以着手进行币制改革，这一贷款将以未允诺的关税和厘金作为担保。盛宣怀还告诉嘉乐恒，他打算"给美国人优先权，如果美国银行家债券不会售予其他国家和地区的话"④。9月29日，摩根财团答应，他们将出面承担清政府的币制借款。那桐及盛宣怀都希望该贷款完全与美国协商，并且告知嘉乐恒，此次贷款不能提供给他国，显然这是因为

---

① "The Acting Secretary of State to the Chinese Minister," *FRUS*, 1912, p. 89.
② "H. Wilson to Calhoun, July 22, 1910," *Philander Chase Knox Papers*. 转引自吴心伯《金元外交与列强在中国：1909—1913》，第189页。
③ "Notes on the Course of the Loan Negotiations now pending at Peking," *FRUS*, 1912, p. 93.
④ "The American Minister to the Secretary of State," *FRUS*, 1912, p. 89.

有了美国合兴公司的"恶劣先例",清政府希望避免重蹈覆辙。更为重要的是,这5000万两贷款中还包括了诺克斯一直谋求的满洲事业开发计划贷款2000万两。清政府并不希望满洲的贷款与中国其他部分相区别开来。实质上就是说,清政府欲借助美国资本家的力量来抗衡日俄在东北"势力范围"内日益形成的独占局面①。于是,清政府重申要求美方派出一名财政专家,并且催促说要美国的财政专家尽可能迅速地派往中国,否则其他列强听说这些谈判消息,必将阻挠之。同一天,诺克斯告知嘉乐恒,美国财团已经答应将承担此项贷款,国务院希望尽快获得圆满的安排。诺克斯还私下通知嘉乐恒,美国银行团答应承接该贷款的条件是,"尽快任命一名美国的财政顾问协助构想中的财政改革"。②

10月2日,嘉乐恒致电国务院,报告说清政府已经同意,"如果我们承担此项贷款,那么一名美国人将被委任为财政顾问,财政顾问将履行纯粹顾问的咨询角色,帮助中国进行币制改革,这与贷款谈判进程并没有关联"③。10月6日,美国银行团正式回复国务院,美国银行团乐意承担贷款,并且愿意与清政府代表讨论协议的具体细节和担保问题。与此同时,"美国银行团已经准备向北京派出一名经验丰富的财政专家来指导币制改革的具体协商"④。清政府通过驻美公使与国务院方面进行接触,提出如果美国银行团愿意承担贷款,他们可以将贷款数量从5000万两增加至5000万美元,从而使得满洲实业开发计划的2000万两贷款也包括在这个一揽子的贷款谈判之中。清政府方面再次承诺,"如果贷款由美国(银行家)承担,那么美国人将被清政府委任为财政顾问来进

---

① 实际上,在英国公使朱尔典看来,美国对东北政策的巨变并非源于实际利益,而是一些反日情绪强烈的年轻外交官的推动,但英国方面认为美国的鲁莽行动不会取得成功。参见 Annual Report 1911, in Nish Ian, ed., *British Documents on Foreign Affairs*: Part I ~ Series E Asia, 1860 – 1914, Volume 14, Annual Reports on China, 1906 – 1913, pp. 257 – 258。

② "Knox to Calhoun, September 29, 1910," *Philander Chase Knox Papers*. 转引自吴心伯《金元外交与列强在中国:1909—1913》,第189页。

③ "The American Minister to the Secretary of State," *FRUS*, 1912, p. 90.

④ "The Acting Secretary of State to the Chinese Minister," *FRUS*, 1912, p. 91.

行币制改革"①。10月27日,美国公使嘉乐恒、美国银行团代表以及清政府方面代表在北京签订了《币制借款合同》草案。三方准备着手对币制借款以及财政顾问的具体问题展开协商,这样在俄日对中国东北侵略野心日益扩大的形势之下,一心追求中国东北"门户开放"的美国与意图联美抗衡其他列强的清政府展开了财政领域的合作。特别是在财政顾问的派遣上,由于有了1903年精琪访华作为美国财政专家指导币制改革和维持银价以及1908年唐绍仪访美协商币制借款的前由,清政府不再一味抗拒财政顾问之派遣。相反,清政府也希望能通过财政专家指导中国的具体改革,但这位专家必须是由中国政府自己挑选并且予以直接任命之人。在当时清政府仅向美国资本家寻求借款的情况下,清政府实际默认了可接受"美国籍"财政顾问的立场,但这项工作必须是由中国自行任命。经过五个多月的谈判,美国顾问"参与"对华贷款已成定数,这也是美国长期以来孜孜以求的目标,即在最核心、最重要的财政事务上发挥美国的影响力。

然而,随着清政府与美国银行团、国务院谈判的深入和推进,"财政顾问"问题显得愈加复杂。从清政府的角度考虑,联美抗衡其余列强尤其是平衡日俄在东北的影响应是此一时期的主线,故在签订《币制借款合同》草案之前,载泽便先声明,"清政府希望完全与美国协商,并且还告知嘉乐恒美国不能将该合同提供给他国"②。但实际的情况是,当时参与贷款的华尔街银行家并不具备独自承担5000万美元如此大款项的能力,在美国市场上发行债务很难全部吸纳并且销售出去,因此美国银行团希望能在其他市场(主要指欧洲金融市场,尤其是法国巴黎和英国伦敦这两个欧洲的金融中心)进行销售。载泽的态度是,美国银行团可以拥有许多合作伙伴。言外之意,载泽的表态说明美国银行团可以自由地在其他市场上销售债券,但载泽说他仅与美国人最后签署协定,并且

---

① "Notes on the Course of the Loan Negotiations Now Pending at Peking," *FRUS*, 1912, pp. 93-94.

② "The American Minister to the Secretary of State," *FRUS*, 1912, p. 90.

希望美国银行团能拥有大多数的债券，以便能控制这一议题。① 实际上，这很明显，清政府希望美国完全占主导甚至说要美国出面独占这次贷款，至少美国的资本必须占多数。清政府过高地估计了华尔街银行的能力，银行家并不具备独占之资本。因此，美国银行团希望美国政府能支持其意愿，即获取中国同意让其他国家的资本家（银行或者银行团）参与中国的币制改革。与此同时，美国也在积极测探英国、法国和德国对于美国独揽币制借款的态度。1910年10月31日，助理国务卿艾迪指示驻法大使要求通知法国外交部，美国银行团已经与清政府签订了《币制借款合同》草案。"美国政府相信这一改革对于所有在华拥有重要利益的国家以及中国本身都是具有重要意义的。为了实施币制改革，美国欢迎相关国家的热诚支持。"② 就在同一天，国务院还将美国的照会通知了伦敦、柏林、圣彼得堡和东京，实质上是要英国、法国、德国和俄日支持美国对华的币制改革行动。

但参加湖广铁路贷款谈判的四国银行团中的其余三国都反对美国与清政府之间的"单独行动"。其余三国援引1909年7月6日在伦敦成立的英法德三国银行团协定中银行家协定第6条和财团间协定第5条的规定，如果某成员承担了一项与其他成员不能参加谈判和签字的业务，它固然可以单独谈判和签字，但在贷款中必须规定其他成员可以参加债务的发行。美国财团认为目前它正好可以援引这条规定，使欧洲三国财团承担部分债券而不参加贷款的谈判和签字，因为清政府只希望同美方接洽这项业务，具有很强的排他性。③ 美国的这一既想省钱又想获得最大利益的其他遭到了英、法、德三国的强烈反对。11月8日，美国与英国都同意了德国和法国的要求，对原先的协定作出修订。11月10日，四国银行团宣告成立。美国方面作出保证，将尽最大努力说服清政府同

---

① "The American Minister to the Secretary of State," *FRUS*, 1912, p. 91.
② "The Acting Secretary of State to the American Ambassador to France," *FRUS*, 1912, pp. 91–92.
③ Willard Straight, "History of the Currency Loan Negotiations from September 1910 to January 1911," *Straight Papers*. 转引自吴心伯《金元外交与列强在中国：1909—1913》，第92页。

意英、法、德三国参加币制借款的签字。美国国务院认为，在美国与清政府签订《币制借款合同》合同草案之前，美国银行家已经知会清政府，美国银行家应可以在其他市场上销售债券。当时载泽的态度是只要美国银行家愿意，他们可以拥有不止一家。因此，在美国看来，"清政府是不反对其他国家参与的"。而且从湖广铁路贷款谈判一直到四国银行团成立的影响综合考虑，美国的政策要旨在于维持一个在华的"国际共同体"，从而保证列强间形成同情性的、务实性的合作关系，从而维护中国的政治完整。"币制改革的成功很大程度上取决于大国间的同情与合作。若有任何国家反对或者规避，中国能否完成未竟之业令人质疑。"①

因此，美国无论是出于自身力量的考虑还是出于对欧洲三国的强烈反对情绪，均不得不考虑建立一个国际联合体来实施美国的"门户开放"政策。但是美国在向清政府施压，要求允许其他欧洲三国加入贷款的同时，又坚持其对未来中国财政事务的主导权，这一点尤其体现在"财政顾问"的任命上。为保证美国的支配地位，诺克斯依然没有放弃由美国单独主持对华谈判，并由美国派出一名财政专家担任顾问指导币制改革。11月11日，诺克斯指示嘉乐恒，应尽快将美国财政顾问的事情正式商定下来。然而，熟悉中国事务的嘉乐恒认为美国允许欧洲三国参加币制借款一事已经破坏了清政府谋求与美单独缔约所欲达成之政治效应，故而此时敦促清政府任命财政顾问并不适宜，并主张推后再议。

嘉乐恒这一想法并未得到诺克斯的支持。后者在11月25日再次指示嘉乐恒，要求敦促清政府落实由美国任命财政顾问的政策，并强调"任命美国财政顾问问题无论是对于清政府还是对于美国而言都是非常重要的"②。诺克斯的强硬立场背后得到总统塔夫脱的鼎力支持。12月6日，塔夫脱总统在上任后的第二次《国情咨文》演讲中，提出

---

① "Notes on the Course of the Loan Negotiations now pending at Peking," *FRUS*, 1912, p. 93.
② "Knox to Calhoun 电, November 25, 1910," *Knox Papers*. 转引自吴心伯《金元外交与列强在中国：1909—1913》，第94页。

正在谈判中的币制改革贷款（5000 万美元）是一个"利用美国资本促进中国福利和物质繁荣开发策略"的典型案例，"为了贷款的成功以及将来的币制改革，我们认识到派遣一位专家是必要的，并且本届政府已经从清政府处得以确认，这名财政顾问将参与其中。他将是一名美国人，这对于美国的商业利益及至文明世界都是至关重要的"①。就在总统作《国情咨文》之后的第四日，诺克斯再次给嘉乐恒发电，强调美国财团、驻华公使馆和国务院都一致认为顾问不能只是一个虚名，他应对资金的使用行使合理的控制权。诺克斯还要求嘉乐恒向清政府施压，尽快同意任命一名具有上述权力的美国财政顾问。同时，美国国务院还通过财团的司戴德发去指示，要求在两国政府解决顾问任命问题并就其权限取得一致之前，暂停同清政府讨论贷款的细节问题。② 12 月 16 日，清政府任命梁敦彦为特使前往华盛顿与美国商讨币制借款事宜，塔夫脱和诺克斯坚持要求一位美国顾问作为币制改革贷款的监督人。③

随着国务院方面（包括塔夫脱总统本人）对于派出美国顾问的坚决态度，华盛顿的强硬立场引发了多方面的反对，不仅有来自在华列强的激烈反对和清政府方面的愤慨，甚至于美驻华使团和美国银行家的代表也都公开表示了对国务院官员（主要是诺克斯和 H. 威尔逊）的不满。司戴德在参加伦敦国际银行团会议之后，曾认同派出美国顾问的重要性和必要性，因为这样一来便能保证国际银行团成员对于贷款计划的支持。司戴德甚至已经举荐美国人梅特兰（D. P. Maitland）担任顾问一职，并已启程来沪。④ 但是，当司戴德返回北京，亲自了解任命美国人顾问一事在中国引起的连锁反应之后，司戴德很快就提出不同意见。清政府实施的代议制改革及资政院的设置，使得社会舆论对于美国对华

---

① "Second Annual Message," *The Collected Works of William Howard Taft*, Vol. IV, p. 11.
② 参见吴心伯《金元外交与列强在中国：1909—1913》，第 99 页。
③ [美] 查尔斯·威维尔：《美国与中国：财政和外交研究，1906—1913》，第 142 页。
④ 中国社会科学院科研局：《孙毓棠集》，第 253 页。

财政事务尤其是派遣顾问一事产生了重要的影响,这在司戴德写给戴维逊的信中可以看出。司戴德表示:"如果国务院希望使中国人接受一个对中国的预算有广泛监督权的美国人担任顾问一职,那么我们还是趁早打消这一念头。中国人不仅不会同意委任一个没有权力限制的(外国官员),而且他们也不会以此方式坦承自身无力处理分内之事。"事实证明亦是如此,清政府对于美国的强硬态度感到异常愤怒,外务部会办大臣那桐向司戴德指出,中国当初的允诺皆因贷款由美国人加入谈判,则可以任命一名美国顾问,但美国未同中国商议便邀请其他国家参加贷款,这一情况本身就直接导致双方之前的承诺失效,美国人无权再要求任命美籍顾问。载泽、邮传部侍郎盛宣怀、大清银行副总裁陈锦涛以及驻美公使张荫棠都表达了对美国坚持任命美国人担任财政顾问建议的失望。① 新成立的资政院对于美方要求更是表示出强烈的不满和反对情绪。

再者,在华其他列强也反对美国一方独占中国财政和派出美国顾问的计划。欧洲三国一起怀疑美国企图垄断贷款谈判,从未中止过对美国人顾问任命一事的指责。法国公使的指责尤为激烈,马士理强调"鉴于我们在华之利益,如果我们能够避免的话,不能指望我们允许这一行动具有完全由美国独占的性质,尤其因为我们在欧洲将承担大部分的财政责任"②。欧洲三国的反对使得"国际共同体"面临着土崩瓦解的危险。与此同时,基本上游离于四国协商之外的俄国也加强与清政府的接触。1911年2月中旬,美国国务院得知俄国已经组织了一个以俄华道胜银行为首、有英国和比利时资本参加的银行团,进入对华贷款领域,与以美国为首的四国银行团展开了竞争。这样在内外综合因素的共同影响之下,美国为了维护在四国银行团中既有的"领导地位",国务院不得不对美国人担任财政顾问这一问题作出妥协。其实,身处谈判现场的司戴德最清楚不过,"无需来一位美国的顾问,这实在是好事,否则无

---

① 吴心伯:《金元外交与列强在中国:1909—1913》,第97—99页。
② Herbert Croly, *Willard Straight*, New York, 1924, p.383.

论谁来都将承担艰巨的任务"①。

经过多次的协商,清政府不得不接受美国方面提出的顾问要求,却强调必须是来自中立国(即没有参与对华币制贷款、非签字国)的顾问。1911年2月11日,美国公使通知国务院,报告称清政府已经同意与四国签约,并且委任一名财政顾问。美国方面的回复态度则是"如果四国一致同意,财政顾问须为一名美国人,否则应具有中立国国籍,荷兰人更为合适"②。由此看来,美国在顾问问题上已经作出妥协让步,提出了"中立国财政顾问"的建议。2月24日,国务院致电英、法、德三国大使馆,认为四国应联合起来迫使清政府履行国际义务,坚持要求清政府按照之前的承诺合作财政顾问。美国认为完全控制清政府支出的前提非常重要。"鉴于三国政府表达其对于任命一名美国人担任此职的反对,美国政府倾向于接受与三国协商,并且委任一名未涉及对华贷款的中立国家籍人员来担任财政顾问一职。"③ 最终,在外界强大的压力之下,美国国务院不得不作出让步,接受一名非贷款国专家被任命为顾问,并且这一任命是在与清政府的照会交换中确定的,而非直接体现于贷款合同之规定。

1911年4月15日,经过一年多的谈判,清政府度支部尚书与四国银行团代表签订了《币制改革与实业开发贷款合同》。四国银行团借款总额为1000万英镑,年息5%,9.5折交付,由美、英、法、德四国财团平均分担,6个月内发行,每半年支付一次利息,年限为45年。在签订合同的当天,载泽将清政府方面的三份计划书交给了银行团。内容包括三方面,一是"币制改革计划"即在白银基准(Silver Basis)上统一币制之规定;二是一份关于贷款资金支出的声明;三是一份关于满洲实业开发的具体计划书。司戴德非常兴奋,他激动地给妻子写道,"这

---

① Louis Graves, *William Straight in the Orient with Illustrations from His Sketch-Books*, New York: Asia Publishing Company, 1922, p. 60.
② "File No. 893.51/299," *FRUS*, 1912, p. 94.
③ "The Department of State to the British Embassy," *FRUS*, 1912, pp. 94–95.

笔贷款已经安排妥当，这样我们实际规定了中国币制改革的条件。你掌握着操纵大权，为一个4亿人口的国家制定了第一个真正健全的金融基础，想一想，这的确是一项伟业"①。

然而，司戴德的美梦并未持续多久，远东地缘政治的现实迅速给美国的贷款事业带来挑战。因为币制借款合同其中第16条款规定"如果中国政府希望再借款项时，上述银行团有优先提供资金的权力，但如果中国政府与上述银行团未达成协议，那么亦可邀请其他财团加入"②。这一条款实质上是在给予四国银行团在中国东北财政事务上的优先权，从而成为日、俄日后坚决反对之借口。

至于之前争论激烈的"财政顾问"问题，由于美国国务院与清政府外务部在双方往来照会中予以确认，为避免中国国内舆论反对，并未体现在正式合同之中。③ 合同规定，清政府要先统一币制，暂时整顿银币，但币制改革的最终方向依然是采纳金本位制度。④ 1911年9月28日，此前一直在荷属爪哇银行担任经理的卫斯林（Dr. Vissering）被推荐为清政府的财政顾问。卫斯林是荷兰人，拥有在东方广泛的财政经历，这符合美国国务院与清政府达成的协议，即任命一名"中立性质"的财政顾问，虽然美国人不忘自我吹擂一番。按照塔夫脱总统向国会所作的咨文中所言："美国政府建议提名一位中立的财政顾问，经过清政府和其他各国列强之同意，旨在保证参与国家绝对之公平。"⑤ 然而，对比上一年塔夫脱在国会中信誓旦旦派出美国籍顾问的"得意"与"自信"，其无奈与失望情绪在字里行间中透显无疑。但无论如何，美

---

① ［美］罗恩·彻诺：《摩根财团：美国一代银行王朝和现代金融业的崛起》，第146—147页。

② "Currency Reform and Industrial Development Loan Agreement of April 15, 1911, Between the Chinese Government and the Quadruple Group of Bankers," *FRUS*, 1912, pp. 95–96.

③ "Annual Report 1911," in Nish Ian, ed., *British Documents on Foreign Affairs: Part Ⅰ ~ Series E Asia*, 1860–1914, Volume 14, *Annual Reports on China*, 1906–1913, pp. 270–271.

④ "Annual Report 1911," in Nish Ian, ed., *British Documents on Foreign Affairs: Part Ⅰ ~ Series E Asia*, 1860–1914, Volume 14, *Annual Reports on China*, 1906–1913, p. 270.

⑤ "Annual Message on Foreign Relations," *The Collected Works of William Howard Taft*, Vol. Ⅳ, p. 185.

国已经推荐卫斯林担任财政顾问来指导币制改革,并且得到了四国银行团和清政府方面的批准。辛亥革命的爆发使得卫斯林担任顾问一事暂时被搁置下来,及至中华民国成立,并在其正式得到美国承认前夕,临时政府才又再次邀请卫斯林来华指导币制改革工作,一是为了继续作出愿意与四国银行团合作的姿态,企图再次借取款项;二是为了整顿混乱的币制现状,以图加强中央的财政权力。

1913年1月11日,卫斯林与四国银行团代表举行会谈,并谈及其对于中国币制革新的设想。摩根财团对于卫斯林的计划表示并不满意,在一封致美国财团的信函当中,摩根财团认为与卫斯林的会面是令人十分沮丧的,"不用说大胆批评这位货币专家的观念……对于我们而言,卫斯林的主张最多仅仅是一种教科书式的币制改革,他回避了中国币制改革问题的实质"①。事实上,卫斯林实际的想法是打算将其在爪哇推行的货币改革方案运用于人口大国中国。

在卫斯林与四国银行团代表会谈举行后,1913年2月24日,摩根财团代表整理了一份会议纪要,并将其发给美国国务院。卫斯林解释称他最初作为财政顾问,受清政府邀请并按照《币制借款合同》的要求来指导币制改革的。由于辛亥革命的爆发,该进程被迫中断。而后临时政府再次邀请其担任财政顾问,1912年8月至9月间,卫斯林到达北京,与币制改革委员会(成员全部由中国人组成)进行协商,随后正式签订了合同,担任临时政府的顾问一职。卫斯林准备了一个初步的改革计划,呈给清政府的币制委员会和银行团,同时在组建决定性的中央银行问题上进行了相应的部分修改。他认为中国并未完全具备实行金本位的条件,但金本位制是解决当前中国问题的最佳方案,类似于在英属印度和荷属殖民地的做法。对于这一解决方案而言,一个刚刚建立的中央银行并不需要大量的黄金储备,却能在欧美中心以黄金的比价发行信誉好的优等债券。

---

① "Morgan, Grenfell & Co. to the American Group," *FRUS*, 1913, p. 195.

四国银行代表乌比格（Messrs Urbig）、阿迪斯（Addis）和西蒙（Stanislas Simon）等活跃在华的银行家不认可卫斯林的建议，认为发行的票据（Notes）依然可以流通，但应迅速交至中央银行，并以黄金形式代为支付。因此，考虑到一旦实施卫斯林不切实际的计划，将使银行迅速为商界所抵制，清政府和在华银行亦将遭受惨重损失。①

当然，民国政府初年的财政改革虽受到种种掣肘，但依然采纳某些建议，例如在成立中央银行方面。1913 年 5 月 25 日，《中国银行则例》经参议院通过并公布，规定该银行系国家中央银行，5 月 29 日由外交总长陆征祥照会美国公使卫理。② 1913 年 12 月，民国政府派前大清银行副总裁、曾经参与币制借款谈判的陈锦涛任中国驻外财政委员会到伦敦就职，从而在财政改革方面作出更多的尝试。③

第四节 华尔街投资银行与善后大借款

塔夫脱政府在推行"金元外交"过程中，华尔街投资银行成为美国积极向外国政府实施贷款的重要工具。如前文所述，拉美地区的尼加拉瓜、洪都拉斯、墨西哥和阿根廷等都是华尔街投资银行竞相追逐的重点地区，非洲的利比里亚也成为华尔街银行投资非洲未来的立足点，但就当时实际情况而言，华尔街投资银行一个重要的争夺目标是远东的中国，这里有着"开放门户"的广阔市场和丰富的自然资源，而欧洲列强的资本输出和势力范围的争夺已经使得美国在华商业和金融竞争越来越有出局的危险。美国政府希望能借助华尔街的金融力量维持中国对美国的"门户开放"，同时也希望欧洲列强能够加强国际协调与合作，共同维持中国的"行政完整"。而华尔街的投资银行虽然在中国并未取得

---

① "Subinclosure-Memorandum-Summary," *FRUS*, 1913, pp. 195 – 196.
② 《中央银行为国家中央银行开具照会》，引自周振鹤策划，广西师范大学出版社编《中美关系往来照会集》（卷十二），广西师范大学出版社 2007 年版，第一六六页。
③ 《获悉陈景涛任中国驻外财委员会赴伦敦就职事》，引自周振鹤策划，广西师范大学出版社编《中美关系往来照会集》（卷十二），第一四二页。

有如拉美诸国的经济利益，但着眼于未来的前景使得他们对中国的投资倍感兴趣，于是华盛顿与华尔街紧密结合起来，共同促成了对华的"金元外交"政策。从1909年到1913年，华尔街的银行家们在美国国务院的支持下，强行挤进了湖广铁路的贷款谈判；组成了四国银行团，共同参与中国的币制借款谈判；后来又允许俄日两国银行加入，组建了六国银行团，参与《善后大借款》的谈判。但最终由于英、法、俄三国再加上日本的抵制，在国际银行团中愈显被动的美国华尔街投资银行不得不退出六国银行团和善后大借款的谈判，也暂时失去了中国财政事务上的参与权。因此探讨美国银行团在善后大借款谈判中，从一开始的主导到最后的主动单方面退出的过程，进而分析华尔街银行在"金元外交"中所起作用、存在的局限，对于我们理解20世纪初期美国华盛顿与华尔街二者之间关系的复杂性有典型性意义。

一　美国银行团的成立与四国银行团的联合行动

华尔街银行与中国联系要比欧洲国家要晚得多。到20世纪初期，美国的银行才开始涉足中国业务，这是美国国内经济发展使然。正如美国著名经济史学家福尔克勒所说："到1900年，美国的工业发展已经进入制成品及矿产品对外出超的阶段，再加上美西战争的刺激，促成了美国资本及产品要更加寻找国外市场。"[①] 1902年，美国花旗银行的前身之一"万国银行"（International Banking Corp.）在上海成立分行，作为美国在华国库代理人。而美国政府则将中国庚子赔款利息支付的管理权正式赋予花旗银行。[②] 这是华尔街众多银行中最早与远东的中国发生如此重要直接业务往来的美国企业。塔夫脱政府时期，参与对华贷款的华尔街银行中起最主要作用的则是J. P. 摩根财团、花旗银行为代表的美

[①] ［美］倍克·布兰德福：《美国的海外银行》，引自中国人民银行金融研究所编《美国花旗银行在华史料》，中国金融出版社1990年版，第12页。

[②] 中国人民银行金融研究所编：《美国花旗银行在华史料》，中国金融出版社1990年版，第13—19页。

国银行团（American Group）。其中 J. P. 摩根财团与中国财政事务最早的联系始于 1908 年 12 月的奉天都督、曾经留学美国的唐绍仪作为清政府特使访美。此前与唐绍仪素有联系的美国奉天总领事司戴德也返回华盛顿，帮助唐绍仪联系华尔街银行家来参与中国政府 2000 万美元的满洲实业贷款谈判，自此以后司戴德这位年轻的美国人成为"美国政治经济新政策的先锋"。① 在美国铁路大王哈里曼的撮合下，司戴德与坤洛银行以及摩根财团的代表亨利·戴维森（Henry P. Davison）讨论了唐绍仪的计划。两家华尔街银行都对唐绍仪的实业贷款表示出兴趣，而新上任的国务卿诺克斯也对此持有巨大的热情。诺克斯推动美国投资的计划远远超出了唐绍仪的实业贷款计划，诺克斯希望能将美国置于与英国、法国和德国在华同等重要的地位。② 1909 年 6 月，诺克斯和司戴德将坤洛银行、J. P 摩根财团以及纽约第一国民银行、花旗银行组成美国银行团。③ 美国国务院把 J. P 摩根财团置于美国银行团的领袖地位，摩根财团也成了国务院在中国财政和金融的代表。摩根首席皮尔彭特私下就说道，"我感觉很好……摩根公司牵头，名字排在第一，这一点很重要"④。从 1909 年 6 月到 1913 年 3 月，美国银行团成为了华尔街对华拓展金融和财政事务的典型，也成为塔夫脱总统和诺克斯国务卿实施"金元外交"的重要载体。华盛顿希望借助华尔街的财政力量达成"门户开放"之双重目的，一是各国在华平等的商业和投资机会；二是保持被列强瓜分的中国之领土与行政之完整。

美国银行团对华贷款事务主要由摩根财团在纽约和伦敦的办事处承担，正是这家华尔街的投资银行承担起美国银行团同英国、法国和德国

---

① "Annual Report, 1909," in Nish Ian, ed., *British Documents on Foreign Affairs: Part I - Series E Asia*, 1860 – 1914, Volume 14, *Annual Reports on China*, 1906 – 1913, pp. 133 – 136.

② Vincent P. Carosso, *The Morgans: Private International Bankers 1854 – 1913*, Cambridge: Harvard University Press, 1987, pp. 550 – 551.

③ 原先美国银行团还包括铁路大王哈里曼，但两个月之后，哈里曼便病逝，故剩余四家银行。——笔者注

④ ［美］罗恩·彻诺：《摩根财团：美国一代银行王朝和现代金融业的崛起》，第 144 页。

银行团的谈判工作,并且一起组成四国银行团,实施湖广铁路贷款。与此同时,摩根财团也负责与美国国务院打交道,协商具体的谈判事宜。国务院往往拥有最终决定权。但华尔街与华盛顿的合作并非如想象的简单,尽管合作是大方向,因为双方关注的焦点并不都是一致,因此争吵、胶着在所难免。摩根财团的伦敦办事处成为联络美国国务院、美国银行团和欧洲三国外交部及各自银行团的纽带。国务卿诺克斯就曾经指示美国驻英国大使里德(以及其余三国外交部),通知摩根财团的伦敦办事处拥有代表美国银行团的权力。① 摩根财团纽约总部的负责人亨利·戴维森、伦敦办事处的负责人爱德华·格伦费尔(Edward Grenfell)以及美国银行团正式的代表、刚从美国驻奉天总领事和国务院远东司司长一职上卸任下来的司戴德一起,组成美国华尔街银行团进入国际谈判,成为"美欧辛迪加"的具体执行者。② 司戴德熟悉中国的情况,并且会说汉语和日语,与清政府官员、在华商界人士交往密切。司戴德认为,美国的"门户开放"政策唯有通过一个外交与工业、商业和财政的联盟才能予以维持,这是美国实力的体现。③ 司戴德积极支持发挥美国资本尤其是华尔街银行在"金元外交"中发挥重要作用。司戴德与格伦费尔最早涉及的是中国的湖广铁路贷款的谈判,其后美国银行团开始触及中国的币制和东北实业借款的谈判。经过近一年的努力,1910年5月23日,美国银行团与其余三国银行团在巴黎签订了协定,取得了湖广铁路25%的平等筑路权利(150万英镑),并且取得了涉及铁路建设的部分工程权利。

1911年4月15日,四国银行团与清政府代表正式签订了《币制实业借款合同》,美国银行团取得了总额为1000万英镑的平等参与权,规

---

① Copy of Cable, [Whitelaw] "Reid to the Secretary of State," June 26, 1909, Reel 3, 001441/42, WSP/CUL. 转引自 Vincent P. Carosso, *The Morgans: Private International Bankers*, 1854-1913, p. 552.

② 1909年6月,司戴德辞职后,被银行团聘为代表,具体负责银行团对华贷款的协商工作,其月薪为500美元,并且可以额外享受一年6000美元的差旅费。——笔者注

③ Willard D. Straight, *China's Loan Negotiations*, New York, 1912, pp. 3-4.

定在 6 个月之内发行，年息为 5 厘，9.5 折交付。这是美国银行团和华盛顿在中国实施"金元外交"取得的重要成果。随后不久，四国银行团与清政府的谈判取得新进展。1911 年 5 月 20 日，美国银行团在内的四国银行团同清政府签订湖广铁路借款的最后合同，这项合同准许各银行发行一笔 6 厘利息的金镑借款，总额为 600 万英镑。这样的消息令华尔街和华盛顿都兴奋不已。坤洛银行便对司戴德说："该协议的签订，将使我们在未来的中国业务中获得坚实的立足点。"① 1911 年 6 月 15 日，湖广铁路借款 600 万英镑正式发行。美国银行团对此充满了期待，但是俄日两国的坚决反对和辛亥革命的爆发使得四国银行团对于币制借款和湖广铁路贷款的债券发行暂缓下来。

一方面，四国银行团与清政府签订的《币制实业借款合同》被俄日两国视为其在中国东北建立特殊"势力范围"的严重威胁，一度为争夺中国东北大打出手的日俄两国联合起来抵制四国银行团的努力。日俄反对四国银行团不仅因为《币制实业借款合同》提供的大笔资金给予清政府喘息之机，而且合同第十六款也被视为"心腹之患"。《币制实业借款合同》第十六款规定，"倘大清政府因办理本合同所拟办之事款项不敷，欲续办借款，除在中国自筹外，大清政府允先于银行等商办集借所需之款，如与银行等商办不成，则大清政府可另与他资本家商办。如大清政府欲请外国资本家与中国合办东三省以此借款兴办之事，或与其有关联者，应先请银行等承办"②。换言之，四国银行团不仅取得了中国币制改革的主导权，而且还给清政府提供了东三省实业开发的资金，这样有助于加强抗衡日俄的经济实力和国际影响力，并且为未来欧美四国干涉东北提供了"合法的依据"。1911 年 5 月 13 日，美国驻日大使回复国务卿诺克斯，"日本外相极大程度上关注于中国的币制改

---

① "Letter from Warburg to Straight"，*Straight Papers*，April 17，1911. 转引自吴心伯《金元外交与列强在中国：1909—1913》，第 106 页。
② 《军机大臣奕劻等折——拟定美英德法四国银行整顿币制与东三省实业借款合同》，引自中国人民银行总行参事室金融史料组编《中国近代货币史资料》（第一辑·清政府统治时期·下），第 1212 页。

革，尤其是有关于满洲的贷款分配方案问题"①。日本还转向曾经的老对手俄国，联合向四国施压。俄国首先向其盟友法国施压。5月18日，柔克义致信国务卿诺克斯，报告说驻华使馆收到消息，由于俄国政府的压力，法国将退出满洲实业开发计划。② 6月初，美国驻华代办报告说，法国政府已经通知法国驻华公使，俄日两国驻巴黎使节已经对合同的第十六条款表示抗议，并且要求法国政府出面修改这一条款。③ 6月26日，日本也向法国政府提交了抗议，认为"日本在南满地区拥有特殊的权利和利益，条款十六将置日本臣民、机构于劣势地位。在实际情况中，帝国政府认为，圆满解决这些难题唯一的途径或是彻底取消这一条款或者修改这一条款，从而剥夺银行的特权"④。6月28日，法国外交部通知美国国务院，鉴于日俄两国对合同十六款的抗议，法国政府呼吁彻底删除这一条款。

与此同时，俄日也反对四国银行团再贷款给清政府。俄国驻巴黎大使亚历山大·伊斯沃斯基（Alexander Izvolsiki）通知法国东方汇理银行（Banque de l'Indo-Chine）的西蒙和法国外交部，"俄国和日本均不会容忍四国银行团再垫款给清政府"。俄国驻法大使甚至私下以俄法同盟解散为威胁。摩根财团的格伦费尔就表示，"俄国的威胁似乎吓坏了法国。鉴于日俄的反对，欧洲银行家的政府均不愿采取有可能需要各国投身军备竞赛的行动"。他也提醒戴维森，华盛顿也不会接受与俄国或者日本的争吵。⑤ 实际情况亦是如此，美国国务院也没有做好与日俄在远东撕破脸的准备。7月11日，俄国驻美国代办库杜切夫（Prince N. Kouducheff）就向美国国务卿抱怨《币制实业借款合同》使四国辛迪加在满洲取得了特殊的地位，因为合同赋予了四国辛迪加在俄国拥有如此

---

① "The American Ambassador to Japan to the Secretary of State," *FRUS*, 1912, p. 96.
② "The American Minister to the Secretary of State," *FRUS*, 1912, p. 97.
③ "The American Charge d' Affaires to the Secretary of State," *FRUS*, 1912, p. 98.
④ "Copy of the Note Verbal Presented by the Japanese Government to the French Government on June 26, 1911," *FRUS*, 1912, p. 99.
⑤ Vincent P. Carosso, *The Morgans: Private International Bankers 1854 – 1913*, p. 566.

重要特殊利益范围内垄断财政与实业事务的权利。俄国认为，四国辛迪加不能漠视他国的合法利益，它已经阻碍了俄国在满洲利益的发展，俄国政府希望美国考虑这一抗议，并且要求美国政府放弃利用其影响来通过条款十六内容的想法。① 美国国务院和银行团无力独自行事，尤其是面临着俄日的联合反对以及法国退出的威胁，因此，币制改革和满洲实业开发贷款不得不考虑暂时搁置下来。

另一方面，就在四国银行团的对华贷款遭到俄日的强烈反对之时，中国爆发的辛亥革命也使得这些贷款被四国束之高阁。1911 年 9 月四川发生了保路运动，清政府旋即向四国银行团要求，提供资金镇压革命。摩根财团认为这一贷款是不明智的，除非有美国政府的特别要求。格伦费尔发电报给纽约则指出，摩根财团目前在中国的内部纷争上正在维持一个中立的姿态。② 清政府见四国银行团没有进一步行动，于是转向别处寻求急需的资金。10 月 27 日，清政府与英国、法国与和比利时三国财团签订贷款协议，贷款 1500 万法郎，利息 6 厘，偿还期限为 90 年，并且在 14 日内支付贷款。③ 这项贷款协议对四国银行团而言是一场取而代之的实质性行动。于是 1911 年 11 月 8 日，四国银行团在巴黎召开会议，商讨银行团如何应对中国国内革命和清政府的财政援助要求。经过激烈地协商，巴黎会议达成了两点共识：一是鉴于当前形势的不确定性，银行团不倾向于当前提供任何的财政援助；二是银行团并不反对向一个负责任的中国政府贷款并且将准备好进入谈判，只要银行团在北京的代表向银行团保证说他们已经满意于清政府的保证。④ 美国政府的态度是应当暂缓发放贷款。11 月 18 日，国务卿诺克斯表明了美国的立场，"国务院认为当前不能给予任何贷款，这才是明智之举……贷款应该在中国内部的派别之间严守中立，并且必须设立某种形式的监

---

① "The Russian Charge d'Affaires to the Secretary of State," *FRUS*, 1912, p. 100.
② "Morgan, Grenfell & Co. to J. P. Morgan & Co., October 23, 1911, PT／C, I." 转引自 Vincent P. Carosso, *The Morgans: Private International bankers 1854 – 1913*, p. 566.
③ "The American Charge d'Affaires to the Secretary of State," *FRUS*, 1912, p. 101.
④ "The Secretary of State to the German Ambassador," *FRUS*, 1912, p. 103.

督,从而确保资金恰当使用"①。于是,鉴于中国形势的不稳定,美国银行团在美国政府"严守中立"的口号下,暂时停止了贷款的谈判。

二 美国银行团与善后大借款中六国银行团的组建

1912年2月清帝逊位,袁世凯担任临时大总统,由于政府的财源枯竭,无力偿还巨额外债,再加上国内革命形势,袁世凯急需资金,于是迫不及待地提出善后大借款。善后大借款的谈判刚刚开始,牵涉复杂,耗时繁多,而以袁世凯为代表的北京政府为了维护统治的需要,向四国银行团要求先行垫款,等到善后大借款合同正式签订后再予以还垫。美国政府对于袁世凯上台后的中国形势的判断是中国已经陷于财政危机,再加上外债问题,这种局面对于美国在华利益异常危险。美国驻华公使嘉乐恒后来的报告认为:"一方面,此时的中国已经处于政治混乱之中,财政濒于破产边缘,唯一的希望就是借取外债。另一方面,如果临时政府可以四处贷款,并且都无监督或者控制,这将导致的结果就是国家的破产,这将引发外国的干涉。"②嘉乐恒主张,美国政府一直倡导的政策就是要采取措施,避免愚蠢的借款和毫无节制的支出,并且帮助其维持信誉,从而将中国的繁荣建立在一个更为稳固的基础之上,因此继续运用美国的资本,联合英国、法国、德国的银行共同体,推行"金元外交"政策,从而防止出现欧洲列强的武力干涉,这是美国维护其在华利益和国际合作的根本所在。

2月23日,四国银行团的负责人接到他们驻京代表的电报,电报声称袁世凯需要700万两银子,借给南京临时政府作为遣散军队及偿还债务之用。在这笔贷款中,尤其急需200万两。2月24日,美国助理国务卿H.威尔逊告诉美国财团,"在南京临时政府急需的贷款问题上,如果贷款是给统一的临时政府或者得到南北政府官方的支持,美国政府

---

① "The Secretary of State to the American Minister," *FRUS*, 1912, p. 102.
② "The American Minister to the Secretary of State," *FRUS*, 1912, p. 119.

将支持这一贷款"①。同日,英国也主张应该迅速给予袁世凯以支持。英美立场协调一致,因此,虽然此时四国银行团对袁世凯所要求贷款的总体数额还没有做出正式决定,但是第二天银行团就交给南京财政部长200万两银子的垫款,这是银行团在善后大借款中的第一笔垫款。② 四国银行团交付此项垫款后,中国即以金镑国库券交与银行团,此款将由一项拟议中的借款借得后偿还,并且以盐税收入为担保。2月29日,司戴德收到电报,花旗银行上海分行已经将50万两交给中国财政总长陈锦涛,这是四国银行团给南京当局200万两垫款中美国银行团所承担的份额。③

3月9日,袁世凯掌权下的北京政府向四国银行团要求予以更多的贷款。当时北京政府的国库中仅有17万两银子,而实际需要却达118.5万两,四国银行团同意给予必需的垫款,但要求它们对于以后每月所需垫款和善后借款提出有优先权。英国外交大臣格雷还特意要求袁世凯作出承诺,"如果袁世凯希望与四国银行团在更大规模的善后贷款上进行合作,袁世凯必须保证除了四国银行团的代表之外,他不会协商任何重要的贷款"④。袁世凯同意银行团优先承担善后贷款和每月的垫款,四国银行团当日便交付给北京政府110万两的第二笔垫款。⑤ 美国银行团承担的份额由花旗银行上海分行代为垫付。同日,司戴德致信梅诺克,认为"在纽约的美国银行团业已作出必要的安排以归还由花旗

---

① "The Acting Secretary of State to the American Minister," *FRUS*, 1912, p. 110.
② 中国人民银行金融研究所编:《美国花旗银行在华史料》,第111—112页。
③ 《美国银行团驻华特别代表司戴德给北京花旗银行经理梅诺克函》,1912年2月29日,《花旗银行档案》(第3832卷),引自中国人民银行金融研究所编《美国花旗银行在华史料》,第114页。
④ "The Ambassador of Great Britain to the Acting Secretary of State," *FRUS*, 1912, p. 112.
⑤ 四国银行团第二笔垫款一说为110万两,另一说为101.5万两,参见"The American Minister to the Secretary of State," *FRUS*, 1912, p. 118;中国人民银行金融研究所编:《美国花旗银行在华史料》,第112页。

银行代为垫付的四分之一的美国份额的垫款"①。

然而美国银行团与其他三国银行团所垫款项远远不能满足袁世凯的需求，袁世凯急需外国贷款来充实军饷，镇压湖北地区的革命。于是3月14日，时任内阁总理的唐绍仪与比利时—英国的辛迪加（指布鲁塞尔的中比银行和伦敦的东方银行）签订了贷款协定，财团提供100万英镑的贷款，利息为5厘，此外不设其他附加的控制性条件，并且该协定已经提交国会批准。这引发了四国财团的强烈不满。3月15日，司戴德递交了一份照会草案给美国驻华使馆，要求嘉乐恒向袁世凯提出正式的抗议，认为袁世凯违反了3月9日袁世凯与银行团之间达成的协议。于是嘉乐恒迅速召集四国驻华公使举行会议。3月25日，四国公使联合向袁世凯发出抗议书，并且提交之前的备忘录向袁世凯施压。实际上，就这次比利时—英国财团的贷款而言，英国政府由于已经加入银行团，她也反对英国财团的贷款行为，比利时也并不是资金的主要来源，"俄国人在背后操纵这一事情，俄华道胜银行才是合同的主角"②。在四国公使的联合施压之下，袁世凯不得不做出妥协，答应退出与比利时—英国财团签订的贷款协定，由四国银行团垫付比利时—英国财团已先交付的25万英镑之贷款，这实际上承认了四国银行团对中国财政事务的垄断特权。

4月29日，四国银行团恢复了与北京政府的谈判。唐绍仪宣称，中国政府所需的款项比之前提出的要多得多。在此后的五个星期内，所需款项将达到3500万两，而在6月15日至10月15日之间，每月所需款项将达1000万两。四国银行团的银行家们于5月14日、15日在伦敦举行会议，讨论唐绍仪的这一要求。鉴于中国政府急需贷款，并且担心中国正与一个独立财团谈判额外一笔贷款，再加上中国政府重申3月9

---

① 《美国银行团驻华特别代表司戴德给北京花旗银行经理梅诺克函》，1912年3月9日，《花旗银行档案》第3832卷，引自中国人民银行金融研究所编《美国花旗银行在华史料》，第114页。

② "The American Minister to the Secretary of State," *FRUS*, 1912, p. 122.

日信件中所包含的保证，银行家们愿意立即交付一笔贷款。5月17日，四国银行团以白银300万两交付中国政府，其中半数交上海，半数交给北京，这是四国银行团给中国政府的第三笔垫款。① 5月18日，美国银行团特别代表司戴德授权花旗银行代表美国银行团与其他三国银行进行合作。摩根财团则将花旗银行所垫付的75万规元（以等额金额按每两合2先令9便士的汇率）汇往伦敦花旗银行收账。②

6月12日，四国银行团付给中国政府第四笔垫款，金额为白银300万两，6月18日，四国银行团给予中国第五笔垫款，总额为300万两。6月21日，美国银行团驻华特别代表弗朗西斯·麦克奈特（Francis McKnight）授权花旗银行与承借此次贷款的其他三家银行合作，花旗银行垫款的份额为75万规元，并且麦克奈特通知摩根财团，要求由美国银行团（按照已定的每一规元2先令9.5便士的汇率）将与75万规元相等的款项汇往伦敦花旗银行收账。③ 这样，从1912年2月到6月间，四国银行团总共为袁世凯北京政府垫款1210万两（如表4.1所示）。四国银行团持续垫款的行动构成了一种对华的财政垄断权，因为这些垫款唯有四国政府的支持才能够予以保障。此后，四国银行团并没有再交付垫款。如前所述，比利时—英国财团背后的主要支持力量为俄华道胜银行，这是俄国政府在华的官方金融机构。虽然俄国因袁世凯暂时退出了对中国财政的贷款，但是俄国依旧千方百计地对四国银行团的贷款活动进行阻挠，这造成了帝国主义列强之间的恶性竞争，加上日本一直对四国银行团与清政府达成的《币制改革和东三省实业借合同款》存有敌视之心，列强之间的争夺开始公开化。因此，在善后借款问题上，美

---

① 中国人民银行金融研究所编：《美国花旗银行在华史料》，第112页。
② 《美国银行团驻华特别代表司戴德给北京花旗银行经理梅诺函》，1912年5月18日，《花旗银行档案》（第3832卷），第39—40页。引自中国人民银行金融研究所编《美国花旗银行在华史料》，第116页。
③ 《美国银行团驻华特别代表麦克奈特给北京花旗银行经理梅诺克函》，1912年6月21日，《花旗银行档案》（第3832卷），第50—51页。引自中国人民银行金融研究所编《美国花旗银行在华史料》，第116—117页。

国不愿意在重蹈币制借款和诺克斯计划之覆辙，美国政府方面不得不考虑大范围内的国际联合行动——邀请日俄加入银行团，组成六国银行团。

表4.1　1912年2月至1912年6月美国银行团在善后大借款垫款中的份额

垫款协议时间	四国银行垫款数额	美国银行团的份额	备　注
1912年2月28日	200万两	50万两	约合34万美元
1912年3月9日	110万两	27.5万两	约合17.8万美元
1912年5月17日	300万两	75万两	—
1912年6月12日	300万两	75万两	—
1912年6月18日	300万两	75万两	—
合　计	1210万两	302.5万两	约180万英镑

资料来源：根据中国人民银行金融研究所编：《美国花旗银行在华史料》，中国金融出版社1990年版，第114—117页的相关数据整理所得。

　　实际上，早在币制实业借款合同签字之后，为了保证合同得到在华列强尤其是俄日的支持，美国已经开始调整了其远东政策。1911年6月5日，国务卿诺克斯指示美国驻俄大使馆向俄国表明美国政府对中国政策的动机既不是反对任何其他列强，也不是剥夺它们的既得利益。诺克斯表示："美国政府真诚地主张，所有在华拥有重要商业及既得利益的大国，在涉及中国政府承担国际义务的一切贷款和事业方面，进行最充分的参与和合作。"① 换言之，美国政府已经放弃了诺克斯计划中对于日俄在中国东北特殊势力范围的挑战，转而采取息事宁人的态度，承认日俄在东三省的特殊利益，通过国际合作的方式保护"金元外交"所取得的胜利成果。辛亥革命的爆发也促使美国寻求在更大范围内在华列强的广泛参与，诺克斯的态

---

① Knox to American Embassy in St. Petersburg 电，June 5，1911. 转引自吴心伯《金元外交与列强在中国：1909—1913》，第111—112页。

度是在革命期间"必须维持列强间完全的统一行动"①。实际上，美国的用意是通过借款问题上的国际合作，来阻止日俄单独与清政府谈判的可能性，但这就为日俄参与四国银行团对华贷款行动提供了机遇。

1912年2月1日，诺克斯向英国方面提出，美国方面支持允许其他相关列强加入，主要是日俄两国，而参与的方式主要由银行家与各自政府协商。②2月24日，针对袁世凯提出的贷款要求，助理国务卿 H. 威尔逊也强调说，"美国支持的前提是其他各国政府和财团同意，并且在此基础上给予日俄两国完全的参与权"③。英国方面支持美国的政策调整，英国欢迎日俄加入对华贷款事务，这样能避免回到以前在华无利可图的恶性竞争。④2月28日，德国也表示支持日俄的参与，德国政府得出结论，"在财政问题上共同行动是相关列强寻求保护在华利益最为明智的政策"⑤。因此德国愿意让日俄两国加入四国参团。法国与俄国此时是盟友关系，法国自然也是支持日本俄国加入的。这样，四国政府在扩大对华贷款的银行团问题上取得了一致意见。3月11日，美国国务院正式致电俄国方面，声明银行团已经同意让日俄平等参与对北京临时政府的贷款行动。"如果俄帝国政府同意，帝国政府任命的财团或者机构代表可以与其他各国的代表一起协商具体事宜。"⑥ 3月15日，俄国派出位于北京的俄华道胜银行作为俄国政府的代表参与各国银行家的协商。3月18日，日本政府派出横滨正金银行（Yokohama Specie Bank）作为日本财团的代表，日本外相补充说"计划中的贷款不应对日本在南满地区的特殊权利

---

① "The Secretary of State to the American Embassies at London, Paris, Berlin and St. Petersburg," FRUS, 1912, p. 107.
② "The Secretary of State to the American Ambassador to Great Britain," FRUS, 1912, p. 109.
③ "The Acting Secretary of State to the American Minister," FRUS, 1912, p. 110.
④ "The Ambassador of Great Britain to the Acting Secretary of State," FRUS, 1912, p. 110.
⑤ "The American Ambassador to Germany to the Secretary of State," FRUS, 1912, p. 111.
⑥ "The Acting Secretary of State to the American Ambassador to Russia," FRUS, 1912, p. 112.

和利益构成威胁"①。4月6日，俄外交部照会英、法、德、日、美五国大使，表示同意参加四国银行团正在协商的善后贷款，并提出两项附加条件：善后借款的条件不应含有任何可能损害俄国在北满、蒙古及中国新疆地区特殊权益的内容；此项借款的条件应由各财团按照各国政府的一致意见拟定，以便随后取得上述政府的赞同。②日俄两国目的在于加入银行团，从而以一般性国际条款来承认它们的特殊地位。四国银行团代表经过讨论后拒绝了日俄的条件，声称他们无力处理这种政治问题，谈判再次推迟。③

1912年6月20日，各财团签订正式协定，日俄两国银行正式加入国际银行团，国际银行团由四国扩为六国。财团均保证不办理各自政府所反对的业务，这实际上是四国银行团对日俄对中国特殊利益要求的妥协，也宣告了美国在日俄特殊利益地区推行"门户开放"政策的破产。因为就实质而言，美国追求的国际合作大格局是在以承认日俄在中国东北、蒙古和西部地区的势力范围来换取日俄对美国在善后大借款中的国际支持，中国成为美国捍卫"金元外交"阶段性成果的牺牲品。摩根财团代表格伦费尔在写给沃伯格（Max Warburg）的信中就承认，从银行家的观点来看，允许两名更多的成员加入四国银行团当然是十分不合理的。然而，这两个大国在这些地区都具有比原先四国成员更大的政治影响力。政治是日俄两国银行家参与国际银行团的唯一理由。④因此，美国银行团已经感觉到日俄的加入会越发激化列强在中国财政事务上的争夺，而银行团内部政治斗争的增强将给美国银行团的事业带来极大的挑战。但国务院认为，六国银行团的成立是美国在辛亥革命后所倡导的广泛国际合作的重要成果，美国希望能借助银行团来束缚日俄单独行动

---

① "The American Ambassador to Japan to the Secretary of State," *FRUS*, 1912, p. 115.
② 陈春华等译：《俄国外交文书选译：1909—1913》，中华书局1988年版，第393页。
③ 吴心伯：《金元外交与列强在中国：1909—1913》，第121页。
④ 实际上，1912年3月21日，德国政府就公开表明，允许日俄两国参加辛迪加并非出于财政因素，政治考虑使然。参见"The American Ambassador to German to the Secretary of State," *FRUS*, 1912, p. 121。

对美国在华利益的破坏，因此，美国政府希望华尔街的银行家继续原先的事业。

但日俄两国银行团的加入使得银行团内部形势更加复杂化，尤其此时欧洲形势异常复杂，俄国、法国、英国与德国之间矛盾加剧，而银行团内部美国、德国与日俄之间的斗争也尖锐化，这给处于银行团内部的华尔街银行家带来了无尽的麻烦，银行团的商业性谈判逐渐淡化，而政治性斗争却在加剧。随着1912年6月20日六国银行团的成立及与袁世凯善后大借款的谈判推进，对华贷款的监督权问题便成为银行团内部纷争的试金石，也成为美国银行团考虑撤出的触发点。①

就列强对华贷款的监督（或者说是顾问）问题并非首次提出，之前币制借款中关于财政顾问的争论还未彻底平息，列强便又提出对善后大借款进行监督的问题。尤其是美国方面一直坚持必须对贷款给袁世凯予以某种形式的监督。1911年11月18日，国务卿诺克斯指示嘉乐恒，要求"设立某种形式的监督，从而确保借款资金的恰当使用"②。嘉乐恒也十分同意诺克斯的看法。1912年3月21日，正当四国银行团因袁世凯与比利时—英国财团签订贷款协议而中断垫款议程的时候，嘉乐恒便发表其对贷款监督的看法。他认为，如果临时政府可以任意贷款而没有监督或者控制，结果很可能就是中国政府的破产。③ 4月1日，在给正在巴黎开会的美国银行团的信中，国务院建议关于中国未来贷款问题上，任何统一的控制性措施均应包括以下几个内容：贷款目的声明；审计公开报告；外国审计与会计；需要时应有外国的顾问和专家；通过海关税司进行管理。此外，国务院原则上不反对设立财政代理机构（Fiscal Agency），但国务院认为这主要应由银行团与中国政府协商决定。④

美国银行团得知了美国国务院在贷款问题上的立场，因此对于袁世

---

① Vincent P. Carosso, *The Morgans: Private International Bankers 1854 – 1913*, p. 570.
② "The Secretary of State to the American Minister," *FRUS*, 1912, p. 102.
③ "The American Minister to the Secretary of State," *FRUS*, 1912, p. 119.
④ "The Secretary of State to the American Ambassador to France," *FRUS*, 1912, p. 128.

凯的垫款要求予以严格的控制。四国银行团在此问题上的拖延态度使得袁世凯加紧向别处寻求贷款。因此美国助理国务卿又作出补充指示，要求银行团在垫款问题上不设严格的控制，但是为了获得这些垫款的恰当保障，银行团应在善后大借款的正式谈判中与袁世凯讨论贷款的控制性条件。① 4月，司戴德返回纽约负责协调美国与欧洲银行团之间的谈判，美国银行团代表由弗朗西斯·麦克奈特接任，麦克奈特也主张对中国的垫款加强控制。② 5月17日，四国银行团与北京政府财政部订立《暂时垫款合同及监视开支暂时垫款章程》，四国银行团答应先行垫付银300万两，但四国银行团要求袁世凯遵守监视开支的七种条款③，包括：

（一）在财政部附近地方，设立核计处，用核计员二人，一由银行任用给薪，一由中国政府任用给薪，其他需用之中外人员，由该核计员等选派，薪俸具由政府支给；

（二）凡由银行提款，拨款一切支票，须由该核计员等签押；

（三）财政部定随时将各项用途，预具说帖交银行团核允。此项说帖，经参议院核准后，应即刊登官报。每次开支时，财政部备具应有详细清单、说帖等类，送交核计员，以资查核，该核计员查对无误，应照章签字支单，不得再问；

（四）每次开支款项，均须具详细领款凭单，按照新式簿记法办理。此项凭单，财政部须编订留存，以备核计员在核计处稽核；

（五）关于各省发给军饷暨遣散军队费用，需由该地方军政府备三联领饷清单，由中央政府委派高等军官及该地方海关税司，会同签押，并须予该军官、税司以调查应需之便利。此项签押之三联清单，最后交由北京财政部送交核计处稽核；

---

① "The Acting American Minister to the Secretary of State," *FRUS*, 1912, p. 124.
② Vincent P. Carosso, *The Morgans*: *Private International Bankers*, 1854–1913, p. 571.
③ 《北京政府财政部与四国银行团订立暂时垫款合同及监视开支暂时垫款章程》，1912年5月17日，引自程道德、张敏孚、饶戈平等编《中华民国外交史资料选编（一）：一九一一至一九一九》，北京大学出版社1988年版，第48—49页。

（六）预备支付之款，应由税司储存。为节省汇费起见，由中央政府派该地方税司，得由海关收入项下拨款，但须预由该核计员等由暂时垫款项下，照所拨关税数目支出，汇存上海总税司存款项下。如税司所有款项，不敷拨用，可由该核计员等将不敷之数，从暂时垫款内开支票汇补；

（七）如在北京及其附近地方，发放军饷或遣散军队，由中央政府派一高等军官，会同该核计员，将三联领饷清单查核签押，并予该军官、核计员以调查应需之便利。该项签押之三联清单，一份交陆军部，一份与领饷凭单具交财政部，其余一份，由核计处收存。

通过上述条款，四国银行团不仅控制了中国的财政支出大权，而且还间接支配着中国军队的军饷，四国银行团的垫款成为了袁世凯主要的资金来源。因此，四国银行团俨然成为民国政府头上的"达摩克利斯之剑"，随时都有可能左右、甚至结束民国政府之命运。袁世凯政府擅借外债之举遭到了国民党人的鞭笞。按照当时南京留守黄兴的说法，"查核该章程损失国权处极多……此种章程，匪独监督财政，并直接监督军队。军队为国防之命脉，今竟允外人干涉至此，无异束手待毙，埃及前车，实堪痛哭。二十年来，海内各志士赴汤蹈火，粉身碎骨，所辛苦缔造之民国，竟一旦断送于区区三百万之垫款，吾辈一息尚存，心犹未死，誓不承认"①。消息传出，袁世凯饮鸩止渴的借款之举引发了全国的一致反对，北京政府不得不通过驻美公使张荫棠向美国交涉。5月25日、27日，张荫棠两次致电诺克斯，要求美国国务院出面，说服四国银行团修改不合理的条款，最终达成双方均满意的条件。② 5月29日，诺克斯回复了张荫棠，大谈美国国务院自中国取消比利时—英国财

---

① 《南京留守黄兴反对政府擅借外债致各省都督电》，1912年5月24日，引自程道德、张敏孚、饶戈平等编《中华民国外交史资料选编（一）：一九一一至一九一九》，第49页。

② "The Chinese Minister to the Secretary of State," FRUS, 1912, p. 133.

团贷款以来的一贯政策，却只字未提说服银行团修改立场之事。

1912年6月20日，日俄最终加入四国银行团。当天的伦敦会议上，六国银行家们授权向北京政府垫款8060万两（近1000万英镑），但这些垫款是建立在以下"监督"的前提之下的①：

（一）垫款之用途须明确化；
（二）担保之税收应由海关或类似之机关管理之；
（三）借款之用途应由六国银行团监视；
（四）垫款应认为属于善后大借款中的一部分，六国银行团对于善后大借款有优先应募权；
（五）明确大借款之一般原则，其原则在大体上应如上述；
（六）在大借款发行之前，中国政府不得向他处商借外债；
（七）上述一切，应为必需，中国政府且应承认六国银行团为中国政府之财政代理人，以5年为期。

六国银行团的监督条款无异使中国沦为六国财政上的附庸国。6月24日，六国银行团向中国方面提出这些条件时，遭到了中国政府的断然拒绝，尤其是要中国政府承认六国银行团作为财政代理机构的内容，更是中国方面无法接受。随即银行团中断了与北京政府的谈判，英国、德国、法国的态度是如果中国不答应这些条件，银行团便不会发行贷款。7月1日，北京政府将计划中的贷款削减至1000万英镑（原来为6000万英镑），希望六国银行团能放松监管。英法两国的态度是除了财政代理一条之外，即使贷款数额削减，贷款的条件也不能放松。② 美国公使嘉乐恒并不赞同六国银行团的顽固立场，他认为"中国政府不会

---

① "Draft Telegram of Inter-bank London Conference at May 15, 1912," *FRUS*, 1912, p. 141.《六国银行团向北京政府垫借款银八千零六十万两之借款条件》，1912年6月21日，引自程道德、张敏孚、饶戈平等编《中华民国外交史资料选编（一）：一九一一至一九一九》，第52页。

② "The American Minister to the Secretary of State," *FRUS*, 1912, p. 143.

屈服或者接受银行家们提出的条件。目前中国的民意普遍反对银行家们的控制和监管措施，即便官方倾向于让步，中央政府也无力推行履行条款的措施，即便有能力亦无勇气"。7月2日，嘉乐恒还透露美国方面的态度仅仅是希望贷款能谨慎、理性地使用、诚实地审计，这样才能帮助中国政府，否则只会加重中国的负担，而没有相应的利益。① 7月15日，张荫棠再次致电诺克斯，阐明中国政府不会坐以待毙，目前中国人民强烈反对辛迪加，认为其目的是要将辛迪加置于中国政府财政代理的位置。② 言外之意，如果银行团还再坚持之前的屈辱性条件，中国将另寻贷款。随后，美国的立场有所改变。7月18日，诺克斯通知法国外交部，美国方面认为如果中国政府自身无法接受已经达成的条件，中国应该能自由地做出其他的安排来满足即刻的需要。但美国政府软化的立场遭到德国方面的强烈反对，7月23日德国外交部强烈反对美国方面对中国的妥协，德国方面认为"完全控制在中国的利益和世界的利益都是必要的，并且德国的立场是十分强硬的"③。这样，六国银行团之间无法达成共识，银行团与中国政府之间的谈判再次僵持。

  袁世凯的北京政府急需外国资金的支持，因六国银行团的监督权要求导致贷款迟迟不到位，迫使袁世凯寻求其他的贷款来源。8月30日，英国的克利斯浦辛迪加（Crisp Syndicate）与中国政府签订一项1000万英镑的贷款合同，这家独立的英国辛迪加使得英国政府在对待银行团与国内其他企业的贷款行为之间处于两难。9月24日，克利斯浦辛迪加还将50万英镑的首笔借款交付给中国政府，这使得中国政府有可能将银行团抛在一边。嘉乐恒认为，如果这项贷款成功，六国银行团便没有理由存在。因此，银行家们建议六国公使联合警告中国政府，如果中国政府继续与伦敦独立辛迪加谈判，六国银行家将要求偿还已经支付的

---

① "The American Minister to the Secretary of State," *FRUS*, 1912, p. 144.
② "The Chinese Minister to the Secretary of State," *FRUS*, 1912, p. 146.
③ "The American Ambassador to Germany to the Secretary of State," *FRUS*, 1912, p. 148.

垫款。① 再者，美国政府适时重申其银行团的政策。9月26日，美国助理国务卿H.威尔逊声称："国务院认为，国际合作及一致行动的一般原则是极端重要的，遵循与此原则相符合的政策，并兼顾到中国与其他国家的最高利益。国务院相信，中国必须在监督与控制上采取足够的措施。国务院的意见是，在此政策之运用及关于此等措施上，六国银行团的工作是一个最有价值的因素。如果目前的混乱形势干扰到银行团政策的成功，国务院将会感到非常失望。"② 10月，与银行团有关的六国公使对于以中国以盐税余款作为克利斯浦借款之抵押提出正式抗议，中国政府被迫答复将废除与克利斯浦辛迪加的合同，并且中国政府还恢复与六国银行团的谈判。

1913年1月底，六国银行团内部针对中国的借款陷入严重的意见分歧：德国、美国坚持借款国际化，他们希望能将债券放到伦敦、巴黎的市场上进行出售，而法国拒绝德国的债券在法国市场出售，并且法国坚持1月初提出的任命几名法国顾问的立场，宣称不认命法国顾问就不会加入合同缔约方；英国则反对法国违反最初方案，提出任命六国顾问的要求，俄国支持法国的立场，认为发行价在各国应有所不同，美国则认为法国拒绝的真正原因在俄国背后的怂恿。总之，银行团内部矛盾重重，一致行动的原则形同虚设。而中国政府对银行团一味提出苛刻要求、却没有任何实际资金到位的做法备感失望。1月21日，袁世凯政府再次提出需要六国银行团的资金，如果六国银行团不垫款，他不得不另寻他处。③

2月4日，中国政府非正式通知六国银行团，袁世凯政府将任命丹麦人欧森（Oiesen）为盐务总稽核，德国人龙伯（Rumpf）为国债局稽

---

① 美国银行团后来告诉国务院，国际银行团的威胁并非源于英国、德国银行家的单独垫款行动，而在于说这种垫款一旦实现，这将会给其他财团加入提供机会，这样国际银行团的排他性和垄断性就不复存在了。参见"The American Minister to the Secretary of State," *FRUS*, 1912, p. 152; "The Secretary of State to the American Minister," *FRUS*, 1913, p. 148。

② 中国人民银行金融研究所编：《美国花旗银行在华史料》，第113页。

③ "The American Minister to the Secretary of State," *FRUS*, 1913, p. 147.

核员，意大利人罗西（Rossi）为审计院顾问。美国公使嘉乐恒迅速同意袁世凯的人事任命，同时补充说鉴于中国方面已经任命了德国人，美国方面接受英、法两国代表担任另外两个职位。英法自然而然接受美方意见，但俄国方面表示反对，俄国认为其在庚子赔偿中占有最大比例，而且贷款以税收为担保，因此有权进入管理层。① 于是，六国关于外国顾问上的争夺引发了新一轮的纷争并且直接导致银行团的瓦解。

也就在嘉乐恒对袁世凯政府提出的方案进行修改的同时，诺克斯指示嘉乐恒，美国政府的态度是如果不能就顾问问题迅速达成解决方案，那么美国应催促推迟讨论任命问题，以使垫款不被推迟。同时美国也反对俄国进入管理层的提议，认为俄国的做法是不合时宜的，也是不合理的。② 当天，六国驻华公使开会，讨论任命中国政府顾问。会议建议中国贷款的总负责为德国人，而盐务总稽核为英国人，审计部门的两名负责人分别由法国人和俄国人来担任，并且这两人拥有相同级别和权力。英国同意上述安排，并且英国驻美大使白莱士还向美国施压，要求美国方面尽快承认英、法、德、俄四国顾问的建议。法国公使也坚持要任命四国顾问（原先甚至称六国顾问），在会议上法国还建议双重任命，包括一名美国人，但嘉乐恒拒绝美国成为一方。嘉乐恒表示，美国方面不要求在贷款中有监督之职。2月5日，美国国务院回复英国大使，美国政府不赞同审计部门有法国、俄国人担任职务的建议。嘉乐恒断定英国对英美合作的态度已经发生了根本性的变化，英国已经倒向法俄一边，显然要与法俄两国协调一致。德国公使也私下告诉嘉乐恒，如果英国同时拥有了海关总税务司和盐务总稽核这两个重要职位，这将产生无可估量的影响。另外，德国公使也质疑法、俄两国的企图，认为他们意在于肢解中国并且趁机结束银行团。现在，英、法、俄三国已经结成一条战线，排斥德美两国，但却让日本亦步亦趋。③ 由此看来，在银行团的内

---

① "The American Minister to the Secretary of State," *FRUS*, 1913, p. 151.
② "The Secretary of State to the American Minister," *FRUS*, 1913, p. 151.
③ "The American Minister to the Secretary of State," *FRUS*, 1913, p. 153.

部,一个巨大的外交博弈已经形成。

2月10日,诺克斯给法国等各国使馆发信,阐明美国在顾问问题上的态度,美国对中国政府原先任命顾问已经做出了妥协方案(即盐务为丹麦人,国债局为德国人,以及审计部门为法国人)。美国想要指出的是,"尽管美国完全享有贷款的各项权利,但毋宁说任命的人选是基于效率,而不在于国籍,如果顾问增加到六人,美国将保留其公民的一切权利和特权"①。德国是银行团中唯一对美国的妥协方案抱有同情态度的国家,但德国认为最为稳妥的方式就是催促银行团接受中国的建议。2月11日,德国公使要求英国公使同意德国人担任盐务稽核的职位。也就是说,德国虽然同情美国,但德国并不想被排斥在外,而是想趁机多捞一杯羹。而法国政府依然坚持之前的计划,法国外交部给美国国务院的电报还反对美国对待中国的态度,认为"允许中国挑选顾问的主张将是六国政策最为失败之处。顾问应隶属于借贷方的国籍,因此应有六个顾问"②。法国主张六国达成统一意见,这是善后借款不可分割的条件,这样中国政府由于无法寻求银行团之外的贷款,会迅速答应。俄国政府也强烈主张要求任命俄国籍顾问。2月15日,俄国方面致电诺克斯,认为顾问必须有列强任命,而非中国政府,这样才能有效地进行控制。俄国还公然宣称"在所有相关于善后借款的谈判中,俄国政府一直以来的目的在于建立对于目前处于混乱状态之下的中国财政的控制权。俄国在中国的利益十分重要,而且作为主要债权国,如果其他列强的代表都能参与其中,俄国政府认为没有任何理由剥夺一名俄国顾问到中国财政部门任职的权利"③。

随着英、法、俄三国的坚持和德国的妥协,美国在顾问的任命上面临着巨大的挑战。2月17日,嘉乐恒报告诺克斯说,驻华使馆依然坚持美国之前的方案,认为贷款仅仅是一个财政上的事情,遗憾的是其他

---

① "The Secretary of State to American Ambassador to France," *FRUS*, 1913, p. 154.
② "The American Ambassador to France to the Secretary of State," *FRUS*, 1913, pp. 157-158.
③ "The American Ambassador to Russia to the Secretary of State," *FRUS*, 1913, pp. 158-159.

列强发起的额外计划给贷款增加了太多的政治色彩。美国现在面临的形势是要么加入,要么退出银行团,其他列强认为某种形式的干预已经不可避免,唯有贷款才可以拯救这个国家。① 这是自银行团成立以来美国第一次萌生退意,也是美国允许日俄参与银行团,实施"金元外交"尝到的"苦果"。2月19日,俄国大使两次致电诺克斯,除了之前四国顾问方案外,法国和俄国还将任命大批臣民担任中国各地区的盐务稽核,以弥补法俄两国的利益。俄国认为,上述建议对于各国的利益都考虑周全,因此应该是圆满的建议,要求征询美国的态度。俄国还认为:"为了阻止中国不服从上述控制性条件、缔结新的贷款,帝国政府建议列强应宣称中国新借贷款中有效部分应首先用于偿还庚子赔款的内容。"②

三 美国银行团单方面退出善后大借款的谈判

美国国务院和驻华使团在谈判中的步步被动地位为美国银行团所知。2月10日,美国银行团决定不会全额发售他们的配额。这将使美国政府或者美国银行团在国际银行团中处于二等地位。③ 2月20日,鉴于中国政治和财政局势的不确定性,华尔街银行已经谨慎地考虑从目前的贷款谈判中退出,除非贷款合同能够立即签署。2月21日,嘉乐恒致电诺克斯,报告贷款合同不可能尽快签订。嘉乐恒还告诉诺克斯,"就我看来,这(国际银行团)已经不再是一个帮助中国的友好国际合作行动,而是一个拥有共同利益的大国完成其自私政治目的的结合体"④。美国依然坚持其两点立场:不必任命那么多顾问增加中国的财政负担;所有安排必须经中国政府同意并且也为各国公使所接受。也就是说美国希望在对华贷款上要有合理的监督,但同时坚持中国有权自由

---

① "The American Minister to the Secretary of State," *FRUS*, 1913, p. 160.
② "The Russian Ambassador to the Secretary of State," *FRUS*, 1913, p. 163.
③ "The American Ambassador to Germany to the Secretary of State," *FRUS*, 1913, p. 165.
④ "The American Minister to the Secretary of State," *FRUS*, 1913, p. 164.

地接受或者拒绝该建议，而且美国银行团也持有相同的态度。"美国不准备加入任何强制性措施来迫使中国接受目前的贷款或者是顾问的建议。"①

在六国银行团中，英、法、俄国（包括日本）与德国的对立使得美国在国际政治上处于两难选择的境地，美国要么与德国一起去反对协约国，这并不符合美国对欧洲的政策，要么与协约国合作，这便意味着完全接受日俄两国在华的侵略政策，这意味着门户开放政策的彻底破产，这与美国对华传统和塔夫脱政府时期的对华政策相背离。诺克斯原本希望以国际银行团整合、牵制日俄侵略野心的政策，希望发挥美国资本在国际银行团的支配性影响，结果反而沦为受制于人的境地。② 美国政府的立场面临着两难，再加上塔夫脱政府此时已经届满，新任总统民主党人伍罗德·威尔逊对美国银行团的政策不明，因此，同样在中国陷于尴尬境地的美国银行团十分焦灼，希望能知晓新任政府对华外交的动向。

1913年3月4日，威尔逊宣誓就任美国总统，华尔街银行家们急切地希望了解威尔逊总统及继任国务卿威廉·简宁斯·布赖恩对国际银行团的态度。3月5日，美国银行团代表司戴德致信新任国务卿布赖恩，要求知晓国务院对于未来银行团的谈判态度。③ 3月10日，司戴德、戴维森等人代表美国银行团与布赖恩会晤。他们告诉布赖恩，如果新政府不要求美国银行团继续参加善后借款谈判，他们将退出国际银行团；如果希望他们继续参与，政府必须作出以下的承诺：不让其他美国银行参加谈判，而由银行团继续控制将来的贷款；由于善后借款将以中国的关税收入为担保，华盛顿应准备与其他五国一道，采取一切必要措施，包括使用武力在内强迫中国遵守合同，以保护财团的利益。④ 换言

---

① "The Secretary of State to the American Charge d'Affaires," *FRUS*, 1913, p. 166.
② 吴心伯：《金元外交与列强在中国：1909—1913》，第130页。
③ "The American Group to the Secretary of State," *FRUS*, 1913, p. 168.
④ Charles Vevier, *The United States and China*, New Brunswick, N. J.: Rutgers University Press, 1955, p. 167.

之，美国银行团希望威尔逊政策延续塔夫脱政策对银行团的支持政策，否则他们将退出谈判。这恰似华尔街在强迫华盛顿作出表态。

3月18日，白宫予以了答复，白宫的新主人公开表明其政府拒绝作出这样的请求，因为它不赞成借款的条件，也反对强加于政府方面的责任。威尔逊总统的声明还指出："在我们看来，借款的条件已经近乎损害中国本身的行政独立，本政府感觉，即使被牵连，亦不应参与此类条件。银行家请求参与此项借款，其所含之责任，或将造成不快之趋势，对彼东亚大邦之财政，甚至政治，作强力之干涉，此东亚大邦现方觉醒对其人民尽其能力与义务也。借款条件不仅以特种税作抵，且以外人管理税收之行政，我政府若参与此种借款，在主义（道义）上显然将受人民之咎责。"① 换言之，美国政府不会担任华尔街的保护者，华尔街未来对外贷款的风险得由自身承担。美国不愿意将本已膨胀的"门罗主义"推广到中国，无论是何种监管的方式。② 在得悉威尔逊政府的态度之后，3月19日，美国银行团发电报给其他银行团成员并且通知美国银行团驻北京代表司戴德，声明美国银行团将撤出六国银行团协定并且根据第14款的内容，将于6月撤出1910年11月10日签订的四国银行团协定。③ 同日，美国银行团正式通知中国政府，美国银行团将退出善后大借款的谈判。④ 美国银行团致电摩根财团，派出花旗银行来执行常规性的业务。"阁下（摩根·格林菲尔公司）将意识到我们对于断绝我们与联合体之间的关系感到遗憾。我们相信这曾经对于中国的利益是最好的，同时这对于我们在各自市场上进行投资的公众而言也是

---

① 《美总统威尔逊关于退出六国银行团借款声明》，1913年3月18日，引自程道德、张敏孚、饶戈平等编《中华民国外交史资料选编（一）：一九一一至一九一九》，第53—54页。

② "U. S. Not to Back Big Chinese Loan: Wilson Deals Taft's Dollar Diplomacy' a Hard Blow," *The Washington Post*, March 19, 1913, p. 1; "The Open Door Situation," *The Washington Post*, March 23, 1913, p. ES4; "The Chinese Loan," *The Washington Post*, March 19, 1913, p. 6; "Drops Dollar Diplomacy: Bacon Says Bryan will not Help central American Loan," *The Washington Post*, April 19, 1913, p. 3.

③ "The American Group to the Secretary of State," *FRUS*, 1913, pp. 171 – 172.

④ "The American Group to its Representative at Peking," *FRUS*, 1913, p. 172.

最好的。"① 美国银行团暂时退出了中国的善后借款谈判，同时也退出了四国银行团关于币制借款的合同执行，仅仅保留花旗银行作为代理机构保持与中国及其他国家在湖广铁路贷款合同、币制实业借款合同和善后大借款垫款部分上的业务。

对于华尔街的银行家来说，威尔逊等在报纸头版上的公开声明将其推向了舆论的风口浪尖。威尔逊质疑华尔街及其外国伙伴组成的银行团仅仅是利用中国的财政困难，侵害其主权，牺牲中国牟取暴利的工具。国务卿布赖恩宣称"银行团含有太多金元外交的味道"，美国不应当支持此类活动。摩根财团的代表戴维森和拉蒙特（Lamont）对政府的反应非常气愤。美国银行团一开始是由其政府督促、出于爱国主义才参加一项从商业上来说并非特别有吸引力的事业。现在政府粗暴地撤回其对美国银行团帮助中国努力的支持。美国不得不退出国际银行团，华尔街及美国政府将不为其他参与方所信任。② 威尔逊总统放弃"金元外交"奉行的新政策符合国内的政治斗争的需要。③ 实际上，此时美国国内已经涌动着一股反华尔街的势力。"反帝国主义者和反大企业者将华尔街与国务院的联姻看作是利用中国的弱点造福美国资本家的工具。"④ 换言之，华尔街银行家成为美国国内舆论反帝国主义和反垄断者的众矢之的，但这种局面并没有持续多久，一战的爆发迅速转移了国内的焦点。到1920年，华尔街的新银行团迅速又成为威尔逊总统在中国推行"金元外交"的重要工具，不同的是这次银行团集合了华尔街近40家银行的力量，华尔街的外交力量再次成为中国财政外交舞台上的重要力量，威尔逊总统希冀重新夺回美国在中国财政事务的主导权。

视线回到袁世凯的善后大借款谈判。1913年4月26日凌晨3点，

---

① "The American Group to Morgan, Grenfell and Company," *FRUS*, 1913, p. 172.
② Edward M. Lamont, *The Ambassador from Wall Street: The Story of Thomas W. Lamont, J. P. Morgan's Chief Executive*, Maryland: Madison Books, 1994, pp. 153 – 154.
③ "New Policy Suits China: U. S. Thanked for Attitude Set Forth in Wilson's Dollar Diplomacy Statement," *The Washington Post*, March 23, 1913, p. 6.
④ Vincent P. Carosso, *The Morgans: Private International Bankers*, 1854 – 1913, p. 577.

没有了美国银行团的其他五国银行团与袁世凯政府签订了《善后借款合同》，五国银行团向北京政府借款2500万英镑。合同第五款规定，中国政府承认即将指定此项贷款担保之盐税征收办法整顿改良，并用洋员以资襄助。这些洋员包括英国人理查德·戴恩（Richard Dane，担任盐务稽查所总办）、德国人阿诺德（Arnold，担任盐务稽查所副总办，常驻上海）、德国人龙伯（Herr Rumpf，担任借债局总办）、法国人帕多瑟（Padoux，担任审计处总办）、俄国人克罗瓦诺夫（Konovalof，担任审计处总办）。① 袁世凯北京政府与五国银行团签订合同，并没有经过参议院正式开会的批准。1913年4月27日，参议院议长张继、副议长王正廷通告各省反对违法大借款，认为该合同不交国会通过，蹂躏立法机关；丧失主权，贻害胡底，一时便利之图，召将来瓜分之祸。② 参议院强烈要求取消此案。消息传出，一时舆论哗然。孙中山随即通告全国，认为袁世凯此举破坏《临时约法》，银行团以此巨款借给北京政府，必充与人民宣战经费无疑。③ 实际情况也是如此，袁世凯一获得五国之贷款，便开始大肆镇压革命人。

小 结

塔夫脱政府时期中国无疑是美国在远东地区推行"金元外交"最重要的场所。在20世纪初期的远东国际秩序中，日俄战争后的日本已经俨然跻身远东地区的霸主，西奥多·罗斯福想通过牺牲中国、纵容日

---

① 签订合同时间实在凌晨3点，显然是由于银行团害怕拖延或者导致中国政府与别的银行缔结贷款。参见王铁崖《中外旧约章汇编》（第2册），生活·读书·新知三联书店1982年版，第867—874页；"The American Charge d'Affaires to the Secretary of State," FRUS, 1913, p. 180.

② 《参议院议长张继、副议长王正廷通告各省反对违法大借款》，1913年4月27日，引自道德、张敏孚、饶戈平等编《中华民国外交史资料选编（一）：一九一一至一九一九》，第66—67页。

③ 《孙中山致各国政府和人民电》，1913年4月下旬，引自道德、张敏孚、饶戈平等编《中华民国外交史资料选编（一）：一九一一至一九一九》，第68—69页。

本的方式来达成日美两国在太平洋地区扩张中的妥协，实行"势力均衡"政策，然而日本势力的持续上升已经打破了这种平衡，塔夫脱改变前任的政策，希望积极介入中国，抑制日本的扩张，维护对华的"门户开放"政策，从而保持一种新的平衡。清末中国面临财政困难的现实窘境与新政的主观愿望之间存在着巨大差异，清政府不得不长期向欧洲和日本举借外债，形成了恶性的循环，也酿成了严重的殖民危机，尤其是在中国东北和长江流域地区。这为致力于在华推行"门户开放"的美国提供了积极介入的良好机遇。塔夫脱总统对中国事务的了解远甚于之前的历届总统，因此也更加追逐中国的巨大市场。由于19世纪末期列强瓜分中国狂潮中姗姗来迟，美国在华并没有建立势力范围，也没有强大的海军在远东地区保持威慑力量。因此塔夫脱总统及其国务院官员们希望能借助当时已经崛起的美国资本的力量来与列强进行竞争，即用"金元"来打破列强的"势力范围"政策，保持商业机会均等和中国的行政之完整，从而维持中国对于美国完全的"门户开放"。

利用中国的财政困难，华盛顿在推动美国资本尤其是华尔街银行介入中国事务方面可谓是不遗余力。塔夫脱任命的国务卿诺克斯及国务院的其他官员将外交为经济和商业服务的原则实践到了前所未有的地步，甚至塔夫脱本人还为"金元外交"发挥了个人的"超乎寻常"的角色，如为了使得美国银行团能够进入湖广铁路贷款正式合同签订，塔夫脱本人违反外交惯例、亲自给当时的摄政王醇亲王写信，威胁恐吓式的"大棒政策"溢于言辞之间。诺克斯还恢复并推动美国资本进入满洲地区的实业开发、铁路建设，安排华尔街银行参加清政府的币制借款。按照塔夫脱总统自己所说："美国政府将支持一切合法和有利可图的海外企业。"正是美国国务院的保驾护航甚至是在外交上直接履行着拓展在华商务的职责，构成了塔夫脱时期"金元外交"的重要特征，但随着"金元外交"的展开，美国的"商店主"式的外交引发了其他列强尤其是日俄的反对，英国、法国由于欧洲的结盟关系也没有支持美国。① 这样，国务院推行外交为商业服务的事业存在的阻力越来越大，而且远东局势越来越超出国务院"金元外交"政策的掌控范围之内，最终国务院也不得不承认在华事业陷入"僵局"之中。

其次，塔夫脱和诺克斯在推行"金元外交"的过程中，十分重视向清政府派出财政顾问，以此来增强美国对中国财政的影响力，这是其在华谋求商业机会均等和门户开放的重要内容。但是就美国派往财政专家本身而言，他们是20世纪初期美国新崛起的对外金融顾问向世界其他地区推广金汇兑本位制度的产物。曾经担任菲律宾总督、古巴总督的塔夫脱总统见证了这一过程，也希望在华推行"金元外交"中继续派出美籍财政专家，由美籍财政专家制定、主导清政府财政改革进程，从而将清政府陷于困境的财政用一整套当时来说代表"科学""现代"的措施进行大幅度的革新，进而将"中立化"的财政"植入"美国式的管理措施，形成稳定的财政自给能力。但是这种将别国财政"中立化"和"科学化"的做法涉及干涉内政和形成美国对华财政话语权的主导权，因此在欧洲列强和清政府内部势力反对之下，最终塔夫脱和诺克斯设想的"美国籍"顾问计划夭折，虽然四国银行团与清政府最终达成《币制实业借款协议》，但一个"中立籍"的财政顾问在辛亥革命的隆隆炮声中一无所为，美国主导中国财政改革和币制统一的计划化为泡影。

最后，华尔街投资银行在塔夫脱政府对华"金元外交"中起着重要的先导性作用。虽然学术界至今还在争论到底美国银行团是否是在华盛顿主动号召下组建起来的问题，但华尔街的银行团，无论是出于自觉还是不自觉，都已经被熔铸为美国对华外交的工具，成为国务院在政治上要求美国在华权利、与其余各国竞争的有力筹码。但是，华尔街投资银行的实力与伦敦、巴黎等传统的金融力量相比有了很大提高但并未达

---

① ［美］孔华润：《美国对中国的反应》，张静尔等译，复旦大学出版社1989年版，第71页。

到可以掌握世界金融霸权的程度，甚至在中国贷款问题上还不得不设法与欧洲的银行家合作。容纳其他欧洲列强的加入就导致谈判进程华尔街越发无法掌控，因此，针对中国的"金元外交"谈判耗费了美国银行团"无数"的精力与时间。但最终华尔街从中国"金元外交"中所获得的贷款数额并不大，以摩根财团为例，1909—1913 年，作为美国银行团领袖的摩根财团共获得 878 万美元的贷款（其中湖广铁路贷款 731 万美元，善后借款垫款部分 147 万美元）。从收益来看，美国银行团总共从湖广铁路贷款获得 354812 美元，摩根财团占其中的 125072 美元。这是美国银行团在塔夫脱"金元外交"中所获得的微薄收入的典型案例。① 当然，作为市场经济中拥有自身责任的华尔街银行而言，他们只是在自己所能接受的条件范围内试图与政府保持合作，从而在中国的舞台上追逐更大的利益，但这并不代表美国银行团之间以及银行团与国务院之间的分歧不存在。华尔街银行团最终从六国银行团中退出表明，"华尔街甘愿在一个成功的政策下充当获利之工具，但是却不愿为一个失败的政策成为金融上的牺牲"②。最终，华尔街银行家在没有取得伍罗德·威尔逊新政府保证"强力"和"垄断性"地支持中国贷款事业的前提下，退出了善后大借款的谈判以及《币制实业借款》合同的继续执行，美国银行团在中国的国际银行团中不仅没有取得原先希望的"主导地位"，反而沦为欧洲列强与日俄对华实施"特殊权益"的工具，这无疑是对华尔街在华追逐财政权力中"有心无力"的莫大讽刺。

此外，对于美国实施"金元外交"的对象而言，清政府当然希望借助美国资本的力量对外平衡其余列强在华的势力，对内巩固清王朝的统治。但是美国对于贷款的"监督"要求与美籍财政顾问条件的坚持，损害了中国的财政主权，遭到国内人民的强烈反对，因此，清政府也不得不考虑在引进美资与维护主权二者之间反复权衡。就银行家的对华债务本身来说，它体现的是中外之间经济关系，是国际资本在市场环境下

---

① Vincent P. Carosso, *The Morgans: Private International Bankers*, 1854 – 1913, pp. 577 – 578.
② ［美］查尔斯·威维尔：《美国与中国：财政和外交研究，1906—1913》，第 172 页。

资源进行调配的一种自然表现。然而就清末民初华尔街对华债务的实际情况而言,其意义远不是单纯的偿付利息的问题。正如有学者指出:"对经济利益的追求将外国人带到了中国,然而直接作用于中国现代历史进程的却不是外国人在中国的具体经济影响,而是他们在享有特权的情况下所造成的政治与心理方面的影响。"① 因此,当塔夫脱"金元外交"在向其余在华列强尤其是日俄两国妥协并且不断宣称坚持对中国贷款实施"有效监督"之时,清政府对美国意图的疑虑也在增强,美国并非对清政府"最为亲善之友邦",随着局势发展美国越来越与其余列强一起主宰中国之财政及其他主权。国内民众对外国资本的民族主义亦在高涨,最终清政府还在举借外债(包括美债)与牺牲主权之间反复挣扎的时候,长江流域发生的辛亥革命结束了深陷财政困难与外债循环的清政府统治。而一直对清政府允诺要维护"行政完整"和"门户开放"的美国,在实施"金元外交"的具体过程中,既没有出面联合清政府强硬抵御日俄的侵略权益之扩大,也没有最终挽救清朝帝制之命运。正如李约翰所说:"在每一次由于美国外交而直接发生的国内或国外危机中,北京从华盛顿没有获得具体的协助。像罗斯福所说的,美国不会为中国而战。"②

因此,从总体来看,塔夫脱政府在华推行的"金元外交",口惠而实不至,雷声大而雨点小。况且在此期间,国务院一直"支持"的对华贸易也未出现质的飞跃,反而在塔夫脱时期有下降的趋势。如美国1905年对华出口总额价值约为5800万美元,到1910年这个数值已不超过1600万美元。③ 1913年10月《京报》(*Peking Gazette*)出版的数据表示,列强对华经济侵略已是历史问题,在清政府的贷款中(包括

---

① [美]费正清主编:《剑桥中华民国史》(第一部),章建刚等译,上海人民出版社1991年版,第210页。

② [美]李约翰:《清帝逊位与列强(1908—1912):第一次世界大战前的一段外交插曲》,第444页。

③ David H. Burton, ed., *William Howard Taft: Confident Peacemaker*, Philadelphia: Saint Joseph University Press, 2004, p.76.

中央各部及地方政府），英国占四分之一，德国占八分之一，日本仅有英国的六分之一，而美国的份额则更少。① 再者，塔夫脱和诺克斯孜孜以求的在华"门户开放"事业也遭受了重大挫折。"1913 年与 1909 年相比，日俄在中国东北的势力不是削弱了，而是增强了；东北的门户不是开的更大了，而是关得更紧了。"② 美国希望缔造一个美国主导下的、以国际银行团为核心的国际利益共同体，从而代替列强特殊利益的做法由于前述的种种因素的制约，使得塔夫脱在华的"金元外交"事业暂时失败了。新上任的威尔逊政策撤出了对华尔街银行团的支持，并且谴责了美国外交缺乏"理想主义"，华尔街的银行家们也撤出来善后大借款的谈判和币制借款的合同，美国一直欲向清政府派出的财政顾问计划不得不搁浅。总之，从短时间来看，"金元外交"并没有取得美国想要达到的效果。

从塔夫脱的战略设计中，美国应当发挥一个领导作用的角色，但从美国在华推行"金元外交"的整个过程来看，美国充其量也只是对华资本输出列强中一个积极的"参与者"的角色。因此，尽管威尔逊总统上台伊始撤出了对银行团的支持，但随着远东地区日本侵略野心和扩张能力的进一步扩大，华尔街的力量再次成为国务院决策选择的工具，美国对华的"新金元外交"政策又浮出水面。在威尔逊总统的倡议下，1920 年，华尔街近 40 家银行组成美国新银行团与英、法、日组成了"新四国银行团"，统一对华贷款。美国利用发起人的地位，掌握了新银行团的领导权，同时将之熔铸为凌驾于中国经济生活之上的垄断性金融工具，控制了中国的财政大权。③ 1928 年，当年赴华财政专家精琪的高足、美国著名的国际金融顾问埃德温·凯默勒受命组织一项再次赴华的财政顾问使命，此时年迈的精琪教授便不无羡慕地写道"年轻的凯

---

① "*Inclosure—From the Peking Gazette*," *FRUS*, 1913, p. 192.
② 吴心伯：《金元外交与列强在中国：1909—1913》，第 140 页。
③ 李长久、施鲁佳主编：《中美关系二百年》，新华出版社 1984 年版，第 78 页。

默勒能够有机会去完成这项自己于25年前开始的任务"①。而凯默勒在1944年出版的《黄金与金本位的过去、现在和将来》一书中仍然在鼓吹将金本位制度作为国际金融秩序的根本。② 因此，这些后来政策的延续也从另外一个侧面说明"金元外交"在一定程度上顺应了美国时代的要求，充实了"门户开放"政策的可操作性和务实性，在美国对华政策史上具有重要影响。

---

① "Jenks to Kemmerer, October 15, 1928." 转引自 Emily S. Rosenberg, *Financial Missionaries to the World*: *The Politics and Culture of Dollar Diplomacy*, 1900 – 1930, p. 25。

② Edwin Walter Kemmerer, *Gold and the Gold Standard*: *The Story of Gold Money, Past, Present and Future*, New York: McGRAW-Hill Book Company, Inc. , 1944, pp. 209 – 224.

第五章 "金元外交"的特征及其对美国构筑国际金融权力的影响

如前所述,塔夫脱"金元外交"在亚非拉的实施存在着多种类型,因此本章将着重从横向上比较以上三个典型案例之间的不同特点,寻找其间的相通之处。尤其关注塔夫脱"金元外交"呈现出来的"组合"特征,并且运用"组合主义"外交的理论对"金元外交"进行较为深刻的理论阐释,由此加深对"金元外交"的认识。与此同时,本章力图从纵向的视角梳理"金元外交"的历史渊源、探讨其与美国20世纪重大外交政策之间的承继关系,进而揭示其对塔夫脱之后美国构筑国际金融帝国政策的重要影响和现实意义。

第一节 塔夫脱"金元外交"的"组合"特征与理论阐释

1909年,刚刚上台的塔夫脱总统所面临的世界形势总体来说是处于脆弱的和平之中。表面风平浪静的世界局势蕴藏着巨大的风险,尤其是在世界政治舞台的中心欧洲地区,英、法、俄三国结成"三国同盟",与德国、奥匈帝国、意大利王国组成的"三皇同盟"形成了分庭抗礼之势。美国恪守传统的"孤立主义"原则,在欧洲两大军事政治集团之间保持大致的"中立政策"。因此,美国将其外交政策的主要关注点集中在欧洲之外的亚非拉地区。首先,在拉美加勒比地区,美国尤为关注"门罗主义"的扩张,塔夫脱认为美国应当帮助这些国家解决经济和外债问题，从而稳定西半球地区的政治局势。与此同时，美西战争后，美国取得了菲律宾作为远东地区的立足点，在争夺中国巨大市场的过程中，美国与日俄战争后日本在远东地区的扩张形成了抗争的态势。塔夫脱希望促进美国与日本、中国之间的友好关系，维持远东地区新的平衡，中国在清末面临的财政困难和外债循环成为美国积极干预、维持"门户开放"的机遇。在非洲西部的利比里亚，由于英国、法国以债务危机为借口实行的势力范围和殖民政策，美国出于与利比里亚的特殊历史关系，想在非洲大陆上取得立足之地，从而在欧洲殖民势力控制下打开一个缺口，实现非洲的"门户开放"。因此，在上述拉美加勒比、远东和西非地区都成为塔夫脱政府出面维持稳定局势的地区，美国希望国内的金融与商业企业能够在这三大地区获得分享其经济持续发展的机会。但是美国在这些"边疆"地区的扩张，面临着与其他发达工业国之间的激烈竞争，美国无从选择，只有寻求自己的优势采取行动。

因此，在塔夫脱的"世界秩序观"中，贸易、商业和经济机遇是美国的外交政策的三大目标。① 美国外交政策的对象可分为发达的工业国家（欧洲列强）与欠发达的亚非拉地区两大类型，针对前者执行的政策是推广"国际仲裁"的原则，针对后者的应对之道就是"金元外交"的政策。从思想根源的视角来看，塔夫脱总统时期实施"金元外交"与这位"保守的进步主义"总统的公共哲学大有关系。塔夫脱的公共哲学基于两点，一是，塔夫脱将"金元外交"视为"美帝国的和平衍生"，从长期看"帝国"的扩张有利于从实质上改善世界欠发达地区人民的生活；二是，"金元外交"带给美国众多商业企业利益，这有助于增强美国的资本主义，而这种资本主义在美国已经取得最为非凡的成就，这是真正能够代表"扬基美国佬"对于国际福利和良好意愿的

---

① David H. Burton, ed., *William Howard Taft: Confident Peacemaker*, Philadelphia: Saint Joseph University Press, 2004, pp. 63-64.

观念。① 在塔夫脱向欠发达地区推行"金元外交"的总体设计中，贸易与投资具有决定性的作用。换言之，贸易的力量而非炮舰式的武力是塔夫脱推动美国处理国与国之间相互关系的准则，这就是所谓的"金元取代子弹"。

一 塔夫脱政府"金元外交"的起源、类型与"组合"特征

（一）"金元外交"发展了美国的商业外交传统

"金元外交"的起源具有深厚的历史渊源。从某种意义上说，"金元外交"集中体现了美国外交政策中的"商业外交"传统。北美十三州脱离于英国的一个重要原因就在于美国怀疑欧洲人浪费太多的时间用于战争与和平，而对于商业则用力太少。在美国启蒙家潘恩的《常识》一书中，潘恩就警告说"英国和欧洲是腐败的，因为他们将商业与贸易扩张置于从属地位"②。1776年第二届大陆会议起草的《模范条约》规定美国与其他国家打交道的主要形式一定是商业，《模范条约》被视为一切后来美国对外关系的基础，其所开辟的商业外交的传统一直对后世深有影响。③ 早在美国革命期间，务实的美国政治家已经开始考虑恢复与英国的商业交往，"即使是在战争后期，大部分政治家也没有要求将独立与殖民地时代的商业结构与商业政策（附属于英国的商业管理）联系起来"④。换言之，美国依然希望能与英国平等地享有同整个世界的自由贸易。

随着美国经济的增长和政治地位的提高，《模范条约》的理念发展为"互惠贸易协定"（Reciprocity）的政策，美国及其贸易伙伴同意双

---

① Donald F. Anderson, *William Howard Taft: A Conservative's Conception of the Presidency*, Ithaca: Cornell University Press, 1973; David H. Burton, ed., *William Howard Taft: Confident Peacemaker*, p. 74; "Dollar Diplomacy," *The Washington Post*, June 27, 1911, p. 6.
② Robert D. Schulzinger, *U. S. Diplomacy since 1900*, p. 39.
③ 王晓德：《1776年条约计划及其对美国早期外交的影响》，《历史研究》2010年第5期。
④ John E. Crowley, *The Privileges of Independence: Neo-mercantilism and the American Revolution*, Baltimore: The Johns Hopkins University Press, 1993, pp. 50 – 66.

方互相给予特权，从而推动双边的贸易与投资的发展。1890年在《麦金莱关税条款》（McKinley Tariff of 1890）的推动下，美国开始在西半球建立"互惠贸易协定"的谈判。在1891—1892年间，在当时国务卿詹姆斯·G. 布赖恩（James G. Blaine）的鼓动下，美国与拉美国家签订了8个贸易协定。其中最为重要的是与巴西和西属古巴、波多黎各（与背后的西班牙政府）签订的"互惠贸易协定"，除此之外，美国还与多米尼加共和国、英属西印度群岛（British West Indies）、萨尔瓦多、危地马拉、尼加拉瓜和洪都拉斯签订了类似的协定。与此同时，美国还向墨西哥、阿根廷、哥斯达黎加、智利、海地、哥伦比亚和委内瑞拉发起了建立互惠贸易协定的努力，但是由于种种原因没有成功。"互惠贸易协定"的核心在于降低这些国家的关税，从而为美国以剩余工业品和农产品换取美国海关对于这些国家原材料出口的特殊待遇。哈里逊总统和布莱恩国务卿希望通过拓展与相关国家的"互惠贸易协定"的方式来增加美国剩余产品的海外销售，扩大美国的经济影响。这预见了20世纪初期美国对外实行"金元外交"时代的来临。布莱恩国务卿认为，国务院应该扫清美国商业向外扩张的障碍并且国务院的官员应该在什么是对美国商业扩张最佳选择方面拥有发言权。在美国国内，布莱恩希望采取的措施能够增强共和党的高关税政策，也增强共和党自身的影响；在国外，布莱恩希望通过增强贸易来使"门罗主义"恢复活力，抵御英国对加勒比不断增强的影响，削弱英国在南美南部的经济统治地位。[①]

1891—1892年间国务院进行的互惠贸易协定的谈判与塔夫脱时期的"金元外交"具有不少相通之处。首先，在政策动机上都在于鼓励美国的对外贸易和投资，希望为美国商业谋得利润，倾销美国的剩余物（或是产品或是资本）。他们也希望能够增强美国在加勒比这个战略攸关利益地区的影响力。此外，他们都希望能够在欧洲列强占主导的地区

[①] David M. Pletcher, "America in the Early 1890s: A Foretaste of Dollar Diplomacy," *Pacific Historical Review*, Vol. 47, No. 1 (Feb., 1978), pp. 55–56.

扩大美国的影响和威望，无非布莱恩的目标是南美南部，而塔夫脱"金元外交"主要向远东和非洲拓展。其次，二者面临的障碍上也一致。他们都遇到远东和非洲强大竞争对手和自身资源投入不足的问题，同时也都面临着国内强大的压力集团的反对。再者，在实施过程中，二者都采取说服，甚至武力相结合的方式，引发了反美的情绪，并且实施效果上看经济干预有时也都并未取得原先预想的效果。① 因此，布赖恩推动美国与其他国家签订"互惠贸易协定"，实质上是要为美国的工业品寻找自由市场，这为美国后来走向"金元外交"迈出了重要的一步。

当然，20世纪初期的"金元外交"摒弃了詹姆斯·布赖恩时代零散的、仅通过"互惠贸易协定"来促进贸易与投资的途径，而是代之以更为积极、全面的政策工具，即更加协调一致的外交、完全的军事干预、条约的安排、政府推动的发展贷款以及对当地国财政的监管等。尤其是1905年，西奥多·罗斯福总统针对多米尼加共和国的债务危机和实施的"海关监管"措施，华尔街银行出面发放贷款，美国政府则派出的财政顾问担任多米尼加海关总税务司，控制关税收入，推行"金本位的改革"，多米尼加成为美国的"财政附庸国"。尽管有名无实，但是西奥多·罗斯福总统在多米尼加共和国建立的"财政控制"模式，使其成为彻彻底底的"金元外交"的实施版本。②

多米尼加实验的成功，使得继任的塔夫脱总统想延续、推广"多米尼加模式"，将之作为美国的整体性、综合性的外交政策。但是，西奥多·罗斯福总统在多米尼加的"控制性贷款"是在政府协定的框架内实施的，他没有经过国会的批准。因此，塔夫脱想如法炮制，显然面临着国会内部越来越强大的反对压力，"总统必须按照法律行事"，这

---

① David M. Pletcher, "America in the Early 1890s: A Foretaste of Dollar Diplomacy," *Pacific Historical Review*, pp. 88 - 89.
② "'金元外交'的种子在1904年的多米尼加债务危机中已经种下。"参见 David H. Burton, *William Howard Taft in the Public Service*, Malabar: Robert E. Krieger Publishing Company, 1986, pp. 83 - 84; Emily S. Rosenberg, *Financial Missionaries to the World: The Politics and Culture of Dollar Diplomacy*, pp. 41 - 56。

是塔夫脱长期以来的一项处事原则。故而，在向尼加拉瓜、洪都拉斯实施"关税监管"和贷款谈判过程中，塔夫脱多次向国会提出要批准这两项条约，但是都遭到了国会的拒绝。因此，塔夫脱对外政策中扩大贸易与投资的理想、面临的现实尴尬与崛起中的华尔街投资银行向外扩张中的逐利欲望、资本膨胀便有机结合了起来。从严格意义上说，塔夫脱政府所有的对外贷款都来自华尔街的银行，这样的贷款既不需要国会批准也不需要政府间的行政协定批复。① 这种通过华尔街私人银行形成的"控制性贷款"网络，构成了塔夫脱向欠发达地区推广"金元外交"的主要形式。通过这一过程，"金元外交"不仅可以给美国国内的华尔街银行带来丰厚的利润，同时也可以利用美国华尔街银行的资本带来和平，从而为美国经济的整体扩张创造一个稳定、秩序的国外市场。换言之，塔夫脱希望"金元"不仅能为美国在欠发达国家和地区赢得金融上的利润，更可以缔造政治上的和平。

如前文所述，"金元外交"的实施对象大多是亚非拉等欠发达国家和地区，它们是美国工业品的潜在买主。此时，美国工业品的出口已经超过原材料的出口，美国迫切需要海外市场。② 欧洲大部分的工业化国家也深谙此道，因此在20世纪初期这样一个"帝国主义"的时代，欧洲列强通过殖民侵略和资本输出占据了亚非拉大部分的市场，美国如果不赶上潮流，这些欧洲列强占据主导地位的市场将对美国逐渐"紧锁大门"，而非"门户开放"。因此，美国必须寻找拥有自身优势的外交政策来赢取国际发展的更大空间和海外市场。塔夫脱和诺克斯找到了华尔街的投资银行，尤其是其中一些早已在国际金融市场上进行大力扩张的华尔街巨擘，如摩根财团、花旗银行以及布朗兄弟公司等。其中，摩根财团、布朗兄弟公司这两家投资银行被誉为美国现代投资银行的奠

---

① Walter V. Scholes and Marie V. Scholes, *The Foreign Policies of the Taft Administration*, pp. 40–44.
② "Record U. S. Exports: Dollar Diplomacy Wins Vast Trade for America," *The Washington Post*, September 17, 1911, p. 12.

基者。① 这些拥有大量资本的华尔街投资银行愿意成为"金元外交"中美国政府着力锻造的外交工具，同时也希望能在美国政府"金元外交"的具体实施中获得大量的利益。由此"金元外交"不再仅限于为美国的工业品寻找自由的市场，而是增添了时代的内容——为美国的金融扩张服务，建立海外金融市场，是一种"金融帝国主义"。②

实质上，塔夫脱"金元外交"的时代性内容反映的是19世纪末20世纪初期美国国内大企业崛起后，美国从原来殖民地时代的"商业共和国"（Merchant Republic）向"公司帝国"（Corporate Empire）的嬗变。19世纪后半叶，不断崛起的美国大企业不仅改变了美国的经济结构和社会阶层，也塑造了一个充斥着"公司文化"（Corporate Culture）的美国社会（包括职业化的兴起、消费文化的泛滥等），还对美国整体的对外扩张产生了重要的影响。③ 就美国的企业扩张自身而言，到20世纪之交，美国的大企业已经在国际市场上崭露头角，尤其是在美国经济生活中起重要作用的华尔街银行已经将触手伸向了拉美、东亚和欧洲等不少国家和地区。自然而然，这些在海外扩张中负有"革命使命"和"责任感"、拥有"爱国主义"情结的华尔街投资银行与需要资本支持又不愿做出过多政治承诺的塔夫脱政府能够一拍即合。再者，西奥多·罗斯福时期，美国财政专家已经在美国进步主义时代"专业主义"思潮的影响下、伴随着美国政治和经济向外扩张，走向国际金融顾问的舞台。1909年前后，欠发达国家发生的财政困难和债务危机，使得财政专家与华尔街资本、美国政府的紧密联系。而塔夫脱的"金元外交"则将三者联合起来共同向欠发达国家和地区提供贷款，进行财政改革，推行金本位制度，实现当地国的财政和政治稳定，扩大美国的财政影

---

① Thomas F. O'Brien, *The Revolutionary Mission: American Enterprise in Latin America* 1900 – 1945, New York: Cambridge University Press, 1996, pp. 24 – 25.
② Frederic C. Howe, "Dollar Diplomacy Explained: Should Not Be Confused With International Trade," *The Washington Post*, October 5, 1917, p. 6.
③ Thomas F. O'Brien, *The Revolutionary Mission: American Enterprise in Latin America* 1900 – 1945, pp. 32 – 33.

响，从而谋求美国在亚非拉等非工业化国家和地区的国际金融权力，构筑合理化的国际经济秩序。因此，从这个意义上而言，"金元外交"既继承了商业外交的历史传统，又具有与时代高度协调的务实内容，是对转型时期美国国内经济社会对外扩张的新的思维——"它完美地体现了美国对于海外市场的追求，这些市场对于满足第二次工业革命的需求是必要的，同时还展示了这种追求如何导致了动荡乃至革命"。①

（二）塔夫脱政府实施"金元外交"的不同类型

在塔夫脱政府执政时期，美国在中美洲的尼加拉瓜、洪都拉斯、多米尼加、危地马拉，远东地区的中国，近东西非的土耳其和利比里亚等欠发达国家和地区实施"金元外交"。由于这些国家和地区具体的国情不同、美国影响力以及受到不同程度的挑战，可以分为不同的类型，而美国实施"金元外交"的具体过程中也呈现出不同的特点。

第一，美国在对象国所起的作用存在着相当大的差别。从前文所举的三个典型案例来看，在美国后院地区的尼加拉瓜，由于美国门罗主义的政策和美国对于中美洲巴拿马运河开凿引发地缘政治的强烈关注，欧洲的债权国（主要是英国）不愿在此地区引发与美国的军事和政治的激烈对抗，因此，美国可以在尼加拉瓜完全自由地控制甚至是支配"金元外交"的具体过程。在此期间，美国的海军陆战队进入尼加拉瓜并且长期驻扎，美国华尔街的投资银行将欧洲的债务完全转换为美国的债务，从而左右尼加拉瓜的财政大权，并且形成了持续贷款的网络；美国国务院任命的财政专家推行以美元为核心的金本位制度改革，美国人还担任海关总税务司，控制了尼加拉瓜税收的主要来源。在西非的利比里亚，美国凭借与利比里亚历史形成的特殊关系介入利比里亚的债务危机，但面临着英、法、德三个欧洲殖民大国的排挤和竞争。美国国务院通过华尔街四大银行组成美国银行团主导了对利比里亚的财政贷款合同，同时也任命了美国人担任利比里亚政府的财政顾问兼海关总税务司，但是美

---

① ［美］孔华润主编：《剑桥美国对外关系史》（上卷），王琛等译，新华出版社2004年版，第505页。

国无法形成垄断性的控制性力量，在美国"主导"利比里亚各项事务的背后，是欧洲三殖民大国对于美国的牵制和抗衡，因此，塔夫脱政府在利比里亚推行"金元外交"的过程中，欧洲三国的银行家都参与了具体的谈判和最终合同的签署，他们各自派出的海关税务司也进驻利比里亚各地海关，并且构成了对利比里亚财政事务持续的影响力和对美国议程的掣肘。但总体而言，塔夫脱通过"金元外交"在利比里亚构建了以美国为主导、由欧洲三国共同协调的格局，并且为20世纪美国向非洲的扩张建立了一个立足点。在远东的中国，美国试图利用清政府的财政困难和外债危机，通过"金元"来实现门户开放和领土完整的原则，以此抗衡欧洲列强（包括日本）的势力范围扩张。美国的"金元外交"试图在列强对华资本输出的狂潮中起核心作用，锻造一个美国起领导作用的国际联合体，维护门户开放政策，最大限度地孤立"势力范围原则"，但是由于美国华尔街自身力量的限制以及英、法、俄、日四国的联合反对，再加上中国国内民族主义的兴起，美国在对华财政事务上的"领导角色"步步撤退，最终华盛顿和华尔街都不得不从"四国银行团"和"六国银行团"这两个对华"垄断性财政工具"中退出。

第二，美国政府对各国财政控制的程度是不尽相同的。在尼加拉瓜和利比里亚的案例中，美国都接管了这两个弱小共和国的海关关税，并且对海关进行"破产管理"，任命美国人担任海关总税务司，对海关关税的征收、稽核和支出进行美国式的"合理控制"。在利比里亚，美国人担任的海关总税务司还兼任政府财政的总顾问，并且接受国务院的领导，其在利比里亚财政领域的影响力可谓是权倾一时，由此美国在尼加拉瓜和利比里亚都建立了形式上的"财政附庸国"。这一点在中国有所不同，近代中国的海关税收牢牢掌握在英国人的手中。从某种程度说，美国也是长期依附在英国在华建立的不平等条约体系之内"均沾利益"的。但是，美国也一直想插手中国的财政事务，争夺中国的财政主导权，并且也"领导"了四国银行团关于币制借款的谈判，但塔夫脱总统和诺克斯国务卿一直想要派出的"美国籍"财政顾问遭到了英、法、德三国的强烈反对，东三省实业借款则使日俄两国的猜忌心理愈加强烈，最终美国的财政顾问计划搁浅，甚至说美国退出善后大借款的重要原因就在于欧洲列强在"财政顾问"问题上咄咄逼人的政策令美国哑巴吃黄连，有苦说不出，不得不悻悻而退。

塔夫脱政府实施"金元外交"呈现出的不同类型及各自的特殊特征，究其原因在于两点：一是美国在亚非拉地区实力的差异及其达成"金元外交"目标的意愿，拉美地区的尼加拉瓜处于巴拿马运河附近，这是20世纪初期美国地缘政治的战略攸关点，美国的海军的存在使"金元外交"拥有"大棒"的支撑，而且这里也是"门罗主义"及"罗斯福推论"的重点延伸地区。利比里亚由于与美国的特殊关系和未来商业利益的影响，美国愿意充当其"代理人"；二是受众国的国力及所受的侵略情况不同，尼加拉瓜和利比里亚都是小国，而且对于世界舞台中心欧洲而言在地缘政治上不甚重要。中国是远东地区的大国，20世纪初期欧洲列强（包括日本）形成了共同主宰中国事务的均势局面，彼此之间相互掣肘，因此，美国单凭自身的经济实力或者政治意愿很难做得到一家独大。

（三）塔夫脱政府实施金元外交过程中的组合秩序

当然，即便有上述的不同类型及各自特征，塔夫脱政府实施"金元外交"的各个案例之间也存在着相通之处。首先，从美国介入的机遇与借口来看，20世纪的头十年这些欠发达地区国家的政府都处于严重的财政困难和外债危机当中。这种财政困难和外债危机主要是由于欧洲列强大规模资本输出的结果，当然也有该国家或者地区长期处于欠发达以及自身治理不善的因素。如尼加拉瓜的财政因为1909年的革命爆发导致塞拉亚政府向欧洲的英国、德国两国举借大量外债，造成财政困难和债务拖欠，构成殖民势力重新干涉的借口。利比里亚的债务危机源于英国1871年、1907年两次大规模的贷款造成的债务恶性循环，英国和法国趁机提出殖民扩张的要求。中国的财政困难和外债循环源于列强强加的巨额不平等条约赔款和清政府内部的大规模新政的改革行动。总之，三个案例的共同背景就是财政困难和债务危机造成的拖欠状况，进而为殖民势力各种形式的侵略和要求提供口实，这也为美国的"金元外交"提供借口。

其次，从实施的结果来看，"金元外交"并没有取得原先预想的成功。塔夫脱希望在欠发达国家和地区致力于扩大美国的贸易、商业和外交的机遇。虽然美国的对外贸易增长迅速，如1907年为1853718000美元，到1912年增至2170320000美元，增长比例至117%，创美国历史新高。尤其是对南美的贸易，从1907年的62157000美元增至132322000美元，翻了一番多。诺克斯认为这是"金元外交"政策使然。[1] 然而从上述三个国家中的实际运用效果来看，美国口口声声追求的"财政稳定的自我供给"和政治秩序并没有实现。1913年，尼加拉瓜的财政已经处于严重的危机当中，不得不依赖美国新的贷款。利比里亚的财政收入刚有好转，便陷入一战的经济衰退。而中国的财政不仅没有实现稳定的还债能力，随着清王朝财政赤字的增加和武昌起义后各省的财政"自治"，清王朝的财政已经破产，连外债到期的利息都难以支付，更遑论巨额外债的如期偿还。因此，从直接效果来看"金元外交"是暂时失败了。

再次，从政策实施的对象国来看，"金元外交"的具体过程都或多或少地损害了欠发达国家和地区的财政自主权，引发了当地的民族主义情绪。在几乎每一个实施案例中，当地的统治精英对于美国华尔街提供的贷款都抱有矛盾的心态。因为美国提供的贷款一方面可以偿还旧债（主要是欧债），并且为新的交通或者工程建筑提供资金，这样可以巩固统治，取得大众的支持。另一方面，反对美国贷款者也可以利用民族主义诉求，使借贷政府背上引入外来监督的骂名。[2] 中国、洪都拉斯、

---

[1] "Big Growth In Trade: Knox Attributes the Increase to Dollar Diplomacy," *The Washington Post*, January 19, 1913, p. 17.

[2] Emily S. Rosenberg, *Financial Missionaries to the World: The Politics and Culture of Dollar Diplomacy*, 1900–1930, p. 96.

危地马拉和墨西哥，甚至巴拿马和古巴都拒绝了美国的"控制性贷款"。而同意与华尔街签订贷款合同的利比里亚和尼加拉瓜国内都陷入激烈的争论之中，尼加拉瓜的贷款过程唯有在武力下才能维持秩序。因此，美国在欠发达地区推广"金元外交"的过程中始终充满了控制与反控制的较量。

最后，从实施的具体过程来看，在美国对外推行"金元外交"的过程中，都涉及代表公共权力的国务院、代表私人资本的华尔街投资银行和代表"科学知识"的财政专家的组合。第一类行为体是指以国务院为代表的美国政府。塔夫脱、诺克斯和H.威尔逊注重改革国务院自身的机构，按照地缘政治原则对国务院进行重组，并且实施职业化的绩效制度，最终就是要锻造一架适应商业外交时代的装备精良的机器，推动美国的经济扩张。与此同时，国务院强调外交要为商业与贸易扩张服务，政府承诺推动华尔街银行的海外投资，承诺控制和监督一定的担保条件，从而保证贷款的稳定偿还。甚至在局势不稳时不惜由美国海军出兵干涉，从而为美国资本的扩张保驾护航。1910年至1913年间，美国政府多次派出巡洋舰或者海军陆战队干涉利比里亚和尼加拉瓜，其旗号或是保护美国使馆的安全，或是为受众国政府提供道义的支持。更为重要的是，"华盛顿想要驾驭这个新的金融权力，来威逼欠发达国家政府对美国商品和资本开放市场，或是采取亲美政策"①。

第二类行为体是在美国经济生活和对外扩张中日益崛起的、代表金融和财政力量的华尔街投资银行。塔夫脱时期"金元外交"大都以私人银行贷款合同的方式出现，这些合同既不需要国会的批准，也不需要政府间签订协定，而是以一种"控制性贷款"的方式对欠发达地区国家政府和经济生活发生影响。"金元外交"需要得到华尔街投资银行家的积极参与，他们提供的巨额资金是"金元外交"的重要工具。银行家们一直在国际市场上发行高利润的新债务，愿意向能通过改善国内财

---

① ［美］罗恩·彻诺：《摩根财团：美国一代银行王朝和现代金融业的崛起》，第143页。

政状况、形成稳定偿还能力的欠发达国家提供贷款。但由于这些国家财政状况非常不稳定,因而银行家需要政府的支持以降低风险。因此,银行家需要一些逼债的手段,因为欢迎政府扮演"国际警察"的角色。而塔夫脱十分重视鼓励华尔街银行的海外扩张。在1910年的国情咨文中,塔夫脱就提出了国务院及驻外使领馆应竭尽所能地为美国银行业扩张服务。只有这样,美国的对外贸易才能得到财政支持,并且能适当运用外国商机。针对欠发达国家财政不稳的状况,塔夫脱呼吁银行家出面进行债务的调整和财政货币体系的重塑。

第三类行为体是财政专家,他们是"金元外交"的核心环节。财政专家拥有丰富的实战经验且乐于与银行家合作。他们构想和实践了对利比里亚、尼加拉瓜和中国债务的重组工作,实施更有效的税收征敛,实行严格的财政支出,他们的目的在于建立一个具有理性化、逻辑化和合法化的美国式现代财政体系和银行体系,增强当地国家政府的财政和经济能力,从而希望将美国进步主义时代理性化、现代化的意识形态和制度设计嵌入欠发达国家和地区,实现当地政府财政的稳定供给,也同时为美国的投资和商业降低门槛,密切欠发达国家和地区与美国经济之间的联系。这在当时而言是一种被视为"文明开化"与符合国家利益的使命。

因此,对于所有参与美国对金元外交的行为体来说,金元外交提供了一个美国社会日益出现的"组合主义"的秩序(如图5.1所示)。在这个秩序中,政府出台政策提供制度保障(有时甚至是赤裸裸的枪弹和炮舰保护),华尔街的银行家提供巨额的资金支持,财政专家贡献的是进步主义时代的科学原则和专业知识,他们希望帮助欠发达地区国家有效管理美国银行家提供的贷款,实现从"输血"到"造血"的转换。金元外交的组合模式中,环环相扣,缺一不可。在这一过程中,代表公权力的政府与代表私人利益银行家之间通过财政专家这个桥梁搭建的平台进行密切合作,政府与私人部门之间的界线已经不再清晰。这种新的"组合主义"的秩序目的在于将有效率的、有责任感的华尔街投资银行与政府主导的公共目标和外交利益相结合，从而能够相互促进，达到双赢。

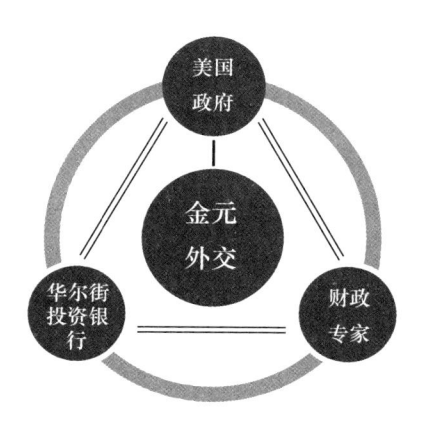

图 5.1　"金元外交"组合主义示意图

因此，塔夫脱试图打造一个新的世界秩序——政府通过整合市场力量和相互合作的私人组织（银行）来共同在全球经济中冒险，并且通过财政专家的努力建立一个理性化的、以美国为中心的政治经济秩序。因此，塔夫脱的"金元外交"代表了20世纪初期美国对外政策新的发展趋势。

二　对塔夫脱"金元外交"组合主义的理论阐释

前述趋势代表了20世纪初美国国内的"组合主义"秩序向对外关系领域的延伸。正如美国著名外交史家罗森堡所言，"金元外交"是以19世纪末20世纪初触及美国生活方方面面的"组合主义革命"（Corporatist Revolution）的一部分出现的。[①] 在进步主义史学家的大量著述当中，强调的是这一时期政府官僚机构与商业机构相互合作达到了较高

---

① Emily S. Rosenberg, *Financial Missionaries to the World: The Politics and Culture of Dollar Diplomacy*, p. 93.

的程度。① 他们认为政府在促进或联合向外商业扩张方面起主要作用。但这种说法也遭到了外交史家威廉·贝克尔（William Becker）的质疑。1982年，威廉·贝克尔考察了19世纪末20世纪初美国政府与企业在对外扩张中的合作关系后，认为"从1893年到1921年美国工业品出口缺乏政府与企业之间的精诚合作"。"与其说政府与企业是在合作与协调……倒不如说是在限制政府与企业之间的关系。"② 并且19世纪后半期美国华尔街银行私人贷款大都与美国政府没有多大关系。

但是从塔夫脱时期"金元外交"的具体实施和推进的过程来看，"金元外交"涉及的控制性贷款却与政府政策有着莫大的关联。华尔街投资银行与华盛顿的合作目的在于在加勒比、中美洲、墨西哥、中国等地区创造一个类似殖民主义的、美国式的顾问结构。在此期间，"金元外交"的基本原则——通过美国顾问达成的金本位稳定和财政监管，变成了20世纪头20年美国政府扩大财政和金融影响的常规化的模式。③ 因此，"组合主义"的理论视野有助于更为深刻地理解"金元外交"的特征以及美国对外扩张中的公私互动关系。那么组合主义又是一种怎样的理论呢？

实际上，组合主义（Corporatism）④ 是西方社会科学家广泛运用于描述政策制定领域政府与企业之间存在着相互合作行为的概念。按照著

---

① Ellis Hawley, *The Great War and the Search for a Modern Order*, New York: St. Martin's Press, 1979; Martin J. Sklar, *The Corporate Reconstruction of American Capitalism*, 1890–1916, New York: Cambridge University Press, 1988; Michael Hogan, "Corporatism," in Michael Hogan and Thomas G. Paterson, eds., *Explaining the History of American Foreign Relations*, New York: Cambridge University Press, 1991, pp. 226–236.

② William Becker, *The Dynamics of Business-Government Relations*, Chicago: Chicago University Press, 1982, pp. XIV, 180.

③ Emily S. Rosenberg, *Financial Missionaries to the World: The Politics and Culture of Dollar Diplomacy*, p. 93.

④ Corporatism 一词国内学者有的将之译为"组合主义""社团主义"以及"社会合作主义"。本文采取韩晓燕的译名，参见［美］霍根《组合主义与美国外交史研究》，韩晓燕译，《国外社会科学文摘》1991年5月，第22页；韩铁《现代资本主义经济机制比较研究刍议》，《世界历史》1990年第4期，第33—34页。

名的布莱克维尔政治学百科全书的说法，组合主义是"一种特殊的社会——政治过程，在这个过程中，数量有限的、代表种种功能性利益的垄断组织与国家机构就公共政策的产生进行讨价还价。为换取有利的政策，利益组织的领导人应允通过提供其成员的合作来实施政策"①。从组合主义的概念来看，组合主义假定了两个前提：一是，企业共同体的不同部门之间存在着社会的整合；二是，对于政府来说，政府内部存在着代替相互竞争的多元主义，寻求利益组织相互合作的观念。因此，组合主义这一术语突出强调的是介乎国家机构和公民社会之间的利益组织的作用。②

"组合主义"运用于美国社会的分析始于 20 世纪 60 年代。就结构而言，组合主义是这样一种制度，"这一制度建立在有组织的劳工、商业和农业等官方承认的功能性组织基础之上。在这种制度里，机构调整和协作机制使这些团体结合为一个有机整体，私人部门（Private Sector）和公共部门的精英相互合作，共同保证稳定和协调，这种合作产生一种相互渗透的形式和各团体所共享的权力"③。

20 世纪 70 年代中期开始，美国学者钱德勒（Chandler）、罗伯特·维贝（Robert Wiebe）和萨米尔·海（Samuel Hay）等人对美国大企业崛起以来的经济政治现象进行了组合主义视角的分析。"他们举起了组合主义的大旗，开始广泛讨论美国社会中日益形成的一个组织综合体

---

① 邓正来主编：《布莱克维尔政治学百科全书》，中国政法大学出版社 1992 年版，第 175 页。

② 组合主义可分为国家组合主义和自由组合主义两大类型。前者与二战前后发展起来的法西斯政权有着莫大的关联，其特征在于组合主义架构由国家强行施加，表现为国家组合主义。因此自第二次世界大战结束以来，组合主义并非一个褒义的概念，但是我们也应该看到国家组合主义仅仅是其中一个类型。学者们越来越认识到在多元民主的发达资本主义社会中，存在着政府、企业与非官方的功能性组织的"综合"模式，它们之间经常权力共享、相互依赖、相互合作，共同处理社会主要问题，尤其是在涉及国家的经济政策和外交政策方面。这种"综合"的模式被称为"自由组合主义"（Corporate Liberalism）。——笔者注

③ Ellis W. Hawley, "The Discovery and Study of a 'Corporate Liberalism'," *Business History Review*, Vol. 52（Autumn 1978）, pp. 309–320.

(*Organizational Synthesis*),寻求秩序和新社会史。"① 他们尤其关注美国社会中企业与政府的"共生关系"(Symbiotic Relationships)。一方面,企业需要国家来支持其理性化的行为,从而保证企业商品、服务和资金等要素能够自由流动,同时企业也需要国家资助企业研发并且通过教育投资来促进人力资源的开发;另一方面,政府需要企业的专业才能和专业知识,并且希望通过与私人部门的合作来增强其行动的合法性。由此,政府与企业在国内经济发展过程中形成一种"组合主义"的秩序。

19世纪末20世纪初,随着美国大企业的崛起,美国的经济实力和国际竞争力迅速增强。美国企业迅速向外扩张,与此同时美国政府的外交也开始经历巨大的转折,尤其是美西战争之后,美国外交开始跻身世界舞台,步入帝国主义时代。美国大企业海外扩张和美国外交的嬗变也使得美国外交政策的制定体现出"组合主义"的色彩。其实,在外交政策研究中运用组合主义的关键基于一个简单的看法。诚如著名外交史学家霍根所说的:"在美国领导人的世界观之中,他们不仅仅会考虑美国国内体制,或是仅仅考虑国际体制。相反,他们试图在20世纪创建一个可与本国国内的组合秩序相比拟的世界秩序。"② 换言之,美国领导人在制定外交政策时会倾向于将国内形成的"组合秩序"国际化。

作为一种综合分析框架,组合主义越来越多地受到美国外交史学者的吹捧。一个最为重要的体现就是自20世纪80年代以来,美国外交史学界越来越多学者运用"组合主义"视角来重新审视美国外交史研究。

从这些被美国著名外交史学家约翰·加迪斯(John Gaddis)称为组合主义"新学派"(New School)③ 的著作中,我们不难发现组合主

---

① Alfred Chandler and Louis Galambos, "The Development of Large-Scale Economy Organizations in Modern America," *Journal of Economic History* 30, 1 (March 1970), pp. 201 – 217; Robert Wiebe, *The Search for Order*, New York: Hill and Wang Press, 1967; Samuel Hays, *American Political History as Social Analysis*, Knoxville: University of Tennessee Press, 1980.
② [美]霍根:《组合主义与美国外交史研究》,韩晓燕译,《国外社会科学文摘》1991年5月,第22页。
③ John Gaddis, "The Corporatist Synthesis: A Skeptical View," *Diplomatic History*, Vol. 10, No. 4 (Fall—1986), pp. 357 – 358.

义分析框架研究美国外交史的学术旨趣与主要特征：

首先，组合主义"新学派"学者主要聚焦于考察美国 20 世纪 20 年代、40 年代和 50 年代美国的外交政策，尤其是两次世界大战期间的美国外交是这些史学家们从事学术研究的重点。如霍根在考察 20 世纪美国经济向世界扩张时便利用了组合主义的分析框架。霍根认为，美国领导人在 20 世纪努力寻求一个稳定的国际经济体，即在欧洲和国际体系内建立一个组合主义的政治经济体。"这是一个经济上有序、组织上相互融合的国家共同体"，在这个组合主义秩序中，"组合主义被历史学家用于理解现代自治功能性组织，并且与制度协调者、市场机制联系在一起，由公私精英合作引导，并且由有限但却又积极的政府权力予以培育"[①]。

当然也有将"组合主义"用于分析塔夫脱和伍罗德·威尔逊两位总统执政时期的外交政策的案例。如前文所述著名外交史家罗森堡在《向世界传播金融的福音》一书中，便将"组合主义"运用于分析美国官员、银行家和经济管理学界的专家三者之间的联合与瓦解的过程，"在政府与企业的联合方面，政府官员相信能够熔铸出创造性的方式来突破政府自身在财政和制度上的局限，达成重要的战略目标"。然而随着国内外形势的发展，"三者之间的合作不可避免地遇到制度性的障碍，并且商业内部存在着激烈的竞争也导致了三者互动关系的暂时解体"[②]。罗森堡对于"金元外交"中政企关系的互动与瓦解的深刻分析为"组合主义"外交研究视野扩大作出了重要贡献。

其次，组合主义"新学派"注重考察美国政府在组合主义秩序中所扮演的角色，这种角色十分重要但却受到限制。

一方面，对于美国这样一个"自由"的国度而言，很大程度上，

---

① Michael J. Hogan, "Revival and Reform: America's Twentieth Century Search for a New Economic Order Abroad," *Diplomatic History*, Vol. 8, No. 4 (Fall—1984), p. 287.

② Cynthia A. Hody, "Review," *The Business History Review*, Vol. 74, No. 3 (Autumn, 2000), pp. 506 – 509.

政府过度的干预无疑会削弱美国自由传统的神话；另一方面，在新的组合主义秩序中，政府又能够发挥着积极的作用。政府能够提供信息服务，保护合法组织和利益，政府能够提倡组合行动，采取反经济周期的稳定措施，同时政府能够在一个权利共享的组织体系中与来自非官方渠道的组织精英合作，通过这一体制来调解纠纷，消除恶性竞争，鼓励科学管理，培养开明的组织行为和自我约束能力。通过上述这些措施，政府能够与私人伙伴一起扩大生产效率，提高生活水准，从而避免重新分配固有资源引发的冲突，扩大绝对的经济蛋糕。①"金元外交"产生的重要背景是美国正从1907年金融危机中恢复过来，塔夫脱希望尽一切力量来推动美国的商业与贸易扩张，为一切"合法的、有利可图的企业"予以支持。因为塔夫脱和诺克斯都已经意识到，"1907年的金融危机是因为美国工业产品的国内市场已经暂时达到顶峰，为这些产品扩大国外市场将有助于阻止未来类似的危机"②。但美国政府任何官方的对外"支持"前提必须得到国会的批准，同时必须考虑政府在市场竞争中保持的"公平角色"。正是这些政府自身角色的局限，如民主党控制的国会一再搁置国务院与尼加拉瓜签订的贷款协议，塔夫脱、诺克斯才会选择华尔街私人投资银行作为实现美国外交利益的工具，同时也在为华尔街银行的扩张提供外交方面的"服务"，这样，美国政府能够实现公共利益与私人利益之间的结合与扩大，从而实现美国在世界上欠发达地区的整体战略目标。但美国实施"金元外交"的目标从来都不是支持所有的美国对外企业或银行的活动，而是与"负责任、有效率"的银行合作。塔夫脱总统1912年《国情咨文》中重申了"金元外交"理念，认为美国国务院"将给予一切合法的、有利可图企业予以恰当的支持"，正如助理国务卿 H. 威尔逊对于该原则的进一步的解释——

---

① Michael J. Hogan, "Revival and Reform: America's Twentieth Century Search for a New Economic Order Abroad," *Diplomatic History*, Vol. 8, No. 4 (Fall—1984), p. 296.
② Will Morrisey, *The Dilemma of Progressivism: How Roosevelt, Taft and Wilson Reshaped the American Regime of Self-Government*, Maryland: Rowman & Littlefield Publishers, Inc., 2009, p. 147.

"国务院最终保留给予支持程度的权利",这才是"金元外交"理论最为精确的表述。① 易言之,美国政府在组合主义秩序中的角色非常重要,但依然受到诸多限制。

其次,组合主义"新学派"注重考察非官方的、半自治性质的功能性团体在协调、控制外交政策过程中的积极作用,有时甚至是主导作用。对于美国的决策者而言,"政府控制贸易的措施或国家实行的自给自足政策及不加控制的国际竞争会给全球和平与稳定带来威胁,就像专制政府、阶级冲突和不加抑制地追求自身利益会给国内的自由资本主义与民主带来威胁"②。倘若让私人倡议发挥主导作用,便可大大增加非正式的议程,并且使其更少制度化、官方化的色彩,有利于取得国内选民的支持。这些私人倡议主要来源于非官方的、半自治性质的功能性团体。如理查德·沃金(Richard Werking)和威廉·贝克尔对于19世纪末20世纪初期美国商界巨头们努力建立起来的"准组合主义"机构的研究,最典型的代表是美国商会(American Commerce Chamber)。③ 此外还有霍根在《马歇尔计划》这本经典著作中所谈及的总统对外援助委员会、马歇尔计划委员会、公共咨询委员会和欧洲经济复兴署(ECA)等得到政府承认的半自治性质的功能性组织。④

上述这些机构能够保护他们在国内外的利益。他们揭示了功能性团体努力追求与公共决策者(尤其是国务院和商务部中的决策者)之间的联系,追求两类行为体之间的共识。功能性团体追求的目标是私人倡议的最大化和政府干预的最小化。这些非官方、半自治机构背后潜藏着的是美国对外政策的行动框架——公私合作、集体行动和技术管理的组

---

① Huntington Wilson, *The Peril of Hifalutin*, New York: Duffield and Company, 1918, pp. 249 – 250.
② [美]霍根:《组合主义与美国外交史研究》,韩晓燕译,《国外社会科学文摘》1991年5月,第23页。
③ Richard Werking, "Bureaucrats, Business, and Foreign Trade: The Origins of the United States Chamber of Commerce", *Business History Review*, Vol. 52 (Autumn 1978), pp. 321 – 341.
④ Michael J. Hogan, *The Marshall Plan: America, Britain and the Reconstruction of Western Europe*, 1947 – 1952, Cambridge: Cambridge University Press, 1987.

合主义理念。

华尔街投资银行作为私人投资机构，在"金元外交"的具体过程中被熔铸为实现政府外交利益的"有力工具"。华尔街私人银行参与美国对外借款事业，增加了贷款偿还和债务重组的"纯商业"性质，减少了美国政府发起财政外交攻势中的"官方"色彩和殖民主义的象征意义。因此，私人银行的倡议包括与欠发达国家政府间的贷款合同不会引发美国国内民众对美国政府建立更多"保护国"的抵制，这也有利于国内选民支持政府的外交政策。因此华尔街投资银行发行的贷款、债券成为美国政府"金元外交"的重要环节。即便如此，华尔街银行绝对不是纯粹的政府部门和组织机构，他们逐利的本性使得其对欠发达地区的贷款事业有自身企业利润与风险、投资与收益的多重考虑。因此，华尔街投资银行在具体谈判过程中的行为具有很大的选择性，也就是说，在明显的既得利益和潜在的发展前景的刺激下，华尔街银行会尽量争取谋求国务院对其贷款倡议的支持（包括武力大棒为后盾），一旦察觉到投资的风险及利润回报的不稳定性，华尔街投资银行也会对国务院要求其持续提供贷款的请求"置若罔闻"，因为它们不愿成为失败外交政策的牺牲品。华尔街投资银行在"金元外交"中虽然受到政府极大的影响，但自身的角色定位和利益追求也促使其在欠发达国家和地区的贷款谈判中继续向前，有如尼加拉瓜、中国东三省的贷款事业，华尔街银行家主动请缨，甚至"一往无前"。

再次，组合主义"新学派"强调发挥专家的管理才能和专业知识，树立科学原则的专业理念。组合主义联合的精英同时也是美国外交政策的主要决策者。组合主义实质上是每一个统治集团都贡献其精英及相应的专业知识，包括国家安全的负责人、跨国公司的经理和工会的负责人以及美国农业部的负责人。他们彼此之间的认同感超过了选民。政治问题在专家管理才能、专业知识和科学原则的指导之下，转化为"可操作的技术问题"，这就是所谓的"技术组合主义"（Techno-Corporatism）。如同20世纪20年代胡佛总统对于欧洲经济重建计划构想中将组合主义体制施加于国际经济体之上一样。"（胡佛）鼓励欧美银行家合作设计货币稳定计划，并且将一战后错综复杂的赔偿问题视为是一个技术问题——能够通过非政治性的商业专家的实际行动予以科学地解决。"① 这种"技术组合主义"在"金元外交"中财政顾问的角色与功能发挥上体现得尤为明显。以经济学家高兰、精琪等为代表的美国财政专家愿意接受政府的委任和银行家的联合，这样他们能试图将欠发达国家和地区财政体制"中立化"，即从原先的旧有体制中"分离出来"，实施财政专家指导下的运转与改革，从而将这些国家的财政困难和债务危机转化为"可操作的技术问题"，同时构想、实施了一整套美国式的、现代财政体系和货币体系，达成这些国家在财政上"自给自足"的目标。在此过程中，美国财政专家开出的"药方"在欠发达国家嵌入了美国的现代财政和金融理念，从而将欠发达国家和地区融入以美国为主导的国际经济体系一体化的进程，构筑美国在国际政治经济秩序中边缘地区的"财政和金融知识的霸权"。这样既有利于实现当地国的经济和政治稳定，同时也能为美国资本的顺利扩张创造条件。

最后，组合主义"新学派"核心是建立在"生产至上主义"（Productionalism）的基础之上的。"生产至上主义"是由美国外交史家查尔斯·梅尔（Charles Maier）提出的概念，其要旨是不提倡重新分配经济蛋糕，而是在保持现有分享彼此份额的同时不断扩大生产规模。因为若要可接受的利润水平，它只能依靠扩大海外市场来倾销其整体生产能力。这就需要在企业、劳工等功能性组织和政府等诸多要素综合起来，寻求一个"共识"与"秩序"，共同扩大美国在世界经济中的份额。② 组合主义不仅将增长视为自身权利的目标，而且也是社会和谐、私企生存以及政治民主延续的关键。"通过聚焦于增长，组合主义可能为不同

---

① Michael J. Hogan, "Revival and Reform: America's Twentieth Century Search for a New Economic Order Abroad," *Diplomatic History*, Vol. 8, No. 4 (Fall—1984), p. 298.
② Thomas J. McCormick, "Drift or Mastery? A Corporatist Synthesis for American Diplomatic History," *Reviews in American History*, Vol. 10, No. 4, pp. 326–327.

第五章　"金元外交"的特征及其对美国构筑国际金融权力的影响

的私有组织界定一个共同的政治和经济议程，从而拓宽合作领域，缩小竞争范围。同时通过增长，组合主义也有可能避免危险的社会分割，避免重新分配的激烈斗争以及由于经济僵化和紧缩引发的国家权力的过度膨胀。"①

在另一位外交史学者埃利斯·霍利（Ellis Hawley）撰写的《第一次世界大战与寻求世界秩序》中，战前美国的商业领域中已经产生了三种新的精英群体，他们分别是巨型投资银行的崛起、技术协调专家（包括职业经理人）和商业组织的成长。在进步主义时代"组织"与"职业化"的口号下，美国已经是一个围绕功能认同重组、权力转移至"组织"精英，并且不断走向理性的社会。②从其中不断崛起的投资银行来看，经过1893年、1907年的金融危机，华尔街巨型银行迫切要求缓和恶性竞争。1907年的金融危机中，华尔街金融力量被召唤至监督、调控经济的混乱状态，如摩根财团被称为是整个美国的拯救者。相应地，华尔街的巨型投资银行也成为国务院的合作伙伴，致力于稳定海外的动荡地区，即"金元外交"的重要运用。公共权力与私人组织都希望能缓和国内的激烈竞争，通过扩大海外市场来调节、增强其在国际资本输出领域的份额，以此实现自身利益的扩大和国家利益的实现。

综上所述，塔夫脱时期实施的"金元外交"过程中公共政策、私人资本与财政专家"科学进步"知识的互动结合体现了20世纪初美国经济社会领域的"组织革命"秩序向对外关系领域的拓展与延伸，是一种"组合主义"外交思维的生动案例。但是塔夫脱和诺克斯在欠发达国家和地区寻求机会过程中所形成的"组合秩序"并未经得起实践的考验，如前所述，中美洲、远东和西非的"金元外交"在寻求建立"美国式秩序"，传播金融福音过程中都未能实现稳定与秩序。正如著

---

① Michael J. Hogan, "Corporatism: A Positive Appraisal," *Diplomatic History*, Vol. 10, No. 4 (Fall 1986), pp. 363 – 372, 364.

② Ellis Hawley, *The Great War and the Search for a Modern Order*, New York: St. Martin's Press, 1979, pp. 6 – 7.

名外交史家沃尔特·拉斐伯（Walter Lafeber）所言："在某些情况下，塔夫脱和诺克斯与西奥多·罗斯福一样，他们甚至更倾向于革命而不是秩序……美国人更看重的是机会而不是秩序。"① 退一步说，"金元外交"实施中的"组合秩序"不仅没能实现原先设想的"秩序"，反而因为干涉财政及其他主权，引发民族主义情绪，在一定程度上酿成了动乱乃至革命，这也正是"金元外交"寻求秩序的悲剧所在。

第二节 "金元外交"对20世纪前期美国构筑金融帝国的奠基性作用

1912年，塔夫脱总统在最后一次国情咨文中宣称"美国的外交在于利用金元取代子弹"，并且宣布美国"将给予一切合法的、有利可图企业予以恰当的支持"。这是塔夫脱对于当时在国内已经备受争议的"金元外交"作出的一次公开辩护。由是观之，如果仅从美国政府保护本国公民和本国企业的海外贸易的视角来解读"金元外交"，这一做法并不新鲜，因为任何政府都会努力地保护其海外拓展的公民及其利益，但"金元外交"远非如此。塔夫脱"金元外交"继承了美国自殖民地时代以来形成的深厚的商业外交传统，同时包含了20世纪初期美国内政和外交领域业已形成的一系列制度设计和外交理念的更新，尤其是适应了大企业崛起以来美国对外经济和金融扩张的需要，具有较强的务实性和可操作性，对塔夫脱总统之后20世纪美国外交政策有较为深远的历史影响。因此，厘清"金元外交"与美国外交传统中"门户开放"和"门罗主义"政策之间承继关系，进而揭示"金元外交"在美国外交史演进中所起的作用，对于理解20世纪美国金融外交尤其是"美元

---

① ［美］孔华润主编：《剑桥美国对外关系史》（上卷），第505页。

霸权"的确立具有重要的意义。①

一 "金元外交"从国际金融领域联结了美国的"门罗主义"与"门户开放"政策

19世纪末20世纪初期，美国外交正处于一个巨大的转折时期。1898年，美西战争开启了美国对外关系的新阶段，美国战胜了西班牙，夺取了西班牙在西半球的殖民地古巴、波多黎各和位于远东地区的菲律宾，麦金莱总统时期的美国在欧洲列强占据优势的殖民势力范围打开了一个缺口，美国由大陆扩张进入帝国主义阶段。按照1912年国务院经济顾问佩伯（Pepper）的说法，"美西战争开启了美国世界性的眼界——美国已经是一个完完全全的世界性大国"②。与此相适应的是，美国的整体外交政策都在面临着调整与转型，不仅是国务院自身组织结构正在按照新时代的要求进行重组与职业化，其外交政策的理念也在发生着巨大变化。如果说美国大陆扩张时期的外交政策主线是"门罗主义"的话，那么到19世纪末20世纪初美国外交政策已经发生了大的调整，突出的表现就是远东地区海约翰于1899年、1900年两次"门户开放"照会的提出和西半球地区西奥多·罗斯福总统于1904年、1905年对"门罗主义"的引申。

从远东地区来看，海约翰的两次"门户开放照会"是在美国取得菲律宾作为远东地区政策立足点的前提下，针对欧洲列强（包括日本）尤其是英、法和俄国在中国建立"势力范围"的情况下，提出的外交政策。第一次"门户开放"照会追求的是"贸易机会的均等"，第二次"门户开放照会"要求的是"保证中国的行政和领土完整"，美国希望通过这一政策来维护外国在华贸易，希望维持中国对于"各国贸易"

---

① 英文的 Dollar Diplomacy 国内学术界一般均按约定俗成的做法将之译为"金元外交"，而非"美元外交"。但实际上，金元就是美元，如果以"美元外交"的视角来看，其对20世纪美国外交乃至国际关系的构建都非常重要。

② "U. S. Need Foreign Mart: American Interests Must Expand, Says C. M. Pepper," *The Washington Post*, December 16, 1912, p. 6.

尤其是美国贸易的开放。由于这两次照会都是以列强的承诺为保障的，因此，与其说海约翰提出的"门户开放"是一项政策，倒不如说它恰似一个抽象的概念与原则，它声明的仅仅是美国在华拥有的"权利"，并没有提出美国如何付诸实施这些"权利"。因此，在塔夫脱政府上台的前十年，"门户开放只是一个外交术语，并没有成为现实的政策，这当然是远远不够的"①。正如塔夫脱总统本人的评论，"除了通过口头的抗议和外交照外，如果美国不采取任何其他手段来维护其宣称的权利，那么美国也无法达成所愿"②。塔夫脱执政时期的"金元外交"要赋予"门户开放"原则以具体的、务实的内容。1912 年 12 月塔夫脱向国会报告说，他的对外政策是建立在现实的基础上的，"金元外交"鼓励财政投资，以便通过赞助中国的改革和促进国际合作来赋予"门户开放"政策以"新的活力并使之得到实际运用"③。

"金元外交"突破早期"门户开放"原则主要体现在以下几点：第一，从政策目标上看，"金元外交"将"门户开放"服务的目的从商品输出转移到资本输出，即从"贸易机会均沾"转向"投资机会均等"，体现出美国国内经济发展的新特征，即华尔街金融垄断资本主义取代自由放任资本主义的社会现实。第二，从实施策略上看，"金元外交"为"门户开放"政策增添了"现代化的色彩"。塔夫脱的对华政策具有观念上的大跃进，更多地强调的是一种"现代性"的设想。塔夫脱和诺克斯希望通过美国资本主导的国际银行团的方式，将铁路、币制改革转化为中国"现代化"的有利途径，而非国外殖民势力渗透的工具。通过"金元外交"的行动，"门户开放"政策变成了一种双重现代化的战

---

① 吴心伯：《金元外交与列强在中国：1909—1913》，第 149 页。
② James D. Richardson, *A Compilation of the Messages and Papers of the Presidents*: *William Howard Taft*, Vol. XXIII, Bureau of National Literature, pp. 7752 – 7753; Scott Nearing and Joseph Freeman, *Dollar Diplomacy*: *A Study in American Imperialism*, London: George Allen and Unwin Ltd., 1927, p. 43; "Taft Praises Knox: Tells of Secretary's Conduct of Foreign Affairs," *The Washington Post*, May 3, 1910, p. 1.
③ "Annual Message to the Senate and House of Representatives," *FRUS*, 1912, p. XI.

略。一方面，它旨在改革中国，促使中国"现代化"，形成吸纳美国剩余产品的巨大海外市场；另一方面，它努力熔铸美国主导的"国际利益共同体"，用列强间的合作来取代欧洲列强主导的"条约口岸体系"。① 这样能改变鸦片战争以来形成的欧洲列强尤其是英国主导下的游戏规则，增强美国在华的影响力，尤其是在财政事务和投资机会上的话语权。第三，"金元外交"反对特殊利益和势力范围，并且作出了积极维护中国的领土与行政完整的姿态。H. 威尔逊宣称："诺克斯的外交（指对华金元外交）仅仅以美国承担小部分没有危险的责任就离间了强有力的伙伴，这不仅使美国处于有尊严的公平地位，而且还攫取了在华更大范围内的领导权。"② 总之，"金元外交"步步行动皆是在维护"门户开放"原则的口号下做出的，其积极介入的姿态彻底改变了早期"门户开放"的消极被动局面，并且在实践中丰富了"门户开放"的时代内容，再次激活了"门户开放"的政策。

从西半球来看，20世纪初期美国已经通过美西战争打开了西班牙在拉美加勒比地区势力范围的缺口，取得了古巴、波多黎各等立足点，并且取得了修建中美洲地峡运河的权利，美国在中美洲地区的地缘政治利益变得异常重要起来。与此同时，海上霸主英国以及新崛起的德国对这一地区的势力扩张也在增强，这对长期以来美国推行的"门罗主义"构成了挑战。1902年委内瑞拉的债务危机中，英、德、意等欧洲国家都派出战舰来封锁委内瑞拉港口，实施武装"索债"，"门罗主义"面临着威信丧失的危险，1903年1月美国派出海军上将乔治·杜威率领的庞大舰队，2月，英国、德国签署协议，撤销封锁。为了防止欧洲国家进一步干涉，1904年，就在多米尼加共和国陷入国家破产和债务危机之际，西奥多·罗斯福总统提出一种预防性干预的理论，后来被称为

---

① "U. S. Need Foreign Mart: American Interests Must Expand, Says C. M. Pepper," *The Washington Post*, December 16, 1912, p. 6; Frank Ninkovich, *The United States and Imperialism*, pp. 168–170. 当然，塔夫脱的"现代化设想"并没有成功，清王朝反而在"被现代化"的过程中土崩瓦解。——笔者注

② Huntington Wilson, *The Peril of Hifalutin*, pp. 268–270.

"门罗主义"的"罗斯福推论"(Roosevelt Corollary)。1904年12月的演讲中,西奥多·罗斯福宣布"也许在美洲,正如在其他地方一样,如果由于不断的混乱,或由于无能导致一种全面脱离文明社会的联系时,最后就必须由某个文明国家加以干涉。如果,在西半球,这类混乱或无能的情况特别严重,奉行门罗主义的美国,只好勉为其难,不得已而行使国际警察的权力"①。在1905年的年度咨文中他又提道:"对这个国家(美国)和这个国家的人民的错误行动经常是可能的,一些国家不能在他们的人民中维持秩序,不能确保对它友好的外国人的公正和不愿意公正地对待他们,可能招致维护我们权利的必须的行动;但这种行动不能用领土扩张的眼光来看待,它只能用极端的不情愿态度和其他各种措施用尽以后才能采取。"② 这些言论构成了"罗斯福推论"的核心内容,其实质在于,美国尽管"非常不情愿",但是如果某个拉美国家"不能维持自己的秩序",或者损害美国在该国的利益,甚至是疏远与美国的关系,都可能招致美国的干预,而且这种干预不能被看作侵略和扩张。正如著名外交史家珀金斯(Perkins)所说推论使门罗主义"由美国保护拉丁美洲转变为由美国公正神圣地干预和控制这个大陆独立共和国的事务"③。

"罗斯福推论"还具体化了美国干预与控制拉美的过程:一方面,禁止欧洲为迫使拉美国家还债或履行国际义务而进行的暂时干涉,因为这有可能变为长期占领;另一方面,由美国出面控制拉美国家的海关,美国作出一些安排,从而偿还其合理的债务。④ 这实际上划分了美国的

---

① Paul R. Viotti, *American Foreign Policy and National Security: A Documentary Record*, New Jersey: Pearson Prentice Hall, 2005, pp. 157 – 159;罗荣渠:《美洲史论》,中国社会科学出版社1997年版,第74—103页。

② Michael D. Gambone, *Documents of American Diplomacy: From the American Revolution to the Present*, Westport: Greenwood Press, 2002, pp. 137 – 138.

③ Dexter Perkins, *The Monroe Doctrine, 1867 – 1907*, Baltimore: The Johns Hopkins Press, 1937, pp. 426 – 437.

④ Michael D. Gambone, *Documents of American Diplomacy: From the American Revolution to the Present*, p. 138;黄安年:《二十世纪美国史》,河北人民出版社1989年版,第24—26页。

利益范围，门罗主义由"美洲人的美洲"变成了"美国人的美洲"，美国对多米尼加的关税监管和财政干预实际上已经将之变成了美国的"财政附庸国"。

塔夫脱上任后尼加拉瓜和洪都拉斯同样面临债务破产和欧洲干涉的威胁。塔夫脱和诺克斯继承了"罗斯福推论"的具体做法，认为罗斯福接管多米尼加海关的做法治愈了中美洲一个世纪以来债务循环和国家破产的顽疾，"多米尼加的做法是如此的杰出，这是最有可能保障尼加拉瓜、洪都拉斯取得良好效果的途径"，这个途径就是助其自助的"金元外交"。诺克斯则宣布"在门罗主义的框架内，最为沉重、最切实际的责任现在要依靠美国，我们应该对某些拉美邻国走向善治进步作出积极回应，通过帮助他们调整合理的债务……这是捍卫门罗主义作为我们国家信仰宗旨的要求"[①]。因此，塔夫脱总统的"金元外交"不仅延续了"罗斯福推论"对多米尼加的关税监管和财政干预措施，还将之向墨西哥、中美洲、南美、西非和远东地区扩张，由此门罗主义的"罗斯福推论"在多米尼加的实验变成了塔夫脱履行美国作为世界大国责任、构建美国式国际政治经济秩序的整体性外交政策的样板。但塔夫脱认为其外交政策是用"金元"取代"子弹"，美国不应赤裸裸地用武力担当西半球的"国际警察"，而应利用和平的"金元"来改革、塑造欠发达国家和地区的财政和经济秩序，从而抗衡欧洲的索债要求和殖民威胁。[②] 更为深远的意义还在于，塔夫脱希望通过"金元外交"，以"美元"为外交手段，强化美国政府推动华尔街投资银行对外金融扩张的

---

① "Address of the Honorable Philander C. Knox before the New York State Bar Association," *FRUS*, 1912, pp. 1088 – 1092.

② 当然，"金元"取代"子弹"，并不等于不用子弹，美国在西半球是一个政治、经济和军事大国，如有需要，塔夫脱和诺克斯并不拒绝武装干涉或武力威胁，实际上，"金元外交"的核心理念中"一切恰当的支持"已经包含了一个逻辑的演绎，即为了金元，最终可用子弹来推行。换言之，塔夫脱"金元外交"理论的逻辑本身就充满了悖论。参见 Walter V. Scholes and Marie V. Scholes, *The Foreign Policies of the Taft Administration*, p. 36; Alfred L. P. Dennis, "The Economics of Diplomacy," *The North American Review*, Vol. CCXII, No. 828 (Sep. 1, 1925), p. 92。

努力，同时利用财政专家实施财政改革和推广以美元为核心的美国式金本位制度，最终逐步树立和增强美国在国际财政和金融领域的主导权。由此，塔夫脱"金元外交"将门罗主义及"罗斯福推论"实施策略拓展到"金融资本"领域。易言之，"金元外交"是一种"金融财政上的门罗主义"。因此，"金元外交"不仅将"门罗主义"及其推论的运用范围大幅度扩大，并且还发展了具有美国金融垄断资本阶段资本输出特征的"现代外交"手段。

因此，塔夫脱的"金元外交"在远东地区发展和实践了"门户开放"政策，并且将之向非洲扩展，在远东西非（包括近东的土耳其）建立向美国资本保持开放的门户。与此同时，在西半球，"金元外交"也成为推广"门罗主义"空间范围和更新"门罗主义"时代特征的外交政策。由此，"金元外交"成为沟通了"门罗主义"和"门户开放"这两项 20 世纪美国外交基本战略的联结点，也代表了塔夫脱总统强调的"抛弃过去陈腐信条……具有更为广阔和现代视野，能够展示一个伟大国家宏伟理想"的成功外交政策。[①] 这是"金元外交"在实施过程及其取得成就的重要意义所在。

此外，如果回到"金元外交"的核心理念，我们还可以看到其对于美国外交政策探索的意义。如前所述，塔夫脱、诺克斯和 H. 威尔逊等金元外交家将"金元外交"凝炼为一个简单的内容：美国国务院将给予一切合法的、有利可图的企业予以一切恰当的支持。实质上，这是在回答美国崛起于世界舞台过程中政府外交政策如何与本国公民的对外投资行为之间的互动关系问题。政府的功能自然而然应当引导对外投资，美国国内投资的价值取决于国内法，而对外投资的价值最终取决于美国的外交，取决于美国外交政策的指导。但从"金元外交"的实践层面看，显然并不是所有合法、有利可图的企业都是其服务对象，按照 H. 威尔逊的解释，"一切恰当的支持"意味着政府拥有最终的权威，

---

① "Annual Message on Our Foreign Relations," in David H. Burton, *The Collected Works of William Howard Taft*, Vol. Ⅳ, p. 311.

在全球的布局上看，这就意味着国务院"可以有所为有所不为"①。换言之，美国政府应根据投资的重要程度及投资对象所处的地缘政治关系确定支持与否以及支持程度，这才是政府恰如其分地保护公民投资的责任。显然，经济利益对于决策者思考美国海外利益的方式及实现外交目标的途径有着重要的影响。威廉·麦金莱总统已经意识到了美国在世界舞台上不断增长的对外投资和经济权力，西奥多·罗斯福构筑美国世界角色通过的是政治与战略，尽管经济力量是其权力的重要部分。作为一名经验丰富的外交领袖，塔夫脱将西奥多·罗斯福眼中美国作为一个世界大国不断增长的责任与麦金莱推动美国商业扩张的目标结合了起来，并且希望通过美国财政的力量去塑造美国作为世界大国的责任。②

因此，"一切恰当的支持"意味着一方面美国政府会积极推动对外贸易，促进美国的投资；另一方面，美国对外投资也会被用于达成更为广泛的政治和安全的整体目标，这才是"金元外交"的精髓所在，这也体现"金元外交"的战略眼光。也正是如此，"金元外交"成为塔夫脱时期涉及亚非拉地区的整体性的、标杆性的外交政策，在美国外交政策史上留下了其特殊个人的烙印。当然，塔夫脱的"金元外交"并没有取得其所宣称的成功。因为从整体情况而言，虽然美国政治家拥有世界大国的意识，但显然美国人民还没有展现出担当世界大国的意愿，更没有足够的经验来娴熟地处理美国作为一个世界大国的责任，这也是"金元外交"失败的根本原因所在。

二 塔夫脱"金元外交"对 20 世纪美国国际金融外交产生的影响

"金元外交"尽管在塔夫脱执政时期的对外行动效果上没有取得预期的目的，但是由于"金元外交"本身洞悉了 20 世纪初大企业崛起以来政府政治与对外经济扩张之间的关系，具有的时代性、务实性和可操

---

① Huntington Wilson, *The Peril of Hifalutin*, pp. 242–262.
② Donald F. Anderson, *William Howard Taft: A Conservative's Conception of the Presidency*, p. 288.

作性，体现了一种长远的战略眼光，对 20 世纪美国外交政策的制定和实施具有重要的影响。①

第一，"金元外交"的政策宗旨及行动逻辑成为塔夫脱之后多届政府制订外交政策时的重要理论来源。

如前所述，"金元外交"的实施对象大都为欠发达国家和地区的贫弱政府，本身经常陷于财政困难和循环外债，美国政府外交政策的宗旨是要"助其自助"，通过"美元"来对这些国家和地区的政府进行援助，从而稳定当地的政治经济秩序，达到美国与当地国"双赢"的目的。这一行动逻辑具有战略眼光。② 因此，尽管 1913 年 4 月伍罗德·威尔逊总统公开表示"不支持"美国银行团的"金元外交"，但其原因恰恰是美国没有主导权，与此同时塔夫脱政府在西非、中美洲地区的"金元外交"事业并没有中断。随着威尔逊政府外交政策的逐步开展，威尔逊反而在拉美和远东更大范围、更大程度上推行了"金元外交"。③ 美国在墨西哥、尼加拉瓜、洪都拉斯等拉美国家"金元外交"的政策推行得更为赤裸裸。第一次世界大战的爆发暂停了威尔逊的"金元外交"活动。一战后，美国对西半球的控制性贷款逐渐增多。在远东地区，1920 年在威尔逊总统的倡议下，华尔街近 40 家银行组成的美国新银行团与英、法、日组成了"新四国银行团"，美国利用发起人的地位，掌握了新银行团的领导权。④ 因此，尽管不再打出"金元外交"的口号，尽管"金元外交"日渐从紧，但是威尔逊政府依然延续塔夫脱时期对欠发达国家和地区的"金元外交"政策。

一战后，美国是作为战胜国出现在国际舞台的，战争的结果是欧洲

---

① "Declare Dollar Diplomacy Good: All Right if Economics and Politics Are Unmixed," *The Washington Post*, August 11, 1921, p. 10.

② "No Big Stick In Commerce," *The Washington Post*, March 21, 1913, p. 1; "Dollar Diplomacy," *The Washington Post*, June 27, 1911, p. 6; "Adopts Dollar Diplomacy: Department of Agriculture to Show Farmers How to Earn Money," *The Washington Post*, May 4, 1913, p. FF3.

③ "Dollar Diplomacy," *The Washington Post*, July 27, 1916, p. 4; "The Nicaraguan Loan," *The Washington Post*, October 5, 1913, p. ES4.

④ "Dollar Diplomacy," *The Washington Post*, May 9, 1920, p. 26.

实力尤其是财政和金融实力大为下降,美国实力上升债权国。由于美国雄厚的资本和整个欧洲需要金融重建,美国又将"金元外交"推广到欧洲,通过"道威斯计划""杨格计划",实现"金元"缔造的欧洲和平。① 摩根财团还出资 1 亿美元与美联储(Federal Reserve Bank of New York)合作帮助恢复英国的金本位制度。② 两次世界大战之间的资本转移实际就是"金元外交"向饱受战后摧残的欧洲地区的拓展,并且美国资本转向欧洲基本上是建设性的。当然,拉美地区依然是"金元外交"的实施重点。1921—1924 年,美国摩根财团的领导人托马斯·拉蒙特(Thomas W. Lamont)与休斯国务卿(Charles Evans Hughes)分别代表的华尔街财阀与外交家,密切配合,共同维持美国在墨西哥经济和金融领域的优势地位。③ 1924 年到 1928 年间,美国的财政顾问凯默勒奉命出使拉美十二国,帮助推动金本位制度改革,并向东欧的波兰、远东的中国进发,推广美国的金融财政制度,"金元外交"再次甚嚣尘上。④ 当然随着 1929—1933 年经济大萧条的到来,美国华尔街资本受到重大挫折,已经无力向外进行大规模的资本输出,随着经济局势的恶化和反美主义的兴起,"金元外交"陷入内外交困的境地。因此,"金

---

① Robert T. Small, "Men and Matters," *The Washington Post*, May 3, 1920, p. 6; "Dollar Diplomacy Urged As Panacea By J. H. Hammond," *The Washington Post*, October 31, 1923, p. 11.

② Alfred L. P. Dennis, "The Economics of Diplomacy," *The North American Review*, Vol. CCXXII, No. 828 (Sep. 1, 1925), pp. 100 – 101.

③ 在墨西哥之类的欠发达地区,"金元"与"外交"确确实实是相互依赖的,其推动因素包括三个方面:一是银行家的目标与国家利益契合,并且能够降低双方间摩擦的可能性;二是银行家意识到他们的商业行动如果没有保护其客户利益将会遭受损失,三是美国政府越发增强与欧洲的竞争和资本的投入,拉美市场就越发具有吸引力。因此,银行家必须依赖国务院,而国务院也得依赖银行家,然而在 1921—1924 年的墨西哥案例中,"金元"与"外交"在达成短期目标上看获得了强大的影响,但从长期来看却是短视的行为。参见 N. Stephon Kane, "Bankers and Diplomats: The Diplomacy of the Dollar in Mexico, 1921 – 1924," *Business History Review*, Vol. XLVII (Autumn 1973), pp. 335 – 336; "Dollar Diplomacy?" *The Washington Post*, August 30, 1913, p. 4。

④ "U. S. Nicaraguan Policy Called War by Wheeler," *The Washington Post*, March 7, 1927, p. 9; Nicholas P. Gregory, "Experts to Meet Here On Trade Plans: Conference Nov. 15 To Discuss Problem of Latin America," *The Washington Post*, November 5, 1927, p. B6.

元外交"到20世纪20年代末期便衰退下来。"金元外交最主要的教训在于金元孤掌难鸣,它必须伴随着大规模的军事和政治承诺。"① 而受美国孤立主义的影响,这恰恰是美国政府不愿做出的承诺。

二战后,国际格局进入了美苏两极的冷战对峙时期。在苏美的全球扩张之下,美国在欠发达国家和地区的政策又找到了让"金元外交"复苏的行动逻辑。换言之,"金元外交"并未消失。作为一种在海外扩大美国的利益和影响的政策,它已经成为美国外交政策的重要内容被后续政府延续了下来,并且不断推陈出新以适应"冷战的需要"。尤其是在"遏制战略"之下,美国与苏联在第三世界地区进行着强烈的较量,甚至发生赤裸裸的"热战"。第三世界大都是欠发达国家和地区,其经济社会发展和政治稳定需要外部资金、技术的支持,尤其是苏联在第三世界的扩张,引发了美国的强烈担忧,美国需要通过美元增加对第三世界国家的发展援助,稳定当地的秩序,从而增强对苏联共产主义的"遏制"效果,尤其是在美国的后院拉美地区。实际上,"'金元外交'预见到了美国二战后的外交政策——帮助欠发达国家建立稳定的政府,并且将他们融入20世纪。塔夫脱和诺克斯选择私人资本作为他们外交的工具,而杜鲁门总统则以国家资本取而代之。基于保护美国在海外利益的立场,二者具有相通之处"②。因此,冷战以来美国对拉美的经济援助被视为"金元外交"的"冷战版本"。因为,"从很大程度上说,(美国)的对外援助是利用财政力量来提升美国在拉美地区外交目标的外交策略,这是一种新的金元外交战略"③。在同一个行动的逻辑之下,艾森豪威尔

---

① Herbert Feis, *The Diplomacy of the Dollar: First Era*, 1919 – 1932, New York: W. W. Norton & – Company, 1950, pp. 73 – 74.

② 1947年莫斯科《真理报》发表社论,认为美国为了遏制苏联,已经摒弃了睦邻政策,恢复到"金元外交"。参见 "U. S. Accused of Using Dollar Diplomacy," *The Washington Post*, May 18, 1947, p. M5; Walter V. Scholes and Marie V. Scholes, *The Foreign Policies of the Taft Administration*, p. 105; Sumner Welles, "Our Economic Policy: Is Dollar Diplomacy Being Revived?" *The Washington Post*, November 6, 1946, p. 9; "Help and Self-Help," *The Washington Post*, June 24, 1947, p. 12.

③ Francis Adams, *Dollar Diplomacy: United States Economic Assistance to Latin America*, pp. 1 – 2.

美洲间政策被视为"新金元外交",因为艾森豪威尔政府决定向欠发达地区提供援助并不意味着它放弃了将私人资本作为开发拉美中的主要作用,相反,其目的在于在拉美地区培育更多自给自足的经济体,从而吸纳美国的资本和消费品,而非美国的援助。① 这是一种塔夫脱政府对拉美"金元外交"政策的"冷战升级版",不同的是塔夫脱面对的是欧洲英德法债权国的干涉压力,而艾森豪威尔面对的则是苏联咄咄逼人的扩张势头。20世纪60年代约翰·F. 肯尼迪总统着力推行的"争取进步联盟"（Alliance for Progress）视为"一个现代的、不成功的、正式的美国金元外交政策的衍生"②。相应地,"金元外交"还包括副总统理查德·尼克松基于"美元赠礼"的对外政策。③ 另外,从非政府组织的角度看,冷战期间拥有大量美国的非政府组织从事的"金元外交"活动,如美国著名的洛克菲勒基金在拉美的活动,这是"美国在拉美'金元外交'和睦邻政策的新的发展,因为他们的使命都是改善拉美地区生活质量,提高生活水平"④。20世纪70年代中期,美国主导的世界银行与菲律宾马科斯独裁政权关系甚密,仅1974—1978年,世界银行及国际开发组织就给予菲律宾总计13亿美元的贷款,世界银行在菲律宾经济发展起着主要作用,这被视为美国在冷战时期向东南亚地区推行的"新金元外交"。⑤

降至冷战后,面对着发展中国家经济政治力量的崛起,"金元外交"也找到了用武之地。如1988—1994年间,美国对拉丁美洲的政策被视为是"新金元外交",其核心内容从反对共产主义转向基于华盛顿共识的新自由主义政策,这项政策强调拉美各国的民主化（政治稳定）、利用国际

---

① Humberto Mattew Loayza, *Dollar Diplomacy with a New Look*: *President Eisenhower's Inter-American Policies*, 1953 – 1961, Thesis (Ph. D.), West Lafayette: Perdue University, 1999, p. VIII.

② Barbara A. Tenenbaum, Georgette M. Dorn, *Encyclopedia of Latin American History and Culture*, Vol. 2, New York: Charles Scribner's Sons Reference Books, 1978, p. 833.

③ Rose McKee, "Ellender Cities Futility of Dollar Diplomacy," *The Washington Post*, May 18, 1958, p. A7.

④ Margaret M. Carroll, *The Rockefeller Corollary*: *The Impact of Philanthropy and Globalization*, Thesis (Ph. D), Los Angeles: UCLA, 1999, p. 338.

⑤ Walden F. Bello, "Marcos and The World Bank: The New Dollar Diplomacy," *The Nation*, November 20, 1976, pp. 522 – 525.

货币基金组织和世界银行将贸易与金融政策挂钩，促进拉美地区私有化，便利于国际资本流动，从而构建一个以美国领导的倾向于商业倡议的西半球，冷战的结束为美国重新转向以商业与金融政策目标打开了大门，这实际更有效地达成了20世纪初期塔夫脱政府美国对拉丁美洲的发展设想。① 克林顿上台伊始对推动美国对外贸易和开展经济外交的努力被视为"金元外交的新发展"，因为"冷战后的美国国内驱动和国际现实的集中使得美国迫切需要一种新版本的、更为微妙的'金元外交'"②——在巨大的新兴市场推动美国政治与经济目标的实现。由此看来，"金元外交"已经成为美国对外政策的重要内容被塔夫脱之后的大多数政府所沿袭并且不断有新的内容呈现在世人的面前。因此"金元外交"成为20世纪以来美国对外决策尤其是利用美元武器和财政力量对发展中国家实施援助，从而使之纳入以美国为首的资本主义体系，进而达成美国的政治、经济和安全目标的一项"大战略"。现在美国的经济力量（主要包括对外投资、发展援助和无偿援助）不仅用于增加美国的对外贸易，同时也用于稳定对美国拥有好感的外国政府的局势，这是最常规不过的美国外交政策了。③

第二，"金元外交"体现出的"组合主义"决策模式成为20世纪美国追求国际金融权力的重要参考。

如前所述，塔夫脱"金元外交"熔铸了"组合主义"外交模式，专业化管理的理念已经盛行于美国对欠发达国家和地区的政策之中。政府官员、银行家和专家顾问将"控制性贷款"作为扩大美国在利益攸关且不稳定地区最为有力的外交工具。到20世纪20年代，凭借美国日益雄厚的资本和世界各地对引入资本以及对稳定秩序的需求，美国的决

---

① David Sheinin, "The New Dollar Diplomacy in Latin America," *American Studies International*, Vol. 37, No. 3 (October 1999), pp. 81–98.
② John Stremlau, "Clinton's Dollar Diplomacy," *Foreign Policy*, No. 97 (Winter, 1994–1995), pp. 18–35.
③ Will Morrisey, *The Dilemma of Progressivism: How Roosevelt, Taft and Wilson Reshaped the American Regime of Self-Government*, Maryland: Rowman & Littlefield Publishers, Inc., 2009, p. 147.

策者依然利用相同的人员、制度和管理经验向其他地区扩展美国的财政影响，努力促成"金元"缔造的国际政治经济秩序。二战后，"金元外交"的组合模式进一步发展。一方面，是美国国务院将对欠发达地区的发展援助制度化，1961年美国国会制定了"美国对外援助法"（FAA），批准成立了"美国国际开发署"（USAID），专门负责利用"美元"（金元）实施欠发达地区的外交行动。另一方面，财政专家作为专业化程度极高的力量，其管理经验越来越受到国际的关注。为了解决国际金融和货币的稳定问题，强化美国在国际货币和金融领域的主导权，二战中美国在其他国家协助下，建立了国际货币基金组织（IMF）和世界银行（World Bank），这些多边机构尽管标榜"中立性"和"专业化"，但是它们的总部都在美国，受美国最终否决权的左右。它们共同构成了以"美元"为核心的布雷顿森林体系，这些"财政专家"代表了作为科学的、专业化管理力量的国际化和制度化发展。[1] 在这些多边国际性金融组织中，美元和美国的财政专家产生的影响是决定性的。[2] 因此，美国通过国际货币基金组织、世界银行等多边金融机构，缔造、维持了"美元"（金元）的霸权，使美国成为二战后国际金融领域无可争议的霸主。

综上所述，塔夫脱时期的"金元外交"在具体实施上存在着不同的类型，但在实施对象、实施过程和实施结果上也有相通之处，尤其是其体现的由国务院制定的公共政策、华尔街私人资本和美国财政专家贡献的专业知识三者之间的互动组合，代表了20世纪初期美国国内组合主义秩序向对外关系领域的拓展。"金元外交"继承了美国早期外交深厚的"商业外交传统"，增添了华尔街金融资本崛起于国际舞台的金融力量和财政专家在推广"金本位制度"中取得的经验。塔夫脱政府在

---

[1] Paul W. Drake, *Money Doctors, Foreign Debts, and Economic Reforms in Latin America from the 1890s to the present*, pp. 147 – 159.

[2] Carlos Marichal, "The Finances of Hegemony in Latin America: Debt Negotiations and the Role of the U. S. Government, 1945 – 2005", in Fred Rosen, edit., *Empire and Dissent: The United States and Latin America*, Durham: Duke University Press, 2008, pp. 92 – 96.

对外关系中运用"金元",同时也为"金元"服务,由此力求"拓展对于一切合法、有利可图企业一切恰当的支持"。"金元外交"不仅在远东和西半球分别发展了"门户开放"和"门罗主义",还沟通、联结这两项20世纪美国外交的基本政策,整合为一项更深层次、更广层面的"现代外交",适应了20世纪商业往来的时代要求,具有一定的可操作性、务实性,对20世纪塔夫脱之后美国外交政策的演进深有影响。总之,塔夫脱的"金元外交"利用欠发达国家和地区债务危机、财政困难,构筑了华盛顿政府机构、华尔街私人银行、美国财政专家三者的"组合秩序",成为20世纪美国在国际金融和对外财政领域不断抵制、超越欧洲霸权,进而构筑美国国际金融霸权一系列行动和政策的起点。

结　　论

　　20世纪初是欧洲资本向亚非拉殖民地、半殖民地等欠发达地区大规模输出的时期。欧洲列强大量的资本输出再加上其所施加的帝国主义式的殖民控制，在很大程度上诱发了欠发达地区许多国家产生财政拖欠，形成债务危机，进而为武装干涉和殖民占领等传统的帝国主义行径提供了赤裸裸的借口。美国的"金元外交"正是在这种国际背景下孕育出来的一项试图区别于旧欧洲的，并且与转型时期美国对外商业扩张紧密联系的"新外交"政策，它标榜在欠发达地区推行美国外交时要以金元取代子弹，以美国拥有的雄厚美元资本取代传统殖民主义的坚船利炮，缓解当地国的财政困难，维护当地社会稳定，从而实现双方的共同利益。"金元外交"的倡导者和推行者们认为这项政策既充满了理性主义的精神，又有利于增强美国贸易的现实主义目的。因此，这是一种充满"科学原则"和"道义情感"的美国式外交。

　　当然，通过考究塔夫脱时期"金元外交"政策形成的渊源、实施的阶段以及影响，我们不难发现，"金元外交"政策不仅仅是针对欧洲资本输出引发欠发达地区债务拖欠及由此而生的殖民危机的应急之策。实际上，"金元外交"起源于美国外交史中"商业外交"的深厚历史传统，即长期以来强调政府应对海外商业拓殖的公民和企业实施保护，同时又对19世纪末20世纪初期华尔街投资银行在美国整体对外扩张中的作用进行了积极的回应，此外还吸纳了当时美国社会专业化后的、具有"专业金融知识"的财政顾问力量，这三者共同构成了进步主义时代美国对外财政和金融扩张的"三驾马车组合"。这是美国从"商业共和国"向"公司帝国"的历史嬗变在外交政策领域的投射，也是美国从商品输出向资本输出过渡过程中对新外交呼唤的有力回应。

如果聚焦金融外交的核心议题，我们可以发现，美国政府在欠发达国家和地区发生债务危机时推行"金元外交"的过程中，形成了一种多样化的债务治理机制。第一种类型的典型表现就是美国利用其影响来进行重组财政的工作，如在中国进行的币制借款和财政改革外交。第二种类型就是美国安排"控制性的贷款"，债务国承诺让美国或者美国指定的代理人控制海关关税，实施海关破产管理，如尼加拉瓜和利比里亚。第三种类型就是美国利用军事力量来避免这些国家的不稳定，防止政府陷入债务违约，如古巴（1912年）、尼加拉瓜（1912年）等。换言之，美国利用门罗主义推论的"国际警察"原则来保障美国私人银行家的利益，同时抵御欧洲借机的干预。美国国务院与华尔街私人银行家、财政专家发挥各自优势，共同"治理"欠发达地区债务拖欠问题，逐步建立、争取和维护美国在这些地区的财政霸权。①

对于"金元外交"的设计者和执行者而言，"金元外交"是一个普世性的政策，然而因为国情的不同和美国影响范围的大小，在亚非拉各国推行"金元外交"的效果也都不一样，也呈现出了多样化的格局，美国支配者有之，主导者有之，美国不得不退出的情况亦有之。但总体说来，华盛顿的公共政策、华尔街的私人资本与财政专家的专业知识都在其间起着密切的互动作用，呈现一种"组合"的态势。"金元外交"希望向欠发达国家和地区推行美国式的货币和财政制度，培育融入美国体系的当地社会精英，从而建立有利于美国的、合理的国际政治经济秩序。

---

① W. Mark C. Weidemaier, "Contracting for State Intervention: The Origins of Sovereign Debt Arbitaration," *Law and Contemporary Problems*, Fall, 2010, Vol. 73, pp. 344 – 349.

当然，这种"组合"秩序也有内在的缺陷。① 从政府的视角来看，"金元外交"绝不仅是为了促进私人投资银行的利益，相反，政府想利用私人投资银行的资本作为其外交决策的工具和筹码，从而推动更大范围内美国政治和经济目标的实现。而对私人投资银行来说，资本追逐利益最大化的本质使得华尔街会千方百计地追逐企业自身的利益，如果能在此过程中获得政府的支持，拥有"爱国主义"的光环，这固然是上上之选，但华尔街也明白自己亦有可能成为政府间政治角逐的牺牲品，从而使其在海外的扩张充满风险，因此在"金元外交"的不同阶段看到的是并不都是二者的"亲密联姻"，也不乏互相牵制，互相扯皮之乱象。这也证明公私之间界限逐渐模糊所带来的负面效应的确可能导致双方都在国际政治经济的追逐中"迷失"自身。因此，这种"组合"模式实践起来很容易因为种种因素制约而瓦解。故而从塔夫脱时期"金元外交"的成效来看，无论是在后院的尼加拉瓜，还是在西非的利比里亚，乃至在远东的中国，其政策实施在短期内看并不成功，以经济手段解决财政问题，进而达成长期政治和社会稳定的目标并没有实现，对象国并没有根本上从财政危机中解脱，反而陷入不断的债务循环之中。这也充分证明要实现从欠发达向发达的转变，单靠"美元"（美国资本的注入）是何等艰难，"金元外交"暂时是以失败告终的，之后也因等同于"商店主外交"而被抨击。然而，"金元外交"的核心原则却被后来的美国外交官们一再延续，因此对于"金元外交"的理解还需走向深入。

实际上，"金元外交"不仅在欠发达国家和地区推广和传播着美国"进步主义"时代的"财政福音"理念，同时也是美国对上述这些国家和地区进行"帝国控制"的手段。就前者而言，美国意图推广国内的财政制度，因为这些代表"科学与进步"，后者是因为"金元外交"大

---

① 按照拉夫伯的说法，"金元外交"是19世纪末20世纪初期美国日益强大的民族国家与第二次工业革命的联姻，所以它是乱伦的，因而也是高度危险的一种关系。参见［美］孔华润主编《剑桥美国对外关系史》（上卷），第502页。

都以控制性贷款合同的形式出现，具有强烈的超经济性，往往涉及对象国海关岁入和财政主权的丧失。因此，从内在逻辑上看，这是一项充满矛盾与悖论的政策。但这恰恰反映了进步主义时期美国外交的一个侧面，在19世纪末20世纪初期的进步主义者在进行"国内进步主义改革"的同时采取了一项"帝国主义"的对外扩张政策，而"金元外交"就是这一看似悖论实则拥有相同逻辑的进步主义时代的产物。

再者，美国实施的"金元外交"还可以从一个更为宏大的视野来考察。二战后西方马克思主义的发展诞生了"依附论"（20世纪60—70年代）和"世界体系"理论（20世纪80—90年代以来），二者都是对经典的现代化理论进行了批判的产物，这些理论的核心命题为我们观察"金元外交"提供了一个新的视角。从资本主义世界体系的视角来看，20世纪初期的世界格局正是欧洲资本大规模向亚非拉等边缘或者半边缘地区大规模扩张的时期，欧洲大量的资本输出再加上殖民之桎梏引发了亚非拉等欠发达地区民族主义的情绪，掀起了反对帝国主义施加各种控制的斗争，同时也在一定程度上刺激着美国这个新崛起的世界大国在外交领域进行调整和转变的行为逻辑。从美国的情况来看，虽然美国经济实力已经跃居世界第一，但是美国的军事、政治和外交上的威望还没有强大到足以撼动欧洲列强自工业革命以来业已形成的全球控制的地步，因此塔夫脱总统（甚至包括西奥多·罗斯福乃至伍罗德·威尔逊）的"金元外交"尝试从资本主义世界体系的边缘部分（包括拉美加勒比地区、非洲西部和亚洲的欠发达国家地区）入手，通过国务院、私人银行家和财政顾问三者之间的紧密互动，逐渐渗透、控制这些欠发达国家的"财政命脉"，或者建立"财政上的附庸国"（如尼加拉瓜、利比里亚），或者形成债务的持续依赖（中国），在此过程中建立中央银行，推行金本位制度，实行严格的财政管理和传播"现代科学的"金融知识，从而进一步加强、密切以华尔街为代表的美国资本主义经济与边缘国家经济发展之间的联系，逐渐在资本主义世界体系的边缘国家和地区建立起了美国日益重要的影响力。正是通过"金元"（美元或者说美国资本）作为外交政策的主要工具，取代了传统欧洲列强殖民主义和帝国主义的坚船利炮，塔夫脱的"金元外交"有了一种道义上的合理性，即塔夫脱所认为的"美国式外交的进步"。①

随着时间的推移，特别是一战之后，美国国务院、财政顾问和华尔街银行利用欧洲国家经济恢复和债务偿还对华尔街资本依赖的机遇，穿梭于华盛顿、华尔街与欧洲之间，相继推出了"道威斯计划"和"杨格计划"，美国资本逐渐向资本主义世界体系的核心区域（欧洲）扩张，虽然由于诸多因素的制约，美国控制欧洲财政和金融的目的没有实现，但美国以自己方式向资本主义世界体系核心区域的扩张从没有彻底放弃。降至二战之后，美国利用对欧洲实施"马歇尔计划"的机遇，美国资本最终确立了在欧洲范围内的领导地位，同时通过财政顾问的国际化和制度化建立了"国际货币基金组织"，通过世界银行的建立实现了以美国资本为核心的金融国际化，最终确立了以"金本位为核心的布雷顿森林体系"下的美元霸权。由此，塔夫脱政府时期总结与实施的"金元外交"的策略及其之后的衍生政策奠基了20世纪美国在国际舞台上谋求将欠发达地区纳入以美国为主导的国际经济秩序，不断追逐美元霸权系列行动的重要步骤。

最后，塔夫脱时期美国对于"金元外交"的具体实施与凝炼总结为美国外交政策传统增添了新的内容。塔夫脱时期强调美国政府服务于美国海外经济和金融扩张、同时又以"美元"为主要策略的外交方式，不仅遵循了美国内战后"边疆"扩张的逻辑，而且将美国在寻求机会的时代主旋律较为充分地体现出来。更为重要的是，塔夫脱和诺克斯的"金元外交"预见了20世纪以来美国国内社会经济发展和政治道义扩张的需要，具有一定的务实性、前瞻性和可操作性。因此，在塔夫脱之后的历届美国总统在制定美国外交政策时都会时不时地运

---

① Robert D. Schulzinger, *U. S. Diplomacy since* 1900, p. 38.

用和强调"美元"(金元)的重要作用,如美国的《对外援助法案》、"第四点计划""争取进步主义联盟"等,这些政策制定背后的动机和实施的逻辑与"金元外交"的概念都具有相通之处——在这种概念中,美国外交的对象国(尤其是欠发达国家和地区)经济的发展、可靠的政府统治和社会秩序之间紧密相连。"一个可靠的政府将厉行节约并创造一种合理的利率吸引外国资本(最好是美国资本)的局面。这种资本促进经济发展,从而又增强了政府的力量,带来社会的稳定,防止外来干涉。"① 美元(金元)推动的经济不断发展的进程加上可靠的政府将保证和平、秩序和稳定,这往往是美国的最大利益所在,也是"金元外交"所要达成的目标。因此,20 世纪初期塔夫脱政府的实践与总结使得"金元外交"后来被采纳为美国一项常规性的外交政策,不时发挥影响的能量。只不过,由于塔夫脱总统这种"开门见山"式的外交策略在当时美国"帝国主义大辩论"中被视为是"为贪婪的华尔街财阀服务的自私、偏狭之举",因而成为一个备受争议的概念和符号,因此之后的历届政策都不再旗帜鲜明地提出这个外交"旗号",但这不妨碍他们将之作为一种重要的外交政策选择策略。② 换言之,在塔夫脱政府之后,"金元外交"政策无名而有实,并且在 20 世纪美国外交决策实施中不绝如缕,成为我们理解 20 世纪美国外交政策演进中延续性与变化性的一个重要面向,而这也恰恰是一个世纪之后史学工作者重新研究和思考"金元外交"政策走过百年历史轨迹的意义所在。

---

① [英]莱斯利·贝瑟尔主编:《剑桥拉丁美洲史》(第 4 卷,约 1870—1930),第 97 页。
② Alfred L. P. Dennis, "The Economics of Diplomacy," *The North American Review*, Vol. CCXXII, No. 828 (Sep. 1, 1925), pp. 93 – 95; C. S. Thomas, "Former Senator Thomas of Colorado Objects to the Phrase 'Dollar Diplomacy'," *The Washington Post*, January 9, 1927, p. S4.

主要参考文献

一 档案文献、国会记录、报告、重要人物演讲和回忆录

［1］ Archives Unbound（Gale），*Records of Foreign Service Posts*，*Diplomatic Posts：Liberia*，Vol. 13，RG84. Collection：Liberia and the U. S.：Nation-Building in Africa，1864－1918.

［2］ Archives Unbound（Gale），*Records of Foreign Service Posts*，*Diplomatic Posts：Liberia*，Vol. 15，RG84. Collection：Liberia and the U. S.：Nation-Building in Africa，1864－1918.

［3］ Brown，John Crosby，*A History of Brown Brothers and Company*，*Brown*，*Shipley & Company and the Allied Firms*，New York：Privately Printed，1909.

［4］ Burton，David H.，*The Collected Works of William Howard Taft*，8 Volumes，Athens：Ohio University Press，2002.

［5］ David，Jules，ed.，*American Diplomatic and Public Papers：The United States and China*，series Ⅲ，the Sino-Japanese War to the Russo-Japanese War，1894－1905：Railroad Building and Financial Affairs，Volume－14，Wilmington，Del.：Scholarly Resources，1981.

［6］ Halsey，Frederic M.，*Railway Expansion in Latin America：Descriptive* and *Narrative History of the Railroad Systems of Argentina*, *Peru*, *Venezuela*, *Brazil*, *Chile*, *Bolivia and all other Countries of South and Central America*, New York: The Moody Magazine and Book Company, 1916.

[7] Hammond, John Hays. and Jenks, *American Great Issue: Political, Social and Economic*, New York: Charles Scribner's Sons, 1921.

[8] Hanna, Hugh H., Charles Conant and Jeremiah W. Jenks, *Report on the introduction of the Gold-Exchange Standard*, New York: Washington Government Printing Office, 1904.

[9] Harlan, Louis R., *The Booker T. Washington Papers*, Urbana: University of Illinois Press, 1980, Volume 9 – 11.

[10] Harrison, Messrs. F. C. and Charles Conant, *Report Presenting a Plan of Money Reform for Nicaragua*, April 23, 1912.

[11] *Hearings before the Committee on Foreign Affairs of the House of Representatives on H. R. 20044*, Washington: Government Printing Office, 1912.

[12] James D. Richardson, *A Compilation of the Messages and Papers of the Presidents: William Howard Taft*, Vol. XXIII, Bureau of National Literature, 2006.

[13] Jeremiah W. Jenks, *Considerations on A New Monetary System for China*, Ithaca, New York: Andrus and Church, 1904.

[14] Knox, Hon. Philander C., *Address of Hon. Philander C. Knox before the National Civic Federation*, New York: The Department of State, 1911.

[15] Knox, Hon. Philander C., *Letter and Statement Concerning a Loan which the Republic Contemplates Making with Citizen of United States*, Washington: Government Printing Office, 1911.

[16] Knox, Hon. Philander C., *The Spirit and Purpose of American Diplo-*

macy, Philadelphia: Government Printing Office, 1910, June 15.

[17] Knox, Philander Chase, *Speeches Incident to the Visit of Philander Chase Knox: Secretary of State of the United States of America to the Countries of the Caribbean*, Washington D. C. : Government Printing Office, 1913.

[18] Leets, Juan. , *United States and Latin America: Dollar Diplomacy*, New Orleans: The L. Graham CO. , 1912.

[19] Melville, Commodore George, *Views to the Strategic and Commercial Value of the Nicaraguan Canal, the Future Control of the Pacific Ocean to the United States*, Washington: Government Printing Office, 1898.

[20] Mitchell, B. R. , *International Historical Statistics: The Americas 1750 –2000*, New York: Palgrave Macmillan, 2003, Fifth Edition.

[21] National Civil Service Reform League, *Report on the Foreign Service*, New York: National Civil Service Reform League, 1919.

[22] "*Nicaraguan Affairs: Hearings,*" U. S. Congress, Senate, Committee on Foreign Relations, 62nd Cong. , 2nd Sess. , 1912.

[23] Nish Ian, ed. , *British Documents on Foreign Affairs: Part I ~ Series E Asia*, 1860 –1914, *Volume 14, Annual Reports on China*, 1906 –1913, An Imprint of CIS: University Publications of America, 1993.

[24] *Papers Relating to the Foreign Relations of the United States* (FRUS, 1900 –1913, 14 Volumes), New York, Kraus Reprint CO. , 1969.

[25] Partridge, Michael and David Gillard, eds. , *British Documents on Foreign Affairs: Part I, Series G. Africa, 1848 –1914, Sierra Leone, Gold Coast and Liberia, 1862 –1914, Vol. 22*, An Imprint of CIS: University Publications of America, 1996.

[26] Philip, George, ed. , *British Documents on Foreign Affairs: Part I ~ Series D Latin America, Volume 8, Central America, 1887 –1914*, An Imprint of CIS: University Publications of America, 1992.

[27] Pujo Committee, *Money Trust Investigation*, *Report of the Investigate the Concentration of Control of Money and Credit*, Washington Government Printing office, 1913.

[28] Report of the American Commission to the Republic of Liberia, "Affair of Liberia," *Senate Document* No. 457, 61st Congress, 2nd Session, 1910.

[29] Richardson, James D., *A Compilation of the Messages and Papers of the Presidents: William Howard Taft*, Vol. XXIII.

[30] Schoenrich, Otto., *Report of Nicaraguan Mixed Claims Commission to the Secretary of State of the United States*, Washington D. C., 1915.

[31] Seager, Robert. and Doris Maguire, *Letters and Papers of Alfred Thayer Mahan*, Vol. 3, Annapolis: Naval Institute Press.

[32] Straight, Willard D., *China's Loan Negotiations*, New York, 1912.

[33] *The Executive Order*, The White House, No. 10th, 1905.

[34] Roosevelt, Theodore. *The Letters of Theodore Roosevelt*, Elting E. Morison ed., Cambridge, Massachusetts: Harvard University Press, 1954.

[35] Taft, Robert A., *The Papers of Robert Taft*, Kent, Ohio: Kent State University Press, 2006.

[36] U. S. Congress, Senate, *Committee on Foreign Relations*, *Nicaraguan Affairs: Hearings*, 62nd Cong., 2nd Sess., 1912.

[37] U. S. Department of State, *The United States and Nicaragua: A Survey of Relations from 1909 to 1932*, Washington, D. C., 1932.

[38] U. S. Sen. Rel. Com., "Convention between the U. S and Nicaragua," 1913, Part Ⅵ.

[39] U. S. Sen. Rel. Com., *Hearings on Nicaraguan Affairs*, 1913, Part Ⅵ.

[40] U. S. Sen. Rel. Com., *Supra*, 1913, Part Ⅵ.

［41］ Weitzel, George T., *American Policy in Nicaragua*, Washington D. C.: Government Printing Office, 1916.

［42］ *William Howard Taft Papers*, available at http://www.presidency.ucsb.edu/william_ howard_ taft.php.

［43］ Wilson, Francis Mairs Huntington, *Memoirs of an Ex-Diplomat*, Boston: Humphries, Inc., 1945.

［44］ Wilson, Huntington., *The Peril of Hifalutin*, New York: Duffield and Company, 1918.

［45］ Wilson, Woodrow, *The Papers of Woodrow Wilson*, Arthur S. Link ed., Princeton, New Jersey: Princeton University Press, 1977.

［46］ Woodward, Peter, ed., *British Documents on Foreign Affairs: Reports and Papers from the Foreign Office Confidential Print*, Tropical Africa; Abyssinia, December 1918 – October 1925, Volume 26, An Imprint of CIS: University Publications of America, 1992.

［47］ Woodward, Peter, ed., *British Documents on Foreign Affairs: Reports and Papers from the Foreign Office Confidential Print*, Part II Series G, African 1914 – 1939, Vol. 30, February 1925 – Novermber 1939, An Imprint of CIS: University Publications of America, 1997.

［48］ Zolov, Robert H. Holden Eric., *Latin America and the United States: A documentary History*, New York: Oxford University Press, 2000.

［49］ 中国第二历史档案馆编：《北洋政府档案》，中国档案出版社2010年版。

［50］ 王彦威纂辑、王亮编：《清季外交史料》，书目文献出版社1987年版。

［51］ 全国图书馆文献缩微复制中心编：《清末官报汇编》，全国图书馆文献缩微复制中心2006年版。

［52］ 程道德、张敬孚、饶戈平等编：《中华民国外交史资料选编一：一九一一至一九一九》，北京大学出版社1991年版。

［53］黄嘉谟主编：《中美关系史料·光绪朝》，台北"中央研究院"近代史研究所1988年版。

［54］王铁崖：《中外旧约章汇编》（第2册），生活·读书·新知三联书店1982年版。

［55］詹福瑞主编：《民国文献资料丛编·近代交通史全编》，第35卷，国家图书馆出版社2009年版。

［56］张之洞：《张文襄公全集》（卷70），文海出版社1963年版。

［57］中国第一历史档案馆编：《光绪朝朱批奏折》第一一二辑，中华书局2009年版。

［58］中国第一历史档案馆编纂：《清代中南海档案·政治活动卷二十》，西苑出版社2004年版。

［59］中国人民银行参事室编：《中国清代外债史资料》，中国金融出版社1991年版。

［60］中国人民银行总行参事室金融史料组编：《中国近代货币史资料》（第一辑·清政府统治时期·下），中华书局1964年版。

［61］中国人民银行金融研究所编：《美国花旗银行在华史料》，中国金融出版社1990年版。

［62］中美关系资料汇编编写组：《中美关系资料汇编》（第一辑），世界知识出版社1957年版。

［63］周振鹤策划，广西师范大学出版社编：《美国政府解密档案·中美关系往来照会集》（卷十至卷十二），广西师范大学出版社2007年版。

二　英文专著

［1］Adams, Francis, *Dollar Diplomacy: United States Economic Assistance to Latin America*, Hampshire: Ashgate Publishing Limited, 2000.

［2］Anderson, Donald F., *William Howard Taft: A Conservative's Conception of the Presidency, Ithaca and London: Cornell University Press, 1973.

[3] Ahmed, Failsal Z. Laura Alfaro, Noel Maurer, *Lawsuits and Empire: on the Enforcement of Sovereign Debt in Latin America*, 2010, available at http://www.law.duke.edu/journals/lcp.

[4] Anderson, Donald F., *William Howard Taft: A Conservative's Conception of the Presidency*, Ithaca and London: Cornell University Press, 1973.

[5] Arnold, Peri E., *Remaking the Presidency: Roosevelt, Taft, and Wilson*, 1901–1916, Lawrence: University Press of Kansas, 2009.

[6] Bacchus, William I., *Staffing for Foreign Affairs: Personnel Systems for the 1980's and 1990's*, Princeton, N.J.: Princeton University Press, 1983.

[7] Baker, Richard Cleveland, *The Tariff under Roosevelt and Taft*, Hastings, Nebraska: Democrat Printing Co., 1941.

[8] Barnes, Harry Elmer, *The Americans in Santo Domingo*, New York: Vanguard Press, 1928.

[9] Barnes, William, *The Foreign Service of the United States: Origins, Development and Functions*, Washington D.C.: Department of State, 1961.

[10] Becker, William H. and Samuel F. Wells, eds., *Economic and World Power: An Assessment of American Diplomacy Since* 1789, New York: Columbia University Press, 1984.

[11] Becker, William, *The Dynamics of Business-Government Relations*, Chicago: University of Chicago Press, 1982.

[12] Bemis, Samuel Flagg, *The Latin American Policy of the United States*, New York: Harcourt Brace and Co., 1943.

[13] Bernstein, Barton J., ed., *Towards a New Past: Dissenting Essays in*

American History, New York: Vintage Books, 1968.

[14] Burton, David H., *Taft, Roosevelt and the Limits of Friendship*, Madison, Teaneck: Fairleigh Dickinson University Press, 2005.

[15] Burton, David H., *The Learned Presidency: Theodore Roosevelt, William Howard Taft, Woodrow Wilson*, Rutherford, Madison, Teaneck: Fairleigh Dickinson University Press, 1988.

[16] Burton, David H., *William Howard Taft in the Public Service*, Malabar: Robert E. Krieger Publishing Company, 1986.

[17] Burton, David H., *William Howard Taft: Confident Peacemaker*, Philadelphia: Saint Joseph University Press, 2004.

[18] By a Diplomatist, *American Foreign Policy*, Boston and New York: The Riverside Press, 1909.

[19] Campbell, A. E., *Expansion and Imperialism*, New York: Harper & Row Publishers, 1970.

[20] Carl Hovey, *The Life Story of J. Pierpont Morgan: A Biography*, New York: Sturgis & Walton Co., 1912.

[21] Carosso, Vincent P., *Investment Banking in America: A History*, Cambridge, Massachusetts, and London: Harvard University Press, 1987.

[22] Carosso, Vincent P., *The Morgans: Private International Bankers*, 1854–1913, Cambridge, Massachusetts, and London: Harvard University Press, 1987.

[23] Cashman, Sean Dennis, *America in the Gilded Age: From the Death of Lincoln to the Rise of Theodore Roosevelt*, New York: New York University Press, 1984.

[24] Charles D. Kepner, Jr., and Jay H. Soothill, *The Banana Empire: A Case Study of Economic imperialism*, New York: Vanguard Press, 1935.

[25] Coletta, Paolo E., *The Presidency of William Howard Taft*, Law-

rence: University Press of Kansas, 1973.

[26] Coletta, Paolo E. , *William Howard Taft: A Bibliography*, Westport, London: Meckler Corporation, 1989.

[27] Crowley, John E. , *The Privileges of Independence: Neo-Mercantilism and the American Revolution*, Baltimore & London: The Johns Hopkins University Press, 1993.

[28] DeConde, Alexander, *Encyclopedia of American Foreign Policy: Studies of the Principal Movements and Ideas*, Vol. Ⅰ - Ⅲ, New York: Charles Scribner's Sons, 1978.

[29] Dennett, Tyler, *Roosevelt and the Russo-Japanese War*, Garden City, New York: Doubleday, Page & Company, 1925.

[30] Diffie, Bailey W. and Justine W. Diffie, *Porto Rico: A Broken Pledge*, New York: Vanguard Press, 1931.

[31] Drake, Paul W. , *Money Doctors, Foreign Debts, and Economic Reforms in Latin America from the 1890s to the Present*, Wilmington, DE, Scholarly Resources Inc. , 1994.

[32] Dyne, Fredrick Van. , *Our Foreign Service: the "A B C" of American Diplomacy*, New York: The Lawyers co-operative Publishing Company, 1909.

[33] Eichengreen, Barry and Peter H. Lindert, eds. , *The International Debt Crisis in Historical Perspective*, Massachusetts: The MIT Press, 1991.

[34] Faulkner, Harold Woodman, *The Quest for Social Justice: 1898 - 1914*, New York: Macmillan Press, 1931.

[35] Feis, Herbert, *The Diplomacy of the Dollar: First Era, 1919 - 1932*, New York: W. W. Norton & Company, 1950.

[36] Finger, Seymour M. , *Inside the World of Diplomacy: The U. S. Foreign Service in a Changing World*, Westport: Praeger, 2002.

[37] Foster, John W., *The Practice of Diplomacy: As Illustrated in the Foreign Relations of the United States*, Boston and New York: the Riverside Press, 1909.

[38] Gambone, Michael D., *Documents of American Diplomacy: From the American Revolution to the Present*, Westport: Greenwood Press, 2001.

[39] Gershoni, Yekutiel, *Black Colonialism: The Americo-Liberian Scramble for the Hinterland*, Boulder and London: Westview Press, 1985.

[40] Gerstle Mack, *Land Divided: A History of the Panama Canal and other Isthmian Canal Projects*, New York: Alfred Knopf, 1914.

[41] Gil, Federico G., *Latin American-United States Relations*, New York: Harcourt Brace Jovanovich, 1971.

[42] Gobat, Michael, *Confronting the American Dream: Nicaragua under U. S. Imperial Rule*, Durham: Duke University Press, 2005.

[43] Good, G. P. & H. W. V. Temperley, eds., *British Documents on the Origins of the World War*, 1898 – 1914. Vol. 8, London: HMSO, 1929.

[44] Gordon, George J., *Public Administration in America*, New York: St. Martin's Press, 1978.

[45] Graves, Louis, *William Straight in the Orient with Illustrations from His Sketch-Books*, New York: Asia Publishing Company, 1922.

[46] Halsey, Frederic M., *Railway Expansion in Latin America: Descriptive and Narrative History of the Railroad Systems of Argentina, Peru, Venezuela, Brazil, Chile, Bolivia and All Other Countries of South and Central America*, New York: the Moody Magazine and Book Company, 1916.

[47] Harr, John E., *The Anatomy of the Foreign Service: A Statistical Profile*, New York: Carnegie Endowment for International Peace, 1965.

[48] Harr, John E., *The Development of Careers in the Foreign Service*, New York: Carnegie Endowment for International Peace, 1965.

[49] Hawley, Ellis, *The Great War and the Search for A Modern Order*, New York: St. Martin's Press, 1979.

[50] Hays, Samuel P., *The Response to Industrialism*: 1885 – 1914, Chicago: The University of Chicago Press, 1995.

[51] Hays, Samuel, *American Political History as Social Analysis*, Knoxville: University of Tennessee Press, 1980.

[52] Hechler, Kenneth William A. M., *Insurgency: Personalities and Politics of the Taft Era*, New York: Colombia University Press, 1940.

[53] Hogan, Michael J. and Thomas Paterson eds., *Explaining the History of American Foreign Relations*, Cambridge: Cambridge University Press, 2004.

[54] Hunt, Michael H., *Frontier Defense and the Open Door: Manchuria in Chinese-American Relations, 1895 – 1911*, New Haven: Yale University Press, 1973.

[55] Ilchman, Warren Frederick, *Professional Diplomacy in United States, 1779 – 1939: A Study in Administrative History*, Chicago: Chicago University Press, 1961.

[56] Israel, Jerry, *Progressivism and the Open Door: America and China, 1905 – 1921*, Pittsburgh: University of Pittsburgh Press, 1971.

[57] Jenks, Leland H., *Our Cuban Colony: A Study in Sugar*, New York: Vanguard Press, 1928.

[58] Kemmerer, Edwin Walter, *Gold and the Gold Standard: The Story of Gold Money, Past, Present and Future*, New York: McGRAW-Hill Book Company, Inc., 1944.

[59] Kryzanek, Michael J., *U.S.-Latin American Relations*, Westport: Praeger Press, 1996.

[60] Kunz, Diane B. ed., *The Diplomacy of Crucial Decade: American Foreign Policies during the 1960s*, New York: Columbia University Press, 1994.

[61] Lamont, Edward M., *The Ambassador from Wall Street: The Story of Thomas W. Lamont, J. P. Morgan's Chief Executive*, Maryland: Madison Books, 1994.

[62] Langley, Leister D., *The Banana Wars: An Inner History of American Empire, 1900 – 1934*, Lexington: The University Press of Kentucky, 1983.

[63] Mattox, Henry E., *The Twilight of Amateur Diplomacy: The American Foreign Service and Its Senior Officers in the* 1890s, Ohio: Kent State University Press, 1989.

[64] McCulle, Richard T., *Banks and Politics during the Progressive Era: The Origins of the Federal Reserve System: Money, Class, and Corporate Capitalism, 1890 – 1913*, New York and London: Garland Publishing, Inc., 1992.

[65] Merli, Frank J. and Theodore A. Wilson, eds., *Makers of American Diplomacy: From Theodore Roosevelt to Henry Kissinger*, New York: Charles Scribner's Sons, 1974.

[66] Minger, Ralph E., *William Howard Taft and United States Foreign Policy: The Apprenticeship Years, 1900 – 1908*, Urbana: University of Illinois Press, 1975.

[67] Morrisey, Will, *The Dilemma of Progressivism: How Roosevelt, Taft and Wilson Reshaped the American Regime of Self-Government*, Maryland: Rowman & Littlefield Publishers, INC., 2009.

[68] Munro, Dana G., *Invention and Dollar Diplomacy in the Caribbean 1900 – 1921*, New Jersey: Princeton University Press, 1964.

[69] Munro, Dana G., *The Five Republics of Central America*, New York: Oxford University Press, 1918.

[70] National Civil Service Reform League, *Report on the Foreign Service*, New York, 1919.

[71] Nearing, Scott and Freeman, Joseph., *Dollar Diplomacy: A Study in American Imperialism*, London: George Allen and Unwin LTD., 1927.

[72] Ninkovich, Frank., *The United States and Imperialism*, Massachusetts: Blackwell Publishers Inc., 2001.

[73] O'Brien, Thomas F., *The Revolutionary Mission: American Enterprises in Latin America, 1900–1945*, NewYork: Cambridge University Press, 1996.

[74] Perkins, Dexter, *The Monroe Doctrine, 1867–1907*, Baltimore: The Johns Hopkins Press, 1937.

[75] Pletcher, David M., *The Diplomacy of Involvement: American Economic Expansion across the Pacific, 1784–1900*, Columbia: University of Missouri, 2001.

[76] Pletcher, David M., *The Diplomacy of Trade and Investment: American Economic Expansion in the Hemisphere, 1865–1900*, Columbia: University of Missouri, 1998.

[77] Plischke, Elmer, *U. S. Department of State: A Reference History*, Westport: Greenwood Press, 1999.

[78] Pringle, Henry F., *The Life and Times of William Howard Taft: A Biography*, New York, Toronto: Farrar & Rinehart, Inc., 1939.

[79] Rosen, Fred. edit., *Empire and Dissent: The United States and Latin America*, Durham and London: Duke University Press, 2008.

[80] Rosenberg, Emily S., *Financial Missionaries to the World: The Politics and Culture of Dollar Diplomacy, 1900–1930*, Massachusetts: Harvard University Press, 1999.

[81] Rosenberg, Emily S., *Spreading the American Dream: American Eco-*

nomic and Cultural Expansion, 1890 – 1945, New York: Hill and Wang Press, 1982.

［82］Scholes, Walter V. and Marie V. Scholes, *The Foreign Policies of the Taft Administration*, Columbia: University of Missouri Press, 1970.

［83］Schoonver, Thomas, *Germany in Central America*, Tuscaloosa: University of Alabama Press, 1998.

［84］Skinner, Elliott P., *African Americans and U. S. Policy toward Africa, 1850 – 1924*, Washington D. C. : Howard University Press, 1992.

［85］Sklar, Martin J., *The Corporate Reconstruction of American Capitalism, 1890 – 1916*, New York: Cambridge University Press, 1988.

［86］Steigman, Andrew L., *The Foreign Service of the United States: First Line of Defense*, Boulder: Westview Press, 1985.

［87］Tenenbaum, Barbara A. and Georgette M. Dorn, *Encyclopedia of Latin American History and Culture*, Vol. 2, New York: Charles Scribner's Sons Reference Books, 1978.

［88］Tillman, Ellen D., *Dollar Diplomacy by Force*, Chapel Hill: The University of North Carolina Press, 2016.

［89］Tipple, John, *The Robber Baron in the Gilded Age: Entrepreneur or Iconoclast?* American: The American Past, II, The Macmillan Company, 1965.

［90］Varg, Paul A., *The Making of a Myth: The United States and China, 1897 – 1912*, East Lansing, Michigan: The Michigan State University Press, 1968.

［91］Veeser, Cyrus, *A World Safe for Capitalism: Dollar Diplomacy and America's Rise to Global Power*, New York: Columbia University Press, 2002.

［92］Vevier, Charles, *The United States and China, 1906 – 1913: A Study of Finance and Diplomacy, New Brunswick, N. J.: Rutgers University Press, 1955.

[93] Viotti, Paul R., American Foreign Policy and National Security: A Documentary Record, New Jersey: Pearson Prentice Hall, 2005.

[94] Werking, Richard H., The Master Architects: Building the United States Foreign Service, 1890 – 1913, Lexington: University Press of Kentucky, 1977.

[95] Wiebe, Robert, The Search for Order, New York: Hill and Wang Press, 1967.

[96] Wilkins, Mira., The Emergence of Multinational Enterprise: American Business Abroad from the Colonial Era to 1914, Massachusetts: Harvard University Press, 1970.

[97] Williams, William Appleman, The Tragedy of American Diplomacy, New York: W. W. Norton & Company, 1972.

[98] Wilson, Woodrow, New Freedom, New York and Garden City: Page & Company, 1912.

[99] Younger, Edward L., John A. Kasson: Politics and Diplomacy from Lincoln to McKinley, Iowa City: University of Iowa Press, 1955.

三 英文论文

[1] "Ambassador To Argentina," The Washington Post, December 29, 1910.

[2] "Adopts Dollar Diplomacy: Department of Agriculture to Show Farmers How to Earn Money," The Washington Post, May 4, 1913.

[3] "A Friend of Justice, Our Policy in Nicaragua and the Recent Revolutions," The North American Review, January 1913, Vol. CXCVII.

[4] "Approves Liberia Plan: Germany Gives Its Moral Support to the Syndi-

cate Loan," *New York Times*, July 29, 1910.

[5] "Army Officer For Liberia: Negro Republic has Requested Assistance to Organize Hinterland," *New York Times*, December 5, 1909.

[6] "Secretary Hay to Urge Adoption of United States Gold Standard," *Journal of Commerce and Commercial Bulletin*, New York, June 6, 1904.

[7] ——, "Big Growth In Trade: Knox Attributes the Increase to Dollar Diplomacy," *The Washington Post*, January 19, 1913.

[8] Bello, Walden F., "Marcos and The World Bank: The New Dollar Diplomacy," *The Nation*, November 20, 1976.

[9] Braeman, John, "The New Left and American Foreign Policy during the age of Normalcy: A Re-examination," *Business History Review*, Vol. LVII, No. 1 (Spring 1983).

[10] "British Have Taken Liberian Territory: Seizure of 300 Square Miles Reported to American Commissioners," *New York Times*, July 3, 1909.

[11] Chandler, Alfred. and Louis Galambos, "The Development of Large-Scale Economy Organizations in Modern America," *Journal of Economic History* 30, 1 (March 1970).

[12] "Coaling Station In Liberia.: The Cruiser San Francisco Said to Have Been Negotiating with the West African Republic," *New York Times*, June 1, 1902.

[13] Cohen, Naomi W., "Ambassador Straus in Turkey, 1909 – 1910: A Note on Dollar Diplomacy," in *Mississippi Valley Historical Review*, 45 (1959).

[14] Conant, Charles, "The Currency of the Philippine Islands," *The Annals of the American Academy of Political and Social Science*, Vol. 20, Finance (Nov., 1902).

[15] Conant, Charles, "The Gold Exchange Standard in the Light of Experience," *The Economic Journal*, Vol. 19, No. 74 (Jun., 1909).

[16] "Conveys Liberia's Thanks: American Minister Brings Letter About Fleet's Timely Appearance," *New York Times*, September 11, 1904.

[17] "Cross Into Liberia to Curb Savages: Washington Believes Encroachment by English Was to Police Border Tribes," *New York Times*, July 4, 1909.

[18] Cruz, Michael Gonzalez, "U. S. Invasion of Puerto Rico: Occupation and Resistance to the Colonial State, 1898 to the Present," *Latin American Perspective*, Vol. 25, No. 5 (Sep., 1998).

[19] "Declare Dollar Diplomacy Good: All Right if Economics and Politics Are Unmixed," *The Washington Post*, August 11, 1921.

[20] Dennis, Alfred L. P., "The Economics of Diplomacy," *The North American Review*, Vol. CCXXII, NO. 828 (Sep. 1, 1925).

[21] "Dollar Diplomacy," *The Washington Post*, June 27, 1911.

[22] "Dollar Diplomacy," *The Washington Post*, August 30, 1913.

[23] "Dollar Diplomacy," *The Washington Post*, July 27, 1916.

[24] "Dollar Diplomacy," *The Washington Post*, May 9, 1920.

[25] "Dollar Diplomacy Urged As Panacea By J. H. Hammond," *The Washington Post*, October 31, 1923.

[26] "Drops Dollar Diplomacy: Bacon Says Bryan will not Help Central American Loan," *The Washington Post*, April 19, 1913.

[27] "Drops the U. S. Loan: Facing Money Crisis, Nicaragua Hits Dollar Diplomacy," *The Washington Post*, July 1, 1912.

[28] Editorial, *New York Times*, February 28, 1912.

[29] Esthus, Raymond A., "The Changing Concept of the Open Door, 1899–1910," in *Mississippi Valley Historical Review*, 46 (1959).

[30] F. M. Huntington Wilson, "Dollar Diplomacy and Social Darwinism,"

in Holden-Zolov, *Latin America and the United States: A Documentary History*, Oxford: Oxford University Press, 2000.

[31] "French Aggression In Liberia: The United States Will Interpose to Protect the African Republic," *New York Times*, September 11, 1893.

[32] "Fresh Demand On Liberia: Germany Imitating France in Attacks on the Republic," *New York Times*, January 14, 1910.

[33] Gaddis, John, "The Corporatist Synthesis: A Skeptical View," *Diplomatic History*, Vol. 10, No. 4 (Fall 1986).

[34] "Germany Would Aid Liberia: Will Exchange Views with the United States on Country's Independence," *New York Times*, August 10, 1908.

[35] "Get Back at Taft: House Democrats Plot Blow to Dollar Diplomacy," *The Washington Post*, August 18, 1912.

[36] "Go Separately to Liberia: Commissioners to Travel Each Upon His Own Cruiser—Trouble Not Over," *New York Times*, April 22, 1909.

[37] Gertz, Geoffrey, "Commercial Interests in American Foreign Policy, from Dollar Diplomacy to the Trump Administration," *Lectures/Events (BMW)*, The Brookings Institution, 9 – 19 – 2018, Available at: https://digitalscholarship.unlv.edu/brookings_lectures_events/131.

[38] Goldfj, Ilan. "Full Dollarization: The Case of Panama," *Economia*, Vol. 1, (Spring 2001).

[39] Gregory, Nicholas P., "Experts to Meet Here On Trade Plans: Conference Nov. 15 To Discuss Problem of Latin America," *The Washington Post*, November 5, 1927.

[40] Hanna, Hugh H., Charles Conant and Jeremiah Jenks, "Memorandum on A New Monetary System for China," *North China Herald*,

Shanghai, 1903.

[41] "Has Swung Big Deals: State Department Tells of Aid to Capitalists, Fruit of Dollar Diplomacy," *The Washington Post*, May 12, 1911.

[42] Hawley, Ellis W., "Review," *Journal of Interdisciplinary History*, 2004.

[43] Hawley, Ellis W., "The Discovery and Study of a 'Corporate Liberalism'," *Business History Review* 52 (Autumn 1978).

[44] Helleiner, Eric., "Dollarization Diplomacy: U. S. Policy Towards Latin America Coming Full Circle," *Review of International Political Economy*, Vol. 10, No. 3 (Aug., 2003).

[45] Hemming, Doris, "Review," *Journal of the Royal Institute of International Affairs*, Vol. 5, No. 5 (Sep., 1926).

[46] "Help and Self-Help," *The Washington Post*, June 24, 1947.

[47] Hogan, Michael J., "Corporatism: A Positive Appraisal," *Diplomatic History*, Vol. 10, No. 4 (Fall 1986).

[48] Hogan, Michael J., "Revival and Reform: America's Twentieth Century Search for a New Economic Order Abroad," *Diplomatic History*, Vol. 8, No. 4 (Fall 1984).

[49] Hoganson, Kristin L., "Adding Currency to Culture," *Diplomatic History*, Vol. 25, No. 2 (Spring 2000).

[50] Hollander, J. H., "The Finance of Puerto Rico," *Political Science Quarterly*, Vol. XVI, December, 1901.

[51] Howe, Frederic C., "Dollar Diplomacy Explained: Should Not Be Confused With International Trade," *The Washington Post*, October 5, 1917.

[52] "Hurt Pride in Liberia: Prominent Citizens Omitted from American Commissioners' Dinner," *New York Times*, May 29, 1909.

[53] Iriye, Akira, "Culture and International History," in Michael J. Ho-

gan and Thomas Paterson ed. , *Explaining the History of American Foreign Relations*, Cambridge: Cambridge University Press, 2004.

[54] Iriye, Akira, "Culture and Power: International Relations as Intercultural Relations," *Diplomatic History*, No. 3 (Spring 1979).

[55] Johns, David A. , "Revival of 'Dollar Diplomacy' As United States Foreign Economic Policy in 2017, " *Advances in Social Sciences Research Journal*, Vol. 4, No. 18 (2017).

[56] Kane, N. Stephon, "Bankers and Diplomats: The Diplomacy of the Dollar in Mexico, 1921 – 1924," *Business History Review*, Vol. XLVII (Autumn 1973).

[57] Kaplan, Lawrence F. , "Dollar Diplomacy Returns," *Commentary*, February 1998.

[58] Kunz, Diane, "Cold War Dollar Diplomacy: The Other Side of Containment," in Diane B. Kunz, Ed. , *The Diplomacy of Crucial Decade: American Foreign Policies during the 1960s*, New York: Columbia University Press, 1994.

[59] Kunz, Diane, "London Johnson's Dollar Diplomacy," *History Today*, April 1992.

[60] Lawrence F. Kaplan, "Dollar Diplomacy Returns," *Commentary*, February 1998.

[61] Leuchtenburg, William E. , "Progressive and Imperialism: The Progressive Movement and American Foreign Policy, *1898 – 1916*," *The Mississippi Valley Historical Review*, Vol. 39, No. 3 (Dec, 1952).

[62] "Liberia and the United States," *Outlook*, May 7, 1910.

[63] "Liberia Baited By Britain and France," *New York Times*, May 26, 1910.

[64] "Liberia Entertains Envoys: American Commissioners So Feted That Work Is Interfered With," *New York Times*, May 22, 1909.

[65] "Liberia Fears Germany: High Government Official Tells of Needs of West Africa," *New York Times*, August 6, 1901.

[66] "Liberian Finance in American Hands: United States Government Will Appoint Officials to Collect Customs and Taxes," *New York Times*, August 7, 1910.

[67] "Liberia Honors American: Confers the Order of African Redemption on Booker T. Washington," *New York Times*, October 18, 1908.

[68] "Liberia Is Disappointed: Expected Battleships and Washington-Got His Secretary and a Cruiser," *New York Times*, July 14, 1909.

[69] "Liberia Makes Protest: Says Customs Receiver for Loan Has Assumed Dictatorial Powers," *New York Times*, June 2, 1914.

[70] "Liberia Needs Capital: American Consul General Says the Little Republic Progresses, However," *New York Times*, October 4, 1909.

[71] "Liberia Satisfies France: And the Way Is Now Clear for the Conclusion of the America," *New York Times*, January 10, 1911.

[72] "Liberia's Crisis and Appeal," *The Independent*, July 29, 1909.

[73] "Liberia's Finances: Commission Coming Here to Get Material to Reorganize them," *New York Times*, March 12, 1905.

[74] Loayza, Humberto Matthew, "*Dollar Diplomacy with a New Look: President Eisenhower's Inter-American Policies, 1953 – 1961,*" MI: University Microfilms International, 2000.

[75] McKee, Rose, "Ellender Cities Futility of Dollar Diplomacy," *The Washington Post*, May 18, 1958.

[76] Marichal, Carlos, "The Finances of Hegemony in Latin America: Debt Negotiations and the Role of the U.S. Government, 1945 – 2005," in Fred Rosen, edit., *Empire and Dissent: The United States and Latin America*, Durham and London: Duke University Press, 2008.

[77] "Money To Nicaragua: New York Loan Approved by Wilson Adminis-

tration," *The Washington Post*, October 24, 1913.

[78] "New Policy Suits China: U. S. Thanked for Attitude Set Forth in Wilson's Dollar Diplomacy Statement," *The Washington Post*, March 23, 1913.

[79] "No Big Stick In Commerce," *The Washington Post*, March 21, 1913.

[80] "No Protest On Liberia: Washington says European Powers Have Not Opposed Loan Plan," *New York Times*, July 31, 1910.

[81] O'Malley, Michael, "Specie and Species: Race and the Money Question in the Nineteenth Century America," *American Historical Review*, No. 99 (1994).

[82] "Opportunities in Liberia: Secretary Ellis, Home on a visit, Tells of the Negro Republic," *New York Times*, May 16, 1910.

[83] "Oppose our Liberia Move: French Think America Has No Right to Interfere in Little Republic," *New York Times*, August 7, 1910.

[84] Pletcher, David M., "America in the Early 1890s: A Foretaste of Dollar Diplomacy," *Pacific Historical Review*, Vol. 47, No. 1 (Feb., 1978).

[85] "Record U. S. Exports: Dollar Diplomacy Wins Vast Trade for America," *The Washington Post*, September 17, 1911.

[86] Roland, P. Falkner, "The United States and Liberia," *American Journal of International Law*, No. 4 (1910).

[87] Rosenberg, Emily S., "Revisiting Dollar Diplomacy: Narratives of Money and Manliness," *Diplomatic History*, Vol. 22, No. 2 (Spring 1998).

[88] Rosenberg, Emily S., "The Invisible Protectorate: The United States, Liberia, and the Evolution of Neocolonialism, 1909 – 1940," *Diplomatic History*, Volume 9, Issue 3, July 1985.

[89] Rosenberg, Emily S., "Foundations of United States International Fi-

nancial Power: Gold Standard Diplomacy, 1900 – 1905," *Business History Review*, No. 59 (Summer 1985).

[90] Schell, William., "Money as Commodity: Mexico's Conversion to the Gold Standard in 1905," *Mexican Studies* 12 (1), Winter 1996.

[91] Scott, Emmett J., "Is Liberia Worth Saving?" *The Journal of Race Development*, Vol. 1, No. 3 (Jan., 1911).

[92] Scott, Emmett J., "The American Commissioners in Liberia," *The Independent*, August 19, Vol. 67.

[93] Sheinin, David., "The New Dollar Diplomacy in Latin America," *American Studies International*, October 1999, Vol. XXXVII, No. 3.

[94] Small, Robert T., "Men and Matters," *The Washington Post*, May 3, 1920.

[95] Smith, Robert, "Cuba: Laboratory for Dollar Diplomacy, 1898 – 1917," in *Historian*, 28 (1966).

[96] Stevenson, Matthew, "Dollar Diplomacy," *Harper's*, 259: 1550, July, 1979.

[97] "Taft Praises Knox: Tells of Secretary's Conduct of Foreign Affairs," *The Washington Post*, May 3, 1910.

[98] Stremlau, John, "Clinton's Dollar Diplomacy," *Foreign Policy*, No. 97, (Winter, 1994 – 1995).

[99] "The Chinese Loan," *The Washington Post*, March 19, 1913.

[100] "The First Loan of Liberia," *The African Repository*, October 1871, Vol. 47.

[101] "The Loan of 1871," *The African Repository*, October 1882, Vol. 58.

[102] "The Nicaraguan Loan," *The Washington Post*, October 5, 1913.

[103] "The Open Door Situation," *The Washington Post*, March 23, 1913.

[104] "The United States Missing a Valuable opportunity by Not Entering Into Active Competition with European Commerce in the New Field,"

New York Times, January 8, 1905.

[105] Thomas, C. S., "Former Senator Thomas of Colorado Objects to the Phrase 'Dollar Diplomacy'," *The Washington Post*, January 9, 1927.

[106] Thompson, Arthur, "Renovating Nicaragua," *World's Work*, No. 21 (March 1916).

[107] Thornton, Christy, "An Empire Upside Down: New Directions in Trump's Approach to Latin America Reveal the changed status of U.S. influence in the region," *DOLLARS & SENSE*, July/August, 2017.

[108] "To Assist Liberia," *The Independent*, March 31, 1910, Vol. 68.

[109] "To Prod Diplomats: Knox Will Urge Greater Commercial Activity," *The Washington Post*, February 11, 1910.

[110] Tulchin, Joseph Samuel, "Dollar Diplomacy and Non-intervention: the Latin American Policy of the United States, 1919-1924," Thesis, Harvard University, 1964.

[111] Turner, George K., "Morgan's Partners," *McClure's Magazine*, XL, April 1913.

[112] Tyrell, Ian, "American Exceptionalism in an Age of International History," *American Historical Review*, No. 96 (October 1991).

[113] "Urges Refund Treaty: Taft Asks Immediate Action on Nicaraguan Pact," *The Washington Post*, June 9, 1911.

[114] "U.S. Accused of Using Dollar Diplomacy," *The Washington Post*, May 18, 1947.

[115] "U.S. Nicaraguan Policy Called War by Wheeler," *The Washington Post*, March 7, 1927.

[116] "U.S. Need Foreign Mart: American Interests Must Expand, Says C. M. Pepper," *The Washington Post*, December 16, 1912.

[117] "U. S. Not to Back Big Chinese Loan: Wilson Deals Taft's Dollar Diplomacy' a Hard Blow," *The Washington Post*, March 19, 1913.

[118] Walcott, John, "The Risks of Trump's Dollar Driven Diplomacy," *Times (USA)*, June 24, 2019.

[119] Walsum-Stachowicz and Judith-Margaretha Van., "*Corporate Diplomacy and European Community Information Technology Policies: The Influence of Multi-nationals and Interest Groups, 1980 – 1993*," Diss. —London School of Economics, 1994.

[120] "Wants Us to Solve Liberian Problem: Booker T. Washington Says the Negroes There Are in Dire Need of Assistance," *New York Times*, February 15, 1909.

[121] "Warship to Liberia: State Department Considers Sending One to Negro Republic," *New York Times*, February 14, 1909.

[122] Weidemaier, W. Mark C., "Contracting for State Intervention: The Origins of Sovereign Debt Arbitration," *Law and Contemporary Problems*, Fall, 2010, Vol. 73.

[123] Welles, Sumner, "Our Economic Policy: Is Dollar Diplomacy Being Revived?" *The Washington Post*, November, 1946.

[124] "Why Liberia Should Be Saved," *Outlook*, August 7, 1909.

[125] "Will Ask Congress to Save Liberia: African Republic Founded by Us Needs Assistance," *New York Times*, October 19, 1909.

[126] "Will Buy Liberian Bonds: Bankers Offer to Take the 1871 Issue Off the Owner' Hands," *New York Times*, July 26, 1912.

[127] "Will Reply to Taft: Senator Bacon Plans Probe of Dollar Diplomacy," *The Washington Post*, December 7, 1912.

[128] Wilson Huntington, "The American Foreign Service," *Outlook*, Issue. 47 (March 3, 1906).

[129] "Work For U. S. Firms: State Department Seeks Bids on Montevideo

Contracts," *The Washington Post*, September 8, 1912.

四　中文专著

[1] 贝多广等：《证券市场与金融机构》，中国审计出版社1990年版。

[2] ［美］查尔斯·比尔德：《美国政府与政治》（上），朱曾汶译，商务印书馆1987年版。

[3] ［美］查尔斯·威维尔：《美国与中国：财政和外交研究，1906—1913》，张玮瑛、李丹阳译，社会科学文献出版社1990年版。

[4] 陈春华等译：《俄国外交文书选译》，中华书局1988年版。

[5] 陈元、周道炯等主编：《国际金融百科全书》，中国财政经济出版社1994年版。

[6] 邓正来主编：《布莱克维尔政治学百科全书》，中国政法大学出版社1992年版。

[7] ［美］菲利普·L. 茨威格：《沃尔特·瑞斯顿与花旗银行：美国金融霸权的兴衰》，孙郁根等译，海南出版社1999年版。

[8] ［美］费正清：《美国与中国》，张理京译，世界知识出版社1999年版。

[9] 复旦大学资本主义国家经济研究所编著：《美国垄断财团》，上海人民出版社1977年版。

[10] 黄安年：《二十世纪美国史》，河北人民出版社1989年版。

[11] 胡寄尘编：《清季野史》，岳麓书社1985年版。

[12] ［美］吉尔伯特·C. 菲特、吉姆·E. 里斯：《美国经济史》，司徒淳，方秉铸译，辽宁人民出版社1981年版。

[13] 金正昆：《外交学》，中国人民大学出版社2007年版。

[14] ［美］孔华润：《美国对中国的反应》，张静尔等译，复旦大学出版社1989年版。

[15] 李长久、施鲁佳主编：《中美关系二百年》，新华出版社1984

年版。

[16] 李道揆：《美国政府机构与人事制度》，人民出版社 1985 年版。

[17] 李剑鸣：《历史学家的修养和技艺》，上海三联书店 2007 年版。

[18] 李庆余、任李明等：《美国外交传统及其缔造者》，商务印书馆 2010 年版。

[19] 梁根成：《美国与非洲》，北京大学出版社 1991 年版。

[20] 刘秉麟编著：《近代中国外债史稿》，武汉大学出版社 2007 年版。

[21] [美] 罗恩·彻诺：《摩根财团：美国一代银行王朝和现代金融业的崛起》，金立群校译，中国财政经济出版社 2003 年版。

[22] 罗荣渠：《美洲史论》，中国社会科学出版社 1997 年版。

[23] 马陵合：《晚清外债史研究》，复旦大学出版社 2005 年版。

[24] [美] 马戈·塔夫脱·斯蒂弗等：《看东方：1905 年美国政府代表团访华之行揭秘》，浙江大学出版社 2012 年版。

[25] 缪明杨编著：《中国近现代政府举债的信用激励、约束机制研究》，西南财经大学出版社 2008 年版。

[26] 南开大学历史系辑译：《尼加拉瓜史》，天津人民出版社 1976 年版。

[27] [美] 琼·施特劳斯：《华尔街之子摩根》，王同宽等译，华夏出版社 2004 年版。

[28] 王晓德：《梦想与现实：威尔逊"理想主义"外交研究》，中国社会科学出版社 1995 年版。

[29] 洪国起、王晓德：《冲突与合作：美国与拉丁美洲关系的历史考察》，山西高校联合出版社 1994 年版。

[30] 王晓德：《美国对外关系史散论》，中华书局 2007 年版。

[31] 王晓德：《文化的帝国：20 世纪全球"美国化"研究》，中国社会科学出版社 2011 年版。

[32] 王玮、戴超武：《美国外交思想史：1775—2005 年》，人民出版社 2007 年版。

[33] 吴心伯：《金元外交与列强在中国：1909—1913》，复旦大学出版社 1997 年版。

[34] 许毅、金普森、孔永松等：《清代外债史论》，中国财政经济出版社 1996 年版。

[35] 杨端六编著：《清代货币金融史稿》，武汉大学出版社 2007 年版。

[36] 杨生茂主编：《美国外交政策史（1775—1989）》，人民出版社 1991 年版。

[37] 杨生茂、张友伦主编：《美国历史百科辞典》，世纪出版集团、上海辞书出版社 2004 年版。

[38] 中国美国史研究会编：《现代史学的挑战：美国历史协会主席演说集 1961—1988》，王建华等译，上海人民出版社 1990 年版。

[39] 中国社会科学院科研局：《孙毓棠集》，中国社会科学出版社 2007 年版。

[40] ［美］彼得·柯利尔、戴维·霍罗威茨：《洛克菲勒王朝》，劳景素译，上海译文出版社 1982 年版。

[41] ［美］查理斯·R. 吉斯特：《华尔街史》，敦哲、金鑫译，经济科学出版社 2004 年版。

[42] ［美］费正清主编：《剑桥中华民国史》（第一部），章建刚等译，上海人民出版社 1991 年版。

[43] ［美］亨利·J. 亨德里克斯：《西奥多·罗斯福的海军外交：美国海军与美国世纪的诞生》，王小可、章放维等译，海洋出版社 2015 年版。

[44] ［美］孔华润主编：《剑桥美国对外关系史》（上卷），王琛等译，新华出版社 2004 年版。

[45] ［美］李约翰：《清帝逊位与列强（1908—1912）：第一次世界大战前的一段外交插曲》，孙瑞芹、陈泽宪译，江苏教育出版社 2006 年版。

[46] ［美］迈克尔·赫德森：《金融帝国：美国金融霸权的来源和基

础》，嵇飞等译，中央编译出版社 2008 年版。

[47] [英] 莱斯利·贝瑟尔主编：《剑桥拉丁美洲史》（第 4 卷，约 1870—1930），中国社会科学院拉丁美洲研究所组译，社会科学文献出版社 1991 年版。

五 中文论文

[1] 《世界知识》编组：《金圆与巨棒》，《世界知识》1946 年第 24 期。

[2] 陈翰笙：《美国的内政和外交——读尼尔林夫妇合着"今日美国"》，《读书》1957 年第 5 期。

[3] 陈明：《美国〈金本位法〉确立的历史背景透析》，《吉首大学学报》（社科版）2003 年第 24 卷第 4 期。

[4] 迟东丰：《论 20 世纪初美国与日俄争夺中国东北问题》，《佳木斯大学社会科学学报》2000 年第 1 期。

[5] 崔志海：《海军大臣载洵访美与中美海军合作计划》，《近代史研究》2006 年第 3 期。

[6] 董登新：《美国投资银行的今生与来世》，《西部论丛》2008 年第 12 期。

[7] 高月：《锡良与锦瑷铁路计划——以主权维护为视角的考察》，《东北史地》2010 年第 4 期。

[8] [韩] 丘凡真：《精琪的币制改革方案与晚清币制问题》，《近代史研究》2005 年第 3 期。

[9] 何玲丽：《从自由到垄断——美国 19 世纪末 20 世纪初工业化道路中的垄断及其立法回应》，《理论月刊》2007 年第 12 期。

[10] [美] 亨利克·希斯德（Henrik Shipstead）：《美国在拉丁亚美利加"金元外交"》，剑云译，《国闻周报》1928 年第 5 卷第 3 期。

[11] 纪立新：《1905 年至 1920 年美日在中国的较量》，《宁波广播电视大学学报》2003 年第 1 期。

[12] 贾维诚:《第一次世界大战期间美帝对中国侵略性的借款（一九一三——一九一七）》,《历史教学》1951年第10期。

[13] 江振鹏:《公共政策、私人资本和金融专家的组合——试论美国塔夫脱政府对尼加拉瓜的"金元外交"》,《拉丁美洲研究》2011年第2期。

[14] 姜健:《美国投资银行发展模式探析》,《时代金融》2007年第2期。

[15] 李一文:《试论塔夫脱的国内政策》,《世界历史》1993年第4期。

[16] 刘夏莲:《中美金融关系的历史演变和新发展》,《世界经济文汇》1988年第5期。

[17] 刘自强:《20世纪初期日本对俄政策的演变》,《安庆师范学院学报》(社会科学版) 2004年第4期。

[18] 陆月娟:《试论19世纪末20世纪初美国大企业家的历史作用》,《上饶师专学报》1999年第2期。

[19] 陆月娟:《试论19世纪末20世纪初美国垄断财团对美国政府的影响》,《历史教学问题》1996年第5期。

[20] 吕元元:《塔夫脱政府对华"金元外交"的失败及其影响》,《中山大学研究生学刊》(社会科学版) 1995年第1期。

[21] 罗玉东:《光绪朝补救财政之方策》,《中国近代社会经济史研究集刊》(第1卷) 1933年第2期。

[22] 马陵合:《从"联美"到均势外交——清季币制借款的外交功能及其缺失》,《安徽师范大学学报》(人文社会科学版) 2009年第1期。

[23] 马陵合:《拉门德远东之行述评》,《民国档案》2005年第2期。

[24] 马陵合:《略论清季东北铁路外债的超经济特质——以均势外交为中心》,《历史教学》2003年第10期。

[25] 马陵合:《论美国对华"门户开放"政策的延伸和困境——以新

银行团成立过程中"满蒙保留案"交涉为中心》,《求索》2001年第 4 期。

[26] 马陵合:《论中国朝野对新银行团的回应》,《史学月刊》2004 年第 10 期。

[27] [美] 弗兰克·宁科维奇:《范式失落:文化转型与美国外交史的全球化》,牛可译,《冷战国际史研究》2006 年第 1 期。

[28] [美] 霍根:《组合主义与美国外交史研究》,韩晓燕译,《国外社会科学文摘》1991 年 5 月。

[29] 宓汝成:《国际银团和善后借款》,《中国经济史研究》1996 年第 4 期。

[30] 秦珊:《1913 年美国威尔逊政府率先承认中华民国的决策过程》,《南开学报》(哲学社会科学版) 1999 年第 2 期。

[31] 仇华飞:《近代外国在华银行研究》,《世界历史》1998 年第 1 期。

[32] 仇华飞:《诺克斯计划:美国与日俄在华利益的争夺》,《同济大学学报》(社会科学版) 2003 年第 3 期。

[33] 仇华飞:《评 1903—1910 美国在东北的活动》,《上海师范大学学报》(哲学社会科学版) 1998 年第 2 期。

[34] 仇华飞、朱振娟:《论诺克斯计划的得失》,《近代中国》1999 年第 1 期。

[35] 屈春海:《1908 年美国舰队访华》,《中国档案》2008 年 11 月。

[36] 思慕:《论美国的经济武器》,《世界知识》1946 年第 8 期。

[37] 汪敬虞:《外国在华金融活动中的银行与银行团(1895—1927)》,《历史研究》1995 年第 3 期。

[38] 汪熙、吴心伯:《司戴德与美国对华"金元外交"(上)》,《复旦学报》(社会科学版) 1990 年第 6 期。

[39] 汪熙、吴心伯:《司戴德与美国对华"金元外交"(下)》,《复旦学报》(社会科学版) 1991 年第 1 期。

[40] 王继红:《从"铁路中立化"问题看美国的东北亚政策调整》,

《黑龙江社会科学》2006 年第 3 期。

[41] 王晓德：《1776 年条约计划及其对美国早期外交的影响》，《历史研究》2010 年第 5 期。

[42] 王晓德：《试析美国对拉丁美洲政策的实质》，《拉丁美洲研究》1990 年第 5 期。

[43] 王英文：《美国资本入侵满洲与"满铁中立化"计划》，《求是学刊》1990 年第 6 期。

[44] 魏范京：《试析大棒金元政策与门罗主义的不同》，《黑龙江教育学院学报》2009 年第 4 期。

[45] 夏良才：《四国新银行团和湖广铁路续借款案》，《近代史研究》1987 年第 6 期。

[46] 杨建民：《美国"促进民主"的拉美政策辨析》，《国外社会科学》2009 年第 4 期。

[47] 杨巍、朱正元：《美国投资银行的发展历程及其当前面临的挑战》，《华中理工大学学报》（社会科学版）1996 年第 4 期。

[48] 杨智友：《币制借款与银行团的重组——从旧银行团到新银行团》，《民国档案》2002 年第 4 期。

[49] 岳澎：《二战前美国对拉美政策的历史演变及实质》，《运城学院学报》2004 年第 6 期。

[50] 张侃：《20 世纪中国近代外债史研究回顾》，《中国经济史研究》2002 年第 2 期。

[51] 钟熙维、杨建民：《拉丁美洲"民主化"进程中的美国因素》，《拉丁美洲研究》2007 年第 5 期。

[52] 周桂银、曹大友：《入江昭与美国—东亚关系研究——对国际关系的文化解释》，《外国问题研究》1995 年第 3、4 期。

六　中英文学位论文

[1] Bergsten, C. Fred, "*The International Roles of the Dollar and United*

States International Monetary Policy," Thesis (Ph. D), Tufts University, 1969.

[2] Chiaruttini, Giordano Angelo, "*Reaction to Dollar Diplomacy during the William Howard Taft Administration*," Thesis (M. A.), Washington D. C.: George Washington University, 1968.

[3] Chu, Charles Chia-Hwei, "*The China Policy of the Taft-Knox Administration, 1909 – 1913*," Thesis (Ph. D), Chicago: The University of Chicago, 1956.

[4] Daugherty, George, "*Wilsonian dollar Diplomacy: Conflict of Interest between the United States and Germany during World War I.*," Thesis (M. A.), Northern Illinois University, 1968.

[5] DiBacco, Thomas Victor, "*Return to Dollar Diplomacy? American Business Reaction to the Eisenhower Foreign Aid Program, 1953 – 1961*," Thesis (Ph. D), Washington D. C.: American University, 1965.

[6] Freysinger, Robert C., "*The New Dollar Diplomacy: The Place of the Alliance for Progress in the Historical Evolution of U. S.—Latin American Relations; Change of Objectives or Change in Style?*" Thesis (M. A.), Massachusetts: University of Massachusetts, 1972.

[7] Hansston, Knute G., "*Dollar Diplomacy: The Growth of an Idea*," Thesis, San Jose State College, 1961.

[8] Rowe, Joseph Milton, "*William Howard Taft: Diplomatic Troubleshooter*," Thesis (Ph. D), College Station: Texas A-&-M University, 1977.

[9] Kilroy, David P., "*Extending the American Sphere to West Africa: Dollar Diplomacy in Liberia, 1908 – 1926*," Dissertation (Ph. D), Iowa: The University of Iowa, 1995.

[10] Krenn, Michael L., "*Woodrow Wilson, Righteous Dollar Diplomacy, and the American Intervention in Haiti, 1915*," Thesis (M. A.

1981), Dept. of History, Salt Lake City: University of Utah, 1981.

[11] Landry, M. Immaculee, "*The Knox-Castrillo Treaty: Its Relation to Dollar Diplomacy*," Thesis (M. A.), Washington D. C.: Catholic University of America, 1962.

[12] Loayza, Humberto Matthew, "*Dollar Diplomacy with a New Look: President Eisenhower's Inter-American Policies, 1953 – 1961*," Thesis (Ph. D), West Lafayette: Perdue University, 1999.

[13] Lungu, Sorin, "*European Defense Market Integration: The Aerospace Sector in 1987 – 1999*," Thesis (Ph. D), Boston: Tufts University, 2005.

[14] Martin, Jessica E., "*Corporate Cold Warriors: American Business Leaders and Foreign Relations in the Eisenhower Era*," Thesis (Ph. D), Boulder: University of Colorado, 2006.

[15] Mason, Kevin; Browning, Christopher R., "*Building an Unwanted Nation the Anglo-American Partnership and Austrian Proponents of a Separate Nationhood, 1918 – 1934*," Thesis (Ph. D), Chapel Hill, N. C.: University of North Carolina, 2007.

[16] Matsuda, Takeshi, "*Woodrow Wilson's Dollar Diplomacy in the Far East: the new Chinese Consortium, 1917 – 1921*," Thesis (Ph. D), Madison: University of Wisconsin – Madison, 1979.

[17] Mulhollan, Paige Elliott. "*Philander C. Knox and Dollar Diplomacy, 1909 – 1913*," Thesis (Ph. D), Austin, Texas: University of Texas, 1966.

[18] Rae, MichelleFrasher, "*International Monetary Relations between the United States, France, and West Germany in the 1970s*," Thesis (Ph. D), College Station: Texas A & M University, 2003.

[19] Rice, Michael D., "*Nicaragua & the U. S.: Policy Confrontations and Cultural Interactions, 1893 – 1930*," Dissertation (Ph. D),

Houston: University of Houston, 1995.

[20] Ro, In Suk, "*United States Dollar Diplomacy in China during the Taft Administration*," Thesis (M. A.), Kalamazoo: Western Michigan University, 1965.

[21] Sklar, Martin J., "*Woodrow Wilson, the Six-power Consortium and Dollar Diplomacy Essays in the Ideology of Modern United States Liberalism in its Period of Emergence*," Thesis (M. A.), Madison: University of Wisconsin, 1962.

[22] Slocum, Percy Wilfrid, "*Dollar Diplomacy during the Taft Administration*," Thesis (M. A.), Madison: University of Wisconsin, 1928.

[23] Timberlake, Louise Whipple, "*Dollar Diplomacy in El Salvador, 1909 – 1911*," Thesis (M. A.), Miami: Miami University, 1961.

[24] Torregrosa, Manuel Francis, "*United States Dollar Diplomacy in China, 1909 – 1913*," Thesis (Ph. D), Washington, D. C.: Georgetown University, 1951.

[25] Vevier, Charles, "*The Progressives and Dollar Diplomacy*," Thesis (M. A.), Madison: University of Wisconsin, 1949.

[26] 林丹妮:《威尔逊政府时期美国对华"金元外交"研究》,硕士学位论文,福建师范大学,2007 年。

七 政府部门、学术研究机构、图书馆以及学术性相关网站

[1] *Presidential Speech Archive*, available at: http://millercenter.org/scripps/archive/speeches.

[2] *FRUS Online*, available at: http://uwdc.library.wisc.edu/collections/FRUS.

[3] American President Project, available at: http://www.presidency.

ucsb. edu/william_ howard_ taft. php.

［4］Library of Congress, available at：http：//www. loc. gov.

［5］国际档案网, available at：http：//www. archive. org.

［6］《北美评论》（North America Review）

［7］《观察》（Outlook）

［8］《民族》（Nation）

［9］《纽约时报》（New York Times）

［10］《华盛顿邮报》（Washington Post）

［11］《华尔街杂志》（The Wall Street Journal）

［12］《基督教科学箴言报》（Christian Science Monitor）

［13］《北美评论》（The North American Review）

附录1　金元外交大事记

1904 年	多米尼加发生债务危机。
1905 年	美国人雅各布·霍兰德担任多米尼加共和国财政顾问兼海关总税务司。
1907 年	美国财政专家精琪来华调查中国的币制改革。
1907 年 8 月 10 日	美国公使欧内斯特·莱昂写信给著名的黑人领袖布克·华盛顿，认为必须设法拯救那里的人民，有必要确保美国对于这些国家的控制。
1908 年 1 月 27 日	利比里亚国会批准委派代表团访问美国，以寻求美国的援助和贷款，并要求美国充当国际仲裁。
1908 年 5 月 22 日	利比里亚代表团抵达华盛顿。
1908 年 5 月 26 日	利比里亚代表团与国务卿罗脱会面。
1908 年 10 月 30 日	西奥多·罗斯福总统派出"大白舰队"访问中国厦门。
1909 年 1 月	光绪皇帝和慈禧太后逝世，袁世凯下野，精琪主导的币制改革谈判中断。
1909 年 4 月	纽约四家投资银行组成"北美银行团"，筹划向中国清政府进行贷款协商。
1909 年 4 月 23 日	"美国赴利比里亚委员会"成立，随即被派往利比里亚调查情况。
1909 年 5 月	"美国赴利比里亚委员会"抵达蒙罗维亚。
1909 年 6 月 5 日	美驻华代办费勒琪给清廷和硕庆亲王发去照令，要求尊重1903年中、英、美三国之间的谅解，重申美国并未放弃资本参与的权利。
1909 年 6 月 7 日	美国向德国和法国发去电报，要求美国参与湖广铁路的贷款项目。
1909 年 7 月 15 日	塔夫脱致信醇亲王，要求加入中国的湖广铁路贷款之列。
1909 年 7 月 18 日	醇亲王回复塔夫脱总统，同意美国加入谈判，并且交外务部办理。
1909 年 7 月 20 日	诺克斯向费勒琪强调美国国务院7月16日的强硬照会中涉及的美方权利应包括所有相关于原材料、工程师、技工以及伴随着第四方的其他利益。

续表

1909 年 8 月 10 日	费勒琪与英、法、德三国代表以及梁敦彦会晤，美国财团获得川汉线鄂段一半的贷款份额及平等参与原材料采购的权利。
1909 年 10 月 9 日	美国赴利委员会正式向国务院提交了报告，建议大幅度增强美国对利的干预。
1909 年 10 月	尼加拉瓜布卢菲尔兹地区爆发革命，总统塞拉亚为了镇压革命向欧洲国家大量举债，为塔夫脱对中美洲实行金元外交提供了干涉的借口。
1910 年 3 月 25 日	塔夫脱向国会两院提交了"美国赴利比里亚委员会"的报告及国务卿诺克斯的五点建议。
1910 年 5 月	张之洞病逝，湖广铁路贷款谈判中断。
1910 年 6 月 21 日	利比里亚政府正式任命福克纳担任财政代表，坤洛公司作为银行团的代理机构，向福克纳垫付了一笔上限达到 4000 美元的资金用于财政代表的活动经费（由利比里亚政府支付）。
1910 年 9 月 12 日	尼加拉瓜驻美国公使加斯特利罗致信诺克斯，承诺新上台的尼加拉瓜临时政府将按照美国的要求进行改革。
1910 年 10 月 27 日	道森与埃斯特拉达签订了日后被称为塔夫脱政府对中美洲政策的纲领性文件——《道森协定》。
1910 年 12 月	利比里亚政府任命里德·佩奇·克拉克担任利比里亚共和国的关税总税务司兼财政顾问。
1910 年 12 月 13 日	塔夫脱向国会提交了委员报告，建议通过美国支持利比里亚和训练一支合格的边防部队。
1911 年 1 月 1 日	美国正式承认了尼加拉瓜共和国，正式恢复了两国间的外交关系。
1911 年	塞利格曼公司和布朗兄弟公司聘请了高兰在尼加拉瓜发起一场金本位制的货币改革。
1911 年 1 月 27 日	利比里亚参议院通过了《卡瑞拉洪边界协定》，以换取英国对于美对利贷款计划的支持。
1911 年 5 月 5 日	尼加拉瓜国会授权总统与美国银行家谈判，在美国国务院的斡旋之下，双方达成初步协议，贷款不超过 2000 万美元。
1911 年 6 月 6 日	国务卿诺克斯与尼驻美国公使加斯特利罗在华盛顿签订《美国与尼加拉瓜贷款协议》。
1911 年 4 月 15 日	英、法、德、美四国银行团与清政府代表正式签订了《币制实业借款合同》，美国银行团取得了总额为 1000 万英镑的平等参与权。

续表

1911 年 5 月 20 日	英、法、德、美四国银行团与清政府签订《湖广铁路贷款协议》。
1911 年 9 月 1 日	万兹促成了华尔街银行向尼加拉瓜政府贷款 150 万美元，用于偿还英国债务，同时建立国家银行，由两家纽约公司管理。
1911 年 12 月	银行家提名、经诺克斯批准的汉姆开始接管了尼加拉瓜的海关。
1912 年	塔夫脱在《国情咨文》中表扬了参与中美洲债务重组的银行家。
1912 年 2 月 28 日	四国银行团以白银 200 万两首次交付中国政府，美国银行团在其中占 50 万规元份额。
1912 年 3 月	塞利格曼公司和布朗兄弟公司与尼加拉瓜政府缔结了《补充贷款协议》，追加贷款 72.5 万美元。
1912 年 3 月 5—6 日	国务聊诺克斯访问尼加拉瓜。
1912 年 3 月 7 日	北美银行团、欧洲银行团正式与利比里亚政府签订了《还债贷款协议》。
1912 年 3 月 9 日	四国银行团以白银 110 万两第二次交付中国政府，美国银行团在其中占 27.5 万规元份额。
1912 年 3 月 20 日	尼加拉瓜国会通过了高兰的货币改革法案。
1912 年 5 月	塞利格曼公司和布朗兄弟公司与英国埃塞尔伯加辛迪加签订协议，将 1909 年塞拉亚政府所欠的借款 125 万英镑转移到美国银行的名义之下。
1912 年 5 月 17 日	四国银行团与北京政府财政部订立《暂时垫款合同及监视开支暂时垫款章程》，交付中国政府白银 300 万两，这是四国银行团给中国政府的第三笔垫款，美国银行团在其中占 75 万规元份额。
1912 年 6 月 12 日	四国银行团以白银 300 万两交付中国政府，这是四国银行团给中国政府的第四笔垫款，美国银行团在其中占 75 万规元份额。
1912 年 6 月 18 日	四国银行团以白银 300 万两交付中国政府，这是四国银行团给中国政府的第五笔垫款，美国银行团在其中占 75 万规元份额。
1912 年 6 月 20 日	各国财团签订正式协定，日俄两国银行正式加入国际银行团，国际银行团由四国扩为六国。
1912 年 6 月 21 日	美国塞利格曼公司和布朗兄弟公司两家银行与尼加拉瓜政府达成协议草案，贷款 1500 万美元给尼加拉瓜政府。
1912 年 11 月 26 日	美国人里德·佩奇·克拉克担任利比里亚财政顾问兼"海关总税务司"。
1913 年 3 月 18 日	美国总统伍罗德·威尔逊公开发表演说，反对金元外交。
1913 年 3 月 19 日	美国银行团正式通知中国政府，将退出善后大借款的谈判。

续表

1913 年 4 月 26 日	五国银行团与袁世凯政府签订《善后借款合同》。
1926 年	美国费尔斯通公司帮助利比里亚建立中央银行。
20 世纪 20 年代	美国的财政专家埃德温·凯默勒博士被许多拉美国家召去帮助进行货币体系改革,以推行金本位制度。

附录2 译名对照表

Admiral Emory Sperry	海军司令额墨利（又译为思柏立）
Admiral Walker	海军司令沃克
Adolfo Diaz	阿道夫·迪亚斯
Alexander-Izvolsiki	亚历山大·伊斯沃斯基
Alliance for Progress	争取进步联盟
Alvey A. Adee	艾迪
American China Development Company	华美合兴公司
American Commerce Chamber	美国商会
American Commission to Liberia	美国赴利比里亚委员会
American-Oriental Banking Corporation	美丰银行
An Act to Establish A Standard of Value and to Provide for a Coinage System in the Philippine Islands	《在菲律宾建立价值本位与提供铸币制度法案》
Andrew Jackson	安德鲁·杰克逊
Anti-Imperialism Committee	反帝国主义委员会
Arnold	阿诺德
Arthur R. Thompson	亚瑟·汤普森
Balboa	巴波亚（标准银币）
Baldwin	鲍德温
Ballard	美国军官巴拉德
Bank of British West Africa, Ltd.	英属西非银行

续表

Banking Department	储蓄部
Banque del'Indo-Chine	法国东方汇理银行
Behlu	碧卢镇
Big Stick	大棒政策
Billetes	纸币比索
Blanchard	布兰查德
Bluefields	布卢菲尔兹地区
Board of Examiners	考试委员会
Booker T. Washington	布克·T. 华盛顿
British West Indies	英属西印度群岛
Brown Brothers and Company	布朗兄弟公司
Bundy Cole	邦迪·科尔
Bureau Insular Affairs	美陆军部海岛事务局
Bureau of Engraving and Printing	海岛事务局铸币处
C. B. Dunbar	大法官邓巴
Cape Palmas	帕尔马斯角
Captain Fletcher	美军上尉弗莱彻
Captain Hawkins	美军上尉霍金斯
Captain Newton	美军上尉纽顿
Captain Young	美军上尉查尔斯·杨格
Castrillo	加斯特利罗
Cavalla River	卡瓦拉河
Chamorro	查莫罗
Chandler	钱德勒
Charles Maier	查尔斯·梅尔
Charles Evans Hughes	查尔斯·休斯
Chester	美国巡洋舰"切斯特号"
Civil Government of the Philippine Islands	菲律宾殖民当局
Civil Service Reform League	文官改革联盟
Clifford D. Ham	克利福德·汉姆
Collateral Trust Agreement	《联合信托协定》

续表

Colonel Clarence R. Edwards	爱德华兹上校
Colonial Federation	殖民地邦联时期
Colonialism by Contract	合同式的殖民主义
Commission on International Exchange	美国国际汇率委员会
Congress of the Confederation	邦联国会
Considerations on a New Monetary System for China	《中国新圜法说帖》
Consular Bureaus	领事署
Consular Service	领事事务局
Continental Congress	大陆会议
Control Loan	控制性贷款
Conversion Fund	币制转换基金
Cordoba	科多巴
Corn Islands	科恩岛
Crisp Syndicate	克利斯浦辛迪加
Currency Exchange Fund	货币汇率基金
CyrusVeeser	赛勒斯·维泽
D. P. Maitland	梅特兰
Dana Munro	芒罗
David-Sheinin	戴维·希林
Dawson Pact	《道森协定》
Department of Foreign Affairs	外交部
Des Moines	德梅因
Diane Kunz	孔兹
Diego M. Chamorro	外长迭戈·M. 查莫罗
Dinklage	利比里亚驻德国柏林代办丁克雷吉
Diplomacy Professionalism	外交职业化
Diplomatic Bureau	外交署
Diplomatic Service	外交代表
Division of Far Eastern Affairs	远东司
Division of Latin American Affairs	拉美司

续表

Dollar Diplomacy	金元外交
Domestic Chancery or Home Office	国务办公室
Dr. Alfonso-Solorzano	最高法院院长索罗扎诺
Dr. G. W. Gibson	吉布森
Dr. Ignacio Suarez	苏亚雷斯
Dr. Vissering	卫斯林
E. H. Harriman	哈里曼
ECA	欧洲经济复兴署
Edward Grenfell	爱德华·格伦费尔
Edward Guy Hiller	熙礼尔
E. T. Williams	卫理
Edwin H. Conger	康格
Edwin Kemmerer	埃德温·凯默勒
Elihu Root	伊莱休·罗脱
Ellis W. Hawley	埃利斯·霍利
Emily Rosenberg	埃米莉·罗森堡
Eric-Helleiner	埃里克·赫莱纳
Ernest Lyon	欧内斯特·莱昂
Ernest. Wands	欧内斯特·万兹
Estrada	埃斯特拉达
Ethelburga Syndicate	埃塞尔伯加辛迪加
Eugene P. Trani	特兰尼
FAA	《对外援助法》
Farnham	法纳姆
Financial Agent	财政代理
Financial Protectorate	财政保护国
Firestone CO.	费尔斯通公司
First National Bank	第一国民银行
Fish	菲什
Fonseca Bay	丰塞卡湾

续表

Foraker Act	福勒克法案
Francis Adams	弗朗西斯·亚当斯博士
Francis McKnight	弗朗西斯·麦克奈特
Frank Lowden	罗登
Frank Ninkovich	弗兰克·宁科维奇
Frederic Wolf	弗雷德里克·沃尔夫
Fred Harvey Harrington	弗雷德·哈林顿
Frederick McCormick	弗雷德里克·麦考密克
Frontier Force	边防军
Garland Fund	格兰德基金会
General Receiver	海关总税务司
George T. Weitzel	乔治·韦策尔
Glass-Steagall Act	《格拉斯—斯蒂格尔法案》
Gold Basis	黄金比价
Gold Exchange Standard	金汇兑本位制度
Gold Standard Act	金本位法令
Gold Standard	金本位制度
Goldman Sachs Group	高盛集团
Good Office	调停
Great White Fleet	大白舰队
Grebos	格雷博斯
Greenbacks	绿背纸币
Greenvill	格林维尔港
Grover Cleveland	克利夫兰总统
H. M. Durand	杜兰德
Harry Elmer Barnes	巴恩斯
Heirich Cordes	柯达士
Henry Fletcher	费勒琪
Henry P. Davison	亨利·戴维森
Herbert-Feis	赫伯特·费斯

续表

Hollander Act	《霍兰德税收法案》
Hongkong and Shanghai Banking Corporation	汇丰银行
Howard	霍华德
Hugh H. Hanna	汉纳（或译为罕纳）
Humberto Matthew Loayza	罗亚扎
Huntington Wilson	亨廷顿·威尔逊
Herr-Rumpf	龙伯
Inspector of Customer	（利比里亚）海关监正
Insular Funds	海岛事务局基金
Insular Government	海岛事务局行政
Insular Treasury	海岛事务局财政部门
International Banking Corp.	万国银行
International Exchange Commission	国际汇率委员会
Invisible Protectorate	无形保护国
J. and W. Seligman and Company	塞利格曼公司
J. E. Otero Nolasco	罗拉斯科
J. J. Dossen	道森
J. P. Morgan and Company	摩根财团
Jacob Schiff	席夫
Jacob. H. Hollander	雅各布·霍兰德
James Bryce	白莱士
James Cooper	詹姆斯·库珀
James G. Blaine	詹姆斯·布莱恩
Jean Jules Jusserand	让·朱瑟朗
Jeremiah W. Jenks	精琪
John Foster	约翰·福斯特
John Hay	海约翰
John Hollander	约翰·霍兰德
John N. Jordan	朱尔典
John Stremlau	约翰·斯特里姆劳

续表

Jones	琼斯
Jose Yves Limantour	何塞·利曼图尔
Joseph Crommelin	约瑟夫·克里姆林
Joseph Freeman	约瑟夫·弗里曼
Jose Santos Zelaya	何塞·桑多斯·塞拉亚
Juan Leets	胡安·里特斯
Juan Madriz	马德里斯
Kanre-Lahun	坎瑞拉洪地区
Knox-Castrillo Convention	《美国与尼加拉瓜贷款协议》又称诺克斯－加斯特利罗条约
Konovalof	克罗瓦诺夫
Krag Carbines	克拉格卡宾枪
Kru Tribe	土著部族克鲁人
Kuhn, Loeb and Company	坤洛公司
L. B. Scott	斯科特
La Compagnie International d'Orient	万国东方公司
Lange	兰格
Lawrence F. Kaplan	劳伦斯·卡普兰
Lehman Brothers Holdings	莱曼兄弟公司
Lenonard Groce	利农纳德·格罗斯
Leon	莱昂
Leroy Cannon	勒罗伊·坎农
Liberal Developmentalism	自由发展主义
Liberia Legislature	利比里亚国会
Liberian Commission	利比里亚代表团
Liberian Dollar	利比里亚元
Lowden Bill	《罗登法案》
Luis Mena	路易斯·梅纳
Lyman Gage	莱曼·盖奇
M. Padoux	帕多瑟
Magna Charta	大宪章

续表

Major Ballard	巴拉德上校
Margaret M. Carroll	卡罗尔
Marie V. Scholes	玛丽·斯科尔斯
Marshall Plan	马歇尔计划
Matthew Stevenson	马修·史蒂文森
Max Warburg	沃伯格
McKinley Tariff of 1890	麦金莱关税条款
Messrs. Lomax	洛马克斯
Michael D. Rice	迈克尔·赖斯
Michael Gobat	迈克尔·龚巴特
Mixed Claims Commission	联合赔偿委员会
MNB	尼加拉瓜国家银行
Money Doctor	货币专家
Moore	助理国务卿穆尔
Morris	莫里斯
Morro-Manu	摩洛马努地区
Mortage and Trust Company	抵押信托公司
Mr I. Odin	奥丁
Mr. Emmett Scott	埃米特·斯科特
National City Banks	花旗银行
National Fiduciary Currency	国家信用货币
North American Group	北美银行团
Oiesen	欧森
Osborne	奥斯本
Outlook	《观察》杂志
Panama Canal Commission	巴拿马运河委员会
Pedro Raf. Cuadra	夸德拉
Peking Gazette	《京报》
Perkins	珀金斯
Philander Knox	诺克斯
Platt Amendment	《普拉特修正案》

续表

Pendleton Civil Service Act	彭德尔顿法案
PPCA	美国和平人民协会
Prince N. Kouducheff	库杜切夫
Productionalism	生产至上主义
Progressive	进步主义者
Protectorate	保护国
Reciprocity	互惠贸易协定
Reed Paige Clark	里德·佩奇·克拉克
Revisionism	修正主义
Richard Dane	理查德·戴恩
Richard Werking	理查德·沃金
Robert D. Schulzinger	罗伯特·施莱辛格
Robert H. Ferrell Book Prize	罗伯特·法瑞尔图书奖
Robert Lansing	罗伯特·兰辛
Robert Wiebe	罗伯特·维贝
Rogers Act	罗杰斯法案
Roland Falkner	罗兰·福克纳
Roosevelt Corollary	罗斯福推论
Rossi	罗西
S. Piclton	皮克顿
Scott Nearing	斯科特·尼尔林
SDIC	圣多明各开发公司
Seigniorage	铸造差益
Sharpe	夏普
Shelby M. Cullom	卡洛姆
Silver Basis	白银基准
Simon G. Hanson	汉森
Sinoe	锡诺地区
Sir Edward Grey	爱德华·格雷阁下
Socialist Party	社会主义党
Spanish-Filippino Currency	西班牙—菲律宾货币

续表

Spoil System	政治恩惠制度
Stanislas Simon	西蒙
Sulzer Bill	苏尔泽法案
Surveyor	税务司
Techno-Corporatism	技术组合主义
The Chief Examiner of the Civil Service Commission	文官委员会主考
The Chief of the Bureau of Appointment	人事司
The Ferrocarril del Pacifico de Nicaragua	尼加拉瓜太平洋铁路
The First Diplomatic Bureau	第一外交署
The Guaranty Trust Company	格兰迪托拉斯公司
The Independent	《独立》杂志
The Russo-Asiatic Bank	华俄道胜银行
The Second Diplomatic Bureau	第二外交署
Thomas D. Moffat	托马斯·莫法特
Thomas W. Lamont	托马斯·拉蒙特
Thomas Victor DiBacco	托马斯·迪巴科
Token Coinage	象征性货币
Treasury Bills	国库券
USAID	美国国际开发署
Walter V. Scholes	沃尔特·斯科尔斯
Whitelaw Reid	维特罗·里德
Willard Straight	司戴德
William Appleman Williams	威廉·威廉斯
William Becker	威廉·贝克尔
William Calhoun	嘉乐恒
William E. Leuchtenburg	威廉·洛克滕堡
William H. Taft	塔夫脱
William Jennings Bryan	威廉·简宁斯·布赖恩
William Mickinley	威廉·麦金莱
William Phillips	威廉·菲利普斯
William Sulzer	威廉·苏尔泽

续表

William W. Rockhill	柔克义
William Wiley	威廉·威利
Woodrow Wilson	伍罗德·威尔逊总统
Yokohama Specie Bank	日本横滨正金银行

后　　记

　　2009年我有幸进入南开大学历史学院世界史专业攻读国际关系史方向的博士生，经过数年时间的阅读与积累，我将个人兴趣聚焦在19世纪末20世纪初国际体系深刻调整期的美国外交政策史研究。冷战后经济外交盛行，国与国之间经济关系引发了我强烈的学术兴趣。20世纪80年代以来的美国外交史研究呈现出文化转向与跨国史转向的新趋势，研究传统经济外交背后的文化观念与知识输出成为了学术界新的增长点。在征得导师李凡教授同意之后，我进一步将博士论文定位在研究塔夫脱政府时期的"金元外交"问题上，旨在探讨20世纪初期美国在亚非拉欠发达地区推动美国金融资本扩张、构建美国金融帝国、实现以华尔街为中心的"美元"霸权的初步尝试。2012年7月，我提交论文《国际债务危机与美国金融霸权之基：塔夫脱"金元外交"研究》顺利通过了博士答辩，答辩会上王玮教授、王立新教授、韩铁教授和杨令侠教授均提出了宝贵的修改意见，感谢答辩老师们的辛苦付出以及高屋建瓴的见解。毕业之后我根据老师们的意见和建议陆陆续续搜集资料琢磨修订，总想着争取在立论和原始资料上能够显得更为成熟一些，未曾想一拖就是十年。

　　2019年，在福建省教育厅和工作单位福建师范大学的资助下，我有幸得以前往美国哈佛大学进行较为深入的资料搜集与书稿修订工作。当时正处于美国特朗普总统对华发动贸易战的高峰时刻，由于其商人出生的特殊背景，特朗普总统抛弃"自由国际主义"，围绕各种单向双边

"交易"为核心,发动对美国主要贸易伙伴的贸易战的种种政策被喻为"商店主"外交的典型。特朗普政府还提出所谓的"原则现实主义"(Principled Realism),其背后强烈的"原则性金元外交"色彩也备受学者们的关注。2017年在阿根廷政府批准其家族企业特朗普集团在阿的商业合同后,特朗普总统解禁了美国对阿根廷长达15年的柠檬禁令,这被视为一种新的、几乎是赤裸裸的"金元外交"交易。2019年美国针对美墨边境非法移民潮发动针对墨西哥政府的关税战被视为是"金元驱动的外交",引发了墨西哥以及拉美地区的强烈不满。"金元外交"重回美国外交决策圈的现实引发了深究其历史脉络及其现实流变的必要,我下决心"重拾旧业",努力完成博士论文的修改工作。

历史联结着现在,又启迪着未来。美国外交传统具有很强的延续性,塔夫脱政府实施的"金元外交"政策根植于美国自立国以来的商业外交传统,又折射出美国由"商业共和国"向以华尔街为中心的"公司帝国"的转变趋势,同时也是美国金融资本主义力量崛起在国际层面的投射。塔夫脱政府试图整合国务院(政府政策)、华尔街银行家(私人资本)以及金融专家(专业知识)力量维护与开拓美国在海外市场的商业利益。金融专家在亚非拉欠发达国家实施的财政与货币改革很大程度上在于推广金本位制度,建立起当地金融系统同以美元为核心的金融秩序之间的关联,在欠发达地区的运用往往都伴随着美国海军的武装干涉或是武力后盾。尽管塔夫脱政府之后"金元外交"遭遇美国国内和国际上的批评甚至是谴责,尤其是涉及政府与特定企业的联合对外谋利带来巨大的伦理风险,然而其政策所指及具体主张却被多届政府所沿用,尤其是其对国际资本流动及其相应的金融专家的强调在之后得以制度化。两次世界大战之间,在国际金融领域,美国的官方债权取代私人资本,美元以及相应的国际金本位制度更具影响力。二战后,美国凭借反法西斯战场上的胜利威望及强大的经济金融实力(包括黄金储备)投入巨额政府资金,联合其他国家建立世界银行和国际货币基金组织,从而实现了公共政策、国际资本和金融专家的制度化,正式建立了以美元为核心的国际金融帝国，因此塔夫脱政府实施的金元外交成为奠基美国金融帝国的重要起点。塔夫脱政府之后有各种版本的所谓"新金元外交"不断出现，体现出较强的历史延续性。时维今日，美国驻外使领馆为促进美国企业海外发展提供便利几乎成为一项日常性的业务。因此，希望此书的一些探讨能够加深学界对这一问题的认识。

  这部书稿能够付梓，没有众多师友的帮助是绝无可能的。首先，我要深深地感谢我的导师李凡教授。十年前，我磕磕绊绊进入南开园，正是当时李老师的大度和包容才使我拥有了在南开大学问学的宝贵机缘。在毕业论文的选题方向、搜集资料和写作过程中，李老师都倾注了极大的关怀与鼓励。参加工作之后，李老师给予更多的关心支持。他严谨的治学之风和对学术的孜孜以求都深深影响着我，教育着我。借此机会，谨向李老师及师母岳老师表示真挚的感谢！

  其次，我要特别感谢王晓德教授、陈志强教授、赵学功教授、杨令侠教授、韩铁教授、马世力教授、哈全安教授、杨巨平教授、付成双教授、丁见民教授、王黎教授、张聚国副教授、郑玮副教授等。以上诸位皆是授课之师长，正是他们的耳提面命和无私教导，才使得我在从事世界史的教学科研工作中能够不断汲取专业的素养与能力，从而为做人处事和论文写作提供了一个较为广阔的背景。

  最后，我也要感谢工作单位福建师范大学社会历史学院提供的平台机遇，感谢学院领导们的青睐将小书纳入资助出版名单。能够回到母校加盟历史教学研究团队是我莫大的荣幸，叶青院长一如既往给予热心帮助，陈尚旺书记每每见面总是督促我要加强科研能力。作为世界史教师中的一员，我深深感受到科研团队如琢如磨、互相促进的良好氛围，王晓德教授总是宽厚包容地支持我们自由成长，林金水教授从不吝啬褒奖与嘱托，孙建党教授的提携督促加快了书稿的进度，赖正维教授的乐观豁达总是给予我力量，姜兴山、李巨轸二位师兄给予太多太多的鼓励关怀。与此同时，我也深深感激学院青年教师们给我的批评、建议与鼓励，在此对所有关心、帮助我成长的各位师友和默默支持我潜心教学科研的家人们一并致谢!

"事非经过不知难!""金元外交"尽管仅是塔夫脱一届政府的外交政策,但是在 20 世纪初期美国崛起为全球性大国的情况之下,它起着承前启后的奠基性角色。对"金元外交"的研究还牵涉到许多国际金融学、经济学、货币学、外交学的知识,这对于一直从事历史学的我而言是一项很大的挑战,我在研究过程中尽可能的阅读相关知识、拓展能力,包括向相关同行请教。然而由于本人水平的限制,文稿中肯定会有不少错误与疏漏之处,还请学界同仁予以批评指正。